国家社科基金
后期资助项目

王夫之人性生成哲学研究

A Study on Philosophy of Human Nature of Wang Fu-zhi

陈屹 著

陕西新华出版传媒集团
陕西人民出版社

图书在版编目（CIP）数据

王夫之人性生成哲学研究／陈屹著．—西安：陕西人民出版社，2022.12
ISBN 978-7-224-14758-2

Ⅰ.①王… Ⅱ.①陈… Ⅲ.①王夫之（1619—1692）—人性—哲学思想—研究 Ⅳ.①B249.25

中国版本图书馆 CIP 数据核字（2022）第 228055 号

责任编辑：武晓雨
封面设计：蒲梦雅

王夫之人性生成哲学研究
WANGFUZHI RENXING SHENGCHENG ZHEXUE YANJIU

作　者	陈　屹
出版发行	陕西新华出版传媒集团　陕西人民出版社
	（西安市北大街 147 号　邮编：710003）
印　刷	广东虎彩云印刷有限公司
开　本	787 毫米×1092 毫米　1/16
印　张	24.75
字　数	415 千字
版　次	2022 年 12 月第 1 版
印　次	2022 年 12 月第 1 次印刷
书　号	ISBN 978-7-224-14758-2
定　价	88.00 元

如有印装质量问题，请与本社联系调换。电话：029-87205094

国家社科基金后期资助项目出版说明

后期资助项目是国家社科基金设立的一类重要项目，旨在鼓励广大社科研究者潜心治学，支持基础研究多出优秀成果。它是经过严格评审，从接近完成的科研成果中遴选立项的。为扩大后期资助项目的影响，更好地推动学术发展，促进成果转化，全国哲学社会科学工作办公室按照"统一设计、统一标识、统一版式，形成系列"的总体要求，组织出版国家社科基金后期资助项目成果。

全国哲学社会科学工作办公室

目　录

第一章　20世纪王夫之人性论思想研究的历史反思 …………… 1
第一节　开新视野下的王夫之人性哲学 ……………………… 3
　　一、梁启超、王孝鱼的船山学研究 ……………………… 3
　　二、李石岑、张西堂的船山学研究 ……………………… 6
　　三、张岱年、侯外庐的船山学研究 ……………………… 8
　　四、萧萐父、冯契、张世英的船山学思想研究 ………… 12
　　五、林安梧、陆复初的船山学研究 ……………………… 25
第二节　连续、承继视野下的王夫之人性哲学 ……………… 28
　　一、熊十力、钱穆的船山学思想研究 …………………… 28
　　二、嵇文甫、冯友兰、贺麟的船山学思想研究 ………… 33
　　三、唐君毅、曾昭旭的船山学研究 ……………………… 36
第三节　王夫之人性哲学研究的基本问题域总结 …………… 44
本章小结 ………………………………………………………… 49

第二章　王夫之人性生成哲学的问题意识和基本架构 ………… 50
第一节　"推故而别致其新"——王夫之人性哲学的生存论转向 … 51
　　一、"贞邪相竞而互为畸胜"——宋明理学人性论思想的相互
　　　　激荡 ……………………………………………………… 52
　　二、从"伦文主义"到"人文主义"——王夫之人性哲学的转向
　　　　……………………………………………………………… 58
第二节　"六经责我开生面"——王夫之人性哲学问题意识和方法论
　　……………………………………………………………………… 64
　　一、"惟此心在天壤间"——王夫之人性哲学的问题意识和
　　　　基本架构 ………………………………………………… 65
　　二、王夫之人性生成哲学的方法论 ……………………… 71
　　三、本书研究的方法论 …………………………………… 74
本章小结 ………………………………………………………… 75

第三章　"形色与道互相为体"——生存论视野下的人性哲学 … 76
第一节　"君子之道,尽夫器而止"——治器显道的实践生存论…… 77

一、"自人而言之"以明"两间之有" ……………………… 78
　　二、"破块启蒙,灿然皆有"的生存世界 ………………… 82
　　三、"治器者则谓之道"——人性哲学的生存论转向 …… 88
第二节 "天人之蕴,一气而已"——气的生成性实有论 ……… 94
　　一、"太虚一实""絪缊化生"——气化流行的生成境域 …… 94
　　二、"天积其健盛之气,故秩叙条理"——气化现理而理气互相为体 ………………………………………………… 101
　　三、"道者,天地人物之通理"——太极、阴阳与道 …… 108
第三节 "所有者诚也,有所有者善也"——宗天道而归于人道 … 112
　　一、"道生善,善生性"——天人相续的"继善成性"说 …… 113
　　二、"知天人之际者,可以知性"——人性为实有善的诚体 ………………………………………………… 122
　　三、"以人道率天道"——挺立道德主体的自我价值 …… 130
　本章小结 …………………………………………………… 134
第四章 "性者生理,日生日成"——继天权几的人性生成论 …… 136
第一节 "性者,天人授受之总名"——天人性命之间的互动关系 ………………………………………………… 137
　　一、"性者生理"——人物之生和作为生理的人性 …… 137
　　二、"天命大而性专"——人性与天命的交相互动 …… 141
　　三、"修身以俟命""尽性以至于命"的造命观 ………… 146
第二节 "性即理也,即此气质之理"——专属于气质性生命的人性 ………………………………………………… 154
　　一、"气质中之性,依然一本然之性"——为气质之性正名 ………………………………………………… 154
　　二、"性相近"为"大公而至正" ……………………… 158
　　三、"气成质而质还生气"——才、欲与气质中之性 …… 163
第三节 "命日新而性富有"——人性的生成与发展 ………… 166
　　一、"一受成侀"与"日生日成"——两种不同的人性观 … 167
　　二、"习成而性与成"——先天之性与习与性成 ……… 171
　　三、"人道始持权"——权、继、习与自由意志 ………… 174
　本章小结 …………………………………………………… 181
第五章 "即身而道在"——人性在"践形"中的生成 …………… 183
第一节 "性之凝也,其形见则身也,其密藏则心也"——性心身的有机统一 ………………………………………… 184

- 一、"形开神发"——形体与神明、身与心的统一 ……… 185
- 二、"形色无非性,而必无性外之形色"——形色与性、性心身的统一 ……………………………………………………… 188
- 三、"形色则即是天性,而要以天性充形色"——王夫之的"践形"观 …………………………………………………… 194

第二节 "性本于天而无为,心位于人而有权"——身体的自主性和能动性 …………………………………………………… 197
- 一、"心含性而效动"——心灵的层次 …………………… 198
- 二、"思为本而发生乎仁义"——心性的差异和统一 …… 201
- 三、"心意相关,诚正相因之理"——正心诚意所以修身 …… 205

第三节 "心者,函性、情、才而统言之"——身体与情才欲 …… 209
- 一、"吾之动几与天地之动几相合而成者"——情的根源和性质 …………………………………………………… 210
- 二、"相因而发""各自为体"——性情的关系 ………… 212
- 三、"情以御才,才以给情"——作为原初驱动力的情 …… 216
- 四、"不善虽情之罪,而为善则非情不为功"——情与善恶 …………………………………………………………… 220
- 五、"私欲之中,天理所寓"——欲而有私、私而有诚的理欲观 …………………………………………………… 223

本章小结 ……………………………………………………………… 230

第六章 "存于心而推行于物"——人性在"实践"中的生成 …… 231

第一节 "有道不动心"——身体主体的挺立和实践动力的养成 …………………………………………………………… 232
- 一、"气是个不恐惧的本领"——养勇之道 ……………… 232
- 二、"集义养气"与"学诲知言"——养气、尽性而知言 …… 238

第二节 "人天下之声色而研其理"——人伦物理必以身心尝试的力行观 …………………………………………………… 241
- 一、"因所发能""能必副所"——能所互动的实践场 …… 241
- 二、"格致相因"——成善与求真的统一 ………………… 247
- 三、"行可兼知"的"真知实践"之学 …………………… 253

第三节 "仁义之藏,礼乐刑政之府"——礼乐文明的王道天下观 …………………………………………………………… 258
- 一、"礼乐皆仁之所生"——礼乐为人道之独 …………… 259
- 二、"天道人情,凝于仁,著于礼"——威仪著于天下 …… 264

三、"礼乐者，君子所以化成天下"——礼治天下的人文关怀和王道政治 ………………………………………… 268
本章小结 …………………………………………………… 275

第七章 "壁立万仞，只争一线"——人性生成的人格美 … 276
第一节 "以人为依，则人极建而天地之位定也"——人格美追求的理论基础 ……………………………… 277
一、人性、人格与人格美 …………………………………… 277
二、"依人而建极"——人格美追求的理论基础 ………… 279
第二节 "出入于险阻而自靖"——人格美的自我塑造 … 286
一、"大心正志为本"——生命价值和人生意义的贞定 … 286
二、"身任天下"的豪杰精神——追寻生命存在的意义 … 296
第三节 "内极才情，外周物理"——艺境诗心的人格美境界 … 303
一、"以追光蹑景之笔，写通天尽人之怀"——诗歌艺术中生成的人格美 ……………………………………… 304
二、"船山者即吾山也"——"赏心""遥感"的顽石之美 … 314
本章小结 …………………………………………………… 318

第八章 王夫之与明清之际的人性生成论转向 …………… 320
第一节 "自家元是天然完全自足之物"——宋明理学中的人性现成论 ……………………………………… 321
第二节 "尽心于善，自知性善"——陈确的工夫成性论 … 323
一、"自其诱于人而言谓之教"——"道性善"之"教" … 324
二、"性岂有本体、气质之殊"——对两种人性观的批评 ……………………………………………………… 327
三、"天命之性即不越才、情、气质而是"——"道性善"于"气情才" ……………………………………… 331
四、"天、命、性皆不越吾身吾心之外"——"道性善"于"尽心" …………………………………………… 335
第三节 从"本质先天"到"工夫先天"——黄宗羲与陈确的性善论之辩 ……………………………… 340
一、黄宗羲与陈确性善论之辩的关键问题 ……………… 341
二、"贞一而不变者"——性善的本质先天论 …………… 343
三、"人性无不善，于扩充尽才后见之"——性善的工夫先天论 …………………………………………… 351
四、黄宗羲与陈确性善论争辩的实质 …………………… 357

第四节　王夫之与黄宗羲、陈确的人性论思想异同 …………… 358
　　本章小结 ……………………………………………………………… 362
第九章　"世界哲学"视野下的王夫之人性哲学 ……………………… 363
　　第一节　从"文化中国"到"世界哲学" ………………………………… 363
　　第二节　"破块启蒙""推故致新"——王夫之人性哲学基本精神
　　　　　　……………………………………………………………… 365
　　　　一、王夫之人性哲学在中国哲学史上的定位 ………………… 365
　　　　二、王夫之人性哲学基本精神 ………………………………… 369
　　第三节　王夫之人性哲学研究的展望 ……………………………… 371
　　本章小结 ……………………………………………………………… 373
主要参考文献 ………………………………………………………………… 374

第一章　20世纪王夫之人性论思想研究的历史反思

近百年来,关于王夫之的研究蔚为大观,对其哲学思想进行阐释的专著与论文也是汗牛充栋。但就目前研究而言,专门研究王夫之人性哲学的著作或博士研究生论文相对较少。当然,这不是说王夫之的人性哲学是暗而不彰的。几乎在所有的关于王夫之的哲学思想研究中,王夫之的人性论都作为其哲学体系中的一个有机组成部分而被重点研究。亦即是说,王夫之人性论思想的研究成果是颇丰的,即使并没有从人性哲学的角度系统地建构王夫之的人性哲学思想体系。对王夫之人性论思想的研究,与各个学者对王夫之学问的思想渊源、取向和历史定位的认识是密切相关的。

具体而言,对王夫之人性论思想的研究,一种视角是从学术思想发展的连续性和承继性角度,要么认为王夫之的人性论思想是承宋明理学人性论的"余绪",要么认为是宋明儒人性论内在逻辑发展的最高点,王夫之使用的范畴和表达的思想均未超出宋明理学人性论的既有框架;另一种视角着眼于学术思想发展中的创新性,认为王夫之的人性哲学相对于宋明理学的人性论实现了质的飞跃,形成了新的研究范式。按照吴根友教授总结提炼出的20世纪明清学术、思想研究的四大范式,其中以冯友兰和港台新儒家为代表的宋明理学的"余绪说"和以钱穆—余英时为代表的宋元明清学术的"内在理路转进说"基本可归入第一种视角,以梁启超—胡适为代表的"宋明理学反动说"和以侯外庐—萧萐父为代表的"中国早期启蒙说"基本可归入第二种视角。

本章将按照上述两种视角梳理近百年王夫之人性哲学研究的概况,在此基础上总结出当前王夫之人性哲学研究的主要领域、基本观点和取得的成果。但在具体综述20世纪王夫之的人性论研究状况之前,有必要简单梳理一下清代前期和中期的学人对王夫之学问的认识。原因在于,一方面,这些学人毕竟离王夫之最近;另一方面,由于西学影响尚少,他们主要从中国传统学术的角度认识王夫之。清人对王夫之学的认识,其实为近代以来对王夫之哲学(当然包括人性哲学)的理解提供了某种前见或背景。

首先须提及的就是王夫之之子王敔所写的《大行府君行述》(简称《行

述》),其中评述王夫之:"至于守正道以屏邪说,则参伍于濂、洛、关、闽,以辟象山、阳明之谬,斥钱、王、罗、李之妄,作《思问录内外篇》,明人道以为实学,欲尽废古今虚妙之说而返之实。"①这是对王夫之思想渊源和为学取向的一个概括陈述。一方面将王夫之归宗于朱子所建构的道统一系,另一方面强调王夫之重人道之实学。在《行述》中,王敔叙述的一些内容尤为值得重视。如描述王夫之出入险阻、特立卓行、绝笔峥嵘的生存经历,对经史子集、儒释道思想的融会贯通,在知识文化考证和社会实践方面的实事求是精神等。这些内容鲜活地再现了王夫之的生活世界,而他的哲学(包括其人性哲学)思想从来都是植根于此。

为王夫之写第一篇正式传记的康熙年间进士潘宗洛认为,王夫之之学最尚张载,重在阐明天人性命之旨,也归王夫之为理学正宗。嘉庆、道光年间的唐鉴在其《国朝学案小识》中说:"先生学究天人,事通古今,探道德性命之原,明得失兴亡之故……其为学也,由关而洛而闽,力砥殊途,归宿正轨。"他将王夫之归入朱子学,其学问内容一涉及探究天人道德性命,一涉及论史之兴亡得失。曾国藩因刊印《船山遗书》对王夫之思想多有涉猎,一方面认为王夫之承继孔孟仁礼并举的思想,"其于古者明体达用、盈科后进之旨,往往近之"②,从方法论的角度总结王夫之学重在"明体达用";另一方面,论定王夫之学是"以汉儒为门户,以宋儒为堂奥"③,点出了王夫之学问和宋学、汉学的关系。

以上略述可见,前期和中期的清人大体上都将王夫之划为程朱理学一系,其学最推崇张载而力斥阳明之学,并兼综宋学和汉学的精神。民国时期编纂的《清史稿》《清儒学案》中对王夫之学的评价,基本沿袭了清人的观点。《清史稿》中谓"船山论学,以汉儒为门户,以宋五子为堂奥……皆力辟致良知之说,以羽翼朱子。于张子正蒙一书,尤有神契"④,《清儒学案》云王夫之:"平生为学,神契横渠,羽翼朱子,力辟陆王,于《易》根底最深。凡说经必征诸实,宁凿毋陋,囊括百家,立言胥关于人心世道。"⑤

---

① 王夫之著:《船山全书》第16册,长沙:岳麓书社2011年版,第73页。
② 王夫之著:《船山全书》第16册,第419页。
③ 王夫之著:《船山全书》第16册,第560页。
④ 王夫之著:《船山全书》第16册,第100页。
⑤ 王夫之著:《船山全书》第16册,第912页。

第一节　开新视野下的王夫之人性哲学

开新的视野着眼于学术思想发展的创新性，相较于宋明理学的人性论思想，这一视野的研究者认为王夫之的人性论思想实现了某种转向。首先从哲学的角度研究王夫之学术思想转向的学者当首推梁任公。但真正将王夫之哲学思想系统化，并将人性论作为独立的一部分而进行研究的则是王孝鱼。

一、梁启超、王孝鱼的船山学研究

梁任公第一个将明清三百年作为一个独立的学术单元进行研究，以区别于宋元明的"道学"传统。他认为宋明道学的共同特征是将儒家建设在"形而上学——即玄学的基础之上"[1]，而明清思潮则是对于"宋明理学之一大反动"[2]。这种反动即是王学自身发展的结果，更是时代精神所致，尤其表现为实地探索的科学精神的兴起、来华耶稣会教士对西学的传播以及民间渐盛的藏书和刻书风气等。它们的合力使明清的学术思潮呈现为"厌倦主观的冥想而倾向于客观的考察"，并"排斥理论，提倡实践"[3]。

在对明清学术这一总体认识的前提下，梁启超将王夫之界定为明清思潮启蒙期的代表人物之一。所谓启蒙期，梁氏将其对应为佛家生、住、异、灭四流转相中的"生"相，其特点是对旧思潮的反动而力求建设新思潮，而明清之际启蒙期的学者皆是"抛弃明心见性的空谈，专讲经世致用的实务"[4]。梁启超并没有专门研究王夫之的人性哲学，但他从中西哲学比较的视野，认为王夫之的哲学相对于以往的宇宙论和本体论，实现了一种认识论的转向，并"渐开科学研究的精神"。他尤为肯定王夫之"天理即在人欲之中，无人欲则天理亦无从发现"的新理欲观，认为是发前人之所未发，并影响了后来的戴震。[5] 自此而后，知识论、理欲观都成为王夫之人性哲学体系中应用的研究内容，梁任公更是首次从视域转换的角度肯定了王夫之哲学的突破。

---

[1] 梁启超著：《梁启超论清学史二种》，朱维铮校注，上海：复旦大学出版社1985年9月第1版，第92页。
[2] 梁启超著：《梁启超论清学史二种》，第3页。
[3] 梁启超著：《梁启超论清学史二种》，第91页。
[4] 梁启超著：《梁启超论清学史二种》，第106页。
[5] 梁启超著：《梁启超论清学史二种》，第16页。

王孝鱼先生是承继梁任公思想,第一个系统研究王夫之人性哲学的学者。他认为王夫之不是"仅掇拾洛闽之糟粕,陆王之绪余"的学者,而是"有清一代最具精湛之思想创作之精神者"。[①] 王孝鱼先生一生都致力于王夫之学术思想的研究,点校、审定了绝大部分的王夫之著作,可谓是读遍船山、读懂船山之人。他于1934年著成《船山学谱》一书,书的主体部分全面介绍了王夫之的学术思想,资料翔实、分析允当。王孝鱼先生归结王夫之人性哲学的走向是一种人本主义,"依人建极,即人本主义也"[②]。他建构了一套王夫之人性哲学的论述体系,由天道气化日新而生人,论及天人相通,再以性命日生详论人性论、人性修养论、识知论,而归于文质之备而论历史进化。

王孝鱼先生认为王夫之首先重估了"道"的意义,即器而言道、即用而言体的"惟器论"表达了王夫之实事求是的真理观。"依有生常"是王夫之宇宙论的根本义,肯定万事万物的实有、肯定宇宙为一生生不息的大生命,以"破无尊生,而人生之意义于以确立;破无立有而科学之根据于以大定。重形器故依有,重作用故常生"。[③] 由形器而言有,依有而生生不住,此即是气化之流行,日新富有、健动不息。天人之间,无非是气而已,所以"惟器论"复又是"惟气论"[④]。因为,王夫之反对程朱理学通人性天于一理,而主张通人性天于一气。天道气化不息而生人,人继天之善而成性,从而依人建极,由天道论转入人道论。

人道论方面,王孝鱼先生重点分析了王夫之的性命日生和继善成性论,突出人在后天的自强不息、精择固守、继善之功的重要性。在人性论上,他详细论述了道善性的关系、性之体用、性具节文条理和善性论;指明王夫之反对宋明儒的"超人之论"[⑤],而强调形色天性、气质之性即气质中之性即是本然之性。在性情关系上,王孝鱼分析了王夫之的四端为性而非情说;情无质无恒无节,故不能任情放纵、需要以性节情,但也不能去情灭欲,达情方能养性。王夫之关于恶的来源问题,王孝鱼先生的总结也甚为精当,第一,恶在流而不在源,性中没有恶的根源。第二,恶不在形色、不在情才、亦不在物,而是生于气禀与物往来之几,因为"几"具时间、空间性,时空不当而有恶的产生。"善恶者,非两端(两端指气禀和物欲)固有

---

① 王孝鱼著:《船山学谱·自序》,台北:广文书局1975年4月第1版,第1页。
② 王孝鱼著:《船山学谱》,第146页。
③ 王孝鱼著:《船山学谱》,第119页。
④ 王孝鱼著:《船山学谱》,第236页。
⑤ 王孝鱼著:《船山学谱》,第277页。

第一章　20世纪王夫之人性论思想研究的历史反思

者也,两端相交不适当而后不善以成。抑所谓不善者,严格言之,并非恶也,不适当而已矣。"①第三,恶是由习使之然,所以是习与性成。故养人的善性,需要知几,需要内外交养。

在心性论上,王孝鱼先生重点阐发了王夫之集义养气、心统性情才、未发已发、道心人心的思想。他特别论述了王夫之的心物关系论,物是道之撰、又是性之显。所以,"甘食美色,非过也。食不求甘、色不求美,则生人之趣尽矣"②,王夫之反对重朴贵损、禁欲贱身、绝物寂心之说。"物不外心而不待绝""心不外物而不待寂"③,心物各有而互成,离物无心、离心无物,故论定王夫之既非唯心论亦非唯物论。在人性修养论中,王孝鱼先生以克己复礼为王夫之最重要的修养工夫,因为克己复礼即是修身,它涉及心—形色—物的关系;进而论及念不可忘、思维、正心诚意、存养省察等工夫。识知论是王孝鱼先生接着梁任公说的,他认为王夫之和宋明儒奢谈人性不同,王夫之重视识知问题,并从格物致知、良知良能、知行关系方面进行了阐述。人性的修为、识知的获得,最终是以人道的流行去创造一个文质具备的不断进化的历史世界,王夫之的人性哲学归宗于历史进化论。王孝鱼总结说:"先生于道体,主惟器;于宇宙,主依有;于气化,主日新,皆与吾国之传统思想大不一致……主惟器,故重工具而不尚空谈;主依有,故重实在而不尚虚无;主日新故重变动而不尚寂静。"④惟器、依有、日新、"重健重动""破无立有""破幻立生"⑤,而要在依人建极,"终不离人而别有天,终不离欲而别有理""形色天性""心物不离""动而见天地之心",此是王夫之人性哲学的一贯之旨。⑥

综上,王孝鱼先生对王夫之人性哲学的研究可谓起了奠基性的作用,初步建构了王夫之人性哲学的基本框架、涉及的主要领域和核心范畴。他对王夫之人性哲学的人本主义定位、归宗于历史进化以及"惟器、依有、日新、健动、立生"等一贯之旨的总结都对后来学者产生了不小的影响,很多论点至今仍然具有进一步深掘的价值。但是,王孝鱼先生所擅长的仍然还是资料的分类整理和意义疏解,虽然有了中西比较的视野,不过,还显得比较生硬。他并没有以一个系统的理论体系为指导,因而对王夫之人性哲学

---

① 王孝鱼著:《船山学谱》,第279—280页。
② 王孝鱼著:《船山学谱》,第353页。
③ 王孝鱼著:《船山学谱》,第361页。
④ 王孝鱼著:《船山学谱》,第145页。
⑤ 王孝鱼著:《船山学谱》,第128页。
⑥ 王孝鱼著:《船山学谱》,第366页。

的研究更多是发现了"闪光点",而没有从整体上开显出王夫之人性哲学在中国学术和思想发展史上的特有地位和价值。

二、李石岑、张西堂的船山学研究

李石岑先生于1934年出版的《中国哲学十讲》中专辟一讲介绍王夫之的学说。他认为清代哲学完全不同于宋明哲学,而王夫之更是清代哲学第一人。李石岑先生总结王夫之哲学的基本立场是"体用一源"而"体有用动",其人性论建立在"理气一源"的基础之上,而"理气一源"也是由"体用一源"引申出来的。他认为王夫之讲"性",是从气、性、形一体连贯的角度而言,性与精气不离,故人的耳目口体发肤都是性所藏的地方。性与情才也是体用、动静的关系,"船山对于'才',则提出了一个'竭'字,而济之以诚;船山对于情,则提出一个'推'字,而济之以理"。① 李石岑先生对王夫之理欲观的分析细致而独到,特别是对王夫之看似互相矛盾的两种说法:一则说要天理流行、私欲净尽,有公理、无公欲;一则又说理在欲中、舍欲无理,天下之公欲就是理。李石岑先生认为这需要分别王夫之在不同语境下对"欲"的理解,即要区分"物欲"与"意欲""私欲""嗜欲"的不同。"意欲""私欲"是指"蔽"和"意见",其实就是孔子所要反对的意、必、固、我,王夫之的第一种说法是针对此而言。而王夫之第二种说法中的"欲"则主要指"物欲",物欲是自然流行、天下所同的,如对美色美味的追求,这可以说公欲即理;但若人想把个人的私意私见强加给天下人成为公欲,这却是不行的,故说有公理无公欲。王夫之其实是要把"欲"和"蔽""私"区别开来②。至于"嗜欲"则是指对"物欲"的无限制膨胀需求,本质上仍是"意欲""私欲",这就需要"养"的工夫,"养其生理自然之文""济之以诚""济之以理"。王夫之重"动"、重"欲",重"行"是其重"用"的思想推演而成。李石岑先生认为"重'欲'的思想,是清儒对于宋、明以来重'理'的思想的一个共同的反动。后此颜习斋的实践精神,似与船山重'行'的思想相一致;而戴东原的'生'的哲学,则直接由船山重'动'的思想推演而成"。③

李石岑先生的船山学研究,重视提炼王夫之学术思想的方法论,在心

---

① 李石岑著:《中国哲学十讲》,南京:江苏教育出版社2005年6月第1版,第279页。
② 关于王夫之理欲观是否有矛盾的问题,萧萐父先生、许苏民老师在《明清启蒙学术流变》和《王夫之评传》两书有详细的论述澄清,后文将予论。吴根友老师更认为在理欲观上,王夫之和戴东原实现了伦理学的一种转向,即伦理学的核心关注不再是"有欲""无欲",而是"有私""无私"的问题,他们主张人在实现欲望的过程中做到"欲而无私"而不是"无欲"。可参见吴根友著:《明清哲学与中国现代哲学诸问题》,第112—114页。
③ 李石岑著:《中国哲学十讲》,第298页。

性论、理欲论的分析上特别精致，尤其是看到明清哲学从王夫之、颜元到戴震的一些共同思想转向。虽然他褒举王夫之，但也批评王夫之重"我"、重"心"的倾向，不过，这似乎未能真切理解王夫之对"我""心"的看法；[①]至于仅以"体用一源"涵括王夫之的全部哲学精神，则似乎显得过于简单。

张西堂先生于1937年撰写出《明王船山先生夫之年表》，详细考察了王夫之的生平事迹、学术思想、著述考证以及师友记。他认为王夫之的哲学和政治思想，创见卓越、议论精辟，"非梨洲、亭林、夏峰、二曲之所能企及"[②]；在明清之际能自创一说而可代替宋明理学者，"惟有王船山一人而已"[③]。张西堂先生承梁启超的时代风潮之说，专论船山学产生的时代背景，几乎同于梁氏，但又增加了经济变革以及方以智对王夫之的影响。在王夫之的思想渊源上，他打破清人归王夫之为程朱理学的看法，对王夫之的思想渊源进行了更为细致的分析。他说，船山之学其本源在《易》和《春秋》，它们分别代表了王夫之的哲学思想和政治思想，王夫之推崇张载为正学，也是因为张载之学其源在《易》；对于程朱理学，王夫之则时有訾议，每每以张载为正；王夫之虽力批佛老与陆王，事实上又吸收了他们的思想。

张西堂先生论述王夫之的人性哲学继承了王孝鱼先生的体系，即由天道、天人关系而论及人性论、人性修为论和知识论；在整体框架上并没有突破，也延续了王孝鱼对王夫之思想的基本判定，如依有生常、气化日新、以人为本等，但在具体论述中有一些创见。首先，他认为王夫之哲学的思维方式其实是深契《易》哲学的"乾坤并建"以及张载的"一物两体"的见解，故持道器相须、太极阴阳一元、理气一元、心物一元、性情一元、理欲一元的根本观点，"而主张天人合一，体用合一，变常合一，理势合一，皆与其论宇宙本体，谓天下无有截然分析而必相对待之物之说相应"[④]。张西堂先生抓住王夫之思想的此一根本特征，后来学者则多从辩证法的角度进行阐释。其次，他认为王夫之天地之化日新、新故密移、性命日生、念念不住的思想，虽有《易》哲学和张载哲学作为资源，但也明显吸收了佛道两家的思想。最后，他尤为重视王夫之所说的"尽天地只是个诚，尽圣贤学问只是个思诚"的思想，认为"诚""思"二字可概括王夫之人性哲学的要义。

[①] 吴根友老师对此有专门的论述，王夫之说"有我之非私"是要"从理论上将能够承担社会责任的'我'与仅仅谋求个人利益的'私'区别开来"。参见吴根友著：《中国现代价值观的初生历程：从李贽到戴震》，武汉：武汉大学出版社2004年7月第1版，第194—197页。
[②] 张西堂著：《明王船山先生夫之年表》，台北：商务印书馆1978年7月第1版，第21页。
[③] 张西堂著：《明王船山先生夫之年表》，第1页。
[④] 张西堂著：《明王船山先生夫之年表》，第63页。

"诚"从天道言,"思"从人道言,"思诚"从天人相通言。"诚"即"实有"的意思,"至诚无息",故实有而生动。王夫之的人性论"以形色论天性,以气化实有其当然者论性,根本于实有;而谓继善成性,注重念与事之相继,而阐性命日生之说,则就生动言。其论才情习气,使于修养方面,重在尽心知性,存养省察,正心诚意,克己复礼以及理欲一元之论,皆与实有生动有关"。①

张西堂先生对王夫之学术思想渊源的论定,非常有见地,归宗于易学和春秋学。在船山学和宋明理学关系上,他认为王夫之不能简单归为程朱理学一系,而是以张载之学为正,同时借鉴和吸纳了陆王心学的思想,并受方以智的影响。对于王夫之天人性命论上性命日生、新故密移、念念相续等思想创发处,他特别点出王夫之对佛老思想的改造和融通。可以说,张西堂先生刻画出了船山学"积杂成纯"的本色。

三、张岱年、侯外庐的船山学研究

张岱年先生在1936年发表了《哲学上一个可能的综合》一文,他认为应该更加重视中国近三百年哲学思想的走向,"这三百年中最伟大卓越的思想家,是王夫之、颜习斋、戴东原。在宇宙论,都讲唯气或唯器;在知识论及方法论,都重经验及知识之物的基础;在人生论,都讲践形、有为。所谓践形,即充分发展人的形体,这种观念是注重动、生、人本的。我们可以说,这三百年的哲学思想,实以唯物为主潮。"②他进而指出对于中国哲学的未来,应该沿着王、颜、戴开创的方向而再度发展,其性质则是新唯物论(即辩证唯物论)、理想主义、解析哲学的一个新的综合。

张岱年先生是第一个以辩证唯物论、以严密哲学体系重构中国古代思想的哲学家,他将中国哲学划分为宇宙论或天道论、人生论或人道论、致知论或方法论、修养论和政治论五个单元。宇宙论又分为本根论或道体论、大化论,人生论分为天人关系论、人性论、人生理想论或人生最高准则论、人生问题论,致知论分为知论和方法论。③ 在宇宙论,应注重"历程与事物""理或物则""一本多级"三个方面;人生论上,应注重天与人的辩证统一(包括天人关系、善生与克物、动的天人合一),群与己的辩证统一(包括群己一体、与群为一),生与理的辩证统一,义与命的辩证统一,战斗与和谐

---

① 张西堂著:《明王船山先生夫之年表》,第81页。
② 张岱年著:《张岱年全集》第1卷,石家庄:河北人民出版社1996年12月第1版,第273页。
③ 张岱年著:《中国哲学大纲》,中国社会科学出版社1982年8月第1版,第3—4页。

的辩证统一；知识论上，注重知与物、知与行、感与思的辩证统一，注重"知之群性""真知的变与常"；方法论上，注重知行合一、解析法和辩证法。①

张岱年先生虽然没有专门研究王夫之的人性哲学，但他建构的哲学体系，即使在今天来分析王夫之的人性哲学仍不失为一个重要的参照系，故不烦赘述于此。更尤值得指出的是，张岱年先生在1937年所著的《中国哲学大纲》中，认为王夫之开启了一种不同于宋明儒的新哲学，这种新哲学注重人为、注重身体发展，可勉强称为"践形论"。他说"理学看重理不看重事，心学看重心不看重形；此新的哲学，则特别看重事物与形体"，并认为此"注重形体之发展，与理学家注重致知穷理，心学家注重发明本心，正是鼎立的三说"。② 张岱年先生分析，王夫之重人为、贵生，故以"践形"为人生准则。"践形"一方面指发展身体各方面机能，使之发挥至极致；另一方面是指身体各部分的发展又都合于道。"践形"之说，认为"形体与道，原非二事，而当即形体以实行道德……'即身而道在'，是谓践其形"。③ "践形"必即物而践之，在内就要发展耳目心思的机能，在外就要使万事万物各得其所、礼乐刑政各得其正。故王夫之非常重视正德、利用、厚生"三事"，主张人应该健动有为，反对无我轻身之说、反对绝物贱物之说。"重心则必贵知，重形则必贵能"④，王夫之反对阳明心学"舍能而孤言知"，而提倡先难后获、知行并进而行可兼知的"力行"学说。张岱年先生认为，王夫之贵人为、重形体、诚于忍、德行就在身物中的一系列观点，开启了下至颜元、戴震的"有唯物论倾向的人本有为哲学"。⑤ 以上足可以说明，张岱年先生深发了王夫之人性论中身体哲学的向度。后来很多学者阐释儒家或王夫之的身体哲学，而早在20世纪30年代，张岱年先生已经开其端绪了。后来，张岱年先生著《宋元明清哲学史纲》（1957—1958年）一书，进一步指出"王夫之重视生命、身体及活动的学说，教人从鄙视现实生活的宗教气氛中解放出来，这是饶有启蒙意义的思想"。⑥

新中国成立后，张岱年先生仍然积极从事王夫之哲学的研究，以下仅就他对王夫之人性论方面的论述做一个总结。首先，张岱年先生对船山学中"天""气""理""道"等范畴做了更为细致的区分。他指出王夫之对

---

① 张岱年著：《张岱年全集》第1卷，第275—277页。
② 张岱年著：《中国哲学大纲》，第367页。
③ 张岱年著：《中国哲学大纲》，第369—370页。
④ 张岱年著：《中国哲学大纲》，第372页。
⑤ 张岱年著：《中国哲学大纲》，第373页。
⑥ 张岱年著：《王夫之的唯物主义》，《张岱年全集》第3卷，第425页。

"天"和"理"的关系在前后期的表述上似乎有矛盾,前期反对程朱以天为理,后期又说天即理。事实上,王夫之在第一义上认为天即气,而气化现理,理为天之所出;又因为天总是气化流行的,一说气便有气化也就有理,所以天也可称作理。但是在逻辑上,气先理后,在实际运行中则气不先理不后。在这个意义上,王夫之是以"气"为本体的理气一元论。"道"和"理"也是不同的。有气就有理,但不一定有道。"道"是指当然的准则、有道德意义;"理"则无定,有"失理"之理,即存在"自然的没有道德意义的理"。"理"主要在天道上言,单说个"道"字主要指人道,"有道固是有理,无道也未尝无理"。所以王夫之认为,只能说天下有道或无道,不能说天下有理或无理。① 其次,在认识论上,张岱年先生主要阐发了王夫之即事穷理、格物致知的观点以及能所观和心物观。针对有学者简单依据王夫之所说"心无非物,物无非心"就断定王夫之是唯心论,他说"心无非物"是王夫之强调不能寂心绝物,而应该使心念念不忘认识百物、实践众事;"物无非心"是指达到了"'备万物于一己'的对万物无不理解的境界,也就是达到了主观与客观相互一致的境界"。② 因此,王夫之仍是唯物论。当然,张岱年先生一再强调这不是科学的、机械的唯物论,而是马克思的实践唯物论。再次,王夫之对父子君臣伦理有突破,王夫之强调"天下无不是底父母"是有一定道理的,因为这是天性之爱,但父母也可能犯错误;至于"天下无不是底君",王夫之则坚决反对,君臣只是义,他反对绝对君权。最后,王夫之在人生观上,强调"主动""珍生务义""相天造命",肯定现实生活和道德理想的价值,肯定人的主观能动性。

张岱年先生运用辩证唯物论的观点重构中国哲学,主要还是一种横向分析,尚未将其运用到历史领域,即没有从唯物史观的角度来把握明清之际学者的思想特质和历史定位。而侯外庐先生则是引入马克思主义的唯物史观,从经济、政治、阶级、时代背景等多角度进行分析,认为明清之际已经有了资本主义萌芽,而反映在意识形态上则产生了个人自觉的近代人文主义。正是在这样的意义上,侯外庐先生提出"明清启蒙说",界定王夫之为中国早期启蒙思想家,而王夫之哲学开启了中国近代的思维活动。

侯外庐先生于1944年撰写《船山学案》,对王夫之的学术渊源做了别

---

① 张岱年著:《王船山的唯物论思想》,《张岱年全集》第5卷,第12—13页。按此文写于1954年。

② 张岱年著:《王夫之的唯物主义》,《张岱年全集》第3卷,第418页。

有创见的阐发。他认为王夫之对中国学术传统是批判的发展,"对朱熹为否定式的修正,对王阳明为肯定式的扬弃"①。王夫之的直接传统不完全是张载,在理论上是汉代的朴素唯物主义者王充,在方法上是老庄和法相宗。侯外庐先生认为王夫之将宋明儒高悬的普遍意志、超生化的主宰"理"还原为"日生日新的贞常性,使'一成型'下降于人类实际生活上"②,而人类实际生活无不在絪缊生化、推故致新的历史过程中。故不再是绝对僵化的天命观,而是日新富有的新命观;不再是绝对的常性论,而是日生日成生化的人性论;不再是绝对的理,而是实践中不断发展的理;不再是固有的知见,而是学思的历史积累。侯外庐先生认为王夫之所说的"性不是一个绝对的类概念,而是人类的潜在发展的能力,随着人的生长而逐渐形成,它和自然相与为能,日生日存"③,也即是说,"性"是和人的实践行为联系在一起的。他特别重视王夫之人性论中"继""成""习"的概念,这些概念表达了人的主观能动性、人性的不可限量性,说明人性是一个历史的生成过程。在知识论上,侯外庐先生指出王夫之吸收了唯识宗的心理分析成分,以"量""志""虑""小体之官"分别对应唯识学的第八阿赖耶识、第七末那识、第六意识、前五识,从而论述感性到理性的一系列认识过程;分析了王夫之名、辞、推论的逻辑学理论;论述了德性之知与见闻之知在实践上的统一。

整体上,侯外庐先生"勾画了王夫之的以自然史研究为起点、中经对作为认识和实践主体的人的探讨、而以人类史研究为终结的哲学逻辑体系"。④ 他并没有从传统人性论的角度专论王夫之人性哲学,而是引入马克思主义唯物史观的一套理论体系,从"认识和实践主体的人"出发来探讨王夫之的成器论、人性论和知识论等;强调人是历史的创造者,人的性命和知见都是历史和实践的具体统一;发掘了王夫之人性论中带有人文主义自觉的近代命题。同时也应该看到,由于是初次使用马克思主义的一套理论话语,侯外庐先生在用来诠释王夫之哲学时,明显有生搬硬套的痕迹,在一些论述上显得较为牵强、解释也不够合理。但他开创了研究王夫之人性哲学的一套新的理论范式,这在萧萐父先生的明清"早期启蒙学说"中得到了进一步深化和发展。

---

① 侯外庐著:《船山学案》,长沙:岳麓书社1982年8月第1版,第7页。
② 侯外庐著:《船山学案》,第33页。
③ 侯外庐著:《船山学案》,第65—66页。
④ 萧萐父著:《吹沙集》,成都:巴蜀书社1991年9月第1版,第511页。

四、萧萐父、冯契、张世英的船山学思想研究

萧萐父先生一生"呼唤启蒙",以王夫之哲学作为个案研究,寻求中国传统文化现代化的历史接合点。其40多年的潜心研究,遥契王夫之哲学的精髓,以"破块启蒙""六经责我开生面"为主旨,沉贯历史感和现实感、理性与情感交融而建构了宏大的王夫之哲学体系,成为当代王夫之哲学研究的集大成者之一。

一方面,萧萐父先生以逻辑与历史相统一的方法来定位王夫之哲学,认为宋明清时期的哲学思潮中,正是王夫之的哲学通过对程朱理学和陆王心学的双向扬弃,而在更高层面上复归到张载之学,完成了哲学矛盾运动的大螺旋。用三段式的说法,在这一螺旋上升的哲学运动中,张载是"正",而程朱陆王为"反",而王夫之在更高层面的复归于张载则是"合"。萧先生正是以这种发展和动态的历史眼光来考察王夫之的哲学,因而将王夫之哲学定位为对"宋明道学乃至整个中国传统哲学的批判总结"。所以,王夫之哲学"在学脉渊源上,绝非'本朱子而黜异端',而是精研易理,反刍儒经,熔铸老庄,吸纳佛道,出入程朱陆王而在更高的思想层面上复归张载,驰骋古今,自为经纬,别开生面";在运思取向上,既因体以发用,又由用以显体,"由一趋多,由虚返实,与程朱背辙,反接近于陆王。但又不是简单地向着陆王的运思倾向趋同,而是在更高的思想层面上吸纳并改造了陆王哲学的合理因素。"①

另一方面,萧萐父先生认为王夫之哲学更是通过扬弃宋明理学而建构了新的具有启蒙性质的哲学。他一再强调,应特别重视王夫之哲学中超越前人而别开生面的一面。通过追溯中西的历史发展进程,他发现二者的同中之异和异中之同,认为在广泛的意义上"中国有自己的文艺复兴或哲学启蒙",即在中国皇权专制社会尚未崩溃的条件下所展开的自我批判。这种自我批判在明末清初特定的历史条件下(社会政治和经济危机总爆发、资本主义萌芽新滋长、质测实证之学兴起、反映一般市民要求的文艺创作活动空前繁荣等),最终以"反理学思潮"这一特殊的理论形态表现出来,造就了以王夫之哲学为代表的"破块启蒙"的近代哲学思想。②

萧萐父先生论王夫之的人性哲学,是以人的生存和历史性存在作为出发点。通过人的感性实践活动,以人而明"两间之有"。他说"首先是一种

---

① 萧萐父,许苏民著:《王夫之评传》,南京:南京大学出版社2002年4月第1版,第87页。
② 萧萐父著:《吹沙集》,成都:巴蜀书社1991年9月第1版,第15—19页。

通过感性直观、笼统观察到的'广大'存在;其次,具体辨认到互相区别的各种实在事物;再次,反复'相遇',在差别中又看到'若异实同'的共同本质;最后,通过'与其事''亲用之'的实践,知道物质世界有其'盈、缩有时'的固有规律",人的感性活动就证实了"迎目而觉,游心而不能越"的天地、自然界是"确然凝立,无所不在"的①。"两间之有"涵括人、自然、社会的所有方面,其"有"通过人的"践行"而显现出来。天地万物不是可有可无的,它恰好是秉持着性情、目的和价值理想的人的本质力量的体现。因此,人和天地万物不是处在一种外在的关系当中,而是处在一个有机的联系当中。萧萐父先生认为,王夫之"肯定人是自然的最高产物,人一旦产生便成为自然的'主持者',成为'天地之心'"。自然界是向人而生成的,正因人的出现,"天下之物才由'自在之物'变成'为我之物','以我为人乃有物,则亦以我为人而乃有天地'。"②正是"天地之心"的人显示出"天地之妙用"而证实"天地之有",此"实有"、此"诚"即是"气"的本体论或实有论。萧先生从人的生存实践出发,论及"灿然皆有"的气本论和"动而日新"的宇宙论,天地的演化流行通过人而达到自我意识。他着力阐发了王夫之人性哲学中的认识论和首尾玄合的辩证法,强调"成德"和"求真"在王夫之人性论中的统一。

　　萧萐父先生认为,王夫之人性哲学认识论的逻辑起点是作为认识主体的"人"。人的认识之所以成为可能是在于"人之有性",此"性"即"神也",具体表现为作为认识主体之人的特殊性能"知"和"能"。"知"和"能"是人所固有的两种潜在的能动性,"知"表征着人对客体认识的不断加深,直至"尽器";"能"表征着人具体的躬行实践、不断提高主体能力,直到"践行"。王夫之极力反对陆王心学"舍能而孤言其知""尊知而贱能"的理论倾向。因为舍弃"能",再好的"良知"都无法实现,也就等于无知。因此,"知"的认识能动性和"能"的实践能动性必须"同时发挥出来,才能成就人的大业,实现人的本质,达到人的目的"。③ 通过自然和社会的实践活动将"知""能"的潜能转化为现实,其途径必然接触到天地万物,于是就引入"己、物"和"能、所"的范畴,表现为人之"形、神"与"物"的关系。"能"是作为主体的人的认识和实践能力,"所"是认识和实践的客体对象。王夫之批评佛教和陆王心学皆"消所以入能",而他认为"所"是实有其体、

---

① 萧萐父著:《船山哲学引论》,南昌:江西人民出版社1993年12月第1版,第13—14页。
② 萧萐父著:《吹沙三集》,成都:巴蜀书社2007年1月第1版,第98—99页。
③ 萧萐父著:《船山哲学引论》,第79—80页。

"能"是实有其用的。王夫之因此批判了四种错误倾向,萧萐父先生总结得尤为精彩:"其一为反对积极'治物',主张听任自然,'绝圣弃智';其二为怀疑主观有认识和改造客观的能力,主张消极地等待'时势';其三为无视客观条件和客观规律,主张随心所欲、盲目行动;其四为干脆抛弃外物,割断主观与客观的联系,主张'绝己绝物'。前两种属于抹杀主观能动性的宿命论,后两种属于夸大主观能动性的唯意志论,都是不正确的。王船山认为,必须把尊重客观规律与积极有为的活动密切结合起来,既反对无所作为,又反对为所欲为。"①己物、能所规定了主客体之间的区别和联结,而认识活动的深入展开,就需要转入"心、事"和"心、理"范畴的分析。萧萐父先生将心、事关系界定为主观与客观事物的现象之间的关系问题,属于感觉论范畴。而心、理关系是思维对事物本质规律的把握问题,是心、事感性认识论进一步深入的表现。王夫之反对程朱理学"以心立理"之说,而主张"以心循理""有即事以穷理,无立理以限事"。心对理的认识分为"以心循理"的知性认识阶段和"以理御心"的理性认识阶段。知性阶段表现为由"尽器"到"贯道"的过程,理性阶段则由"尽道"而"审器",从更高的层次回到"器",这就是"入德",即由感性具体、经过知性的抽象再到理性的具体的反复过程。所以王夫之的认识论又可表现为"尽器"→"贯道"→"入德"的逐步深入过程,"只有'成器在心'才能'据之为德',只有'入德'才能'凝道'。"②萧萐父先生用"感性""知性""理性"的范畴创造性地诠释王夫之哲学的认识论,并打通"心、事、理"和"器、道、德"的辩证关系,既从文本出发又进行理性升华,别开生面,提升了王夫之人性哲学的理论层次。通过认识活动的深入分析,主体潜在的"知、能"发挥出来,必然落实到现实的"知、行"关系上。王夫之批判阳明的"知行合一"之说,认为知、行是和而不同,有分、有异才有和,以杜绝"以知为行""离行以为知"的虚浮学风。针对朱子的"知先行后",王夫之特别突出"行"在认识过程中的突出地位。知固以行为功,而行不以知为功;行可以得知之效,而知不可以得行之效。所以,"'行'是'知'的基础、动力和落脚点,'行'包括了'知'、统率着'知'、优越于'知'",得出了"行可兼知"的重要结论。王夫之重"行",并进一步提出了"实践"的范畴,肯定人的主体性和能动性,这样"他的认识论的终点回复到起点——作为认识主体的实践着的人"。③

---

① 萧萐父著:《船山哲学引论》,第81—82页。
② 萧萐父著:《船山哲学引论》,第84页。
③ 萧萐父著:《船山哲学引论》,第86—87页。

知行的目的是为了"实践之"、将心之所存"推行于物",通过"厚生利用"的生产实践、"行于君民亲友之间"的道德伦理实践等,最终以"人文化成天下",创造一个人化的世界。

萧萐父先生总结王夫之的人性哲学"首重'人极',依人建极,主持天地"。① 即是说不应抽象地谈论"天道""性命",而应该从现实生存着的"人"出发来考察天地万物及其规律。他从唯物史观的视角,突出王夫之的人性价值观相对于宋明理学的转变,认为王夫之开启了一种彰显人文意识、高扬人的主体性和个体性的人文主义人性哲学。他从王夫之人性哲学的天人关系、人性论、理欲观展开论述。

在天道与人道关系上,萧萐父先生认为王夫之反对宋明理学"以天道率人道""以人道法天道"的立场,而主张"以人道率天道的人本主义立场"②。他具体从天人、人禽、自然史与人类史三个维度论述王夫之天道与人道的联系和区别。天人关系上,天地无心而人有心,所谓"天心"无非就是人之"心"。"天地之生,以人为始",人的出现才彰显出天地万物之用,人进而主持天地、首物克家,"化天之道为人之道,以人之道尽天之道"③。人禽关系上,禽兽有"天明而无己明",动物有天赋的生存本能、知觉和活动能力,但却没有自我意识,禽兽的一切终其一生都无法超越天赋能力的限制。而人则有"己明"且"知觉有渐",其自我意识是在实践的过程中发挥主观能动性而不断生成的。故人不仅有天道(命),更有人道(性),从而能持权天地。从人类史与自然史的关系而言,人类的发展是由"朴"到"文"的历史性过程,王夫之通过"人禽之辨""华夷之辨""君子小人之辨"而认为"人的道德自觉和人格塑造有一个由禽到人、由夷到夏,即由野到文,乃至继善成性而超迈流俗的漫长过程"。王夫之重"史""以史为归","通过'史'发现自我的历史存在,感受民族文化慧命的绵延"。④ 人不仅是从事着生存实践的主体,更是历史文化传承和创建的主体。基于以上认识,王夫之提出了"天者器,人者道"的光辉命题,通过将自然之天看作人的实践对象之器,以合目的的理想性改造自然之天,从而开发出了带有近代性质的"竭天成能"的主体性哲学。

王夫之基于"理气合一"的气本论引申出"继善成性""理欲合性"的人性论。萧萐父先生认为王夫之总结和批判了以往的各种人性论学说,因为

---

① 萧萐父著:《吹沙二集》,成都:巴蜀书社1999年1月第1版,第428页。
② 萧萐父著:《吹沙三集》,第95页。
③ 萧萐父著:《吹沙三集》,第98页。
④ 萧萐父著:《吹沙三集》,第161页。

他们都不是在讲"人性",而是"以作用为性"。"性善恶混"是以"情"为性,"性三品"说是以"才"为性,"以恶为性"是从"习"论性,"性无善无恶"则是以"道"为性,甚至孟子的"性善说"也是在"天人之际"说性。王夫之认为他们说得都有道理、都有依据,但都是"偏",随举一物以言性而不知性之全体和真谛。他们都不能从天道的日新授命和人道的社会历史实践相结合的角度论"性",而这正是王夫之的卓见。萧萐父先生从思想史发展的角度,认为王夫之的人性学说继承和发展了李贽的"德性日新"和王学左派"穿衣吃饭即是人伦物理"的观点,从"天地之气化不息和人之'取精用物'的生命活动之中"①论"继善成性""性日生日成"和"习与性成"。"继善"不仅是指天道的日新相继授命,更是说人要"继"此善端而取精用粹的实践活动。"'继善',就是发挥人的自觉能动性,去作器、述器、治器。而所谓'器',按王夫之的说法,不仅是指具体的对象,而且包括文明,《诗》《书》《礼》《乐》皆圣人所治之器。"②故人的"继善"尤其体现为"权"的自由意志和能动实践活动,实践无止境,人性的历史发展也是无止境的。所以,"性屡移而异""未成可成、已成可革"。人性绝不可视为初生时的天赋成型,也不只是天道日新的授命而已,它更是人实践活动历史的辩证发展过程。王夫之不仅讲"继善成性",他同时也认为"理欲合性",人性是"理"和"欲"的有机结合。萧萐父先生认为王夫之理、欲的区分只是逻辑上的,事实上二者相互为体、不可分成两截,也不存在时间先后之分。只是从逻辑顺序上,"欲"在先,正如"利用""厚生"在先而"正德"在后。所谓"'理',不仅是人的道德之理,而且首先是人的生之理、欲之理……一切关于人性的理论,都不能舍弃欲的合理性而孤言道德之理"。③首先,王夫之为"甘食悦色"正名,认为人的"甘食悦色"与动物的生理本能决然不同。人之甘食悦色的井井分别处,就是至仁大义之所在。因为人的本能、情感、欲望已经不是简单的生物学机能,而是科学的、道德的、审美的活动。其次,王夫之强调要在"人欲中择天理,天理中辨人欲"。宋儒简单说个"存天理、灭人欲",将天理人欲截然对立起来。如照此说,动物也有天理,所谓"虎狼之父子""蜂蚁之君臣"岂不成了仁义。不要以为只讲天理、仁义就可以了,弄不好就成了禽兽之"仁义"而纵容姑息之爱,此不是"天理"而恰成"人欲"了,这就是天理中辨人欲。王夫之认为必须将天理人欲统一起

---

① 萧萐父,许苏民著:《王夫之评传》,第325页。
② 萧萐父,许苏民著:《王夫之评传》,第328页。
③ 萧萐父,许苏民著:《王夫之评传》,第317页。

来,理以欲为体、欲以理为用,才能真正辨人禽相异之几希,这就是理欲合性、互为体用的道理。再次,萧萐父先生认为,王夫之主张"欲中见理""人欲之各得即天理之大公",更强调"入天下之声色而研其理""与万物交而尽性"的观点,冲破了意识形态化理学对人性的伦理异化。王夫之的理欲观以"天理之大公"须以"人欲之各得"为前提,主张"以理导欲"而反对禁欲论和薄欲论。如前所述,天理人欲不相离、理欲合性而互为体用,性无不善,则理欲皆善,天理即在人欲中。宋明理学讲的"人欲",并不排斥人的基本生理需求,而是排斥甘食悦色、好货好色之类,而王夫之则同时肯定了后者。萧先生认为王夫之所说的"人欲"是指"每一个具体的活生生的个人的物质生活欲望,人欲都是'有私'的,不可能有'无私'的人欲"。① 王夫之即明言"私欲之中,天理所寓""人人之独得,即公也",强调每个人的"独得",可见他是肯定人皆有私和这种私欲的合理性;每个人的欲望都得到满足,同时又通过恕道推己及人,从而实现"人欲之大公",此"公欲"即是"公理"。但是,王夫之又言"有公理、无公欲""私欲净尽,天理流行",似乎前后矛盾。李石岑、林安梧等学者都认为王夫之并不矛盾,王夫之不是反对"人欲"而是反对"私欲",即不是"天理"与"人欲"相对,而是"天理"与"私欲"相对。但按照萧萐父先生的观点,王夫之是肯定"私欲"的,其后面的说法有特定的针对性,即指"匹夫匹妇,欲速见小,习气之所流,类于公好公恶而非其实"的欲望。这种"私欲"是损人利己的"私"、假公济私的"私"、违道干誉的"私",这样的私欲成了"伪",王夫之肯定的是合理的、正当的即"诚"的私欲。所以,王夫之既肯定人欲,也肯定私欲,他要反对的是不合理或以不正当手段满足的私欲,即伪欲。故准确而言,是"天理"与"伪欲"相对,而天理与人欲、私欲是合一的。王夫之所谓的人欲或私欲,是欲而有私且私而有义,萧萐父先生认为这才是王夫之"天理人欲,只争公私诚伪"的真实意义。② 基于上述观点,王夫之既反对"惩忿窒欲"的遏欲论,也反对"薄于以身任天下"的薄欲论,当然也反对"贪养不已,驰逐物欲"的纵欲主义,尤其对挟天理之名而行人欲之实的假道学深恶痛绝。王夫之认为正确的态度是在肯定人欲的前提下,以理导欲,"既在理论上堂堂正正地肯定人欲之合理性,又致力于重建一种达于'人欲之大公'的道德规范,提升人的道德境界,以适应人性发展和社会进化之要求"。③

---

① 萧萐父,许苏民著:《王夫之评传》,第333页。
② 在一定程度上,王夫之的理欲公私观已经涉及了类似密尔所言的群、己权界问题。
③ 萧萐父,许苏民著:《王夫之评传》,第352页。

既往对王夫之人性哲学的研究,主要从成德的本体、工夫、境界视角展开,重点考察王夫之的天人性命论、人性情才论和修为论。而王夫之强调"贞生死以尽人道""竭天成能""继善成性"从而"善动化物""以人造天",最终实现了"'人之所以异于禽兽'的本质、本性,达到真、善、美的统一"①。萧萐父先生认为王夫之的人性哲学不只是"善"的维度,更是真、善、美的融通和一致。他说:"王夫之一生,风骨嶙峋。时代的风涛,个人的经历,传统文化的教养,学术道路的选择,都促使并激励着他始终执着于'壁立万仞,只争一线'的理想人格美的追求。"②萧萐父先生将王夫之的人性哲学归结于"人格美"的艺术和审美境界,从一个崭新的视野深化并升华了王夫之的人性学研究。王夫之一生重立志和养志,通过读史以明志,在历史长河中感受民族文化慧命的生生不已,具有强烈的文化担当意识,追求"参万岁而一成纯"的理想人格崇高美。王夫之不仅有"抱刘越石之孤愤"的历史忧患意识和无比强烈的历史使命感,"希张横渠之正学""六经责我开生面"的理性抉择;更有"赏心""遥感"的顽石之美和"搔首问天""以诗达志""续梦观生"的艺境诗心。王夫之认为"美"是天化与人心、主观与客观、自然与人文、情与景的妙合和融通,是最高的精神境界。而"诗"则"内极才情,外周物理",正人心、立人格,陶冶性情。他肯定情感和审美的崇高地位,在"诗"与"美"中体验到人性的解放和心灵的自由,表现出独立人格的魅力。"王夫之多梦,并都予以诗化。诗中梦境,凝聚了他的理想追求和内蕴情结",虽"抱刘越石之孤愤"而又"思芳春兮迢遥","王夫之诗化了的'梦',乃其人格美的艺术升华"。③

综合上述,萧萐父先生立足于"贯通古今、中西比较"的宏观视野,以马克思主义哲学作为参照系,对王夫之哲学的理论渊源、思维方式、思想体系和历史地位进行了全面准确的梳理和总结。其对王夫之人性哲学的分析,重点发掘了其人性生成论、历史人性论的深刻意蕴,特别阐发了王夫之论人性生成的理想人格美境界,这些论述对当代王夫之人性论思想的研究具有重大的启发意义。

与萧萐父先生一样,冯契先生也认为明清之际已经达到了马克思所说的自我批判的阶段,而王夫之主要从哲学方面对中国传统文化进行了较为全面的批判和总结,基本实现了朴素唯物主义和朴素辩证法的统一。冯契

---

① 萧萐父著:《船山哲学引论》,第88页。
② 萧萐父著:《吹沙二集》,第427页。
③ 萧萐父著:《吹沙二集》,第427—432页。

先生在20世纪80年代初期出版的《中国古代哲学的逻辑发展》和相关论文中,对王夫之人性哲学中涉及语言、逻辑和人性等方面的思想做了富有创发的阐释。

冯契先生对王夫之的逻辑和语言哲学做了细致的分析。此前,侯外庐先生曾提及王夫之名、辞、推论的逻辑学理论,但论述尚不够详细。冯契先生认为王夫之将秦汉的"名实"、魏晋的"言意"、宋明的"象道"之辨进行了批判和总结,"在'名从实起'的唯物主义前提下讲名与实、言与意、象与道的对立统一"。① 王夫之重视语言,"言"是人所独具的功能,是承继于天而别于物的大用。通过"言"而"正名""立道",正是人道可能得以实现的关键所在。首先,冯契先生分析了王夫之"名""辞""推"的辩证关系。老庄追求"无名""坐忘",禅宗讲"无念",理学家讲静心如明镜而"物来顺应",王夫之都坚决反对,他提出"克念""念念不住"的观点。冯契认为"克念"就是指能够通过语言进行思维的意思,由于"念"前后相续,所以人的概念或思维是一个前有来源、后有趋向的生成之流。既不能执着概念为静止僵死之物,又不能视概念的运动是刹那生灭、不留痕迹的。王夫之似乎看到了逻辑思维的辩证本性:"概念的运动是一个前后相续、彼此相函的发展过程。在这个过程中,每一个概念既是现在的,又超乎一时一地的局限而具有概括的性质。"② 冯契先生的这一阐述是很有创造性的,我们认为,王夫之"念念不住"的说法还涉及"心"的"意识流"特征和内在时间意识问题。有了概念,还需要进行判断,即所谓的"修辞立其诚"。"辞"就是判断,体现为文质的统一,"经验把握了一个个实体(质),深入的考察又认识了事物的一般属性(文),然后思维才能做出文质统一的判断——'辞'"。③ "辞"立而有真正实在的知识,就能进一步指导实践。王夫之说"推而行之存乎通","推"就是指推理。不仅要推而求其通,还要存其变,更要推行于实物实事中,将逻辑思维贯彻于知行统一。其次,王夫之依据名实统一的观点,进而提出"言、象、意、道"相统一的理论。仁义之"道"必须通过人之心而喻其"意",然后以"言"的形色表达出来,在人伦和社会实践中由仁义而行,仁义也就显诸客观之"象"中。最后,冯契先生认为王夫之说"微言以明道",是强调分析和综合相结合。道家、程朱片面强调分析,理学将"理"绝对抽象化,其流弊是形而上学的独断论;禅宗、陆王片面

---

① 冯契著:《中国古代哲学的逻辑发展》下册,上海:上海人民出版社1985年4月第1版,第973页。
② 冯契著:《中国古代哲学的逻辑发展》下册,第976页。
③ 冯契著:《中国古代哲学的逻辑发展》下册,第977页。

强调综合,其流弊是以"知觉"为"心",又落入相对主义。王夫之反对这些"截然分析"的思维方法,认为"既要'乐观其反',不使'穷理而失其和顺',又要善'会其通',不能'惊于相反而无所不疑'"。① 总体说来,王夫之在一定程度上把握了逻辑思维的辩证规律。

至于王夫之的人性论,冯契先生总结为"继善成性说",具体表现为"性日生日成"与既往理学家"复性说"的对立,"成身成性""循情定性"的成人之道与佛老、理学家的"禁欲无我""无情忘情"的对立。他认为王夫之的"成性说"继承和发展了先秦儒家(特别是《易传》和荀子)的观点,扬弃泰州学派"造命由我"的唯意志论,反对宋明理学"复性说"的宿命论,在唯物主义气一元论的前提下,比较正确地阐明了天与人、命与力、性和习的关系。王夫之说性日生日成,是将人性看作是天人交相作用的一个过程。人性的形成,一方面依赖于天命日新的不断赋予,另一方面又依赖于已生后人自主的权衡和选择,"人性的形成不全是被动的,也是人主动地权衡取舍、自取自用的结果……人的视听、思维的发展,才能、德性的养成都是主客观交互作用的过程"。② 这就是王夫之所说的"习与性成","习"可指习行、学习、习惯、习俗等,本质上即是指人在后天与环境的交互作用。人不像动物,仅是初命就被决定一生。而人性是生成、发展的,它不是一成不变而是可以变革改造,在社会实践中不断完善起来的。王夫之不仅强调"成性",而且也强调"继善"。"继善"有两层意思,一方面是指"天人相绍"的自然过程,唯有人能继天之善而成性;另一方面是指人秉此天生的善性而"自继以善无绝续"的后天努力过程。所以,"继"既指天人相继,又指择善弃恶的继之功。因此,"继善"和"成性"是统一的,同时"继善成性"与"习与性成"也是统一的。从天人之际来说,人无不有善性,王夫之坚持"善性说";但从后天继还是不继、习的影响来说,人可以"成性之善",也可以"成性之恶","从人性的完成形态来说,有善有恶;而就其本源来说,则'天命'之'良能'无有不善"。③ 由此,王夫之批评历来的人性学说,"性恶""性善恶混""性三品"的学说是从人性的既成状态而言,是离天道而专言人性;"性无善无恶"说,是离开人专讲天道;"复性"说则将人性看作一成型便不变动的。这些人性学说都不明白"性日生日成"的道理,不能从天人交互作用的角度理解"继善成性"与"习与性成"。冯契先生说,王夫之"提出了

---

① 冯契著:《中国古代哲学的逻辑发展》下册,第996页。
② 冯契著:《中国古代哲学的逻辑发展》下册,第1007—1008页。
③ 冯契著:《中国古代哲学的逻辑发展》下册,第1009页。

'性日生日成'的命题,把人性理解为一个过程,超过了以往任何一种人性理论,是向真理迈进了一大步"。[①]

王夫之的"继善成性"论,既是人性发育的自然过程,同时又是培养德性的作圣之功。冯契先生将此工夫总结为"成身成性"和"循情定性"。他认为王夫之所讲的理想人格是"以身任天下"的大丈夫,是对老百姓的疾苦和幸福感同"身受"的人。所以,德性的造就离不开"成身",人性在"仁义礼智以正其德"和"声色臭味以厚其生"两方面是互相为体、互相促进的,正是在"成身"的过程中实现"成性"。"成身"与"成性"的统一,其实就是身心的统一,就是感性和理性的全面发展。王夫之说"即身而道在","道"在天地万物而被察见,"性"则在"形色"中显现,故不能绝物、灭欲、贱身,而必须"践形"。人只有在"形色"中亲身实践了"道",才可能"成性",这是一个主客交互作用的过程。"客观事物的色声等感性性质给予我以'道'(客观规律和当然之则),我接受了'道'而使性'日生日成';我通过感性活动而使'性'得以显现,具有色声等性质的客观事物各以其'道'(不同的途径和规律)而使人的'性'对象化了。"[②]客体的主体化、主体的客体化相得益彰,冯契先生从马克思"实践的、人的感性活动"的观点出发,将王夫之"即身而道在""成身成性""践形"的思想发挥得淋漓尽致,也可以说是对张岱年先生"践形论"的继承和发展。德性凝于形色,王夫之复又反对"无我"之说,"我"正是德性、形色、情感和意志的统一体。"情"是"性"的表现、是"善"的端倪,不是灭情、忘情而是因人之情加以引导,使此"善端见而继之不息",从而达到定性或成性的效果。这就是王夫之"循情定性"的思想。对"情"加以引导,一方面,就是使"情"从属于"志"。"志"和"意"不同,"意"是偶发的意向和动机,是和个人的私欲私见相联系的;"志"则是对"道"的理性认识,是持久的志向。必须正志以导情、持志以诚意,使知、情、意三者良性互动、全面发展,从而造就理想人格。另一方面,"循情定性"不仅是追求知、情、意的全面发展,更是追求真、善、美的统一,这表现在王夫之强调通过诗歌、礼仪、音乐等来陶冶人的性情。冯契先生认为王夫之的"循情定性"说深入探讨了"美"的问题。诗歌、礼仪、音乐,一切艺术、一切美的显现和创造,既是天工,但更是人极性灵情才的杰作。性表现于情,情通过音、声、容、形而与天地万物交相通。天地自然之美因人情的感发而显现,自然的节奏就表现于人的音容;人通过音乐、舞蹈等形

[①] 冯契著:《中国古代哲学的逻辑发展》下册,第1011页。
[②] 冯契著:《中国古代哲学的逻辑发展》下册,第1013页。

式,将自然之美凝结在德性的艺术和审美活动中,诗礼乐等艺术就拥有了人性的内涵,这样的艺术就能陶冶人的性情。冯契先生总结王夫之的人性论,其"提出'性日生日成',反对了理学家的'天命之谓性';在'成人'(培养理想人格)的学说上,提出'成身成性'与'循情定性'的观点,比较注意身与心的全面发展,知、情、意的全面发展,反对理学家'无欲''无我''无情'等说教;'循情定性'的理论还进一步对中国古代的艺术意境理论做了哲学上的总结"。①

张世英先生在中西比较的视野下,将"人生在世"区别为"主客二分"与"天人合一"(主客浑一、物我交融)两种方式。他认为中国哲学的发展是"长期以天人合一为主导原则转向主客二分式的发展史,明清之际是转折点"②,王夫之正是转折性的人物:其哲学既是中国传统"天人合一"思维方式的"终点",同时又是近代哲学"主客二分"和"主体性"思维方式的兴起。相较而言,程朱理学突出"分",强调理气、道器、人性、形上形下的区分,然而却使"天人合一"无法真正贯通;陆王心学重"合",打通心、性、天、理、气为一,却太过缺乏"主客二分"和认识论的思想。王夫之则融通程朱陆王,在其哲学体系中实现了"天人合一"和"主客二分"的有机结合,并论证了人不仅是理性的存在、也是超理性的存在。王夫之反对朱熹割裂理气、道器的做法,主张理气合一、道器合一、体用合一,强调心的主动性,并认为天道就在人心之中。这些观点是和阳明很相近的。不过,阳明虽然没有形上形下的区分,但他并不直言道器、理气的不可分割关系。王夫之则"直接地、明确地、详细地论证了二者的统一,特别是形而下的'器'和'气'的首要地位……显然,王船山反对形上与形下两个世界之分而主张道器合一、理气合一的观点,其明确、直接的程度远超过王阳明"。③还需要指出,王夫之的"天人合一"主要还是说天道与人道的相通,而不是直接将人道等同于天道,这和阳明所说的"道即是良知"是不同的。王夫之所言的"天理"也不只是道德的法则,"天理""天道"同时又是万事万物的理则。他认同程朱的"心具理"而反对陆王的"心即理",强调即物穷理的重要性,这些方面王夫之又同于程朱理学的观点。所以,张世英认为王夫之的"天人合一"其实是理学和心学两种"天人合一"学说的综合,这种综合的结果使"天人合一"又能够涵摄"主客二分"和"认识论"。而朱熹"心与理一"的

---

① 冯契:《论王夫之的"成性"说》,船山学报1984年第2期,第16页。
② 张世英著:《天人之际:中西哲学的困惑与选择》,北京:人民出版社1995年5月第1版,序第3页。
③ 张世英著:《天人之际:中西哲学的困惑与选择》,第294—295页。

天人合一以及阳明的"心即理"的天人合一说,从根本上都是和"主客二分"相对立的。王夫之的"能所观"才真正明确了主体与客体的区分,其知行并进、行可兼知的说法不仅是道德意义上的、也是认识论意义上的认识和实践;他强调"竭天成能""以人造天"更体现了主体性的进取精神。张世英先生认为"王船山可说是中国哲学史上第一个最接近西方近代哲学中主体性思想的哲学家"。①

那么,王夫之又是如何将"天人合一"和"主客二分"结合起来的? 张世英先生认为二者结合的关键是"超越"。主客二分即分别出作为认识主体"心"和作为认识对象的事物和法则,作为个别的、主观的"人心"而言,主体和客体是彼此外在的;但作为"人心之所同然者"或者"道心""天心"而言,则"超越"了主客二分的层次,先前外在的事物和法则也在"心"之内。因此,"王船山的认识论或主客二分思想(他称之为'能所')都是讲的这种'天心'之内的主客二分。换言之,在王船山的哲学体系中,天人合一是主,主客二分和认识论是从属于天人合一的"。② 把握主客二分的认识能力,就是王夫之所说的"格物",它是一个从感性认识到理性认识的过程。但是"格物"所得无论如何都是有限的,它存在"量"和"涯"的限制;要超越这种主客二分而把握"道"或天人合一的无限整体,就必须通过"致知"。"致知"是一种在认识或思维之上的、超理性的"神化"功能,它能体"道"而实现天人合一。张世英先生认为在王夫之哲学中,人既有主客二分的理性认识或思维功能,又有超越主客二分、超理性的功能;王夫之真正实现了人在把握世界时的感性认识、理性认识和超理性三大阶段的统一。至于"格物"(感性与理性认识)与"致知"(超理性)的关系,"格物"属于认识论范畴(感性、理性都是相对于主客二分而言的),"致知"则已经超出认识论,但并不是说"格物"与"致知"绝对分离,"'致知之功'既不能绝对脱离感性认识和理性认识——不能绝对脱离'格物',而又超出感性认识和理性认识——超出'格物'"。③

张世英先生认为王夫之"致知""神化""德性之知""天德""心之神"的思想,从多个层面向我们展现了中国哲学中超理性的领域,而"超理性象征人的最高价值"。④ 他进一步指出,王夫之的"审美意识——诗意的超理性"正是更高层次天人合一的美学和艺术境界,它彰显了人在"把握天地

---

① 张世英著:《天人之际:中西哲学的困惑与选择》,第93页。
② 张世英著:《天人之际:中西哲学的困惑与选择》,第298页。
③ 张世英著:《天人之际:中西哲学的困惑与选择》,第304页。
④ 张世英著:《天人之际:中西哲学的困惑与选择》,第304页。

万物的功能中的崇高地位"。① 王夫之将天化与人心、情与景妙合于诗情画意之中,强调情与理合一、思与诗合一。他的诗心之理,不是"名言之理""经生之理",不是抽象的概念和道德的说教,而是具体的、个别的融入形象和情感化的理。简而言之,王夫之的"天人合一"归于审美境域,在这一境域,超理性高于理性、诗高于思。一言以蔽之,王夫之哲学"既有西方近代的主客二分和主体性的进取精神,又是天人合一、人物交融的诗意境界的哲学,是个体性、差异性和流变性从传统的整体性和凝滞性中获得解放的哲学"。②

　　从以上萧萐父、冯契、张世英三位先生关于王夫之人性哲学的研究中,可以看出,他们都共同将王夫之的人性哲学归结为追求真、善、美的统一。不过,他们之间仍有区别。冯契先生主要是将"哲学史作为人类认识史的精华"来看待③,故其讲真、善、美的统一,是从认识论的角度超越了主客二分而至"天人合一"之境而言的;张世英先生其实也有类似的观点,只是他更强调"天人合一"的审美境域所具有的超理性特征,此境界已不复为认识论所羁绊。而萧萐父先生所讲的真、善、美的统一则更明确地将之统一于王夫之的"人格美"。王夫之的"人格美"在萧萐父先生的诠释语境中,主要表现为德性主体的挺立,人之人性情才在实践和历史中的超迈流俗与自我完善,历乎生死忧患、成败困窘仍然"执着理想的坚贞,在存在的缺陷中自我充实,在必然的境遇中自我超越"④的对独立自由人格的不懈追求;这种"人格美"又在"诗化的梦境"、在"民族文化慧命的绵延"中得到了艺术与历史的升华。故萧萐父先生所说的王夫之人格美,是成善、审美和契真的高度统一而又上升为一种精神之美的超越境界,是"笃实而光辉"、无形与有形的有机统一。

　　综上,与一些学者主要将人性论局限于"成德"层面或道德形而上学不同,萧萐父、冯契、张世英等前辈学者的工作扩展了人性哲学的研究范围,涉及道德、知识、情感、身体、语言、历史、艺术和审美等多个层面的哲学领域,彰显了人性哲学的丰富性、生动性、多元性和人文性,可以说更加契合了中国哲学生机勃勃、日新开放的传统。今后王夫之人性哲学的研究,应沿着前辈学者开创的方向继续深入拓展下去。

---

① 张世英著:《天人之际:中西哲学的困惑与选择》,第 305 页。
② 张世英著:《天人之际:中西哲学的困惑与选择》,序第 4 页。
③ 冯契著:《中国古代哲学的逻辑发展》上册,第 38 页。
④ 萧萐父著:《吹沙二集》,第 432 页。

五、林安梧、陆复初的船山学研究

林安梧先生认为王夫之开启了一套不同于宋明理学的新儒学,宋明儒重在"见体",而王夫之则强调"明体达用""由用见体"①。而且,王夫之亦不同于民国以来的新儒家,林安梧先生说当代新儒家的开山祖师熊十力先生主张的是一种观念主义(Idealism),王夫之则接近于现实主义(Realism)。② 他承继唐君毅先生对宋明儒人性论"理、心、气"三分的观点,认为王夫之重"气"凸显了"存在的历史性"。即是说,"人性"与"历史"并重,"一方面肯定了人性主体的庄严,另一方面则亦注意到了历史的流变"。③人性是在历史中展开,同时人性的展开又创造了历史。因此,林安梧先生认为王夫之哲学的诠释起点是"人",此"人"是一个有血有肉的真实存在,是一个具有人性身份的、生活于历史世界的人,人通过人性的展开而创造一个人文化成的世界,而此世界是通极于"道"的。"人不是一孤零零无所挂搭的存在,当我们说'人'时,必已隐含了'道'及'历史文化',这形成了三环而交光互网的系统,此亦即是'两端而一致'的对比辩证系统。"④王夫之体系的建构即是以"人极之建立"而上溯自然史(天道观)下及人类史哲学(历史观),"人极之建立"即指人性论,林安梧先生称之为"历史人性学"。以上的观点,与萧萐父先生论王夫之哲学"首重人极,以史为归"是相通的,但萧萐父先生更强调王夫之之人格美所体现的真、善、美的统一。

林安梧先生将整个王夫之哲学归结为一种"人—道—历史文化"辩证循环、相互诠释的"人性史哲学"。他以"人"为王夫之学诠释的起点,而"人性"的诠释通极于"道",故"道"又是王夫之学体系的顶点或最高预设。"人"与"道"不只是"性与天道"的垂直相契,更是在时间、历史中生成和展开。所以,"道"与"时间"是合一的,它必然展开为历史文化。以"道"而言,一方面,"道"启发"人",人秉此"道"而创造一个历史文化的世界;另一方面,"道"开显为历史文化的世界,此世界又孕育了人性的成长。以"人"而言,人诠释历史文化,历史文化通过"人"而通极于"道";同时,人又揭示"道","道"经由"人"而实现于历史文化。以"历史文化"而言,它丰润了

---

① 这一点曾昭旭先生已经论及(后文有述),不过曾氏认为王夫之仍是接着宋明讲,林安梧先生则认为王夫之是开新。
② 林安梧著:《王船山人性史哲学之研究》,台北:东大图书股份有限公司1987年9月第1版,第6页。
③ 林安梧著:《王船山人性史哲学之研究》,第28页。
④ 林安梧著:《王船山人性史哲学之研究》,第139页。

"道","道"因历史文化而启发"人";历史文化又教养了"人","人"经历史文化而至于"道"。"道的历史性"和"人性的历史性"辩证统一。林安梧先生认为王夫之"即生以言性",既不同于程朱"即理以言性",也不同于陆王"即心以言性"。"生"不仅是生物学意义上的,更是从存在论和历史发生学的意义上而言。所以,人性的历史性,一方面是指人性本身就含有的历史性,可通极于道,由"道"的历史性而言人性的历史性,此即是"道→善→性"的"继善成性"说;另一方面是说人性是在"道"所开显的时空历程中孕育而成,人性是在历史中生成的,此即是"性日生日成、可成可革"和"习与性成"说。王夫之认为人性不仅是历史的,而且人性具有社会性,此社会性表现为族群性和类阶性,族群性表现在夷夏之辨、类阶性表现在君子小人之辨。林安梧先生认为王夫之特重人的历史性和社会性,不把人性看作是普遍的理念,而是视为一个在具体历史进程中的展开;不是从抽象的角度看待人性,而是将人性落实到具体的身份认同。

　　林安梧先生总结王夫之哲学的思维方式为"对比的张力"和"辩证的综合"相结合的"两端而一致"。"两端"是对列,又是彼此相涵的,辩证的相涵又须以一端为主轴,主轴形成上升的动力,故两端既是对列又是隶属,经由辩证而达致"综合",即是"一致"。这应该是部分吸收了大陆学者关于"辩证法"的观点。具体表现在天道(指自然世界与人文世界的统一),就是以"气—诚"为首出的"理气合一";在人性,就是以"理"或"性"为主轴的"理欲合一"或"性情合一";在人性史,就是以"贞一之理"为始终的"理势合一"。就"历史人性学"(人性论)而言,林安梧先生首先分析了"气"与"形质"的关系。王夫之认为所谓气质,"气成质而质还生气也"。"气成质"是从太和氤氲之气生人之"形质"而言,此太和之气本就涵健顺之理,凝于人的形质就成"性";所以,"气质之性"就是"本然之性"。"质还生气"则是指人生以后,人与物交的过程中不同"质"之间同异攻取所生的"气";此"气"不是太和氤氲之气,而是一时之升降、有通塞精粗之别的气。故"这样的生不是实体的生,不是自质之体的生;而是关系的生,是就质之用而说的生"。[①] 其次,道心与人心关系上,一方面,王夫之认为道心统人心而人心又统道心;另一方面,他以"道心"指"性",以"人心"指"情",又有"心统性情"之说。"道心统人心"即是"道心统情",此"统"是"主统之统"的主宰义;"人心统道心"即是"人心统性",此"统"是"通统之统",指的是通极于道心。所以,王夫之虽然同意朱熹"心统性情"的说法,

---

① 林安梧著:《王船山人性史哲学之研究》,第110页。

但他强调"统"作"兼"义、"函受"义,而不能作"主"义。人心统性是说人心上"受"于性,道心统情是指道心下"函"情。"函受"一词就辩证综合了"主统义"和"通统义"。再次,在理欲或性情关系上,林安梧先生认为王夫之反对遏欲,主张下畅其欲,中达其情,上通于道;并也从"公私"的角度来辨析"理欲"。最后,林安梧先生总结王夫之是从"气化流行"的角度,将气、质、形、性(道、理)、心、情、才、欲等辩证地彼此绾合为一,"其绾合而聚缩的核心点则是'心'——实存于世的'心'"。① 秉持实性的心即是实心,此实心感发的情即是实情,由此实情而下授的才欲亦具是实,皆通极于实道实理,"一切皆实,此乃修养之正途"。②

林安梧先生对王夫之人性哲学的研究,不囿于门户之见,既立足其港台新儒家的基本学术立场,又引入马克思的唯物史观和辩证法,并能较为客观平实地吸收大陆学者的研究成果。这使得他的研究,在理论建构和细节论述方面都有新的突破和创新,而且具有很大的包容性和开放性,应该说在许多方面都可以和萧萐父先生的王夫之哲学研究相沟通。另外,林安梧先生还融入了当代西方现象学、解释学、发生认识论的观点来诠释王夫之思想,在中西比较方面也有新的开创。

陆复初先生于20世纪80年代后期先后撰写了《王船山学案》和《王船山沉思录》两书,基本上是以现代和后现代的西学视野来诠释王夫之哲学。他认为明清之际以王夫之为旗帜的中国启蒙思想是中国文化继先秦子学、宋明理学之后的第三次文化高潮。而王夫之更是第三次文化高潮中哲学思想的巅峰,他不仅集传统文化之大成、开启了现代意识,更"超越西方的理性和启蒙",王夫之的哲学是"以唯物主义为前提的中国式精神现象学"。③ 陆复初先生认为王夫之的人性论是以"太虚一实"的物质观、实有观为前提④,以强调人的主体性和主观能动性为核心,而归结于"理势合一"的社会实践。因此,他提出王夫之是"客观实在性、主体性、社会实践三结合,三者交互作用的本体论"。⑤ 在人性论的具体论述上,首先,陆复初先生将王夫之的"性"解释为梅洛·庞蒂的"身体主体",通过"身体"的介入性而与世界、他人、社会、天道有机融合,如此而有"性日生日成""继

---

① 林安梧著:《王船山人性史哲学之研究》,第117页。
② 林安梧著:《王船山人性史哲学之研究》,第118页。
③ 陆复初著:《王船山沉思录》,昆明:云南人民出版社1991年1月第1版,第24页。
④ 陆复初先生对王夫之"太虚一实"的阐释,引入了相对论、量子力学、系统论、信息论等观点,特别是用罗嘉昌先生提出的"第零性质"的说法进行说明。但是否符合王夫之的本意,似值得商榷,当算一家之言吧。
⑤ 陆复初著:《王船山沉思录》,第31页。

善成性"和"习与性成"等学说。其次,他从理性与非理性、爱欲与文明相统一的角度,论述王夫之的人性、性情、情欲的关系。再次,从当代心理学精神分析的维度,对"心"的结构和功能、人性情才的关系进行了重构。最后,阐释王夫之改造佛家唯识学而提出"志"和"量"范畴,深化了对主体性的探讨。

平心而论,陆复初先生对王夫之哲学的研究是有不少创见的,至少看到王夫之的哲学思想与西方现代、后现代哲学沟通的可能性。但他的研究基本成了"以西释中",存在牵强的痕迹。反观当代,对王夫之人性哲学的研究中,西学的视野已经不可回避地摆在我们面前,很多学者都试图摆脱既往德国古典哲学和马克思主义的参照系,更多从当代西方的现象学、解释学、分析哲学以及后现代的视野来诠释王夫之,但如何把握住应用的边界和限制,不使"中西比较"成为"以西校中",确实值得深刻反思。

第二节 连续、承继视野下的王夫之人性哲学

在开新的视野下,一般将明清三百年的学术作为不同于宋明理学的一个独立学术单元。而在连续、承继的视野下,则一般将明清三百年学术也划入宋明理学的范围。对王夫之而言,他首先就是一位道学家,他的人性论也是在宋明理学的人性范畴内发展的。只是,要么归宗王夫之是主张载而和会程朱理学一系、或和会陆王心学一系;要么以张载、王夫之为代表别出构成气学一系,形成宋明以来理学、心学、气学三足鼎立的局面;要么认为王夫之是融贯理学和心学的集大成者,是后期道学的高峰。

一、熊十力、钱穆的船山学思想研究

当代新儒家的开山祖师熊十力先生,对王夫之评价甚高。他说:"晚明有王船山作易内外传,宗主横渠,而和会于濂溪、伊川、朱子之间,独不满于邵氏。其学尊生以箴寂灭,明有以反空无,主动以起颓废,率性以一情欲。论益恢宏,浸与西洋思想接近矣。然其骨子里自是宋学精神,非明者不辨也。其于汉师固一切排斥,不遗余力也。"[①]并言其平生所学"穷探大乘,而通之与《易》,尊生而不可溺寂,彰有而不可耽空,健动而不可颓废,率性而

---

① 熊十力著:《熊十力全集》第 4 卷,萧萐父主编,武汉:湖北教育出版社 2001 年 8 月第 1 版,第 140 页。

无事绝欲"。① 从中可以看出,熊十力先生是承继王夫之学问而进的。他总结王夫之学"尊生""明有""主动""率性",可谓简练精当、一语中的。"尊生",是王夫之继承并发展了《易》之生命哲学;"明有",王夫之以言幽明而不言有无,认为天地均为"诚"而实有;"主动",王夫之主张"天下日生而君子日动"以救明末空疏颓废之弊;"率性",王夫之认为情欲与性合一,故反对绝欲或遏欲而主张以性帅情。此四方面,熊先生认为王夫之"论益恢宏,浸与西洋思想接近矣",并以此"所以救宋明溺于二氏之弊,功绪甚伟"。② 但同时,他认为王夫之骨子里仍然是宋学精神,其学宗主横渠而和会程朱一系,这和前中期清人的评价基本一致;不过,他又指出王夫之虽然力诋阳明,但在很多方面其实是和阳明是一致的。这虽然有调和二王(王阳明、王夫之)的倾向,但指出王夫之与阳明学的密切关系,实具慧眼,后来很多学者均持此种类似观点。

熊十力先生在1913年发表的《翊经录绪言》中说:"濂溪、横渠、王船山,实三代后圣人也。其学之大者,在以道器为一源,形上形下为一体,有无虚实聚散为一贯,昼夜古今为一致,平陂顺逆为一途,旁行而不倚,圆神而不流,所谓穷神知化,德之盛也。"③此处,他将周敦颐、张载、王夫之相并提,认为他们是三代后的圣人,对他们学问的总结也是颇为精当。而在1918年出版的处女作《心书·王夫之学自记》中,熊先生更称王夫之的学问,使他从"身心无主,不得安稳"的状态下求得"安身立命之道"。此"道"即是"道器一元,幽明一物""全道全器,原一诚而无幻;即幽即明,本一贯而何断? 天在人,不遗人以同天;道在我,赖有我以凝道。斯乃衡阳之宝筏、洙泗之薪传也"。④ "幽"非"无"而"明"非"幻",幽明不是两物相对而是本就一物相续而贯;不离器而有道,不离人而有天,天地只是一诚而已,有"我"而人道立,人道立而天道由此而显。"道器一元""幽明一物""天在人""道在我",短短数语,熊先生实道出王夫之学若干关键所在。后来,熊十力先生将其总结为"道器兼综,体用赅备,一洗空疏迂陋之风,而归于实事求是"。这也是明清之际思想家如顾炎武、颜元等为学的特点。熊十力先生非常肯定明清之际"明人道为实学"的学风转变,他认为王夫之等

---

① 熊十力著:《熊十力全集》第3卷,第916页。
② 熊十力著:《熊十力全集》第5卷,第193页。
③ 熊十力:《境由心生:熊十力精选集》,西安:陕西师范大学出版社2008年4月第1版,第143页。
④ 熊十力著:《熊十力全集》第1卷,第5页。

人是承继宋儒复兴先秦文化的遗志,而又"绳正其偏,救治其蔽"。① 按熊十力先生的哲学体系用语,王夫之的"道器一元,幽明一物"实质就是"体用不二"论②。他认同王夫之是本于张载的"唯气论",此"气"生化日新、健动不息,但"唯"是特殊义而不是唯独的意思。张载、王夫之都以气言天。但熊氏说张载之"天"是空洞之天,所谓"清虚一大",而王夫之"即于气之灵与理而识天,是乃生生不息之天也。灵是气之灵,理是气之理,天非别于气而另为空洞之境,更非有拟人之神可名天。王船山之唯气论,实涵有泛神论之意义者也"。③ 故此"气"是灵妙而又有理则之物,所以是即心即物、心物同源,可称之为中国式的唯物论,然绝不是近代西方意义上的机械唯物论。"体用不二""心物同源",才能纠正宋明儒之偏,而真正由"内圣"开出"经世致用"的外王学,熊氏认为这恰好是王夫之高于汉宋以来诸儒的独到之处。熊先生对王夫之学的此一认定,实质上开启了后来港台新儒家研究王夫之的基本方向。如唐君毅认为王夫之重"气"、重"用"而能成"人文化成论",曾昭旭、林安梧都从熊十力的体用观中论述王夫之学的殊胜之处。

熊十力先生对王夫之所言性命日生论尤为相契,他提出"人性具生命力"之说,"个人生命力即是宇宙之大生命力,岂形气可以隔之乎?世俗以为吾人生命力当初生之顷从宇宙大生命力分化而来,既生以后,因拘于形气便与宇宙隔绝。殊不知所谓宇宙大生命力乃浑然全体而不可剖分,凡有形气皆其所凝成者,而何隔之有乎?故吾人初生之顷资生于宇宙之大生命力,既生以后,迄于未尽之期,犹息息资生于宇宙之大生命力,吾生与宇宙始终非二体。故吾之生也,息息与宇宙同其新新,而无故故之可守。命之不穷,化之不息也如是。斯理也,船山王子,盖先我发之矣"。④ 熊十力先生的这一阐发,可以说是对王夫之天人关系的一个甚好的注解,后来曾昭旭基本沿此一思路论述王夫之的天人观、分析"显性之本体"与"尽性之定体"的关系。

以上所论可知,熊先生深受船山学影响,对王夫之仰慕至极,"余平生于古今人,多有少之所歆、移时而鄙,独至船山,则高山仰止,垂老弗变,其

---

① 熊十力著:《熊十力全集》第2卷,第724页。
② 熊十力先生的体用论实质上吸收了王夫之的很多思想观点,可简单归结为"体用一如、健动不息"。此处只是简单综述,故不详论,可详见郭齐勇著:《天地间一个读书人:熊十力传》,上海文艺出版社1994年版,第159—169页。
③ 熊十力:《熊十力全集》第8卷,第692页。
④ 熊十力著:《熊十力全集》第2卷,第84—85页。

书感人之深如此"。① 但从熊十力先生学术历程的演变而言,他是由王夫之切入而归宗于阳明心学。故他虽然对王夫之的人格和学术思想都十分推崇,并认为王夫之在很多地方都超越了汉宋明诸儒,但当王夫之和阳明在"关节处"有不同时,他往往又都以阳明为正,"船山不幸而宗横渠,故于本原处始终不透"。② 此不透之"本原处"即是"体用之义未融,情性之分莫究,天人之故犹未昭晰"。③ 熊先生认为王夫之"乾坤并建"之旨近于二元论,而未达体用不二的精义。照熊先生之义,乾元即坤元,无有并立。其实,这是心学典型的即乾即坤、即坤即乾的思维方式,先不论此种思维方式本身的问题,熊先生对王夫之的"乾坤并建"本身就是误解。我们认为,在王夫之看来,乾坤并不是实体存在的二物,而是作为"气"的区别性特征而已,根本不存在二元论问题。至于后面说王夫之情性之分、天人之故的问题,其实都是熊先生站在心学的立场来匡正王夫之,在我们看来这恰好不是王夫之的"不透",而正是王夫之以"气本论"的立场超越心学的地方。但正如吴根友教授所说,熊十力先生对王夫之的批评"丝毫不影响熊先生对王船山其人及其哲学的推崇,而只是表明不同体系的哲学家在用自己的心灵与前贤进行真诚的对话"。④

和梁任公认为明清三百年是对宋明理学的反动、侯外庐先生认为是早期启蒙运动不同,钱穆先生则认为明清三百年学术是宋明理学内在自足的发展。他说:"自乾、嘉上溯康、雍,以及于明末诸遗老;自诸遗老上溯东林以及于阳明,更自阳明上溯朱、陆以及北宋之诸儒,求其学术之迁变而考合之于世事,则承先启后,如绳秩然,自有条贯,可不如持门户道统之见者所云云也。"⑤ 可见,钱穆先生的论断主要是从纯学术思想史的角度而言,而没有考察"社会经济基础的变化与中西文化交流对明清之际学术、思想的影响"。⑥

钱穆先生对王夫之的研究前后有较大的变化,他于1923年撰写《王船山学说》一文,从中西比较的视野,竭力开掘王夫之哲学别开生面的部分。但1937年出版的《明清三百年学术史》中论王夫之一章,则完全运用中国

---

① 熊十力著:《熊十力全集》第5卷,第193页。此段话为熊仲光所记录。
② 熊十力著:《熊十力全集》第5卷,第193页。
③ 熊十力著:《熊十力全集》第3卷,第916页。
④ 详见吴根友:《近百年来"明清之际"学术、思想研究四种范式及未来展望》,"国际明清学术思想研讨会暨纪念萧萐父先生诞辰八十五周年"会议论文,2009年11月。
⑤ 钱穆著:《中国近三百年学术史》,北京:商务印书馆1997年8月第1版,第21页。
⑥ 详见吴根友著:《明清哲学与中国现代哲学诸问题》,第15—17页。

传统术语,从宋明理学传承和流变的立场,将王夫之描述为一位理学家。其间变化,颇值得寻味。① 在《王船山学说》一文中,钱穆先生认为王夫之的人性论不同于程朱的理性派,倒是和后来的戴东原相似。他首先论定王夫之的人性论是"心物交相为用"的新经验论,因此反对空悬的"道",而注重现实经验的"器",故又是"惟器主义"。他认为王夫之"重器""重行"非常类似詹姆斯、杜威提倡的"实验主义",也和墨家相近。其次,王夫之以"天者器,人者道"卓见,用人道代替形而上的天道,实开启了一种不同于既往儒家"以天道范围人生"的"依人建极"的人本主义。复次,钱穆先生认为王夫之解决了几千年纠缠不清的"性命论",王夫之讲的性和命"简直是一种日新的生活,一种继续改变增加的经验"。② 最后,王夫之和戴东原一样主张理欲同根,认为人的思想行为等不能逃脱"欲"和"养",也不应该脱离;故对情欲主张疏导,不主张遏塞,强调本情以建理。而在《明清三百年学术史》中,钱穆先生更强调王夫之与宋明儒之同,细辨与戴东原、颜习斋之异。他说"船山学风,本近横渠。长精思,重力践,俨然关学气象"③;又称王夫之"一本人性为说",论心论性最为精当。王夫之论"性",是从日生日新之化而言,性不是初生就成型,而有待于后天的养,"性贵于养而期于成,而所以为养者贵于择之精执之固"。④ 钱穆先生认为,王夫之此观点深契老庄"观化"之旨,并和黄宗羲"心无本体,工夫所至即其本体"的论述相近。王夫之和荀子虽然都强调后天的工夫,但和荀子性本恶的"化性起伪"不同,王夫之是善先于性,性中无恶而必是善。王夫之论"心",此心不能离身以为灵,也不能绝物以为明,强调心、身、物的交相发用,而反对蹈虚主静以治心。钱穆先生认为王夫之学的精神是"显真明体""理惑辨用",此"真体"就是人性本体,此"惑"就是习气、虚知、情欲,"理惑辨用"即是讲人性修为。同样是重"习",习斋是笃行而谓习以成能,王夫之则是明人性以革其习气;同是重"知",东原是解析事理以达用,王夫之则辨浮解虚知以明体;同是言"欲",王夫之本人性之真,无所谓纵也无所谓遏,而严人禽

---

① 钱穆先生前后变化的原因,有其时代背景的因素。可参见郭齐勇、汪学群著:《钱穆评传》,南昌:百花洲文艺出版社1995年1月第1版,第213—214页。另可参见吴根友著:《明清哲学与中国现代哲学诸问题》,第23—24页。因为当时正值抗日战争时期,钱穆先生的民族意识使他更坚定地站在本民族文化传承的立场上,而反对西方的哲学术语。而1923年写《王船山学说》时,钱穆先生还很受谭嗣同、梁启超的影响,在文中他提及谭、梁二人首先注意到王夫之。见钱穆著:《钱宾四先生全集》第22册,台北:联经出版事业公司1998年5月第1版,第109页。
② 钱穆著:《钱宾四先生全集》第22册,第119页。
③ 钱穆著:《中国近三百年学术史》,第118页。
④ 钱穆著:《中国近三百年学术史》,第110页。

一线之争,"习斋已不严此一线之争,而东原则漫此一线,故皆与船山分路"。①王夫之讲人性本体、人性修为,而归于人文进化,钱穆先生认为"养其生理自然之文,而修饰之以成乎用"正是王夫之论学主旨,由人性推极于礼而为教。

钱穆先生对王夫之的研究,注重材料,分析简练,尤擅长思想史流变的梳理以及思想家的学术传承和异同。按吴根友师从"通观"的角度来考察宋元明清哲学,则钱穆先生对王夫之的研究前重开新、后重承继,似乎可做一个研究范例,当然钱穆先生是没有自觉意识到的。他对王夫之人性论的研究,从人性本体到人性修为,归于人文进化,这一思路应该影响了很多后进学者。唐君毅先生特别阐发王夫之的人文化成论,其雏形当是钱先生的人文进化论。但钱穆先生对王夫之人性哲学的研究不够全面系统,有些断语过于简单。如仅以虚实之辨就总结王夫之的道器观、体用观和理气观。为了凸显王夫之与习斋、东原的不同,说王夫之是明体,后两人是达用,其实王夫之明体达本就贯通、不可相分。至于归结王夫之是溯源人性,而习斋偏事功而汩于习行、东原专物理而溺于情恕,则似乎太略。特别是钱穆先生没有特别重视"气"在王夫之人性哲学中的地位,至1961年,他写出的《王船山孟子性善义阐释》一文,才肯定王夫之是"唯气一元论"而进至"德性一元论",对他前期的观点也进行了不少补充和完善。

二、嵇文甫、冯友兰、贺麟的船山学思想研究

嵇文甫先生于1935年著《船山哲学》,他对王夫之的定位是"宗师横渠,修正程朱,反对陆王"②;不过,他又指出王夫之实和陆王有共鸣之处,如王夫之带有的"自由解放意味"就接近陆王。整体上,嵇文甫先生认为王夫之讨论的问题都没有超出宋明以来道学家的范畴,但道学在王夫之取得了新的面貌、带上了新时代的色彩。他总结王夫之的根本思想"天人合一,生生不息",这个"合"和"生生"都是从"气"上讲。王夫之言心、性、天、理都是从"气"上说,故是以"唯气论"打破了程朱的"理气二元论"。就人性论而言,"天人合一"主要指王夫之言"天"不离"人",将"人之天"从"天之天"和"物之天"中区别出来,其人性论的根基和落实处都在"人之天"。由此,在人性修为上,王夫之突出"合"的特征,常变合、理势合、体用

---

① 钱穆著:《中国近三百年学术史》,第127页。
② 嵇文甫著:《王船山学术论丛》,北京:生活·读书·新知三联书店1962年10月第1版,第109页。

合、动静合,"即博即约,即文即理,即人即天,即下学即上达,才是'作圣'的正路"。① 在理欲问题上,王夫之也主张即人欲而见天理。嵇文甫先生重点分析了王夫之所说的"欲",此"欲"不是指"私",而是"一个大公至正的'矩',而这个'矩',却又是由斟酌调剂各方的'欲'而来的",这个过程就是"絜矩"。不过,王夫之所谓的"絜矩"是通过"格物致知"而获得的理智态度,嵇文甫先生特别强调这不同于后来戴震所讲的"以情絜情"的恕道。② 按王夫之对人欲的看法,"所谓天理实在就是具有公平性的人欲";同时,这种人欲不是一人一时、旋其旋灭,而是经常性的,故"天理乃是公平而经常的人欲"。③ 至于"生生不息",主要讲王夫之的人性论。既往言"性","总把性看作固定的,只在初生时受了个一成之型,以后再不变动",而王夫之则把性和学、天和人、先天和后天统一起来,强调性日生日成;如果只用"天"、只用"初命",那是废人道而近于禽兽。④ 嵇文甫先生认为,王夫之的以上观点"正是儒家人本主义的见解"。⑤ 他归结王夫之的人性论,虽然撇开了程朱、陆王,但仍然走的是张载"知礼成性""变化气质"的道路。

总体说来,嵇文甫先生对王夫之是非常有保留的褒奖,同侯外庐、萧萐父等先生将王夫之定位为中国早期启蒙思想家不同,他认为王夫之仍然是道学家。他后来写《王船山与李卓吾》一文,就将李贽与王夫之区分开来。嵇文甫先生认为李贽是根本反对宋明道学,而王夫之不过是对宋明道学的改造和新发展,"这是根本对立的两个学派,绝不容混淆。如果说卓吾代表那个资本主义萌芽时期新兴市民的思想,那末船山就另是一回事"。⑥ 嵇文甫先生的观点对后来一些学者影响颇深,他将王夫之视为继承宋明道学中张载气学一系的学者。

冯友兰先生在其两卷本《中国哲学史》(全书于1934年出版)中,并没有专门讨论王夫之的哲学思想,只是在"清代道学之继续"一章中随便提及王夫之而已。从冯友兰先生列出的章节题目就可以看出,明清学术在他

---

① 嵇文甫著:《王船山学术论丛》,第111页。
② 嵇文甫先生是要强调戴震所说"情"的非理智性,即他主要将"情"理解为个人的情感。但吴根友师已指出戴震所讲的"情"更多是指一种情实、情境。详见吴根友著:《唐君毅、牟宗三、刘述先的明清思想研究》,《学海》2010年第2期,第54页。
③ 嵇文甫著:《王船山学术论丛》,第92—93页。
④ 嵇文甫著:《王船山学术论丛》,第96页。
⑤ 嵇文甫著:《王船山学术论丛》,第87页。
⑥ 嵇文甫著:《王船山学术论丛》,第74页。

的体系中并没有独立的地位,而是"一部分道学之继续发展也"。① 他说:"船山固自命为道学家,其以气为一切根本之说,取之横渠。"②冯友兰先生在1988年出版的《中国哲学史新编》第5册中,专列一章"后期道学的高峰——王夫之的哲学体系",对王夫之的哲学进行了较为全面的介绍。他对王夫之的定位和以前基本相同,将王夫之放在道学之列,不过,凸显了其地位是"后期道学的高峰"。冯友兰先生评价明末清初的三大儒时说:"顾炎武基本上是一个学者,不是一个哲学家,他的贡献另有所在。王夫之的贡献是旧时代的总结。黄宗羲的贡献是新时代的前驱。"③也即是表明,王夫之是作为宋明道学的总结者而出现的,但他并不代表新时代的开启。

贺麟先生于1946年发表《王船山的历史哲学》一文,主要从王夫之和黑格尔相契的角度,论述王夫之的历史哲学,对后来一些学者影响很大。其中关于王夫之学术渊源和思维方式的总结,对王夫之人性哲学的研究也很有参考价值。贺麟先生认为王夫之表面上是承继张载,学脉接近程朱,但其骨子里已经融通理学、心学,是集心学和理学的大成者。他说王夫之的基本思想是一种"谐和的调解对立、体用兼赅的全体论或合一论",这个合一论不是无区别的同一论,而是有体用主从的区别。具体而言,王夫之的思想就是"以理为体、物为用的理学,以心为体、物为用,知为主、行为从的心学"。④ 贺麟先生特别指出,王夫之的父亲受学于江右王门学者邹东廓,故"船山承家学,自亦得王学学脉"。这点和嵇文甫先生相同,都认为王夫之似王学右派。贺麟先生认为此派最平正,足可调解理学和心学,所以"船山似乎是最能由程朱发展到阳明,复由阳明回复到程朱"。⑤ 此处,可明显看出贺麟先生"正—反—合"的思维方式,以程朱为正、陆王为反,而王夫之则是"合"于程朱,嵇文甫先生也持同样看法。这与萧萐父先生以张载为正、程朱陆王为反,王夫之在更高层面合于张载的观点明显不同。

贺麟先生突出王夫之哲学"合"的特征,他归纳为体用合一、道器合一、心物合一、身心合一、物我合一、知行合一。此种"合一"的实现,贺麟先生认为是王夫之采用了一种"现象学的方法",即现象以求本体,"即用以观体,因物以求理,由部分以窥全体,由特殊以求通则的方法"。⑥ 简单

---

① 冯友兰著:《三松堂全集》第3卷,郑州:河南人民出版社2001年1月第2版,第385页。
② 冯友兰著:《三松堂全集》第3卷,第391页。
③ 冯友兰著:《三松堂全集》第10卷,第281页。
④ 贺麟著:《文化与人生》,北京:商务印书馆1988年1月第1版,第261页。
⑤ 贺麟著:《文化与人生》,第265页。
⑥ 贺麟著:《文化与人生》,第260页。

说来,就是从看得见的"言""迹"等现象,而去探求看不见的"心""理""道"。"因言见心,因迹见道"正是船山自身的一种哲学思维方式。贺麟先生对王夫之哲学"合一"的特征以及"现象学方法"的总结是非常有特色的,此前,张西堂先生用"一物两体""两端归于一致",嵇文甫先生用"天人合一",都强调王夫之哲学"合"的特征。不过,张西堂、嵇文甫、贺麟等先生似乎都没有进一步探讨"合"与"分"的关系,萧萐父、冯契、林安梧等先生则从辩证法的角度理解王夫之的"合"与"分"的关系,张世英先生更明确说王夫之是以"天人合一"融"主客二分"。另外,贺麟先生站在其"新心学"的立场上,认为王夫之"返本于心学,不离心而言理、言天、言道"①。这是否符合王夫之的本意,似值得商榷,因为王夫之明确说"盖言心、言性、言天、言理,俱必在气上说,若无气处,则俱无也"。况且,若不正视船山学中"气"的地位,那么"合一"何以可能?如果体用、道器、心物都是异质性的,"合一"就只能是一种外在的"合"或思辨的"合",必须统一于"气","合一"才成为真正的可能。

三、唐君毅、曾昭旭的船山学研究

以上所列学者,从宋明理学内在发展或理学延续的角度论及王夫之,视王夫之为宋明理学之余绪或理学的集大成者。他们从各自的学术背景和学术立场研究王夫之的人性论,但体系性和系统性尚不强。唐君毅先生则在此承继、连续的视野下,系统建构了王夫之人性哲学的体系。

唐君毅先生认为,宋明儒之不同于汉儒正是彰显了人性论的进路,从而使人道获得了与天道并尊的地位。他总结宋明儒学的人性论"皆是言人性至极高明之境",其意皆在"由尊心以尊人"。② 但此一人性形上学的发展至心学末流而成弊,"其弊盖在言人性而遗经世之学"③。而唐君毅先生认为人性哲学的逻辑发展应如"原自'为中国佛家思想之所归'之'能涵天盖地或涵盖乾坤之自性清净之如来藏心',再自己超越,以吐出此天地或乾坤,视为客观存在,而更求客观地建立人道于其中而来"。④ 完成这一历史使命的正是王夫之,其哲学"由明人人性之学之高明精微,而更还求于'致

---

① 贺麟著:《文化与人生》,第 266 页。
② 唐君毅著:《中国哲学原论·原性篇》,北京:中国社会科学出版社 2005 年 10 月第 1 版,第 330 页。
③ 唐君毅著:《中国哲学原论·原教篇》,第 334 页。
④ 唐君毅著:《中国哲学原论·原性篇》,第 329 页。

广大'""放出此心,以旷观世界""以成就礼乐文化之事业"①。所以,宋明儒的人性论发展到王夫之达到了其内在逻辑的最高点,王夫之的人性哲学正是在宋明儒重内圣的基础上开出外王之学,通性、天道、治化(人文化成)为一体,成宋明清人性哲学的集大成者。

唐君毅先生对王夫之人性哲学的诠释,一方面是站在宋明理学本位的立场上,一方面又融摄了他对中国佛家思想以及黑格尔哲学的理解。他认为宋明儒学人性论是围绕"理""心""气"三个核心概念而发展的,"昭人与世界之律则,必尊吾理性;启人生之觉悟,必唤醒吾心;而欲成人文之化成天下,必资乎作气。理之所尚,心之所往;心之所觉,气之所作。三者固不可分。然理必昭于心之前,气必继于此心之后,则人固可反省而知之者也。夫然,故哲学必先论宇宙人生之理,而继以求人生之觉悟,而终于论人文之化成"。② 一方面,"理—心—气"三者是一体贯通、缺一不可的,它们分别对应着律则、主体和治化。另一方面,"理—心—气"三者的逻辑顺序是不能颠倒的,诚理、明心而人文化成天下,诚天道而弘人道。程朱理学重在"诚理",但析理气、心理为二,尊理而贱气,理、心、气三者处于外在的联系中而没有真正地一体贯通;陆王心学重在"明心",以心通理气,三者虽然贯通,"然在心上言气,恒只是实现理,以成一人之德之气,未必即充内形外,曲成人文之气也"。唯王夫之融理学与心学的精髓,"通过理与心以言气","诚理→明心→重气"三者并尊而一体贯通,"则人道固贵,而天地亦尊;德义固贵,功利亦尊;人性固贵,才情亦尊。由是而宗教、礼、乐、政治、经济之人文化成之历史,并为其所重。而人类之文化历史者,亦即此心此理之实现,而昭著于天地之间,而天地之气之自示其天地之理、天地之心者也"。③ 故而,唐君毅先生论王夫之的人性哲学,以天道论为其逻辑起点,天道是人性的根源,此是"诚理"——"先论宇宙人生之理";进而以人性贯通天道与人道,论及性命天道关系论、人性论和人道论,此是"明心"——"继以求人生之觉悟";其人性哲学的逻辑终点,则以论天人性命而归宗于人文化成论,此是"重气"——"终于论人文之化成"。综上,唐君毅先生对王夫之人性哲学体系是有较为全面的把握和独到见解的。其基本架构是"理—心—气"的一体贯通,只是三者的逻辑顺序是以"理"言心和气,而不是以"气"言理和心。所以,他不时说王夫之有偏,偏就偏在从客观现实的

---

① 唐君毅著:《中国哲学原论·原性篇》,第330页。
② 唐君毅著:《中国哲学原论·原教篇》,第438—439页。
③ 唐君毅著:《中国哲学原论·原教篇》,第439页。

宇宙论进路而阐发人性论。可见,他对王夫之气论的理解局限于宇宙论而不是气本论。根本上,对王夫之整个人性哲学的诠释,唐君毅先生明显走的是以理本论涵摄气本论的路子。

唐君毅先生认为王夫之从客观现实的宇宙论而论及人性论,即器以言气,既能明人道,又能明天道;心学则从主体心灵出发,以人道摄天道,而没有独立的天道论。"即器言气"的思路作为王夫之人性哲学的出发点,可谓精当。不过,唐君毅先生认为这是客观的宇宙论进路,甚至有某种独断论的性质。其实,他们的立场是站在西方哲学的立场来看待中国哲学,即将"器"等同于西方的"物质对象"。西方"物质对象"的概念是从和"意识"相分相对的角度提出的,亦即建立在主客二分的立场。而王夫之所说的"器",并不是僵死的、对象化的"物","器"总是相对于人的生存活动而言,所以王夫之是言作器、治器、述器、尽器,这里是没有主客二分的。所以,唐君毅先生以"即器言气"为客观现实的宇宙论是值得商榷的,他寻找到了入口处,却走错了方向。

天道气化流行而生人生物,于是有天道性命的关系。唐君毅先生着力阐发了王夫之"道大而善小、善大而性小"的思想。天道只是气化流行、生生不息,本没有"善"和"性"的意思。"善"只能在"继之者"的层面说,即在天与人物相授受成器、成物、成人之时,此时才叫作"继"、才可谓"善",所以"善之名,惟由气化之成物而立"。① "道"和"善"都是在天的层面说,天道是气化流行的全体,"善"特指天道"生"的层面;所以,天道本身不能说是善,而是善的根据,由于善有其时,而道则无时不有,故道大而善小。至于王夫之言"善大而性小",是突出唯有人能够继天之善而凝为己之善性,从而明天人合一之旨,禽兽与物则只能用善而不能凝天之善以成性。这也是王夫之人性论"大异于程朱者,要在其重别人性于物性,而严人禽之辨"。② 王夫之所谓"性"专在所生的人物身上说,不在"天"上言。由于天之生人物无不善,而"性"上则只有人性善,所以"善大而性小"。道、善、性三者之间,道言天、善言命、性言质。性与天道的关系,唐君毅认为充分表达了王夫之尊天、尊善和尊人(人性和人道)的思想,所谓"道大可合而不可据,所以尊天也;性专而人所独有,故不可不存守,以自别于禽兽,所以尊人也。尊天者,尊道不息于既生之后;尊人者,尊人能存守此性;而其生不

---

① 唐君毅著:《中国哲学原论·原教篇》,第357页。
② 唐君毅著:《中国哲学原论·原教篇》,第354页。

绝于大道之中;合之,即尊天之善之继于人也"。① 由此,唐君毅转入探讨王夫之的人性论,分析心、性、情、才、欲的关系。

王夫之的人性论,一方面强调人是独继天之善而凝成己性,所以人性善;又性不离气,所以性善而气亦善;性又专在气质上言,故气质之性也是善,但气质有偏全,所以气质之性虽然都是善但毕竟不完全相同,而是性相近。另一方面,天道不息而命人,命日生而性日成,性又受后天成长"习"的影响,故性不是现成于人初生之际,而是性日生日成、习成而性与成。最后,唐氏突出了王夫之人性论中"受命在人"的思想。人性善是人道之独,正是人当所作为的地方,人需要知性知继,存守此善性,更要尽此善性,以人道继天道而为功于天道。所以,唐君毅先生以此知性知继、存性尽性为王夫之教之要,不过他并没有凸显王夫之人性论相对于传统人性论的革命性意义,尤其没有触及王夫之人性论中"权"的思想。在心、性、理、气、情、才的关系上,唐君毅先生归结王夫之的思想为"由情才显性,而见气之载理。气之载理为心,理为性,故情才皆原于性、皆统于心,皆出于气也"。②首先,自人而言,只是一个心,从其循理、奉性尽心而言则为道心,从其不循理、不奉性尽心而言则为人心。人心只是知觉运动,故而不可言心即性、心即理,亦不可言心外无理、理外无心。其次,心函性、情、才,心具理而知则为"思"、具理而显于外则为"情",心具理而思之、显之、行之,以显此理之能即为"才",所以心即具性而统性又显性而统情才。复次,在性情才的关系上,惟性生情,而情以显性,但必须有才方能显性于情,所以是"才以给情";才本当显性、尽性,但必须以情御之,情不正则屈才,情正方能尽才以尽性,故又是"情以御才"。最后,在性情欲的关系上,性而生情,情感物而有喜怒哀乐,更欲去哀求乐,故有欲,欲为情之所生,是"情生于性,情生而性藏;欲生于情,欲生而情藏"。③ 人有心、性、情、才、欲、气质(身体),皆出于气,而性善气亦善,"通性情才欲以观,皆无不善。分观情才欲,亦本无不散"④,那么不善或恶何以产生? 就人物之别上,人性善而物性不善,那是由于天之生人时人能凝善成性,而物则不能凝天之善而成己性。但这不是天的过错,天之生物非但没有过错,但凡生之所在都是善所流行之处,物性不善并不妨碍天无时而不自继其善而生物。从变合的角度看,天变合无

---

① 唐君毅著:《中国哲学原论·原教篇》,第357页。
② 唐君毅著:《中国哲学原论·原教篇》,第373页。
③ 唐君毅著:《中国哲学原论·原教篇》,第374页。
④ 唐君毅著:《中国哲学原论·原教篇》,第380页。

心、不能有择必善,故于物之生是变合不当或不合理而有物性不善。气之变合不合理,"乃正以气之自有其变而当合之理,为其自身所具;气自有变为合理之理也"。所以,气虽有不当或不合理而成物性之不善,但不能归罪于气本身的不善。单就人而言,人之生无不善,不善产生于继生之后。人生以后,若不能继天尽其善性,而以性正心、奉性治情以尽才,则心不恒、情欲失节而与外物相感而变合不当,恶由此产生。"故不善之源,不在内之气禀与情欲本身,亦不在外物本身;唯在外物与气禀与情欲互相感应一往一来之际,所构成之关系之不当中。"①若能奉性以正心、治情,行天理于人欲之中,则欲仁欲义固然是善,即使饮食男女名利、美色美味亦无往而不善。所以,关键还在于存性尽心,使心合于理,而以立人道之尊。至此,就可转入王夫之的人道论。

唐君毅先生认为王夫之论人性情才重在凸显人性之尊,人性善而有人道,而人道为人所独有,亦唯人道可以继天道而辅天道之不足。因为,"天虽善于其生人物之'本',而不能善于人物既生以后之'末',使所生之物之性、人之情才,皆无不善。此即天之能善人物之始,而不能善人物之终。人则能凝天之善以为性,尽心存性,而明伦察物,居仁由义,以裁成天地。居仁而亲亲,仁民以爱物,由义而使我与物皆得其所,尽才而使才无不善,存性而情皆所以达性。由是以赞天地之化育,而自善其情才;则皆人自尽其心之思功,循理而立人道,所以辅天道之所不足,而善万物之终者"。② 天道善万物之始而不善其终,唯人道能继天道而善万物之终。由此,天道固贵,人道亦尊,天之道最终需要人道才能得以实现出来。至于如何立人道,唐君毅分别从王夫之的人性修为论和人文化成论两方面进行论述。

天道只是个"诚",而人道之所以能继天道而辅之,则在于人之道是"思诚"。合天人之道只是个"诚"字,从天而言,"所有者,诚也",而人是"有所有者",有所有者即是人之善性。善具体用,其体是仁义礼智四德,其用是智仁勇三达德。故思诚即是知此善性而尽于行。所以,人性修养的首要工夫即是"思诚",唐君毅着力分疏了王夫之"竭心思理"的修养工夫与阳明的"即心观理"、朱熹的"即物穷理"之间的异同。阳明即心即理,但此心若不是本心,难免会以知觉为理,所以不一定能分别出有理之心和无理之心;朱熹即物穷理,则可能舍本逐末,滥物理于人心之理。王夫之认为心不即是理,理不能自显而需要竭心思之功方能知,这一方面同于程朱而

---

① 唐君毅著:《中国哲学原论·原教篇》,第378页。
② 唐君毅著:《中国哲学原论·原教篇》,第383页。

不同于阳明;但王夫之所说的理又必须通过心之思而实现,思其合理之心和不合理之心,即使不合理之心也是因为有合理之心而反照出来,这一点又颇似阳明所说良知的知是知非。修养工夫在于思诚,而思诚则在于致其知而尽其行,所以王夫之复又重行,勇于行则知之切,而勇之所先又在耻其不知不行,如此知行并进而有功。思诚而以明善、成善、求无不善,"明善,始乎好学;成善,始乎力行;求无不善,始乎知耻。思诚诚之以无妄之工夫,始于好学力行知耻,而终归于知仁勇,以尽仁义礼智之道。始必终于终,终则始于始。始而即定向于成终之心,则所谓志于道之志也;而志所帅者,气也"。① 思诚而知性、明道,有所向之道在前,而后必又有定向之志,以使知行能成始成终,所以王夫之特重持志。持志以正其心、实其意,持志以长养浩然之气。唐君毅先生认为思诚、持志、诚意、养气都是内心修养工夫,而对于应事接物,王夫之则特发"忠恕"的修养工夫。忠尽己性,以性行于情而成务;恕推己及人,使理行于欲以通志。以性节情而情以达,推欲尽理而欲得遂,忠恕交相而发则成己成物。由于王夫之肯定形色、情才的积极地位,则更可以通过"形色"显发的诗、礼、乐来陶冶性情而至化境,唐君毅先生对此的阐发亦尤为精彩:"兴于诗者,性见于情志,以导人之形色之气;立于礼者,形色之气之显理,而以性治情。成于乐者,即情即性、即理即气,全气皆理,全理皆气,理气如如,而若不见理之境。"②

唐君毅先生总结王夫之的人性修养论是重积极的修养工夫,而反对消极的致心之虚灵、主静、遏情欲等修养工夫。因此,王夫之反对孤持一心而贱身、贱物之说,亦不讳言功利、富贵,要在"理气皆尊,德才并重,心身俱贵,理欲同行"③,两方面似相反而实相成,所谓"两端生于一致"也。王夫之人性哲学自论述人性之源的天道论开始,逐一展开天人性命论、人性论和人性修为论,其落脚点是立人道以开出人文化成论。

唐君毅先生极力褒扬王夫之的人文化成论,认为这是王夫之真能重"气"的结果,而循理或循心虽能致道德之高明,而论历史文化仍嫌不足。王夫之之"气"是"流行的存在,存在的流行",此"气"不仅是物质生命意义上的气、更是精神上的气;不能只视此"气"为吾心之理的例证,还应"视之为客观存在,超乎吾人、包乎吾人之实事,当恭敬以承之,悉心殚志以考究之者矣"。④ 固然,自理、自本心言,人物无异,"浑然与物同体",整个世界

---

① 唐君毅著:《中国哲学原论·原教篇》,第393页。
② 唐君毅著:《中国哲学原论·原教篇》,第425页。
③ 唐君毅著:《中国哲学原论·原教篇》,第403页。
④ 唐君毅著:《中国哲学原论·原教篇》,第413—414页。

无非都是"理"的世界、无非都是良知灵明充塞其间。但这也只能说"唯是吾之心之无外,非吾之心身之气之无外也。吾知成吾心身之气必有其外,有万物之气,在我之外,有他人之气,在我之外,有父母祖先圣贤之气,在我之外,则我不得恃其心之大而无限,恃此心之具万理,而忘其气之有限,而'宇宙在乎手,万化在乎心'之念暂息,而自知其个体心身之气,乃包里于前乎我、后乎我之千万人与万物之气之中,而胎息焉,滋生焉,呼吸焉,此即个人精神涵育于社会客观精神中之说也,亦即客观之历史文化涵育吾个人之道德努力之说也"。① 唐君毅先生认为王夫之从"气"的角度看到了个人"心身"的有限性,凸显个人精神、个人人性修养是涵育于天地古今往来万物之气中的,此即是社会客观精神,而"社会客观精神"使历史文化的存在具有了独立性和客观性。于是,唐君毅先生从诗礼乐思想以及历史、宗教、政治、经济、民族文化思想等方面阐释了王夫之由重"气"彰显出的人文化成论,此部分内容多已超出人性哲学的范畴,故不再赘述。唐先生深掘王夫之的人文化成论,发前人之所未发,将王夫之哲学的研究推到了一个新的高度。不过,他以"社会客观精神"论"气",明显有比附黑格尔"绝对精神"之嫌,和王夫之所论之"气"也并不相应。因为,一方面诚如唐氏所言,王夫之的"气"既是物质的、又是精神的,"社会客观精神"不足以尽"气"之实;另一方面,以"社会客观精神"说"气",有将"气"实体化的倾向,"气"成为运动的实体或实体的运动(如将"气"解释为融摄精神和物质属性的生命微粒的运动),而在中国哲学中"气"是非实体性而生成的。

综上所述,唐君毅先生对王夫之人性哲学的整体把握是很有见地的,他主要着眼于王夫之人性哲学是宋明理学人性论内在发展逻辑的最高点,真正实现了"理—心—气"的贯通和融合,特别强调了其人性论归宗于人文化成论,这也是他论述最为出彩之处。但唐先生更多强调王夫之人性哲学对宋明理学人性论的继承和总结,所以对王夫之人性哲学的批判性和革新性似乎重视不够。他对王夫之的赞赏,更多是看到王夫之重"气"而开出的外王事功和历史文化的一面。由此,唐君毅先生虽肯定王夫之贯通理、心、气,但在具体论述层面仍是有所偏重,即主要从"理"和"心"的角度来看待人性论,从"气"的角度来看待人文化成论。这样,王夫之的人性论与人文化成论仍是两截,本质上理、心、气并未贯通。这是否符合王夫之人性哲学是颇值得商榷的,因为王夫之更是从"气"的角度来论述人性论,以气贯通理和心。其实,唐君毅先生已经看到了人性与天下(人文化成)贯

---

① 唐君毅著:《中国哲学原论·原教篇》,第414页。

通的可能性，那就是要通过由"气"显发的"形色"（即"身体"）作为中介，这在他论述王夫之诗礼乐思想中已经有所触及，并坦言形色之气的重要性。只是他囿于宋明理学本位的立场，从理、心去说气，而不是从气去说理与心，仍将人性论局限于道德形而上学领域；因此，同"形色"这一在王夫之人性哲学体系中特富创发性的视角擦身而过。究其实，唐君毅先生只是从宇宙论和历史文化的角度论"气"，而没有站在"气本论"的高度来理解王夫之的人性哲学。而王夫之人性哲学的进路与其说是唐氏所认为的"理—心—气"的贯通，不如说是"气—理—心"的贯通。

曾昭旭先生于1983年出版了《王船山哲学》一书，他对王夫之哲学评价甚高，认为其体大思精、前无古人。就王夫之的人性哲学而言，他认为是继承宋明儒人性学的成就更向前一步，而且是划时代的一步。具体而言，即是从宋明儒的"由末探本"发展至王夫之的"由本贯末"。曾氏对儒学有一个基本的判定，即"自孟子以后以迄宋明，儒学之主流实在逆觉体证此人性之本体。在'求其放心'，在由末（变动无恒之现象）以反本（亦超越亦内在之本体）"。① 这一走向在宋明儒达到了高峰，也即是他所谓的"由末反本"或"即用见体"。可见，曾先生沿袭了港台新儒家以陆王心学为正统的基本立场，认为儒学的根本是道德形而上学，重在明"体"，此"体"即是本心或道德主体。而王夫之已经首先肯定道德主体的确然存在，所以其重点是由道德主体向外致用而成就具体的道德事业，这就是"由本贯末"或"明体达用"。"由末反本，则即用见体而全用是体，而以重在见体之故，其用随时而化，而唯存其体之神。则一切现象毕竟无积极之意义。由本贯末，则即体致用而全体在用，以重致用之故，其用乃化而犹存，其所存之神乃不只是神体之如如恒在，亦是神用之蓄积日富，则一切现象于变化日新之余，更有道德事业，历史文化之凝成而具积极之意义。"②曾昭旭先生抛开人性论的一些具体范畴，径直从方法论的角度凝练出王夫之人性哲学的根本，可谓言简意赅。不过也值得商榷，因王夫之不仅由本贯末，同时也由末见本。其谓王夫之人性哲学是从道德本心发用而致历史文化事业，明显是吸收了唐、牟二人的研究成果。但其沿用熊十力先生以本体和现象分疏体用、本末的说法似存在问题。因为，在西方哲学发展中，本体和现象首先是以完全二分的形式出现的，而中国传统哲学中的体用、本末范畴却不是二分而是一源。不过，从另一个角度看，曾氏用本体现象的说法也正在表明

---

① 曾昭旭著：《王船山哲学》，台北：远景出版事业公司1983年2月第1版，第292—293页。
② 曾昭旭著：《王船山哲学》，第293页。

宋明理学的人性论存在体用割裂的危险，其实王夫之也是批评心学"消用以入体"的弊端；同时，如此也凸显出王夫之的人性哲学真正贯通了体用、本末。

曾昭旭先生和唐君毅先生一样，都是从宋明理学的立场来理解王夫之。就王夫之人性哲学的体系建构而言，他完全承继了唐君毅先生"天道—人性—治化"的展开模式，整体上并未有任何突破，只是又融入了牟宗三先生的思想和话语体系。他认为王夫之的人性哲学，其"体"是以陆王一系"即活动即存有""内在而超越"的道德创造性"心体"为核心，复又融摄程朱一系"只存有不活动""静存而密藏"的"性体"，"即心之创造性，不但超越地依据天，以确立其创造之本性良能，亦存在地依据性之藏，以确定其创造之方向"①，从而成为胡宏一系"以心著性"的纵贯系统；王夫之之所以能由体贯用，是因为其重气，故更能以此道德创造性心体外发下贯，凝理成物而成就日新富有的人文世界。显然，曾氏是心学本位的。虽然他也肯定王夫之即气言体，甚至说王夫之建立了"气的本体论"②。不过，他和唐君毅先生都以王夫之重"气"主要是从"用"的角度、即彰显人文化成论而言，在逻辑上心、理的地位优先于气。不同于唐君毅先生"理—心—气"的架构，曾昭旭先生更突显心体气用，而是"心—理—气"的架构。所以，他认为王夫之以张载为正学，是因为二人都秉承了"由本贯末"的路向，而不是二人都坚持的气本论立场。曾氏并没有看到，明体达用何以可能、本体与现象如何能内在统一，其关键是以"气"贯心、理。故他同样没有充分认识到王夫之以气本论出发建构其人性哲学的关键性，而是以心本论涵摄气本论来阐释王夫之的人性哲学。

第三节 王夫之人性哲学研究的基本问题域总结

以上，从两种视野的角度，通过人物"个案"方式初步总结了他们的王夫之人性学研究成果。当然，还有很多学者未能论及，如港台及海外的牟宗三、许冠三、劳思光、罗光、严寿澂、杜保瑞等先生和学者，内地的蔡尚思、陈来、蒙培元、张立文、张学智、刘春建、章启辉、邓辉、陈赟等先生和学者。一则在于时间有限，一则在于我们的功力尚浅，来不及细细消化，不过在后面以问题为中心的述评中会有所提及他们的观点。

---

① 曾昭旭著：《王船山哲学》，第298页。
② 曾昭旭著：《王船山哲学》，第348页。

综观以上两种视野,从"连续"的角度,易于把握王夫之人性哲学发展的内在理路,厘清宋明理学的人性思想和王夫之人性哲学之间的承继关系,也利于看清中国古代人性论思想自身独立的发展演变。但将王夫之的人性哲学仅仅纳入宋明儒的人性论轨迹来考察,他的许多闪光或富有创发的观点往往被掩盖甚或被曲解。如唐君毅先生说王夫之内功不足,就显然有失公允。研究王夫之的人性哲学,宋明儒的人性学思想毋庸置疑的是我们理解的前见和背景。我们也必须真正理解了宋明儒的人性论,才能进而理解王夫之的人性论。正如钱穆先生所认为的,明清儒者的水平高下,要视其对宋学理解的水平高下而定。但这里有一个问题,如果将宋明人性学作为一种固定标准去衡量王夫之的人性论,那只会有两种结果:肯定王夫之的,必然是削足适履,将王夫之人性学完全归于理学既定标准,曾昭旭先生将王夫之"致知"直接解释为阳明的"致良知"即是一例;否定王夫之的,从宋明理学的角度必然认为王夫之的哲学思想几无创见,如劳思光先生对王夫之的评价。我们的看法,从连续视野对王夫之人性哲学研究的学者,他们在整体上对王夫之人性论评价其实不高,对王夫之的肯定主要是其历史哲学或外王学的开出,其实质是他们没有真正重视王夫之的"气"论,而是以理本论涵摄气本论或以心本论涵摄气本论;而且单纯思想史的逻辑,缺乏时代背景、经济政治情况和西学传入影响等因素的考察,往往使对王夫之人性论的诠释仅成为一种道德的学说。由于他们只是以宋明理学人性论为标准去匡正去衡量王夫之,故难以发现王夫之人性学中超越前人的创造性和革新性的层面。

反观,从"开新"角度出发的,这些学者广泛地应用中西比较的视野,将社会史、学术史、思想史、哲学史统合考察,对王夫之人性哲学的研究就具有独到的视野,能将其不同于宋明人性论的"别开生面"地方大量发掘出来,并将中国哲学的发展纳入整个世界哲学发展的视野当中来考察。"开新"的视野其主要的问题在于简单地将王夫之与宋明理学切割开来甚或认为完全是"反动",在引入西学视野的过程中也往往会陷入以西释中或过度诠释的思维模式,丧失王夫之人性哲学固有的中国特色和智慧甚至曲解王夫之。这一视野的研究学者,往往过高评价王夫之的人性论,而背离逻辑与历史发展中的一致,王夫之由一个前近代性的人物一跃而成为类似西方意义上的现代甚至后现代的思想家,其根结在于将西学视野作为评价系而不是作为参照系。综合以上两种视野,目前对王夫之人性哲学研究,可简单归纳出主要涉及的几个基本问题域:

天人性命论:涉及理气、天人、天道与人道、性与天道关系等问题。理气问题,学者一般将其视为本体论和宇宙论所要解决问题。张西堂、嵇文甫、贺麟等先生认为王夫之是"理气互相为体"而归于"理气合一论";林安梧先生认为是"理气合一"而以"气"为首出;刘又铭教授认为是涵摄理本论的"神圣气本论";张岱年先生认为是以"气"为本的唯物论,萧萐父先生认为是"气—诚—实有"的有近代性质的唯物论。对王夫之论"理",许冠三、林安梧等先生做了各种不同层次的区分;曾昭旭先生认为王夫之主要在"条理"而非"理体"的角度论"理";陈赟教授认为王夫之区分了动词性与名词性的理;唐君毅、曾昭旭等先生还细致分析了"气""理""道"的关系,认为"气→理→道→善→性"之间是一个逐层下降的关系,并辨析了王夫之"非理由理显"、不能"以理言天"等命题。天人关系上,萧萐父先生对"五重天"的分析甚精;曾昭旭先生分析了天人关系中涉及的"显性之本体""尽性之定体"的关系。性与天道的关系上,王孝鱼、唐君毅等先生对"道、善、性"的关系有详细的分析。

人性论:王孝鱼先生对王夫之人性论的分析翔实全面,涉及继善成性、善外无性、性日生日成、习与性成、性之体用、性有质有节有恒、性之德与性之理、气质之性与本然之性等问题。唐君毅先生特别分析了仁义礼智四德和智仁勇三达德的关系。侯外庐、冯契、萧萐父、许苏民等先生强调了王夫之对以往各种人性论的批判和总结,凸显"继"的实践性、"权"的自由意志、人性的历史性等因素,为中国传统人性论提供了新鲜活泼的内容。林安梧先生从"历史人性学"的角度分析王夫之人性论的历史性和社会性,也颇有特色。

心性情才论:王孝鱼、唐君毅先生分析得较为全面,涉及人性关系、心非即理、心函性情才、道心与人心、性情关系、情才关系、气质之偏、变合之几、恶的来源等问题。郭齐勇、林安梧等先生对人性情才问题有很好的总结。在理欲问题上,李石岑、嵇文甫、冯契、林安梧等先生都有辨析,萧萐父、许苏民、吴根友等先生的分析较为独到细致,凸显了王夫之人性价值观向现代性的蜕变。陆复初、刘梁剑等学者从西学视野出发,对王夫之的情感哲学多有创发。

心性修养论:王孝鱼、张西堂、唐君毅等先生做了细致的分析,涉及思诚、克己复礼、念不可忘、持志、正心诚意、养气、存养省察、忠恕等工夫。张岱年先生突出了王夫之"诚于忍"的工夫。

践形论:张岱年、冯契等先生有详细论述,凸显王夫之的践形、"体"悟、"体"证、"即身而道在"的观点。陆复初教授提出"身体主体"的观点,张再林教授详论了王夫之的身体哲学,刘元清等学者论述了王夫之的语言哲学。

格物致知论：彰显王夫之的知识论，梁任公开其端，王孝鱼、张西堂等先生都有论述。萧萐父、冯契、张世英、许冠三等先生论述的最为全面、最有特色。萧萐父、冯契等先生对王夫之的辩证逻辑、"质测之学"更有深入阐发。

人文化成论：钱穆、王孝鱼等先生最先提及，唐君毅先生详为阐发。萧萐父和林安梧两位先生则分别从人类史观、人性史哲学的角度进行论述，很有特色。

人性境界论：一般学者都将王夫之的人性论归于成德之境，萧萐父、冯契、张世英等先生则强调王夫之的人性哲学归于真、善、美的统一，对王夫之诗与乐、思与诗、理性与超理性、天人合一的境界等有详论；萧萐父先生更特别彰显王夫之的人格美和诗化哲学。

王夫之对佛、道两家人性论思想的融通，这方面研究相对较少，王恩洋、侯外庐、陆复初等学者有一定论述，吴信如教授有比较全面的阐释。另外，王夫之对西学的吸取和借鉴，前人虽有提及但欠论述，许苏民教授在此方面做了更细致的研究。

以上，总结出关于王夫之人性哲学研究的9个基本问题，当然这只是简单的罗列。从前文的综述可以看出，对王夫之人性论的研究在大的方向上有两种视野。"连续"的视野，在研究的王夫之人性论中还可区分出两种思路，一种思路是将王夫之人性论中的核心概念、范畴和核心命题提炼出来，整理相关材料进行疏解，钱穆、冯友兰、陈来等先生基本是这种方法，其特点是材料的分析细致、条理清晰但体系性不强；另一种思路，主要从道德形上学的角度来建构王夫之人性哲学，将人性论主要视为成德之学，唐君毅、曾昭旭等先生基本上是此思路，其特点是哲学味较浓、也融摄了宋明以来"本体""工夫"的切入视角，但将王夫之的人性论仅局限于道德形上学的视野，对中国哲学人性论的多元性和丰富性似认识不足。"开新"的视野，一种思路是以马克思主义哲学作为参照系，以本体论、宇宙论、认识论、辩证法、伦理学和历史哲学等角度阐述王夫之的人性哲学，大陆学者很多都采用此种思路，但一段时间颇受意识形态的局限；张岱年、萧萐父、冯契等先生是较早跳出两个对子的束缚，而灵活运用马克思的唯物辩证法，对王夫之人性哲学的实践性、历史性和人文性做深入阐发。萧萐父先生和许苏民、吴根友两位老师更从人性价值观向现代性蜕变的角度，论述王夫之人性哲学的启蒙特色和近代人文主义性质，归结为"求真""贵我""经世用""诗心灵透"的新的人性价值观；萧萐父、冯契、张世英等先生认为王夫之人性哲学追求的是真善美的统一、人格美的境界和天人合一的境域。另一种思路,则广泛吸收当代西方现象学、解释学以及后现代的思想,对王夫之的人性哲学做了新的创发,如林安梧、陆复初、张再林、邓辉、陈赟、刘梁剑等学者。

沿着上述前辈学者和当代学人的研究成果,可进一步拓展:第一,吴根友教授提倡当代明清哲学研究需要一种"通观"的视角,这对于王夫之的人性哲学研究当是一个必要的方法论指导,即是既要看到王夫之人性哲学对宋明理学继承的方面,又要看到对宋明理学超越和发展的一面,简单说,就是一种"扬弃"的视角。更应指出,这种"通观"还不仅只是针对宋明与明清之间,还应放在整个中国哲学发展的历程中去考察。王夫之的人性论思想,更主要还是回归到先秦和孔孟,回归到六经那个充满生机和活力、气象万千的源头的创新,而宋明理学是王夫之切入的一个视角和背景。根本上,王夫之认为宋明理学在一定程度上偏离了早期儒学,而是一种被佛道思想洗礼后的儒学。第二,王夫之的书籍卷帙浩繁,又多为注疏体裁,往往是在随文解说中表达自己的思想,其人性论的观点也是散见。所以,仍然需要老老实实地阅读原著第一手材料,挖掘尚未被重视的新材料,努力彰显王夫之人性哲学的内在理路和逻辑。第三,萧萐父、冯契、张世英等先生提出的王夫之人性哲学追求的是真善美的统一这一观点,可以继续深化研究。特别是萧萐父先生,以中国哲学是理性和情感并重,其论王夫之人性哲学归于人格美、诗心灵透,颇值得进一步研究。第四,萧萐父先生与许苏民、吴根友等教授就从人性价值观向现代性转变的角度论述王夫之人性哲学,挖掘了很多新材料和新思想,将思想史研究和学术创新有机结合起来,揭示了王夫之人性哲学作为思想资源的现代意义和当代价值。这还需要总结他们的研究成果,进一步推陈出新。第五,王夫之关于佛道两家的人性学思想以及西方传教士对其的影响,这方面研究还比较薄弱,可以进一步拓展。第六,从比较哲学的视野出发,来重新审视王夫之人性哲学的思想特质。郭齐勇老师就指出既可以从近代思想启蒙的维度来理解王夫之,也可以从现代和后现代的价值维度来发挥王夫之思想。如张岱年先生强调王夫之人性哲学的实践性,提出"践形论";林安梧先生从解释学的维度,提出王夫之人性哲学"道—人性—历史文化"的解释学循环;吴根友师深发明清哲学的语言学转向,王夫之的语言哲学思想也值得进一步挖掘。陆复初、陈荣灼、张再林等学者则从身体现象学和后现代思想的角度提出了王夫之身体哲学的观点;邓辉、陈赟等学者从海德格尔思想的角度,诠释王夫之人性哲学的特色。以上中西比较的研究,为王夫之人性哲学开辟了许多新的创发点,但一定注意其使用的边界和限度。第七,既往对王夫之人性哲学的研究,文本解读的成分越发细密,也有不错的哲学体系建构,但对王夫之人性论内在演进的哲学问题意识不够,以论带史、论由史出还可以进一步交相辉映,理解王夫之面对其天崩地解的时代背景以及出入险阻的生命历程中所思、所问、所要面对的问题意识尤为重要。[1]

整体而言,近百年王夫之人性哲学的研究,前贤和学者已经有了比较翔实的论述。我们从连续和开新两个维度进行综述,概括出当前研究的基本问题域,并试图在此基础上进一步推进王夫之人性哲学研究的深化。

本章小结

本章总结和反思20世纪重要思想家和学者关于王夫之人性论思想的研究成果。具体从两种视角进行梳理:一种视角是从学术思想发展的连续性和承继性角度,认为王夫之的人性论思想是宋明理学人性论的继续发展,其使用的范畴、考察的问题和表达的思想均未超出宋明儒人性论的既有框架,这一视角以熊十力、钱穆、冯友兰、嵇文甫、贺麟、唐君毅、陈来等先生为代表;另一种视角着眼于学术思想发展的创新性,认为王夫之的人性哲学相对于宋明儒人性论实现了质的飞跃,形成了新的研究范式,并实现了人性价值观向现代的蜕变,这一视角以梁启超、王孝鱼、侯外庐、张岱年、萧萐父、冯契等先生为代表。综合以上两种视野,进而归纳出在王夫之人性哲学研究中主要涉及的天人性命论、人性论、心性情才论、心性修养论、践形论、格物致知论、人文化成论、人性境界论等基本问题域。

---

[1] 上述对王夫之人性哲学进一步研究的展望,主要参考了吴根友教授的观点。详见吴根友著:《明清哲学与中国现代哲学诸问题》,第4—5页。

第二章　王夫之人性生成哲学的问题意识和基本架构

　　自清末以官方认定的方式将王夫之列为清初三大儒之一,又因曾国藩兄弟刊印《船山遗书》以及近代资产阶级革命家的宣传,沉寂了近两个世纪的王夫之思想开始为世人所关注。① 而在整个20世纪,可以说形成了一股"船山学"研究的热潮。仅就哲学研究领域而言,关于王夫之哲学思想研究的专著和论文可谓汗牛充栋。不过,就我们有限的阅读范围而言,专门研究王夫之人性哲学的著作或博士研究生论文还相对较少。② 当然,这不是说王夫之的人性哲学是暗而不彰的。几乎在所有的王夫之哲学研究中,王夫之的人性论都作为其哲学体系中的一个有机组成部分而被重点研究。亦即是说,王夫之人性论的研究成果是颇丰的,但较少从人性哲学的角度系统地建构王夫之的人性哲学体系。本书以"王夫之人性生成哲学研究"为题,一方面是强调王夫之哲学的根基或出发点是回归到生活世界中拥有人性的有血有肉的个人,凸显其人性哲学突破宋明理学"伦文主义"而开创出初具近代人文主义性质的早期启蒙哲学新形态;另一方面则是要彰显王夫之人性哲学的问题意识和体系建构,王夫之绝不是"掇拾洛闽之糟粕,陆王之余绪"③的俗儒,而是以"六经责我开生面"④为己任的新建设主义儒家。

---

　　① 此一历史事实的具体细节可参见何冠彪著:《明清人物与著述》,香港:香港教育图书公司1996年版,第49—94页。关于王夫之在清末的影响,可具体参见[日]高田淳:《清末的王船山》,徐水生译、程华校,《船山学报》1984年第2期。[日]高田淳著:《清末的王船山》(续),徐水生、吕有祥译,程华校,《船山学报》1985年第1期。
　　② 以王夫之人性哲学为主题的专著,我们目前只看到台湾学者林安梧先生的著作。详见林安梧著:《王船山人性史哲学之研究》,台北:东大图书股份有限公司1987年版。
　　③ 王孝鱼著:《船山学谱·自序》,台北:广文书局1975年4月第1版,第1页。
　　④ 王夫之晚年自题堂联:"六经责我开生面,七尺从天求活埋。"见王夫之著:《姜斋诗集》,《船山全书》第15册,第717页。另见王夫之著:《大行府君行述》,《船山全书》第16册,长沙:岳麓书社2011年版,第73页。

第一节 "推故而别致其新"
——王夫之人性哲学的生存论转向

王夫之是应明清之际启蒙思潮而起建构其博大精深哲学体系的早期启蒙先驱之一。[1] 他的人性哲学正是在其所处的"天崩地裂"[2]"海徙山移"[3]的政治变故以及启蒙思潮兴起的时代背景下[4]，面对社会、民族和思想领域出现的新发展、新问题和新矛盾，通过反思、批判和扬弃宋明理学，在新的高度回归到六经、回归到先秦那个充满生机和活力、气象万千的中国哲

---

[1] 萧萐父先生尤为系统和深入地阐发了明清之际的"中国早期启蒙说"。他运用马克思主义哲学的立场和方法，从整个世界历史的眼光出发，对其提出的"启蒙哲学"进行了内涵和外延的准确界定。萧先生认为，作为确定意义上的启蒙哲学"应仅就其与资本主义萌芽发展相适应、作为封建旧制度崩解的预兆和新思想兴起的先驱这一特定含义来确定它的使用范围"。这一自我批判的历史阶段，明显区别于中世纪的异端思想，也不同于封建社会全面崩溃时期以革命取代批判的历史时期。萧先生从整个世界历史这一普遍规律出发，认为启蒙运动是"世界各主要民族走出中世纪的历史必由之路"。由此，他进一步将中国明清之际的思想史纳入这一世界历史发展的范围来考察，将普遍规律与特殊规律统一起来，认为"中国有自己的文艺复兴或哲学启蒙，就是指中国封建社会在特定条件下展开过这种自我批判；这种自我批判，在十六世纪中叶伴随着资本主义萌芽的生长而出现的哲学新动向（以泰州学派的分化为标志，与当时新的文艺思想、科学思想相呼应），已启其端，到十七世纪在特定条件下掀起强大的反理学思潮这一特殊理论形态，典型地表现出来。至于这一典型形态的哲学启蒙的往后发展，却经历了极为坎坷的道路"。正是从这一观点出发，萧先生将王夫之界定为中国明清之际启蒙思潮的哲学代表。以上参见萧萐父著：《中国哲学启蒙的坎坷道路》，《吹沙集》，成都：巴蜀书社1991年版，第12—13页。以及吴根友著：《萧萐父的"早期启蒙学说"及其当代意义》，《哲学研究》2010年第6期。我们认同萧先生的观点，认为王夫之是明清之际早期启蒙思想家的杰出代表，其哲学思想是对中国皇权专制社会尚未完全崩溃条件下所展开的自我批判。这种自我批判，在政治上指向以"一己之私"家天下的皇权官僚专制主义，在理论上指向意识形态化的理学思想所导致的"伦理异化"，并由此开启了反映近代人文主义意识觉醒的早期启蒙哲学。

[2] "天崩地裂"语出王夫之《仿杜少陵戏山作七歌》诗，其中云："天崩地裂不汝恤，其生其死如飘烟。"见王夫之著：《姜斋诗集》，《船山全书》第15册，第706页。

[3] "海徙山移"语出王夫之《五十自定稿》的诗集，其中云："此生相聚太从容，海徙山移梦后逢。"见王夫之著：《姜斋诗集》，《船山全书》第15册，第305页。

[4] 关于王夫之人性哲学产生的时代背景，梁启超将其归结为明清之际实地探索的科学精神的兴起、来华耶稣会教士对西学的传播以及民间渐盛的藏书和刻书风气等。详见梁启超著：《梁启超论清学史二种》，朱维铮校注，上海：复旦大学出版社1985年9月第1版，第97—100页。萧萐父先生总结为社会政治和经济危机总爆发、资本主义萌芽新滋长、质测实证之学兴起、反映一般市民要求的文艺创作活动空前繁荣等。详见萧萐父著：《中国哲学启蒙的坎坷道路》，《吹沙集》，第15—19页。吴根友师更着眼于传统价值观向现代蜕变的角度，并结合王夫之所处时代新的社会矛盾激化、以清代明的政治变故、求实经世的时代潮流与儒学的自我分化等因素，多层次多角度地论述了王夫之哲学思想产生的时代背景。详见吴根友著：《中国现代价值观的初生历程》，武汉：武汉大学出版社2004年版，第46—62、173—191页。鉴于前辈学者已经做了详细的分析和论述，我们不再专论王夫之人性哲学产生的时代背景，而在具体的章节中再结合相关时代背景论述王夫之人性哲学思想的特定时代意蕴。引言中，我们重点放在阐释王夫之人性哲学产生的哲学思想背景及其新的转向。

学智慧的活水源头,返本开新,以人的生存和历史性存在为出发点,建构了一个反映近代人文主义意识觉醒、具有早期启蒙色彩的新形态人性生成哲学。

一、"贞邪相竞而互为畸胜"——宋明理学人性论思想的相互激荡

王夫之以前人性哲学的核心问题域和基础理论体系是由宋明理学[①]奠定的。表现在宋明理学内部程朱理学的"性即理"和陆王心学的"心即理"之间的对立和相互激荡。但是,他们的人性论有一个共同点,即都是用"理"或"天理"来规定人性。"理"表征一种超越时空、绝对而普遍的形上学本体。[②] 因此,无论程朱还是陆王,"理"都是以名词的形式表征

[①] 宋明理学亦被学者称为宋明道学或新儒学,对宋明理学的界定,按陈来先生的观点,宋明理学在狭义上单指程朱理学,广义上则是对程朱理学和陆王心学的总称。具体参见陈来著:《宋明理学》(第二版),上海:华东师范大学出版社2004年版,第6—9页。当然这一问题比较复杂,不同学者也有不同观点。鉴于以下两个方面的原因,在本书中主要是在广义上使用"宋明理学"一词,特指在宋明时期占主流地位的程朱理学和陆王心学。一方面,王夫之在《张子正蒙注·序》中将宋明时期哲学斗争的主流概括为程朱一系与陆王一系之间的"贞邪相竞而互为畸胜",见王夫之著:《张子正蒙注·序》,《船山全书》第12册,第12页。另一方面,王夫之以前的人性哲学,其基本的问题域和核心范畴是由程朱理学和陆王心学共同界定的。

[②] 冯友兰先生认为程朱理学之"理"以"现在哲学之术语言之,则所谓形而上者,超时空而潜存(Subsist)者",参见冯友兰著:《中国哲学史》(下),《三松堂全集》第3卷,郑州:河南人民出版社2001年版,第322页。

陈来先生认为宋明理学所讲的"理"在不同的语境下有不同的意义,如程朱理学所谓的"理"常用意义有五种:指宇宙普遍法则、人的本性、道德准则、事物的本质规律、人的理性。虽然如此区分,但根本上它们都统一于宇宙的普遍法则。这个普遍法则"适用于自然、社会、人生和一切事物的存在发展,它决定人与事物的本性,是道德的根源,它具有上古'天'所具有的本体地位。这个具有普遍性和必然性意义的宇宙法则,在自然层面,表现为阴阳二气往返运动的所以然;在社会层面,则完全体现为儒家道德原则"。而在陆王心学"心即理"之"理"则主要是指先验的道德理性或道德法则。参见陈来著:《中国近世思想史研究》,北京:商务印书馆2003年版,第24—31页。陈来先生又进一步指出:"程朱理学的理本论哲学中有一个重要的论点,即认为气有变化,理无变化;气有生灭,理无生灭,因而理是永恒、不变的绝对。"参见陈来著:《诠释与重建:王船山的哲学精神》,北京:生活·读书·新知三联书店2010年版,第494页。

牟宗三先生认为宋明理学之"理"是道德实践之所以可能的超越根据、先验本体、形上学实体,它是绝对普遍者,不仅是道德本体,而且是宇宙生化的本体、一切存在的本体。因此,"理"表征的是一种以道德摄存在的本体宇宙论。但是,程朱理学的"性即理"之"理"是"只存有不活动",而陆王心学的"心即理"之"理"则是"即存有即活动之实体"。具体参见牟宗三著:《心体与性体》(上),上海:上海古籍出版社1999年版,第4—52页。

综合以上学者所言,他们都从哲学的角度解释了宋明理学中"理"之内涵。宋明理学所谓的"理"是一种形上学的先验本体、绝对实体,它为儒家的一整套道德规范、纲常伦理提供了本体论上的终极依据,说明了儒家伦理的必然性、普遍性、绝对性和合理性。当用此种"理"来表征"心"或"性"时,心与性也被形上实体化和现成化,无论程朱理学的"性"、还是陆王心学的"心"都是圆满自足的,至于现实中的人能够体证、感通、认识多少,并不妨碍心性本体的完满无缺。由此而言,宋明理学中"理"的使用主要是名词意义上的作为超越时空和现象界的宇宙的本体或实体范畴,但这也就丧失了先秦时期"理"作为动词意义上的生成意蕴。因此,我们认为宋明理学人性论上"性即理"或"心即理"在哲学思维方式上都是本体论的思维方式。

为实体。这样,程朱理学的"性体"、陆王心学的"心体"都意味着圆满自足的现成性、亘古不变的实体性,它们最多具有感通的功能,但都无法改变"性体"或"心体"本身,故而是一种本质主义的形上学走向。① 同时,由于"理"在宋明理学中主要是指一种先验的道德性②,它是作为道德法则和伦理规范作用于或实现于现实当中的人,"道德"因此就具有了至高无上和统一一切的地位,这又是一种伦文主义的倾向。③ 总体而言,对宋明理学人性哲学的定位,不管表面看来程朱陆王之间有多么地不同,但他们的人性哲学都是以"理"为首出、以"性—心—理"为结构的伦文主义道德形上学。以下从本体和工夫的角度入手,具体分析宋明理学人性论的基本内涵。

---

① 按陈来先生的观点,无论程朱、还是陆王使用的"性体"和"心体"范畴,都是指性的本来面目、心的本然之体,它们其实和西方哲学中本体论(ontology)意义上使用的本体、实体观念并无多大联系。参见陈来著:《有无之境:王阳明哲学的精神》,北京:北京大学出版社2006年版,第198—199页。我们认为陈来先生的说法是有道理的,中国传统哲学特别是先秦和明清之际,也包括宋明理学,确实在使用"本体""实体"的范畴时,"本体"首先是本然状态的意思,"实体"是强调实有性。但是,宋明理学由于用"理"来界定心或性,在宋明理学中"性体""心体"就具有了浓厚的形上学的本体意涵。陈来先生其实也是在宇宙普遍法则、先验道德理性或法则的意义上解释"性即理"和"心即理"。因此,我们认同牟宗三先生从"本体宇宙论"和"道德的形上学"的角度界定宋明理学"性即理"和"心即理"的观点。这恰好是宋明理学在对抗佛老形上学时对儒家心性形上学的建构。

② 程朱理学的"理"虽然还具有宇宙本体和始基的意涵,但其理论出发点并不是西方哲学家在求真意义上的追寻宇宙本体或始基,他们根本上还是为儒家道德心性和伦理规范奠定形上学根基。郭齐勇老师就已经指出:"宋明理学家们就是在孟子的这种对人之'良心'或'仁义之心'亦即性善之'性'的先验性、直觉性、普遍性、终极根源性的肯定的基础上,视此'心'此'性'为'天理',并对此'心'此'性'此'天理'的绝对性、普遍性、恒常性做了更为明确、使人晓然无疑的阐发和说明的。"详见郭齐勇:《论道德心性的普遍性》,《哲学门》第17期,北京:北京大学出版社2008年版,第117—148页。

③ "伦文主义"是萧萐父先生提出的概念。按照萧先生的观点,宋明理学以"天理"为儒学的核心,其实是对先秦时期鲜活多元、充满无限生机的儒家思想的狭隘化。当宋明理学承继汉唐儒学的三纲五常思想,而将儒家的宗法伦理、纲常名教提升到神圣和绝对的天理高度时,理学宣扬的其实是一种伦理至上主义和泛道德主义。宋明理学的思想,虽然在提升个体道德自觉意识、调剂社会人际关系、塑造"以德抗位"的大丈夫气节等方面都具有积极可取的因素,但由于这套思想植根于皇权专制的宗法关系当中,一开始对理想人格设计就是以客观化的等级名分制度和人际依附关系为基准。当伦理道德被提升为天理,个人的道德实践要么成为一种完成伦理义务的他律、要么就是一种奴性自觉的道德自律,个人存在的价值和意义完全被消解在绝对天理的视野中。而且,宋明理学的"天理"将人的本质仅仅归结为道德活动,这样就蔑视了人的其他一切价值,人既无法真正成为道德的主体,更无法成为认知、审美、政治和经济等活动的主体,人根本上不过是实现天理的工具和载体。因此,萧先生指出宋明理学的"伦理至上主义,绝非人文精神,相反地,乃是一种维护伦理异化、抹杀人文意识的伦文主义。它不仅取消了人的主体性,尤其抹杀了人的个体性,把个体消解于异化了的群体人伦关系之中。只有冲破伦文主义的网罗,才可能唤起人文主义的觉醒"。以上详见萧萐父著:《传统•儒家•伦理异化》,《吹沙集》,第140—141页。

(一)朱子理学人性论的基本内涵

先看朱子理学,朱子的人性哲学架构代表了程朱理学的基本思想。从本体说,是"性即理";在心性关系上,是心统性情;在工夫上,是主敬涵养、格物穷理。朱子的人性哲学从天理出发,由天道上的理气关系落实到人物上的天命之性与气质的关系。

在理气关系上,朱子用"所以然之故"和"所当然之则"的"理"来规定"气",理即是气的根源和本体,又是气化运动的动力和规律。从人物禀赋上看,人与物都是理赋性、气赋形,理需要气才有安顿之处,人物都是理气不离不杂的存在。但是,这并不意味着理气是同一的,朱子反复强调理气决然是二物。事实上,在朱子哲学中,气只是实现理的工具和载体。在根本上,朱子有贱气倾向亦即是贱形倾向;因为,在他看来,"气"和"气禀"是一切不善之源。虽然,朱子也非常强调亲身践履,但由于其理论本身的局限,致使"身体"视角在他的体系中是蔽而不显的,对"身体"的感性和情欲基本上也是持消极甚至是否定的态度。

在人物的区别上,朱子从"理一分殊"的观点进行阐发,他常用"月印万川""随器取量"的比喻来说明。就是说,人和物都是同一理的显现,它们的本质是相同的,这使得朱子所强调的格物穷理的工夫得以可能,因为物之理无非就是人心所具之理;人与物差异只是"理"在量上的不同,人禀得理全、物禀得理偏。[①] 朱子的这种观点,从抽象的角度看待人物的差异,所谓的"分殊"其实仍是"同一",人与物的差异性以及天地庶物的多样性就被消解了。虽然他重视"格物穷理",但这种格物只可能是形式化的认识和寻求"同一"性的道德规范之理,既不可能发展出科学意义上的认识论,更不可能基于人的生存实践维度,在同物打交道的过程中发现感性世

[①] 陈来先生认为,在人物之别上,朱子有一个从早年的"理同气异"到晚年的"理有偏全"的思想变化过程。所谓"理有偏全"是认为仁义礼智的天理内在于一切品物,但是人与物所禀受的天理存在偏全、量多量少的差别,也就是"既宣称人物都禀受仁义礼智之理,又确认物所禀受的仁义礼智偏而不全"。具体参照陈来著:《朱子哲学研究》,上海:华东师范大学出版社 2000 年版,第123—142 页。

界的丰富多样性。① 由于人总是理气的构成物,在人与人的差异上,朱熹认为是理同气异,诉诸人之气质清浊厚薄偏全的不同。虽然人都有天命的本然之性,此性无不善,但刚成人就落入气质中而成为气质之性,气质之性则有不善。性与气质虽然不离但也不杂,正同理气不离不杂一样。可以看出,朱子对人的看法中一直隐含着性与身的二分,而且是性善身有恶。进一步说,按照朱子的观点,人性并不是说有一个本然之性、有一个气质之性,而就是气质之性。② 于是可以逻辑地推出,针对现实中的人而言,朱子所说人性善、性即理都是不够准确的。人性不一定是善,因为人性是气质之性;人性也不是理,本然之性才是理。单就朱子的理论本身而言,不仅有扬天抑人、扬性抑身的倾向,更在于理气毕竟决然不同,那么,作为无法摆脱气质的人如何可能达到完全异质性的本然之性理?纵使人可以通过不懈地变化气质的工夫,使气质清明而不障蔽本然之性,但并不等于说"气"

---

① 蒙培元先生认为,朱子的格物穷理说虽然包含丰富的认识论因素,但并没有明确提出"实践"的问题;而且,所谓格物穷理主要是把握道德的总原则,即天理。参见蒙培元著:《理学范畴系统》,北京:人民出版社1989年版,第347—349页。陈来先生亦指出:"朱熹讲的格物穷理,主要目的是通过读书讲学和道德践履把握道德的准则及一般原理,而不在于经过具体的实践活动具体地掌握客观事物的本质及规律。"虽然,朱熹从"所以然之故"强调探索事物的本质的规律,似乎具有了某种近代认识论的因素,但其"所以然之故"仍然是指"一切道德准则的究竟根源"。所以,陈来先生强调,朱子的格物穷理说不能与西方近代培根以来的科学认识相混淆。参见陈来著:《朱子哲学研究》,第297—303页。牟宗三先生亦认为程朱理学的格物穷理是认识和通晓作为"本体论存有"的超越之理,而不是一般的经验知识;他并不无激烈地将朱熹的格物穷理说视为背离"儒家正统"的从知识的进路讲道德的一大歧出,而且从泛认知主义讲道德,道德也就成为他律。参见牟宗三著:《心体与性体》(上),第43页。

② 朱子论人的气质之性时说:"气质是阴阳五行所为,性即太极之全体。但论气质之性,则此全体堕在气质之中耳,非别有一性也。"又说:"气质之性便只是天地之性,只是这天地之性却从那里过,好底性如水,气质之性如撒些酱与盐,便是一般滋味。"以上分别见朱熹撰:《晦庵先生朱文公文集》(六十一),《朱子全书》第23册,上海:上海古籍出版社,合肥:安徽教育出版社2002年版,第2960页。朱熹撰:《朱子语类》(卷四),《朱子全书》第14册,第197页。按朱子的观点,人与人之间先验的道德理性或作为太极之全体的性是完全相同的,但人生来气质则有不同,当性之全体或本然之性堕入气质中,则本然之性就获得了气质之性的表现方式。人的气质之性虽然不同,但气质所包裹的本然之性在质与量上人与人都相同,均是"太极之全体"。气质之性的差异在于气禀清浊厚薄不同而已,并不是说在人气质中的本然之性有质或量上的区别,气质之性是本然之性在人身上的一种呈现方式。究其实,朱子所谓的气质之性论在人与人的差异上是坚持"理同气异"的观点,现实中之人的道德理性是完全相同的,只是因为气质的障蔽影响而不能充分呈现出来,更因气质的不同在气质之性上就有善有恶。张岱年先生认为朱子不是性二元论者,朱子所言人的气质之性是说"气质之性只是天地之性随气质的表现。有天命便有气质,气质中皆有理,即天命之性;而此理经过气质之表现,便是气质之性"。参见张岱年著:《中国哲学大纲》,北京:中国社会科学出版社1982年版,第221页。陈来教授也认为对于人的气质之性而言,"气质之性是本然之性的转化形态,指受到气质熏染的性理之性,本然之性是气质之性的本体状态,并不是与气质之性并立的、在气质之性之外、与气质之性共同构成人性的性"。见陈来著:《朱子哲学研究》,第206页。

就变成了"理"。人的气质和性理终是两物,本然之性如同是在人身气质中的一个幽灵。朱熹对人的看法,本质上是性身二分,在一定程度上也是看到了人的有限性,但对气的贬抑使人成了一种类似基督教文化中的"原罪"的存在。所以,在工夫上,朱子不能指望先从人自身上入手,而是强调格物穷理。

朱子认为,通过涵养人心,使之处在湛然灵觉的状态,就可以在应事接物的过程中穷万事万物之理。不过,朱子所谓的即事穷理,并不是以穷究事物的物理、分理为目的,而首先是穷事物中的先验道德原则。朱子真正看重的仍然是气化世界之上的那个纯粹洁净的天理世界,人生活的目的是要认识气化世界之"所以然"和"所当然"的"天理"。分析起来,朱子所谓的格物穷理,首先,通过发现人身之外的事与物的理进而明人心所具之理,心与理之间表现为由外入内的指向(人[心]←事[理]);但事之理有限,需要在不断地穷理的过程中才能使心豁然贯通,这使朱子的理论重视"道问学"。其流弊可能是舍本逐末、重知轻行,故陆九渊批评朱学支离、不知大本所在。其次,人由于气质的障蔽,心所具之理暗而不彰,道德修养必须通过穷外在的事物之理而进行,这使理表现为外在的道德规范,现实中表现为一种他律道德。而"理"又是超越的绝对本体,天理就成为外在于人的强大威慑力,人的道德主体性无法挺立,真实的人也消失在绝对天理的视野中,所以有"存天理、灭人欲"的强势表达。最后,朱子的格物穷理是通过以心知理的认识进路来实现的,这里存在一个问题,那就是心如何能够切中理?因为心不是理,正是前面提到的理气异质性问题。既然理气决然不同,那么,外在事物之理如何能够为内在气质中之心所认识,我们又如何能保证在具体的格物穷理中识得的是心所本具的性理,而不是其他方面的理,如科学的、艺术的理。朱子备受陆王批评,一个重点就是认为朱学析心理为二、心性为二。

从以上对朱子人性哲学的简单分析可以看出,由于朱子强调天理的绝对至上性,视"理"为"气"之"所以然"和"所当然",这样,理体气用并析理气为二,当理气问题落实到人性论上就产生一系列理论难题。程朱理学的人性哲学整体上是本质主义的思路,这使如何由气达理、由身即性、由心知理难以真正融通,道德实践最终成为一个如何认识到抽象本质之理的问题,从而使道德践履的实践性无法落实。

(二)陆王心学人性论的基本内涵

反观陆王心学,其人性哲学首先不是从"天理"出发,而是从"本心"出发,其核心的理论特点是"昂扬人的主体意识,典型地抽象发展了人的自觉能动性"①。一方面,本体上的"心即理",强调道德理性的内在性,而且心、性、理、气一体打通,彻底消除了程朱理学中理、气二分以及心如何与理契合的问题;另一方面,道德的内在性又是超越性的、普遍客观必然的"理",主体即是本体,从而建构了道德主体性形上学。如此,从表面上看,心学不仅挺立了道德主体性,而且彻底消解了程朱理学的一切理论难题。但是,陆王心学直接说心即理,并不能彻底回答心如何就是理。程朱理学强调心如何能与理一,而陆王心学则是直接说心是什么,只是将"如何"问题转化为"什么"问题。"心"如何就是"理",心学在理论和实践上都没有很好地说明。陆王心学的这个理论难题,后来也备受责难,因为所谓的心即理,很可能只是作为个人的知觉体验和私心私意而已,根本难以保证其客观性。

进一步分析起来,心学主要是更彻底的主体同一化和消除差异化倾向。在他们的理论体系中,区分理、气、心、性、情、才、物已经失去意义,一切都收归于本心和良知。陆王所真正认可的其实只有先验的道德主体,其功夫就表现为易简的"发明本心"或"致良知"。由于以心为本,心学所谓的"世界"包括人的"身体"无非都是道德本心或良知的活动所建构出来的,即所谓意义赋予的构成,而真实的、现实中的人之生存以及生活世界其实都被悬置了起来。故心学最终只是停留在由本心自内而发建构的意义世界中(本心→意义世界),它始终无法打破先验道德意识的内在性,它不否定身体和世界而是彻底将其消融了,这恰好是心学之所以发展为空谈心性之流弊的症结所在。心学虽然高扬了人的道德主体性,但心学所谓的"人"是一个抽象的道德之人,实质上只是先验"本心"而已。毕竟,先验的主体性并不能代替生活世界中人的经验实在性。同时,我们应该看到,正是心学在程朱理学一统天下的意识形态中,从绝对普遍的"天理"中凸显了作为道德理性承担者个体的价值,而为晚明以来中国早期启蒙哲学的诞生提供了内在的思想资源。②

综上,我们可以看出宋明理学人性论的基本特征,由于其"性—心—

---

① 萧萐父著:《陆学小议》,《吹沙二集》,成都:巴蜀书社1999年版,第131页。萧先生对心学的定位是非常精确的,一方面说其昂扬了主体意识,因为心学从程朱理学的"天理"回归到了人的"本心",人的道德主体性和自主性得到了充分肯定;但另一方面,心学又是"典型地抽象发展"了人的主观能动性,因为,其"心即理"之"理"和程朱理学的"天理"其实无异,如此心学挺立的道德主体最终仍然指向了抽象的先验道德主体性。

② 关于阳明心学及其分化对于人文主义意识觉醒的启蒙意义以及其所开启的向人自身和生活世界回归的理论转向,直接影响了王夫之人性哲学的思考走向,将在紧接着的下个小问题论述。

理"的基本构架,凸显的是作为儒家伦理道德的绝对性和普遍性,因而整体是一种本体论或形而上学的走向。以朱子思想为代表的程朱理学彰显的是天理的绝对道德价值,陆王心学凸显的是先验的道德主体性。程朱理学存理而遗人、陆王心学消用以入体,天理或心体表征的是儒家的一整套伦理规范和道德法则,它涵盖一切,现实中的人和生活世界都无一例外地被伦理道德的意义世界所笼罩,这是一种伦文主义走向。整体而言,宋明理学的人性哲学主流是一种"理"为根本、"性—心—理"为基本构架的伦文主义道德形上学。

二、从"伦文主义"到"人文主义"——王夫之人性哲学的转向

相对于宋明理学以"理"为根本、"性—心—理"的伦文主义道德形上学,我们认为,王夫之的人性哲学则走出了一条以"气"为首出、"性—心—身"的人文主义生存哲学,从而实现了一次范式转换意义上的革命。[1] 简单而言,在价值取向上,是从伦文主义到人文主义;在哲学思维方式上,是从本体论到生存论。但是,要充分说明这一范式转换的思想轨迹,又必须先回到阳明心学及其后学的分化上。[2]

---

[1] "范式"一词曾出现于南北朝时刘勰的《文心雕龙·事类》中,"崔、班、张、蔡,捃摭经史,华实布濩,因书立功,皆后人之范式也"。此处"范式"是指为后人写作效法的榜样。参见周振甫著:《文心雕龙今译》,北京:中华书局1986年第1版,第336页。古文中,范和式意思相近,都有模型、法则、效法的意思,范式可引申为理论模型、理论典范的意思。至于库恩在《科学革命的结构》中使用的 paradigm 概念,中文译为范式,虽然界定较为复杂,但主要是指一定历史时期的科学共同体所公认的科学定律、理论和应用范例。故将范式视作某一时期的哲学家群体所共同认可和遵循的学术传统、思维形态、价值信念也未尝不可。至于"范式转换",库恩认为,范式是和常规科学联系在一起的。在常规科学时期,科学共同体在公认范式规定下的问题和方法中进行解谜活动,但会遇到反常和新的问题,当反常累积至危机,以致旧有的范式对此无能为力,于是就进入科学革命时期。在科学革命时期,各种新的范式应运而生、相互竞争,而最终只有一种新范式获得科学共同体的认可、取得主导地位,这就是范式的转换。本质上,新范式是视域转换的结果,新旧范式虽然使用着相同的术语和范畴,但新范式的视角、思考点相对于旧范式发生了根本的转变。具体参见[美]托马斯·库恩著:《科学革命的结构》,金吾伦、胡新和译,北京:北京大学出版社2003年版,第9—17页。库恩所论范式及其转换,是从科学史的角度提出的,但在思想史和哲学史中同样存在。本书即用范式和范式转换的概念说明王夫之人性哲学相对于宋明儒人性论所实现的实践生存论转向。虽然王夫之的人性哲学的基本范畴和核心术语多承继宋明儒学而来(准确地说,应该都是儒家传统的固有哲学术语),但王夫之人性哲学的出发点、切入视角已经不同于宋明儒的人性论。

[2] 阳明心学及其分化对王夫之哲学的影响,萧萐父先生已经有详细和系统的分析。此处主要借鉴萧先生的观点,由点代面地以宋明理学发展中出现的两个关键转折点(王阳明心学建立及其分化形成的泰州学派)为代表,对阳明心学及其分化对王夫之人性哲学转向的影响做一粗线条的简略说明。详见萧萐父著:《略论晚明学风的变异》,《吹沙集》,第337—351页。

(一)阳明心学及其后学的分化

从中国哲学史的宏观演进角度而言,在宋代,以程朱理学的建立为标志,理学取代汉唐经学而成为儒家哲学的主流形态,其理论核心是将儒家的一整套纲常伦理提升到形上学的天理高度。但是在宋至明清的宋明理学发展进程中,又出现了两个至为重要的关键转折点。第一个关键的转折点是王阳明心学的建立①,第二个关键转折点则是阴阳心学分化过程中所形成的泰州学派,其中又以李贽为突出代表。两次转折的共同取向都是反对程朱理学(尤其是意识形态化后的官方理学)所维护的伦理异化和文化专制,高扬了生活世界中从事着生产和道德实践的人之价值和地位。

王阳明承接陆象山的"心即理"之说提出致良知教,将程朱理学高悬的天理拉回到每个活生生个体的内心,而且本心天理的实现有赖于主体积极能动的自我体证和自我践履,从而就凸显了个人的价值和意义。吴根友师即指出:"阳明心学的理论本意是高扬良知—天理—传统社会纲常伦理的内在性与超验的先在性,但其理论的逻辑发展则走向了反面,即由于人内在地具有了这种道德理性,而且这种道德理性必须在每个活着的道德承担者'心'里,并为他们所体知,所践履,才能发挥作用,因而道德实践的个体价值,由此而得到张扬,个人的价值因其承担了普遍的伦理原则而被发现。所以我们把阳明学说看成是宋明理学的逻辑转折点,它蕴涵着近代性的意义:即传统的儒家哲学由重伦理的普遍价值、相对忽视伦理个体承担者价值的倾向,向着具有世界近代史意义方向的重视个人价值的方向转换。"②由此看出,王阳明的心学具有两面性:一方面他将儒家的心性形上学发展到了一个逻辑的转折点,世界的一切不过都是自我良知发用的道德显现,道德准则、纲常伦理取代并遮蔽了人的感性生活的无限丰富性。人生在世的意义仅在于发明本心和致良知,这种泛道德主义其实与程朱理学以天理来统摄整个世界并无两样,其理论的逻辑结果都会导致一种取消人的知性精神的道德蒙昧主义。但是,另一方面,王阳明高扬自我良知所凸显的道德主体价值和狂者精神,又为其后学冲破伦理异化而将心学发展为彰显个性、贴近平民日常生活的新型理论形态开启了思想的

---

① 萧萐父先生高度评价阳明心学建立的巨大意义,他认为阳明心学"针对当时朱熹理学对思想界的长期禁锢,以'狂者'精神,高扬'致良知'的主体性原则,起到了'震霆启寐,烈耀破迷'的巨大作用。究其实,阳明心学在理论上是对朱、陆的综合,其创建'致良知'新说,既异于朱的'格物致知',复别于陆的'一了百了',实为双向扬弃而具有对宋明儒哲学化的逻辑终结的意义"。见萧萐父著:《略论晚明学风的变异》,《吹沙集》,第339页。

② 此处引文源自吴根友师为研究生开设的《宋元明清哲学》课程的讲稿,尚未公开发表和正式出版。

先河。

第二个关键的转折点则是阴阳心学分化过程中所形成的泰州学派,其中又以李贽为突出代表。随着理学的意识形态化,宋明理学逐渐演化为一种政治和文化专制主义。在人性论上,突出表现为脱离人的生活世界而对人性做抽象僵化理解,对于人的个性造成的桎梏与摧压。而阳明心学的迅速分化,一方面发展其"良知在我"的主体意识和狂者精神,突破外在的伦理规范和道德枷锁,强调回归个人的真性、真体、真知的发用流行;另一方面,则将阳明侧重于内在"正念头"的致良知活动重新置于日常人伦的道德践履过程之中,强调良知必须回归到人的生活世界。至泰州学派,心学更向平民化方向发展。他们时时不满师说,其唯意志论倾向的狂者意识,发展到反对由宋明理学建构的维护皇权专制的一整套伦理秩序,而提倡个性独立、肯定身体的价值和情欲的合理性、维护普通民众的权益。李贽更从自然人性论出发倡导真性情流露的童心说,提出"穿衣吃饭即是人伦物理"的观点,将儒家人性论置于个人的血肉之躯和感性丰富的生活世界,并以"各从所好,各骋所长"的理论诉求倡导个性的解放和自由发展,从而由中国传统文化内部生发出一种具有近代人文主义特质的人性哲学。

(二) 王夫之人性哲学的生存论转向

阳明心学特别是其后学的发展,在人性哲学上,就已经开始突破宋明理学以"天理"为首出的抽象人性论。具体表现在:第一,人性哲学的出发点和归宿点都是现实生活中的"人",这样的人性哲学实可称之为"人学"或"人的哲学"[①];第二,他们所说的"人"不再是一个抽象的或先验的道德承担者,而首先是有血有肉、拥有自我个性和独立人格的具体个人;第三,人之所以为人的本质、人生的价值和意义不是由外在的天理所筹划和决定的,而是人置身于丰富多彩的感性世界当中,通过身体力行的生产实践和道德践履的活动创造和实现着自身的本质。总体而言,就是对现实生活世界中"人的重新发现""以人文觉醒对抗伦理异化"的近代人文主义。[②]

王夫之的人性哲学正是在这股时代的崭新学术风气下应运而生。而

---

① 萧萐父先生在评价陆九渊的心学时曾说:"陆九渊的心学,出发点和归宿点都是现实的'人',实可称之为'人学'或'人的哲学'。"见萧萐父著:《陆学小议》,《吹沙二集》,第133页。我们认为,萧先生这一论述同样适合于描述阳明心学及其后学发展的思想。

② 参见萧萐父、许苏民著:《明清启蒙学术流变》,沈阳:辽宁教育出版社1995年版,第3—4页。

王夫之所处的时代,又恰逢满人入主中原的政治变故。具有先进文化的汉民族却被周边落后的游牧民族所打败,这给拥有强烈民族自豪感和文化优越感的王夫之以巨大沉痛的打击。他早年满腔热情、积极投身于民族救亡的抵抗运动,而在追随南明永历政权的过程中,亲眼看见的却是皇权专制主义的黑暗和腐朽;还因为他的正直敢言、弹劾奸臣,险些命丧于他所拼命效忠的皇帝和朝廷之手。王夫之心灰意冷地离开永历政权,又为了逃避清政权的政治迫害,开始了其孤苦、艰难的流亡生活。辗转流亡的过程中,王夫之亲身经历了下层民众的悲惨生活,广泛接触社会现实,逃难藏匿在湖南少数民族地区之时还观察到了当地落后的生产和社会状况。这一切实事实地、亲身体察的生活经历,让作为哲人的王夫之深切感受到汉民族的失败、明王朝的灭亡绝不只是单纯的、偶然的军事和政治事变,其背后有着更深层次的文化原因。一个以正统理学标榜天下的明王朝,何以民不聊生、农民起义四起、最后甚至落得被异族所灭的万劫不复的悲惨境地？当王夫之感受到一切反清复明的政治希望破灭后,他决意隐志山林,将他的整个后半生投身到承继与创新、反思与批判、解释与重建传统文化的更深远更宏大的"破块启蒙"的哲学理想和希望当中。而人性哲学正是他哲学理想体系中的一个核心环节。

  王夫之认为,宋明理学人性论的根本问题就是脱离人的实际生存体验、在人所生活的气化流行的世界之外之上虚悬一个超越时空和历史文化的天理、性体、心体,从而消解了世俗社会中现实个人在整个世界中的价值和地位,同时也抹杀了有血有肉之个人的感性丰富性和生存体验的多样性,走上了伦文主义的道德形上学路径。而王夫之则要重建他心目中的儒家正学,其人性哲学就是回归到现实中的个人以及人所生活的感性世界。王夫之认为,天地不能言性,人性只能落实到拥有血肉之躯的人上言;人之所以为人是因为人是作为涵具人性的存有,而人性之所以为人性又在于人性是在气化流行的生活世界中,通过人的践形、治器等实践生存活动而不断生成的存有。由此,我们将王夫之的人性哲学总结为以"气"为首出(理气互相为体)、"性—心—身"的人文主义生存哲学,简称人性生成哲学。

这里,首先需要对本书所使用的"生存论"①做一个界定。

① 本书中使用的生存论范畴有取于海德格尔和马克思的思想,但主要是在中国传统哲学的语境中使用。不过,有必要简单梳理一下西方哲学中生存论的基本意蕴。"生存"一词对应的英文是"Existence",德文中是"Existenz"。海德格尔认为,对于"生存"的理解要区分 essentia 和 existentia,essentia 表示"是什么"(即现成存在者),existentia 表示"如何去是"(即生成的存在)。在西方传统哲学中 existentia 总是被当作"现成存在",海德格尔认为这是混淆了 essentia 和 existentia,在他的哲学话语系统中生存(Existents)意指着去存在,即生成,而它恰好是人生在世的本质。通俗地说,人的存在不是一个静态的、已经完成的现成存在者,而是一个总是超出自身试图成为什么但又还未成的一个动态的生成过程。所以,海德格尔认为人的本质是生存,"它所包含的存在向来就是它有待去是的那个存在"。参见[德]海德格尔著:《存在与时间》,陈嘉映、王庆节合译,北京:生活·读书·新知三联书店 2006 年版,第 15 页。笔者认为,海德格尔对人的生存论理解是为了区别于西方哲学传统中的本体论或存在论(ontology),海氏认为从人的在世出发的生存论是先于任何先验的、超时空本体预设的更为原初的基础存在论。归结起来,生存论和本体论范式的一些主要区别在于:首先,生存论和本体论表现为"生成"和"现成"的对立,"现成"表示现成性,"生成"表示可能性,生存论意味着可能性先于现成性。其次,由于本体论强调现成的第一性,所以它总是追求作为不变的"一",而生存论则第一认可生成着的无限可能性的"多"。再次,本体论是一种本质主义,它是从抽象绝对的本体出发,从而导致本体与现象、本体世界与感性世界的二分;而生存论则是从现实的、具体的、在世的人的实际生存体验出发,不是从现象背后抽象出本质,而是本质只能在人的实际生存中生成。最后,存在论落脚点是"是什么",表现为封闭的名词性思维方式;生存论却着眼"如何是、是起来",表现为开放的动词性思维方式。当然,这其中在西方哲学语境中的讨论尤为复杂,笔者从自身的理解做简要的叙述。具体讨论可参见邹诗鹏著:《生存论研究》,上海:上海人民出版社 2005 年版,第 18—76 页。以及张曙光著:《个体生命与现代历史》,济南:山东人民出版社 2007 版,第 87—138 页。
我们认为,生存论即是建基于人的生存的存有论,所以海德格尔称之为基础存在论,有学者亦称为生存存在论。总之,生存论的核心特质是强调回归到原初的生成着的人的实际生存体验,但对于"人的实际生存体验"不同的哲学家有不同的理解。马克思认为这个原初的人的实际生存体验就是"有生命的个人存在"及其和自然的关系。马克思说:"全部人类历史的第一个前提无疑是有生命的个人存在。因此,第一个需要确认的事实就是这些个人的肉体组织以及由此产生的个人对其他自然的关系。"见《马克思恩格斯选集》第 1 卷,北京:人民出版社 1995 年版,第 67 页。马克思认为在所有的哲学思辨或科学认识之前已经有一个事实存在,即是"有生命的个人存在",这种个人存在不是抽象的,而就是"个人的肉体组织"和"个人对其他自然的关系"。马克思释放出来的强烈信息是,人在自然的生存是不可剥夺的已经在场,这个事实不是理论的问题,而是一个实践问题。而人在自然的生存,马克思认为,其实就是人的实践或人的感性活动(在马克思,实践就是人的感性活动或对象化活动)。实践或人的感性活动是在任何先验本体和观念预设之前的一个前反思的、主客未分的人与世界打交道的关系,这就是人的生存方式。马克思强调现实之人的感性活动或实践的第一性,即是突出生存的优先性。所以,马克思的实践论本身就是生存论,实践是人的生存的主要方式。对马克思实践观的生存论解读,近来国内学者研究颇多。《哲学研究》在 2001 年第 12 期集中刊登了一批马哲学者(如欧阳康、孙正聿、吴晓明、杨耕、张曙光、任平、邹诗鹏等)对于马克思哲学与生存论关系的系列文章,可具体参考。其中特别还刊登了郭齐勇老师的一篇《中国哲学的生存论及其现代意义》,郭齐勇老师将生存论界定为"指人对自身生命、存活的自觉,包括人对身体、感觉、情绪、欲望、潜能、意志、理想与精神意境的觉解意识"。他概括中国古代哲学,就是生活与生命的智慧,这源于《易传》的思想,"生"既是生存、又是创新。郭齐勇老师从中国古代哲学的天人、群己、性情关系入手,具体阐发了中国古代的身体观、个体身心情才的关系、个体生存与生存环境、个体与社会群体关系、个体存在与精神自由、个人生存品质和品位等多个层面的生存论意蕴。其后,郭老师又在《论中国古代哲人的生存智慧》一文中更为详细和系统地论述了中国哲学的生存论内涵。详见郭齐勇著:《中国哲学智慧的探索》,北京:中华书局 2008 年版,第 118—132 页。我们从王夫之的人性哲学入手,探讨其生存论的转向,借鉴和吸收了郭齐勇老师的观点。

生存论视野其实是东方哲学思维的典型模式,中国哲学有源远流长的生存论传统。《易传》中就说:"古者包羲氏之王天下也,仰则观象于天,俯则观法于地,观鸟兽之文与地之宜,近取诸身,远取诸物,于是始作八卦,以通神明之德,以类万物之情。"古代圣人正是在实践生存活动中治理天下,这种生存融天、地、身、物为一体,通过仰观俯察、修身格物的自然和社会实践而通至神明,成己成物而与天地相参。但生存论哲学毕竟来源于西方,所以有必要考察一下中文语境中"生存"的意义。

在古代汉语中,"生"和"存"首先不是连在一起使用的。庄子经常用"生死存亡",生与死、存和亡相对,可见,生、存均表示人活在天地间的意思。生、存联用为"生存"大量见于汉代的典籍,如刘向的《说苑》尊贤篇中说"夫圣人之于死尚如是其厚也,况当世而生存者乎?"[①]文献说明"生存"是指相对于死亡的在世活着的人,它强调了三个方面,一是针对人而言,二是活着的人,三是指现世活在天地间的人。从单个字看,"生"是会意字,像草木生出土上,意味着生机、生长、生成,《易传》更有"天地之大德曰生""生生之谓易"的说法。"生"在中国哲学的语境中象征着生命、活力、趋时更新,但又不是脱离大地,"生"就是在天地之间的"生"。宋儒更以"生生者仁"而赋予了"生"以伦理学上的含义。"仁"不是一个抽象的概念,在儒家就体现为亲亲、仁民、爱物、正德、利用、厚生的现实人伦实践和社会生产活动。"存",《尔雅·释诂》中说"存,在也,察也",有存在、存留、体察等意思;存在,但不是孤立或死寂,而是总有所体察,总是处在人物之间的相互联系当中。"生"和"存"都具有动词性特征,"生"表明一种生命性和生成性,"存"表明一种存在性和滞成性,是即"生"又"存"、即"存"又"生",在"生"与"存"的相互牵挂、交相引发中形成人的"生存"。以上在中文语境中的分析,可初步界定"生存"就是指人是在天地间生成的存有。这种人生天地间的生存,在儒家主要是崇德广业、经世致用的实践活动。对王夫之的人性哲学而言,其生存论转向,正是他将人性哲学重新置于人生天地间的实际生存体验。

王夫之的人性哲学首先就是从人的生存出发,强调"以人为依,则人极建而天地之位定也"[②]。他不抽象地看待人性,与程朱理学将性归于天理、陆王心学将性归于先验本心不同,王夫之则将人性归于有血有肉的人身。其次,王夫之将人的生存、人性的展开回归到气化流行的生活世界,强

---

① 刘向撰,向宗鲁校证:《说苑校证》,北京:中华书局1987年版,第182页。
② 王夫之著:《周易外传》,《船山全书》第1册,第852页。

调气化世界对于天理、本心的逻辑优先性,他说:"盖言心言性,言天言理,俱必在气上说,若无气处则俱无也。"①同时,这样的气化世界不是抽离于人的本体预设,而就是人的生活所显现的世界。最后,王夫之以"夫性者生理也,日生则日成也"②的革命性观点,反对宋明理学"一受其成侀而无可损益"的静态人性观,认为人性是在一定历史与社会文化时空中、通过人身体力行的实践生存活动不断生成起来的动态开放和发展创新的过程。

比较宋明理学与王夫之人性论展开视野的不同,简单说来,宋明儒在人性哲学上建构的道德形上学,根本上是一种伦文主义的本体论思维方式。"天理"或"心体"使整个世界获得了必然性根据,人的神圣性也得以彰显,内在而超越的道德理性是人存在的终极信仰和终极关怀。但本体论范式,其本质是将人、社会、宇宙抽象为绝对的、不变的精神实体,现实的人和世界上的一切都是被其决定的,人只是一个能"发明本心"或反思"天理"的抽象存在物,其根本的问题是忘记了现实世界中生存着的个人。王夫之的人性哲学以具体的、现实的人的生存和历史性存在为出发点,超越了本体和先验主体的言说方式,强调人性是一个生成的存有。天理也好、道德法则也好,都要回归到真实的人的存在,天理要在人欲中求,"道"要在"尽器"的实践活动中显现,本质要回到人的生存活动中去。如果说,宋明儒在人性论上的道德形上学开启的是一个价值规范的社会和作为道德主体的人,王夫之则承此而开新,其生存论取向的人性哲学则开启了一个开放的社会和一个不断生成和发展的个人。

第二节 "六经责我开生面"
——王夫之人性哲学问题意识和方法论

晚明以来学风的变异构成了王夫之人性哲学产生的内在理论根据,而王夫之所处的特殊时代背景及其不平凡的生命历程又促使他深入地反思宋明儒人性理论的弊病。正是在这两个主要因素的共同作用下,王夫之的

---

① 王夫之著:《读四书大全说》,《船山全书》第6册,第1111页。
② 王夫之著:《尚书引义》,《船山全书》第2册,第299页。

人性哲学思想实现了从伦文主义到人文主义[①]、从本体论到生存论的范式转换,并系统建构了以"气"为首出(理气互相为体)、"性—心—身"统一的人性生成哲学。

一、"惟此心在天壤间"——王夫之人性哲学的问题意识和基本架构

王夫之在其去世之前写有一首绝笔诗:"荒郊三径绝,亡国一臣孤。霜

[①] "人文"一词曾出现于《周易·贲卦》之彖辞,其中云:"文明以止,人文也。观乎天文,以察时变,观乎人文,以化成天下。"王弼注云:"止物不以威武而以文明,人之文也。"孔颖达疏中释"人文"为"人文,则诗书礼乐之谓"。见王弼著、孔颖达疏:《周易正义》,《十三经注疏》,阮元校刻,北京:中华书局1980年版,第37页。《周易程氏传》中认为"文"与"质"相对,有质必有文,其云"天文,天之理也人文,人之道也""人文,人理之伦序。观人文以教化天下,天下成其礼俗"。见程颢、程颐著:《二程集》,王孝鱼点校,北京:中华书局1981年版,第808页。王夫之认为,所谓"人文"是指"人之有情必宣,有志欲成,而风气各殊,止于其所,习而不迁,此古今之异趣,五方之别俗,智愚之殊致,各有其美,犁然划白,而自止其所安,均为人文而相杂以成章者也",而有文则必著于外,此谓之"文明"。见王夫之著:《周易内传》,《船山全书》第1册,第214页。以上简略例证中,可以看出中国传统哲学中所谓"人文",一方面"人文"是落实到人之道上讲;另一方面,"人文"就是指华夏族类创造的诗书礼乐文明。从王夫之的解释视野来看,他与二程强调"人文"是彰显绝对天理的"人伦秩序"不同,王夫之更强调"人文"发自人的情志和真情实感。王夫之区别了"文"与"饰",他说:"及情者文,不及情者饰。不及情而强文之,于是乎支离漫澜,设不然之理以给一时之辩慧者有之矣。是故礼者文也,著理之常,人治之大者也。"见王夫之著:《周易外传》,《船山全书》第1册,第877页。王夫之所说的"人文化成天下"仍然是强调以礼乐文明化成天下,但他突出这样的"人文"要本乎人的真爱真敬的情实,也即是说礼乐文明建基于对人的真实需求、情感和欲望的尊重之上。王夫之"人文化成天下"的思想,本书后文将有详细分析。

中国古代虽有"人文"之说,但"人文主义"一词则源于西文的 humanism,也译作"人本主义",它主要是指西方文艺复兴和启蒙运动反对中世纪以神为本的宗教异化而高扬人的主体性、提倡个性解放、维护人的自由尊严的以人为本的时代风潮。许苏民老师将近代人文主义理想概括为以下三个显著特征:第一,反对中世纪的禁欲主义,而尊重人的感性生活和追求现世幸福的权利;第二,反对中世纪的蒙昧主义和等级制度,倡导以知识和德性作为衡量人的标准;第三,反对中世纪独断和文化专制主义,主张宗教宽容、思想和言论自由,提倡多元开放的文化心态。详见许苏民著:《人文精神论》,湖北人民出版社2000年版,第200—207页。本书所使用的"人文主义"主要是承继萧萐父先生提出的"明清早期启蒙"说的思想。我们认为,王夫之的人性哲学反对宋明理学的伦理异化,回归到生活世界中的现实之人,并从人的生存和历史性存在出发,高扬人的独立自主意识、挺立道德主体之自我,开掘人的知性精神,肯定人的感性欲求的正当性和积极意义,从而"依人建极",创造一个充满仁爱和人道主义关怀的礼乐文明的王道世界。从"世界历史"的角度看,王夫之的人性论思想开启了初具近代人文主义性质的启蒙哲学新形态。当然,本书中所用的"人文主义"与西方近代的"人文主义"思潮是一种相通关系,并不能将二者完全等同。萧先生已经指出,中国明清之际的人文主义思潮,肯定了人在整个世界的价值和地位,奠定了中国哲学的"人学"走向,并将哲学的终极目标归于追求真善美统一的诗化人生境界。这就既避免了把哲学引向宗教迷狂和伦理异化,同时又避免了将哲学局限于科学主义的弊病。详见萧萐父著:《吹沙二集》,第507—512页。

雪留双鬓,飘零忆五湖。差足酬清夜,人间一字无。"①一个满头白发的孤独老人,独处在荒郊绝径、鸦雀无声的深山中。这一自然景象背后,显示的是王夫之孤独而又无人理解的悲愤心情,更衬托出他超拔流俗、遗世独立的人格美境界。国破家亡、身世飘零,王夫之却以无比的毅力、超乎寻常的坚韧投身于民族文化的继承和创作活动中,用其毕生心力和血泪写下了浩瀚的著作篇章。但他却认为这些文字顶多可以酬对一下清凉孤寂之夜,至于在人世间则不会留下一字一迹。难道正如王夫之所言,他的思想和文字竟如此没有价值?答案当然是否定的,王夫之是感慨当世之间,竟无一人可以理解他的理想和情怀。他说:"吾老矣,惟此心在天壤间,谁为授此者?"②他在等待后世有真正能理解他、读懂他的人,能够实现他"欲苏人之死,解人之狂"③的未竟之志、未圆之梦。历史事实表明,王夫之留给人间的绝不是一字都无,而恰好是中华民族一笔巨大的文化财富。20世纪"船山学"研究的盛况,就足以说明一切。不过,后人的研究就真正接近和理解了王夫之吗?当然,从解释学的角度,现代人的研究永远不可能去还原一个历史上的王夫之,我们总是融入了个人理解的前见和自身时代的印迹。但无论如何,在对王夫之思想的解释和研究中,从不同侧面展示了王夫之思想中的真精神。对于研究者而言,当将自己的视域融入王夫之的思想时,也就把王夫之思想的真精神融入自己的解释视域之中,而王夫之的真精神也得以展现出来。

　　当前学界,部分学者对王夫之思想的定位似乎倾向于视王夫之为宋明理学的"余绪",至多不过是"后期道学的高峰",王夫之俨然只是一位正统的理学家。我们与这些看法略有异,王夫之绝不仅是对宋明理学"照着讲"的道学家,而是具有开拓和创新精神的新建设主义儒家,既"新故相资"而"别致其新",又"察异贞同"而"日新富有"④。宋明理学是王夫之哲学思想切入的一个视角和背景,他的人性生成哲学是在扬弃程朱陆王人性

---

① 据王敔所说,此是王夫之去世前一年冬尽所作的绝笔之诗,第二年正月初二他便辞世。见王夫之著:《大行府君行述》,《船山全书》第16册,第76页。另见,王夫之著:《王夫之诗文拾遗》,《船山全书》第15册,第921页。不过,诗中"差足酬清夜"一句,《大行府君行述》中作"差是酬清夜","足"与"是"字体相近,恐是排版错误,"差足"文意更妥帖。

② 王夫之著:《噩梦·叙》,《船山全书》第12册,第549页。

③ 王夫之著:《噩梦·叙》,《船山全书》第12册,第549页。

④ 以上皆是参照吴根友师提出的"新建设主义"思想。对"新建设主义"的具体阐述详见吴根友师的博客文章《新建设主义——〈珞珈学志〉序》,http://blog.sina.com.cn/s/blog-4a0cbbe30100hw2d.html。笔者认为,王夫之正是一位继往开来的新建设主义儒家。本书对王夫之人性生成哲学在"推故致新"的新建设主义方面,借鉴和参考了吴根友师的观点。

论的基础上,在新的高度回归到六经和先秦儒家哲学智慧源头的返本开新。王夫之一再强调,"有功于先儒者,不在阿也"①,而且以"尽破先儒之说"②的理论勇气和胆识从事创造性解释工作。他的哲学真精神正是承继和发展了《易传》生生不息、日新开放的思想精髓③,而倡导"与时偕行""破块启蒙"的崭新学术理想。表现在人性哲学上,王夫之的人性生成哲学有其独有的问题意识和自身特色的理论体系。

王夫之人性生成哲学的根本问题,是面对其所处的"天崩地裂""海徙山移"的政治变故以及启蒙思潮兴起的时代背景下,个人之艰难险阻、颠沛流离、命悬一线的生命历程,人何以能够空无一切地度过一生——即是要追寻处于贫贱、患难、夷狄、孤愤之中的安身立命之道。用现代的哲学话语,即是要追寻生命存在的意义问题。当然,王夫之给出了自己的回答,"诚于为,则天下之亹亹者皆能生吾之心"④,人道之流行,"处贫贱患难而不易其官天地、府万物之心"⑤。人生的意义不在于外在的"天理",也不在于先验道德的"心体",而就在当下人世间的"诚于为""官天府地裁成万物"⑥的实践生存活动中建人极、畛人维、立人道。立足于上述问题意识,我们认为,王夫之人性哲学的出发点,既不是天理也不是心体,而是置"身"于天地之间从事着作器、治器、述器、尽器等实践活动的现实个人,让人性在"践形"和"实践"中生成,"依人建极",最终达到理想人格美的境界。具体而言,王夫之的人性生成哲学是通过两个问题建构起来的:一是人性何以可能?二是人性如何展开和实现?

人性何以可能?本论文第三、四章围绕这一问题论述。王夫之的人性哲学将理学家高谈的天理、本心、良知等所谓性命之学重新置于人的血肉之躯和人道所开显的生活世界。人性由此获得了生存论的地位,它是有生命个体在天地间最基本的存有方式。这样,儒家传统的"性与天道"问题始终扎根于人生天地间的实践生存活动当中。

本书第三章正是从人的生存和实践出发,彰显王夫之人性哲学的生存论转向。首先,王夫之通过人与天地万物"与其事""亲用之"的实践生存

---

① 王夫之著:《读四书大全说》,《船山全书》第6册,第596—597页。
② 王夫之著:《读四书大全说》,《船山全书》第6册,第1070页。
③ 郭齐勇老师即指出,王夫之承接了《易传》的学术传统,其人性日生论把一个形而上的人性问题落实到气化流行的宇宙论背景和形而下的社会人生之中。详见郭齐勇著:《中国哲学智慧的探索》,第217页。
④ 王夫之著:《思问录内篇》,《船山全书》第12册,第423页。
⑤ 王夫之著:《思问录内篇》,《船山全书》第12册,第410页。
⑥ 王夫之著:《思问录内篇》,《船山全书》第12册,第405页。

活动体证了整个生活世界的实有性。他自"人"的实际生存体验而明"天间之有",自"生而有"而言"天下惟器",即通过人的治器实践活动肯定人性的价值以及气化流行的实有天道。

其次,人生天地之间,即是生存于气化流行的世界当中,天人统一于生生不息的"气"之生成境域。由此气化世界的阴阳、乾坤、动静、浮沉交相引发的生成运动而成人成物、成身成性。王夫之通过对《易传》"继善成性"说的创造性解释,从天道→继善→成性动态相续的角度,既说明人性是源于天道气化流行所显现的生人之理,又说明人性是凝于天道之精华而成于人身的绝对的善性。

最后,天道生人生物是真实无妄、无不合理的,说个"诚"字最为妥帖。但是天道的真实无妄本身又是自在的,天道自身不能自觉,天下器物也不能自觉。因此,只有"诚"是不够的,还需要有"诚之者"。而"诚之者"即是人,人是天地之心。王夫之进而提出"以人道率天道"、凸显道德主体之自我价值的思想,人性虽然源自天道,但必须在官天府地、裁成万物的实践生存活动中才能真正成就自我的人性,从而也彰显了天道。所以,对于人性何以可能的问题,一方面王夫之追溯于天道的继善成性,另一方面他更强调人性是自我在实践生存活动中的不断生成的产物,这正是第四章论述的王夫之继天几、权人几的人性生成论。

第四章紧承第三章的内容,从三个层面具体论述人性何以可能的问题。第一个层面是王夫之从"天人交尽"的角度阐明人性与天命的关系。在王夫之的人性哲学中,天命表征多样性和差异性的分理,人所受之天命与物所受之天命是不同的。由此,他肯定人是自然界的最高产物,人性在体用方面都具有独特的价值性。人受天命而成身成性的过程中,生人之理所凝成的性心身、情才欲等每一个方面都和禽兽迥异。这就在理论上,不仅凸显了道德理性的完全属人性、真正确立了人道之尊,而且更充分地肯定了人之形色、情才、欲望的独特性和合理性。从而突破了宋明理学单纯从道德理性上论人性,而强调人性所具有的在知识理性、艺术和审美活动方面的追求。同时,天命又是自在的、天无心而成命,人性只是来源于天命,但人不是消极被动地承受天命。成就人性、实现天命以至创造自我命运的责任既不在天、亦不在人,而是在于自身。由此,王夫之提出了"修身以俟命,慎动以永命,一介之士,莫不有造焉"的高扬个人主观能动性的造命思想。

第二个层面是王夫之认为人性实现于有血有肉的人身,他反对程朱理学从理气二分的架构来解释义理之性与气质之性的关系,明确表达人性就是气质之性的观点。凡言人性都是身之性,凡言身都是性之身,人的形色气质本身就具有独特的意义和内在的价值。形色气质不是恶的来源,恰好是人成善成性的感性与现实性之依托。

第三个层面是王夫之强调身体的活动沟通了天与人、人与物的关系,人性正是在天人之际的"天之几"、人物之际的"人之几"两个相互作用、彼此对生的维度中敞开了人性的意义生成空间。人性不是一个孤立的、已经完成的现成性范畴,人性是一个自继"天几"、权择"人几"的时间性生成过程。王夫之创造性地解释中国传统哲学中"习与性成""权""继"等命题和范畴,为人的自由意志和生存实践智慧敞开了施展的空间。他认为人性的真正价值和意义在于,人对于自己拥有什么样的人性有着最终的决定权和自主权。人性的生成就是人性的自我超越,只要人生在世,人性就永远处在可以自我变革、自我创造的未完成状态。

第三、四章的内容说明了人性何以可能,即既在于天命的日新授予,更在于人后天通过身体活动在"继""权""习"的生存实践中来塑造自我的人性。相较于宋明理学将人性一归于先天恒存的"天理""本心",王夫之则从生存论视野出发,将人性何以可能的问题归结到感性生命在生活世界中的自主自由的创造性实践生存活动当中。如此,就合乎逻辑地引出人性如何展开和实现的问题,人性如何展开和实现即是人性如何生成的问题。王夫之认为,人性的生成是有血有肉的个人在身体力行的"践形"和"实践"过程中展开,并最终实现为追求真善美统一的理想人格美境界,此是本书第五、六、七章讨论的问题。

第五章讨论人性在"践形"中的生成,这是王夫之"以人道率天道"思想的具体落实。王夫之承继和发展了孟子"形色天性"和"践形"的思想,提出了"即身而道在"的尽性践形观,人性的生成就表现为充性于形色气质和情才欲的自践其形的过程。他认为人性不是身体之外别有的实体,性凝身心,人性本身就构成了一个气日以充、形日以长、性日以成的"性—身—心"合一的身体主体生成场。性、心、形色只是从不同的层面表征身体的功能,"形色"彰显人身的生命性和空间性,"心"彰显人身的知觉性和能动性,"性"彰显人身的道德性和主宰性。通过尽性践形的过程,人的身体就超越了禽兽草木而成为性心身有机统一而具有自主能动性的身体主体。所谓尽性践形,即是以性充彻于形色而统合身心,以性行于情才欲之中而恒其心、实其意、正其情、尽其才、导其欲。因此,王夫之反对道学家割裂性、心、身的有机联系,视身体为道德实践障碍而主张遏意、化情、灭欲的观点,他认为身体所表现出的知觉运动、意念、情感、欲望是道德理性得以开展和实现的前提和基础,志与意、性与情、天理与人欲都是互相为体的有机统一关系。王夫之更强调意、情、欲等感性生命需求是身体行为以至人类文明发展和进步的内在驱动力。道德理性不是在身体的情、才、欲之外寻求,它就是人在追求甘食悦色的活动本身中显现出来的自我节制和秩序条理。

尽性践形的过程一方面是指身体内部性心身、心性情才的统一,人的身体就整合为拥有自主能动性的身体主体。但所谓尽性践形既不是指一种内在的封闭的纯意识性思辨活动,也不是指一种简单孤立的形体反应或动作表现,性显于形色或情才欲本身就敞开了人置身于其中的生活世界。因此,另一方面,尽性践形又指向了身与事、身与物、身与世界的统一。人性的生成,又总是在厚生、利用、正德的生产和人伦实践中进行。第六章则讨论人性在"实践"中的生成。王夫之从三个方面进行阐述,第一,性心身统一的身体要通过志气交辅、集义养气的过程获得实践的动力和勇气,如此就可以从容地投身于世界。第二,身体的知、能潜能是在能、所互动所构成的实践场中展开为知行活动的统一。王夫之一方面反对道学家离行以为知、销行以入知的观点,强调"知"或"良知"都必须通过身体力行的实际生存体验才能成为"真知",本质之理要回归到"实有"的生存感性活动当中。另一方面,他将德性的体知和闻见的认知都统一于人的实践生存活动当中,真正的德性之知必表现为闻见的真知,格物穷理的多闻多见有助于德性之知的体认,从而强调成善与求真的统一;王夫之进而提倡"即事以穷理"的"质测之学",重视人在社会、人文等科学研究活动中的知性精神,发展出了具有近代科学意义上的认识论思想萌芽。第三,王夫之认为人继天命之性理而凝成心之德性,其最终目的是将人性之所存"实践之""推行于物",将人的本质力量彰显于身、外化于物、通之于天下,通过厚生利用的生产实践、"行于君民亲友之间"的道德伦理实践,最终创造一个充满人道主义精神和人文关怀的礼乐文明之王道世界。

人性在"践形"和"实践"中的显现、生成和超越中最终创造出本真的自我和人文的世界。王夫之人性生成哲学的最终旨归,指向了追寻自我生命价值和人生意义、实现真善美统一的理想人格美境界。本书第七章即探讨王夫之"壁立万仞,只争一线"的理想人格美。首先,王夫之明确提出"以人为依""依人建极"思想,人生天地之间,不是外在的天理和天命、先验的本心和良知为人和世界立法,而是人为世界立法、为天地古今立法,亦是为人为自身的生命、生活和生存立法。"依人建极"的思想将人提升到天道与自然、人类社会与历史文化的主体和"主持者"地位,这就为其理想人格美的追求提供了坚实的理论基础。

其次,理想人格美的自我塑造,王夫之重在立志、养志而持志弘量。立志贞定了自我生命的价值和人生存在的意义,人活在这个世界上就有了终极的依托。坚定自我选择的志向、充分扩充其容纳函受之量,在面对任何恶劣社会环境以及个人成败、得失、祸福等不测或消极因素影响时都能从容不迫、坦然承受,人在精神层面就达到一种志存量弘的高远之境。立志和养志贞定了生命存在的意义,但是,生命价值和意义的追寻不是在静坐体验或收敛身心的内心修炼中获得终极价值而实现的。王夫之强调,存志弘量的生命意义追寻必须是在个人置身于天地之间的"诚于为""身任天下"的实践生存活动中实现。因此,他倡导身任天下的豪杰精神,这是对晚明以来个性解放思想在新的时代要求下的一种承继和发展。王夫之认为,人人都能兴发豪杰的生人之气,从而肯定对于意志自由、人格独立和生命尊严的追求是每一个人切身的本真需要。相较于圣贤人格的精英主义,王夫之所谓的豪杰精神已经开启了一种追求平民化独立人格的先河,可以说是近代个性启蒙思想在中国传统文化中的特殊表现。

最后,王夫之将中国传统的诗教精神与豪杰人格的塑造联系起来,认为通过"诗教以荡涤其浊心,震其暮气",从而兴发个人的豪杰之气并进而能够希贤希圣。理想人格美的追求,既是志于人间正道善业的坚贞、又是追求真理的执着,更需要置身于人的艺术化生存当中实现真善美的有机统一。王夫之是诗人哲学家,诗词文赋一开始就融入他坎坷艰难、波澜壮阔的生命历程当中。可以说,诗就是王夫之生命体验、生存实践的艺术化表达。诗既是其才情神思、家国情怀的真情流露,更是其傲然风骨、独立不羁人格美的真实写照。王夫之的心志和寄怀、理想与抱负,在其"通天尽人"的艺境诗心和"赏心""遥感"的顽石之美所彰显的艺术生命中获得了永生! 因此,王夫之的人格美,是成善、契真和审美的高度统一而又上升为一种精神之美的超越境界,是无形与有形的有机统一,是人性生成在历史和艺术中的升华!

以上针对王夫之人性哲学的问题意识,初步勾勒了王夫之人性生成哲学的基本体系建构。下面分析王夫之建构其人性哲学时所特有的方法论。

二、王夫之人性生成哲学的方法论

王夫之在阐释其人性论思想时形成了自己的一套方法论或者称作哲学运思方式,前辈学者李石岑、张西堂、贺麟、侯外庐、萧萐父、曾昭旭、林安梧等先生对此已经分析讨论很多。其中,萧萐父、贺麟、林安梧等先生的分析尤为独到精致。

萧萐父先生特别指出王夫之哲学的方法论主要是继承和发展了《易传》《老子》以及张载的朴素辩证法思想,并将其精炼概括为矛盾观中的"分一为二"与"合二为一"。他重点分析了王夫之"乾坤并建""天下之变万,而要归于两端""合两端于一体""奉常以处变"等命题,认为王夫之从自然辩证法深入到历史辩证法,坚持矛盾发展的内因论以及肯定矛盾存在的普遍性和矛盾法则的客观性,从而将中国古代的朴素辩证法发展到了时代所允许的典型高度。[①]

贺麟先生则主要从黑格尔"正—反—合"的思维方式出发,认为王夫之哲学的方法论突出"合"的特征,他归纳为体用合一、道器合一、心物合一、身心合一、物我合一、知行合一。此种"合一"的实现,贺麟先生认为王夫之主要采用了一种"现象学的方法",即现象以求本体,"即用以观体,因物以求理,由部分以窥全体,由特殊以求通则的方法"。[②] 简单说来,就是从看得见的"言""迹"等现象,去探求看不见的"心""理""道"。"因言见心,因迹见道"正是王夫之自身的一种哲学思维方式。

林安梧教授在吸收大陆学者从辩证法的角度总结王夫之方法论的同时,又引入了西方解释学的方法。他认为王夫之的方法论,对经典的诠释方式是"因而通之"的创造性解释,从而形成"人—经典—道"的解释学循环;对历史的诠释方式则是从表层"历史事件"深入到深层的"历史意识",进而通极于"历史之道",从而形成"人—历史—道"的解释学循环。不过,林安梧教授进一步指出上述的两个解释学循环根基在于王夫之"对比的张力"和"辩证的综合"相结合的"两端而一致"的对比辩证思维的方法。[③]

我们认同前辈学者对于王夫之哲学方法论的有益探讨,而主要从王夫之人性哲学的角度从以下三个方面总结王夫之的思维取向和方法论。

第一,由字通词、由词通道的人文实证主义方法雏形的开启。王夫之人性哲学中,重视对关键字、词的概念分析,对四书、六经的义理阐释之前常有稗疏和考异,还著有《说文广义》。其子王敔就称道其父"于《四书》及《易》《诗》《书》《春秋》,各有《稗疏》,悉考订草木鱼虫山川器服,以及制度同异、字句参差,为前贤所疏略者"[④]。王夫之对人性论中的关键字词如虚、静、理、气、质、禀、意、才、几、权、缩、所、格、极等都进行了训诂学分析和

---

① 详见萧萐父著:《船山哲学引论》,南昌:江西人民出版社1993年版,第90—91页。
② 贺麟著:《文化与人生》,北京:商务印书馆1988年版,第260页。
③ 详见林安梧著:《王船山人性史哲学之研究·引言》,第2—3页。
④ 王夫之著:《大行府君行述》,《船山全书》第16册,第73页。

第二章 王夫之人性生成哲学的问题意识和基本架构

历史语义演变的考证,从而对相关的经典文本给出了许多富有创意的新解。但这并不是说王夫之仅仅停留在字词的训诂考证上,他认为"读古人文字,以心入古文中,则得其精髓"[1],这就是强调在训诂考证的基础上,还必须以"心"通"道"。吴根友师认为清代哲学家戴震提出了"由字以通其词,由词以通其道"的人文实证主义方法,标志着中国哲学的语言学转向。[2] 而在明清之际的王夫之,其实已经意识到这种方法的雏形,可以看作是乾嘉时代语言哲学转向的萌芽。

第二,"互相为体""随在体认"的境域生成或构成视野。[3] "互相为体",前贤主要从中国传统哲学的体用本末论和借鉴辩证法的角度进行分析,王夫之确实也存在这种思维向度。他认为"体"都是有"用"之体,"用"即是用其"体",因此体用不能离析而言之,而是体用相须、本末兼具、互相为体。王夫之既主张因体以发用、又强调由用以见体,其间充满着辩证法的意蕴。但王夫之人性哲学更是在生存论视野下凸显两端之间的互相为体的关系(即不能将"互相为体"仅仅视为是体用本末关系,而是两端的互相为体),如天与人、阴与阳、阴阳与道、理与气、情与理、天理与人欲、天之几与人之几等都是互相为体的关系。王夫之拒绝将两端或两体做现成化和实体化的理解,而是强调在两端所构成的相互牵引、互为引发的具体形势和生成境域中来体认天道人性的真义。也即是说,对于人的理解、道的理解、人性的理解并没有一个现成的本质或可传的心法能够直接把握,而总是在两端引发的具体境域和情势中当下的、时机化的生成和体认。以人性而言,王夫之就坚持反对有所谓"可传之心法,直指单传,与一物事教奉持保护",以为人性之仁义礼智可以现成取用之;他说"孔子作《春秋》,何曾有仁义作复印件! 只权衡来便是仁义",人性是在理气、情理、天理与人欲、天之几与人之几构成的具体生活境域和情势中的当下生成和"随在体认"。[4]

第三,王夫之对其人性哲学的建构,其根基在六经和孔孟,宋明理学是其思想的切入点和哲学话语背景。因此,王夫之人性哲学体系构建的基本方法策略,主要是回归到六经和孔孟,通过重新解释经典来阐发自己的观

---

[1] 王夫之著:《夕堂永日绪论外编》,《船山全书》第15册,第854页。
[2] 详见吴根友:《试论戴震的语言哲学思想》,《中国哲学史》2009年第1期。
[3] 张祥龙教授详细分析了中国古代思想中这种境域构成识度,详见张祥龙著:《现象学的构成观与中国古代思想》,《从现象学到孔夫子》(增订本),北京:商务印书馆2011年版,第189—207页。我们借鉴了其观点,认为王夫之的人性生成哲学正是一种在具体境域和情势的生成中的当下生成和随在体认。
[4] 以上参见王夫之著:《读四书大全说》,《船山全书》第6册,第1029页。

点。吴根友师将此种方法称之为"历史还原法","也即是传统经典研究中的'我注六经法',与宋儒的主观诠释法,即'六经注我法'是针锋相对的"。① 具体表现在,王夫之以六经和孔子的思想来纠正孟子之偏,而以孟子观点对治宋明理学之误。在王夫之的文本中,随处可见对宋明理学的批评和反思,对他所崇尚的张载也颇有微词,甚至认为孟子与颜子也有圭角。这方面,也恰好体现了王夫之不迷信圣贤权威、阿附古人的独立人格魅力。

三、本书研究的方法论

王夫之的人性论思想散见在其各种著作中,要从中细致梳理出相关材料并做哲学上的阐释和体系建构,就必须有一定的方法论作为指导。本书的研究中主要贯彻以下三种方法论原则:

第一,逻辑与历史相一致的方法。从王夫之人性哲学产生的历史时代背景入手,按照历史发展的客观过程恰如其分地展开其人性论思想的内在逻辑,既揭示王夫之人性哲学在明清早期启蒙思潮兴起的历史条件下阐发的度越前人的新视野和新思想,突出其人性哲学中"推故而别致其新""新的突破旧的"的别开生面的一面;同时又注意王夫之的历史局限性,不拔高其人性哲学的价值,使王夫之由一个前近代性的人物一跃而成为类似西方意义上的现代甚至后现代的思想家。本书在写作中力求做到"史""论"结合,思想的逻辑与事实的历史相统一。

第二,生存论的解释路径。我们认为王夫之的人性哲学相对于宋明理学的人性论思想实现了一次范式转换,即从本体论思维范式转换为生存论的思维范式。在生存论视野下,凸显王夫之人性哲学始终立足于人的生存和历史性存在建构其哲学体系,由此重点阐发其人性论思想的生成性、历史性、实践性、人文性和艺术性生存等特征。

第三,"通观"的比较视野。一则是从宋明理学与明清哲学的"连续"和"断裂"的双向参照的维度揭示王夫之人性哲学的特质;二则是从整个中国哲学史上人性论的发展来定位和研究王夫之的人性哲学,注重王夫之提出的人性论思想或命题在哲学史上的演进,并对其前后或同时代思想家的相关论述进行比较;三则适当引入西方现象学、心灵哲学和心理学的相关理论作为参照系与王夫之的人性哲学进行比较。

以上引言内容,简单梳理了王夫之人性哲学产生的时代和思想背景,凸显其人性哲学的生存论转向,并阐述了其人性生成哲学的问题意识、体

---

① 详见吴根友:《试论戴震的语言哲学思想》,《中国哲学史》2009年第1期。

系建构和方法论。以下将详细论述王夫之人性生成哲学的具体内容,试图以较为翔实的第一手资料和哲学分析,彰显王夫之作为早期启蒙学者和新建设主义儒家的特色。

本章小结

本章总论王夫之人性生成哲学产生的思想背景、问题意识、理论架构和方法论。首先,分析宋明以来儒家人性论思想发展的内在逻辑、主要特征及相关论争,厘清王夫之人性论思想产生的内在理据和思想背景。其次,阐明王夫之以人性"日生日成"的生成发展观扬弃既往"一受成侀"的人性静止现成的实体观,实现了人性哲学的生存论转向。再次,从由字通词、由词通道的人文实证主义方法,"互相为体""随在体认"的境域生成或构成视野,经典解释的"历史还原法",三个方面总结王夫之人性生成哲学的思维取向和方法论。最后,介绍了本成果的研究方法取向。

第三章 "形色与道互相为体"
——生存论视野下的人性哲学

王夫之人性哲学的出发点,既不是程朱理学的"天理"也不是陆王心学的"心体",而是置"身"于天地之间从事着作器、治器、述器、尽器等实践活动的具体的个人。① 人之为人在于人之有性,但人性不是抽象的先验道德性,而是针对具有"形色"的有生命个人而言,夫之说:

性之凝也,其形见则身也,其密藏则心也。②
人之体惟性,人之用惟才……性者道之体,才者道之用,形者性之凝,色者才之撰也。③

对王夫之而言,人性是"性—心—身"、心性与情才的有机统一体。性与形色不是两个不同的东西,性以成形、形以著性。所以,人性不是抽离于人之身心活动的抽象本质、不是某一对象物,性与形色是有生命个体在体用两方面的不同显现而已,"人之体惟性,人之用惟才"。这种显现又是"道"在体用两方面的展开,"性者道之体,才者道之用"。同时,"道"也不是抽象的本体,它就寓于天地之间。"道恶乎察?察于天地;性恶乎著?著于形色。"④如此,形色彰显了性,性又敞开了道,而道即在天地之庶物人伦当中,庶物人伦即是"器",道即在器之中。"道—天地(器)"与"性—形色(身)"相须相成,一体贯通,所谓"形色与道,互相为体,而未有离矣"⑤。

儒家"性与天道"的问题,在王夫之就始终扎根于人生天地间的实践

---

① 萧萐父先生即认为王夫之哲学思想是"以人道率天道的人本主义立场",因此,他总结王夫之的哲学是首重人极、以史为归。他认为王夫之"依人建极"、怒斥"申韩之儒"的思想,"其理论归趋无不通向扬弃伦理异化的新人学的建立"。参见萧萐父著:《吹沙三集》,成都:巴蜀书社1999年版,第56、95页。以及萧萐父著:《吹沙二集》,第424—426页。林安梧先生亦指出把握王夫之的哲学"应从'人极之建立'开始而上溯至自然史哲学而下及于人性史的哲学",见氏著:《王船山人性史哲学之研究》,第19页。
② 王夫之著:《读四书大全说》,《船山全书》第6册,第402页。
③ 王夫之著:《尚书引义》,《船山全书》第2册,第352页。
④ 王夫之著:《尚书引义》,《船山全书》第2册,第352页。
⑤ 王夫之著:《周易外传》,《船山全书》第1册,第905页。

生存活动。人性由此获得了生存论上的地位,它是有生命个体在天地间最基本的存有方式。人性的展开和实现,就表现在仰观俯察、近取诸身、远取诸物的身体"践形"和"治器"活动中,表现在厚生、利用、正德①的生产实践和道德践履活动中,并由此生存和实践活动而肯定天地的存在、道的存在以及人性的价值。

第一节 "君子之道,尽夫器而止"
——治器显道的实践生存论

针对佛家和陆王心学以天下之所起为己心之能起,佛家唯识学更是以心识生万法,否定人的身体和整个器世界的真实性,否定生活世界的实有性,王夫之提出了"天下惟器"②这一革命性的观点。"器"并不是僵死的自然质料,"器"总是相对于人的生存活动而言,故而"天下惟器"肯定的是人文世界的真实性,即是人生天地之间的生存活动,抽象而论的"天地之外"作为形上学的预设和人的生存无关,它并不在夫之的视域之内。夫之人性

---

① 按《古文尚书》中《大禹谟》篇中说:"正德、利用、厚生惟和。"其中,"正德"是在"利用""厚生"之前。据杨伯峻编著的《春秋左传注》中列出三处言正德、利用、厚生之处:其一,文公七年《传》述"正德、利用、厚生,谓之三事";其二,成公十六年《传》述申叔时言"民生厚而德正";其三,襄公二十八年《传》述晏婴言"夫民生厚而用利,于是乎正德以幅之"。详见杨伯峻编著:《春秋左传注》(二)(修订本),北京:中华书局2009年版,第564页。可见,"正德、利用、厚生"三者的次序在先秦时就有不同,不过《左传》中引申叔时、晏婴之言均是厚生、利用先于正德(至少是在逻辑上),而且孔子也言"富而后教"、孟子强调"制民之产"。因此,笔者认为,先秦的整体思想倾向都是将民生问题放在逻辑在先的位置。而宋明理学在一定程度上是偏离了先秦儒家的这一传统,其以"天理"为首出,必然在三者的顺序上以"正德"为先,恪守《大禹谟》中"正德、利用、厚生"之序。王夫之可以说是对宋明理学的纠偏,而承继和发展了先秦思想中的这种人道主义精神,他在《尚书引义》中凡涉及"正德、利用、厚生"之处,都是"厚生""利用"在"正德"之前,如在《洪范二》中说:"其为人治之大者何?以厚生也,以利用也,以正德也。"见王夫之著:《尚书引义》,《船山全书》第2册,第349页。其实,肯定人的生命和生存物质需要的优先性,是王夫之一贯的思想,他强调"性"只能落实到"人身"上言,强调天理必寓于人欲而见,都是肯定人的物质需要、身体欲望是道德开展的依据和基础。据笔者目前所管窥的王夫之著作中,他都是将"厚生"置于"正德"之前,如早期著作《周易外传》中"利用者水火金木也,厚生者谷蓏丝麻也,正德者君臣父子也",见王夫之著:《周易外传》,《船山全书》第1册,第1028页。又如晚期著作《张子正蒙注》中言"有声色臭味以厚其生,有仁义礼智以正其德",见王夫之著:《张子正蒙注》,《船山全书》第12册,第121页。又如《读通鉴论》中"圣者之作,明者之述,就其量之大端,约而略之,使相叶以成用,则大中、至和、厚生、利用、正德之道全矣",见王夫之著:《读通鉴论》,《船山全书》第10册,第1174页。此外,《读四书大全说》《礼记章句》《四书训义》等著作中都有类似的说法。当然这并不是说王夫之不重视"正德",他是强调"正德"即是在"厚生""利用"中的"正德",王夫之对三者的关系有着更为辩证的看法,具体详见本书第三章第三节中论理欲关系的问题。

② 王夫之著:《周易外传》,《船山全书》第1册,第1027页。

哲学的始源地,正是人的感性活动所显现的生活世界。王夫之自人而明两间之有,即有而言器,即器而求道。

一、"自人而言之"以明"两间之有"

王夫之有诗云:"真乐夫如何,我生天地间。"①意思是说:真正的"乐"在何处,如何是"乐",需要在人生天地间的实际生活经验中去体会。"天道隐而人道显"②,人的生存体验开显之人道揭示了天地的存在和天地之道。

(一)"有云者,实有之而可昭昭然揭日月以行者也"——"有"的生存体验

佛老讲空无,夫之则明实有。但他对"实有"的肯定,不是本体论上的预设和独断,而是以人生天地间的实际生存体验以明"两间之有"。《易传·说卦传》说:"天地定位,山泽通气,雷风相薄,水火不相射。"这本身是描述天地阴阳交感的自然之道,夫之则从人的实际生存体验的角度给予了新的解读。他说:

> 两间之有,孰知其所自昉乎?无已,则将自人而言之。今我所以知两间之有者,目之所遇,心之所觉,则固然广大者先见之;其次则其固然可辨者也;其次则时与相遇,若异而实同者也;其次则盈缩有时,人可以与其事,而乃得以亲用之者也。是故寥然虚清,确然凝立,无所不在,迎目而觉,游心而不能越,是天地也。③

王夫之认为,天地万物与天地之道的存在,是因为有了人的生存活动才开始显现出来、才拥有了意义。人的感性直观以目遇、以心觉就能认识到天地之固有,但更主要是通过人与事物反复打交道,"与其事""亲用之"的践行活动而体察"两间之有"。目遇、心觉还只是一种认识经验,人和天地的关系是外在的;而"与事""亲用"则是一种生存体验,它是前反思的,人在躬行实践、身体力行的生存活动中与天地万物互相交融、交相引发,从而也就亲证了"迎目而觉,游心而不能越"的天地是"确然凝立,无所不在"的。

---

① 王夫之著:《姜斋诗集》,《船山全书》第15册,第442页。
② 王夫之著:《张子正蒙注》,《船山全书》第12册,第124页。
③ 王夫之著:《周易外传》,《船山全书》第1册,第1076页。

第三章 "形色与道互相为体"——生存论视野下的人性哲学

在王夫之看来，人首先、一开始就处在天地之间，天、地、人三才各居其位。天阳刚健动而生物生人，有知之用，但其无思无虑又不可名为"知"；地阴柔委顺而成物成人，有能之用，但其块然已实已静，无从见其"能"。唯人受天地之中以生，而知、能载之于心，人的出现彰显了天地知、能的大用。所以，"以我为人乃有物，则亦以我为人乃有天地"①，人的生存活动体证了天地的实有，在此基础上，夫之才进而说明人也是天地的产物，所谓"无有天而无地，无有天地而无人"②。此即是人与天地互相为体。天、地、人各有其职分，以人僭天或存天弃人，三者都各失其体，要么天如提弧者而人如傀儡③，要么人是神人而天地为糟粕；天、地、人又交相为用，离天地而言人或离人而言天地，三者均失其用，天地是一个冷冰冰的抽象自然世界，人也是一个孤零零的抽象个体。而夫之总是在人与天地、形色与道之间彰显一个互成的境域。"道定而德著，则曰'山泽通气，雷风相薄，水火不相射'；德至而道凝，则曰'水火相逮，雷风不相悖，山泽通气'。其理并行而不相拂矣。"④人之德和天之道是双向生成的：天地定位，阴阳之气交感相通，则各正性命，山与泽通气，雷与风交相驱逐，而水火则不相容，人的德行也彰显出来，所谓"道定而德著"；而人在生存实践过程中，行道有得于心而成至德，以德制天道之用，则水火不容又可互相为用，雷风虽相薄而不相悖乱，山泽气息相通，所谓"德至而道凝"。一个自然自在的世界，一个人文自为的世界，并不是存在两个不同的世界，而是"其理并行而不相拂矣"。人的实践生存活动将自然与人文、自在与自为有机统一起来，在人与天地、形色与道的互成中显现了最为真实的人之生活世界。所以，夫之言"有云者，实有之而可昭昭然揭日月以行者也"⑤，"有"作为"实有"当然是日月更替、四时运行的自然世界，但它是从人的生存视野中敞开出来的，根本上仍然是人的世界。由此，王夫之坚决反对脱离人的生存体验，从抽象思辨的眼光谈论世界的有无问题。

---

① 王夫之著：《周易外传》，《船山全书》第1册，第905页。
② 王夫之著：《周易外传》，《船山全书》第1册，第903页。
③ "提弧者""傀儡"相对的说法，语见"天使令之，人其如傀儡，而天其如提弧者乎？"王夫之著：《读四书大全说》，《船山全书》第6册，第456页。
④ 王夫之著：《周易外传》，《船山全书》第1册，第1077页。
⑤ 王夫之著：《尚书引义》，《船山全书》第2册，第403页。

(二)"天下之有无,非思虑之所能起灭"——对"空""无"思辨学说的批判

从"守正道以屏邪说"①而言,夫之明有,一则是为了反对佛老的空无;一则更是反对当时学界空谈误国的蹈虚之风。其子王敔即认为夫之是"明人道以为实学,欲尽废古今虚妙之说而返之实"②。

王夫之虽然认为,天下之"实有"本身是一个生存实践的体证问题,但为了反对佛老以及宋明理学中尚"无"的理论倾向,他又从哲学思辨的角度论证"空""无"之说的荒谬性。

关于"有""无"孰先孰后之争,一方面,王夫之认为这是从语言逻辑的角度才存在的问题。在一般的语言表达中,"有"和"无"都是相对而言的,老子即已言"有无相生"。但是在逻辑先后上,到底是以"无"界定"有",还是以"有"界定"无"呢?王夫之认为,语言表达的"有"和"无"不能停留在语义自身结构的自洽上言,而必须落实到语义的具体所指之物上言。如果"无"根本就没有一个具体所指的存有物,我们就不可能在不存在的基础上谈论"有"。因此,正是从强调语义使用时的具体所指的角度,夫之认为"有"优先于"无","无"是针对"有"而言的,"言无者……就言有者之所谓有而谓无其有也"③。比如,不能说"龟无毛",因为乌龟本来就没有毛,既然不存在"有",也就谈不上"无";而只能说"犬无毛",犬本来"有"毛,因此才可能说"无"毛。在夫之看来,凡言"无",都已经预设了"有"作为前提,"既可曰无矣,则是有而无之也"④。王夫之强调,语言表达必须落实到语义的使用上。所以,凡是能被言说的东西都必须实有其存在,"言者必有所立,而后其说成","无"则无其实,那么言"无"也就不成立了,"今使言者立一无于前,博求之上下四维古今存亡而不可得,穷矣"⑤。

另一方面,提倡"无"之学说的人,只是从感性直观的角度,将能见能闻的称作"有",而将不可见、不可闻、不可言的东西就视为"无",这就混淆了有无和幽明。可见可闻,是说人的感官能直接感觉之物,其实是"明",当然也是"有";不闻不见,是囿于人的感官能力所限无法闻见而已,它们并不是"无"而只是"幽","幽"也是"有",人可以由"明"之"有"而探求

---

① 王夫之著:《大行府君行述》,《船山全书》第16册,第73页。
② 王夫之著:《大行府君行述》,《船山全书》第16册,第73页。
③ 王夫之著:《思问录内篇》,《船山全书》第12册,第411页。
④ 王夫之著:《思问录内篇》,《船山全书》第12册,第415页。
⑤ 王夫之著:《思问录内篇》,《船山全书》第12册,第411页。

"幽"之"有"。幽、明皆有,"不略于明,不昧于幽,善学思者也"。① 夫之说:

> 目所不见,非无色也。耳所不闻,非无声也。言所不通,非无义也。故曰"知之为知之,不知为不知"。知有其不知者存,则既知有之矣,是知也。因此而求之者,尽其所见,则不见之色章;尽其所闻,则不闻之声著;尽其所言,则不言之义立。虽知有其不知,而必因此以致之,不迫于其所不知而索之。此圣学异端之大辨。②

耳目眼力所穷之处,并不是无色、无声、无义,它们只是幽隐难见而已。孔子所谓的"知之为知之,不知为不知"正是告诉人们,真正的"知"是体知到既存在"可知"之"有"、又存在"不知"之"有",而不能以感官耳目的所知与不知来断定或"有"或"无"。如果单凭感性直观,凡是感官所不及、力所不能逮的地方就说成"无",那就会导致一种废弃人道努力的懒人哲学。"寻求而不得,则将应之曰无。姚江之徒以之。天下之寻求而不得者众矣,宜其乐从之也"③,夫之认为这是阳明心学的症结所在之一,心学的盛行在一定程度上正是迎合了大众畏难求获之心。而正确的态度和做法,是不为幽隐所迷惑,据其"明"而致其"幽",因其所见、所闻、所言、所知而"尽"之,不停留在感性直观,而是在生存实践中"致之""索之",则幽隐之有也得以显著,"不见之色章""不闻之声著""不言之义立"。异端之弊,要么是弃"明"而急迫于索"幽",要么是滞于"明"而不由以致"幽",其结果都是诬幽隐为无实无有,而以虚无为自得。

王夫之批评各家关于有、无的争论,因为他们或从思辨认识的角度出发、或从感性直观的角度出发,而不懂得"与其事""亲用之"的生存实践的道理,才导致了所谓"有生于无""无生于有"的各种问题。而王夫之所谓的明"有",并不是和"无"相对而言的抽象概念。"有"是会意字,即以手持肉④,正是人鲜活的实际生存体验。"'天下何思何虑',则天下之有无,非思虑之所能起灭,明矣。妄者犹惑焉。"⑤天下之"有"不是思虑之所现,在

---
① 王夫之著:《思问录内篇》,《船山全书》第12册,第411页。
② 王夫之著:《思问录内篇》,《船山全书》第12册,第401页。
③ 王夫之著:《思问录内篇》,《船山全书》第12册,第411页。
④ 清人吴颖芳曰:"肉在手为有,从又肉,又亦声。"关于"有"字训诂的讨论,参见李圃主编:《古文字诂林》第6册,上海:上海教育出版社2002年版,第505—507页。
⑤ 王夫之著:《思问录内篇》,《船山全书》第12册,第414页。

思虑之前,天下之"有"已经不可剥夺地巍然挺立于此。

综上所言,王夫之自人而明两间之有,既不是一种自然主义,也不是一种理论思辨的独断论,它就是天地人合一的鲜活生存体验。"两间之有"涵括人、自然、社会的所有方面,而"有"通过人的生存实践彰显出来。在佛老通过"空""无"、理学家通过天理或心体解释世界之前,世界已经确然在场,这就是王夫之"有"的生存体验。进一步,王夫之以"可依者有也,至常者生也"①的人物相待共生的生机天地论证"破块启蒙,灿然皆有"②的器世界。

二、"破块启蒙,灿然皆有"的生存世界

熊十力先生言王夫之之学"尊生以箴寂灭,明有以反空无"③,是非常有见地的。"有"的体验展现了人通过亲身介入世界而与天地庶物人伦相依相成、相待而有的生存图景,同时也显明了人生天地间的鲜活流淌、生机勃发的生命活动之流,所谓"可依者有也,至常者生也"。

(一)"其常而可依者,皆其生而有"——"生而有"的感性世界和感性生命

王夫之从人的实际生存体验出发,论证了整体天地的真实存有性。他进而说明"有"之所以是"实有",那是因为"有"都是"生而有"或"生生而有"。"生"是鲜活的生命和自然的气息,它表明了天地人物存有的真实性;"生"又是无限生机和充沛活力,这说明实有的世界更是一种生生不息的健动之"有"。④

在王夫之的人性生成哲学中,"生—有—动"是一体相通的,言"生"即意味着"动"和"有"、意味着"变"和"新"。所以"生而有"是生生相续、健动不息、日新富有,天地如此、万物如此、人生亦如此。天地间最为真实、至常和不变的恰是生生之有。由此,王夫之肯定"生而有"的感性世界和感性生命在生存论上的第一优先性,而反对任何试图超越感性世界和感性生命的厌生、弃世和贱身的观点。

佛教以生命为无常、身体为臭皮囊,直至绝己绝物、厌生趣死,而以涅槃寂灭为真;道家以身为大患、哀乐为当绝,直至绝圣弃智、刍狗万物,而于

---

① 王夫之著:《周易外传》,《船山全书》第1册,第887页。
② 王夫之著:《周易外传》,《船山全书》第1册,第887页。
③ 萧萐父主编:《熊十力全集》第4卷,武汉:湖北教育出版社2001年版,第140页。
④ 对"生"字意蕴的分析,在序言中已经论及,参见本书序言第11页的论述。

第三章 "形色与道互相为体"——生存论视野下的人性哲学

阴阳外求长生、于形器外求道,以无为常、以丧为真;①理学家则以形色为不善之源,于气质外求天理,存理而遗人。王夫之认为,这些理论的出发点都错了,他们都忘记了"生而有"这个顽强的感性现实,生命活动和生存实践才是活生生的源头。我们不是从"无"而言及"有"、不是从"灭"而观照"生"、不是在"心"外而别有"身",而是必须从"有"、从"生"、从"身"出发!可以看出,王夫之对于人的生活世界所持的,从来不是一种自然的、唯意志论的或思辨的眼光,而是一种生存的眼光。

自然的眼光主张任物,物自物、人自人。物本来是自治自洽的,人的存在根本就改变不了物本然自有的情势。因此,以人治物就扰乱和破坏了物,人只是随物变化的消极反应者。按自然主义的观点,正确的做法应该是废弃人为、绝圣弃智,因任物理时势而随波逐流。唯意志论的眼光主张任人,人是世界的一切,物不过是人的工具和手段而已,所以可以不察物理、不度形势而任己为所欲为。思辨的眼光则认为,执着于物是妄、执着于人也是病,因为人物、形色、情才都不过是心识的表象,是需要弃绝的糟粕。故只需收敛把持住灵妙之心,不为气质物欲所扰;或者干脆灭情灭身、绝己绝物,追求世外的寂灭真境。这三种眼光都是企图脱离人的感性生存体验,将人与天地、心与身看作是一种外在的关系、单向的关系。王夫之则是从生存的眼光出发,在主客相分、身心二元、物质与精神对立之前,人首先置身于"生而有"的感性世界之中。他说:

> 其常而可依者,皆其生而有;其生而有者,非妄而必真。②

人就是作为感性生命存在的生而有者,即也是至常可依者,"人者,生也。生者,有也。有者,诚也"③。人作为"生",生而有身,其体为性、其显现为形色、其发用为情才,统之一身,皆真实而无妄。身体(涵心性情

---

① 王夫之批评佛老的虚无观,他说:"索真不得,据妄为宗,妄无可依,别求真主。故彼为之说曰'非因非缘,非和非合,非自非然,如梦如幻,如石女儿,如龟毛兔角',捏目成花,闻梅生液;而真人元位,浮寄肉团,三寸离钩,金鳞别觅。'率其所见,以真为妄,以妄为真。故其至也;厌弃此身,以拣净垢;有之既妄,趣死为乐;生之既妄,灭伦为净。何怪其裂天彝而殄人纪哉!若夫以有为迹,以无为常,背阴抱阳,中虚实实,斥真不仁,游妄自得,故抑为之说曰:'吾有大患,为吾有身;反以为用,弱以为动,糠秕仁义,驾狗万物。'究其所归,以得为妄,以丧为真,器外求道,性外求命,阳不任化,阴不任凝。故其至也;绝弃圣智,颠倒生死;以有为妄,斗衡可折;以生为妄,哀乐俱舍,又何怪其规避昼夜之常,以冀长生之陋说哉!"见王夫之著:《周易外传》,《船山全书》第1册,第886页。
② 王夫之著:《周易外传》,《船山全书》第1册,第888页。
③ 王夫之著:《思问录内篇》,《船山全书》第12册,第421页。

才)的存有和活动,交融于自然、社会和历史,它既是生命、又是生活,更是置身于天地之间的生存实践活动、绵延于古往今来的生生相续。

从人的生命体验而言,"人有身,而生此身者亲也;亲生我,而所生者身也"①,身接续着父母先祖、延续为子孙后代。"祖祢之日月,昔有来也;子孙之日月,后有往也。由其同生,知其同死;由其同死,知其同生。同死者退,同生者进,进退相禅,无不生之日月"②,身身进退相禅承载着族群的勃勃生机、延续着人类的文化慧命,更以此有生之身筹划着生命和生活的意义。"守身"而为仁义之藏,以之事亲、仁民、爱物;"感身"而有恻隐、羞恶、辞让、是非之心,喜怒哀乐之情;"修身"而成己成物,明人伦之常、尽庶物之理;"即身"更可以体天道,发为礼乐刑政而以人文化成天下。道家以身为大患,佛家以身为我执、程朱理学以身为障蔽,欲丧身、绝身、不容于身。这些学说都以消极的态度看待此生而有之身,岂不知"贱形必贱情,贱情必贱生,贱生必贱仁义,贱仁义必离生,离生必谓无为真而谓生为妄,而二氏之邪说昌矣"③。王夫之认为贱身的态度,正是抽离了活生生的感性生命体验、析心、身为二,从而导致以"无""空"为真的哲学观点。

人是生而有,天地万物无不是生而有,"天地之间,流行不息,皆其生焉者也"④。"生"沟通了人与万物,而"天地之生,以人为始"⑤,人的实践生存活动更表明了人与天地庶物、社会人伦水乳交融地有机联系在一起。人既不是消极地应和天地,也不是以天理、本心建构天地,而是人与天地沟通交流、授受往来、互动互成。所以,王夫之认为共生的人物之间是可依者有、相待而有。

(二)"可依者有""相待而有"——人物相待共生的生机天地

从人的生存体验出发,人与物、身与心、物与物以至器与道、体与用是相生相成的,"依""待"二字生动地说明这种关系。一方面,人依于物。"一眠一食而皆与物俱,一动一言而必依物起"⑥,人依天地之精华而生长发育,依天之气而"以息相吹",依地之厚而"行地无疆",依火取暖、依水解渴,更依种粟取物、制器致用的生产实践而厚生利用;同时,人依天命之有而体仁义之实,依君民亲友之伦而行忠孝之道,更依居处恭、执事敬、与人

---

① 王夫之著:《四书训义》(下),《船山全书》第8册,第464页。
② 王夫之著:《周易外传》,《船山全书》第1册,第887页。
③ 王夫之著:《周易外传》,《船山全书》第1册,第889页。
④ 王夫之著:《周易外传》,《船山全书》第1册,第1042页。
⑤ 王夫之著:《周易外传》,《船山全书》第1册,第882页。
⑥ 王夫之著:《尚书引义》,《船山全书》第2册,第239—240页。

忠的道德实践而崇德广业。人总是依于天地、社会、庶物、人伦而生活于世并获得生命的意义。

另一方面,物又待于人,人的实践生存活动显现了天地的妙用。"天地之生,以人为始。故其吊灵而聚美,首物以克家,聪明睿哲,流动以入物之藏,而显天地之妙用,人实任之……自然者天地,主持者人。人者,天地之心。"①当言及天地,必是人所活动的天地。正因人的出现,天地才获得了自我意识,天道的意义才彰显出来。人与物虽然都是天所化生,但人独得天地之灵秀;禽兽与草木终其一生只能任天之用,人则更有人道可以参赞天地的化育。所以,人为万物之长、天地之心。天命虽真实无妄,但必待人主动地继此天命才能成就现实的道德心性,使天之天化为人之天;天地庶物虽无时无刻不在生养人,而人也同时不断地将自我的性情、目的和价值理想推行于物,使自在之物成为为我之物。天化无心,物情灵蠢善恶不齐,必待人的治理、引导、调剂才能各循其当然之则、各尽其当然之用;时势无常,艰难险阻难料,"惟不得于天而后己可用也,惟见诎于时而后道可伸也"②,人依天地而有,天下待人文以化成。

从体用关系的角度而言,人及其开显的人道是"体",而具体的天下之物是"用"。王夫之说:"天下之用,皆其有者也。吾从其用而知体之有,岂待疑哉!用有以为功效,体有以为性情,体用胥有而相胥以实,故盈天下而皆持循之道。"③人与物相依相待,"体用胥有而相胥以实"。王夫之认为,既往哲学都是将体用分作两截,或"立体而废用"、或"体不立而一因乎用"④,他都坚决反对。夫之主张"体用胥有",而且是"从其用而知体之有",即是从实际生存经验出发,去体知和认识天道心性、人情物理,"不废用以立体,则致曲有诚"⑤。因此,作为天地万物的"用"不是可有可无的,它恰好是人的本质力量的体现。在人的实践生存活动中,从"用"上我们看到了"体",从天地万物中我们看到了人自己的本性,反过来说,从人身上我们也看到了天地万物之性。人和天地万物不是处在一种外在的关系当中,"心无非物也,物无非心也"⑥,人与物、身与心始终都处在相依相待、共生互成的有机联系当中。

---

① 王夫之著:《周易外传》,《船山全书》第1册,第882—885页。
② 王夫之著:《尚书引义》,《船山全书》第2册,第238页。
③ 王夫之著:《周易外传》,《船山全书》第1册,第861页。
④ 王夫之著:《思问录内篇》,《船山全书》第12册,第417页。
⑤ 王夫之著:《思问录内篇》,《船山全书》第12册,第417页。
⑥ 王夫之著:《尚书引义》,《船山全书》第2册,第242页。

由此，王夫之强烈反对"绝己绝物"之说，"且夫物之不可绝也，以已有物；物之不容绝也，以物有己。己有物而绝物，则内戕于己；物有己而绝己，则外贼乎物。物我交受其戕贼，而害乃极于天下"①。人与天地庶物、社会人伦不是分离的、破碎的，人的实践生存活动使人、物、天地、社会浑然成为一个有机的整体、一幅活生生的动态画卷，成为"破块启蒙，灿然皆有"的器世界！

（三）"天下惟器"——生存论视野下的人文唯物主义

王夫之认为，人的生活世界是一个孕育无限生机和活力，不断生成着丰富多样、千差万别器物的日新富有之世界。他称之为"破块启蒙，灿然皆有"的"天下惟器"之世界，此世界既不是道家"有生于无"的自然主义世界，也不是佛家泯灭我法的真空世界，当然也不是理学家所建构的纯粹理世界，它就是人的实践生存活动所敞开的"生而有"的感性器物世界。王夫之以佛家的"真空"世界观为例，批评佛老以及理学的世界观，他说：

> 然则彼之所谓"真空"者，将有一成不易之型，何不取两间灵、蠢、姣、丑之生，如一印之文，均无差别也哉？是故阴阳莫位，一阳内动，情不容吝，机不容止，破块启蒙，灿然皆有。静者治地，动者起功。治地者有而富有，起功者有而日新。殊形别质，利用安身，其不得以有为不可依者而谓之妄，其亦明矣。②

王夫之上述的观点表明，如果在感性的世界之上再预设"无""真空""天理"等所谓的本真世界，那么，现实的世界就如同"印文"一般，成为被"无""真空""天理"等"印章"预先设定的模型。如此，充满多样性和差别性的真实世界本质上是被消解了，它只是消极的、无差别的模仿物，是本真世界显现的障碍甚至不过是幻象而已。王夫之正是要批判这种超感性世界的神话，他认为阳变阴合、气化生生不息的万有器物世界就是最为真实的世界。对感性世界的肯定就是对天地万物实有性的肯定，人所生存和面对的世界就是一个品类繁多、丰富多样而又日新富有的器物世界。

对于器物世界而言，"天下惟器"肯定了"器物"的第一优先性和存有论地位；"破块启蒙，灿然皆有"说明了"器物"是"生而有"之充满生机和活力的真实存在；"殊形别质"强调"器物"的无限丰富性和差异性；"利用安

---

① 王夫之著：《尚书引义》，《船山全书》第2册，第239页。
② 王夫之著：《周易外传》，《船山全书》第1册，第887页。

身"则是说明"器物"是在人的生存视野中彰显,它是指与人的生命和实践生存活动息息相关的"物事"①。因此,王夫之所言的器物不是抽象或僵死的"物质"或"质料",一方面,他从人的生存出发,体证天下一切自然物的实有性,不能离开人的视野而谈论器物的实有,否则就成为独断论和机械唯物主义;另一方面,王夫之更是从"与其事""亲用之"的实践生存活动出发来理解天下之器物,器物首先不是作为认识对象出现的,而是作为与人类生活相关联、内在于人的实践活动中的物事出现的。综合这两层意思,王夫之所谓的"器物"是指在人的生存视野下,人所关联其中、投入其中的生命和实践活动所及之物,即是从"物事"的角度理解"物"并进而肯定天下之"物"的真实存有;其"天下惟器"的思想可称为生存论视野下的人文唯物主义。②

从上面的分析可知,王夫之人性生成哲学视野下的"器物"范畴所指是非常广泛的,它既包括自然的东西,又包括社会的、伦理的、价值的和审美的东西,凡是相关于人的生活和实践生存活动的都可称之为物,即是立足于"物事"的角度来理解"物"。因此,王夫之说:"天之风霆雨露亦物也,地之山陵原隰亦物也;则其为阴阳、为柔刚者皆物也。物之飞潜动植亦物也,民之厚生利用亦物也;则其为得失、为善恶者皆物也。凡民之父子兄弟亦物也,往圣之嘉言懿行亦物也;则其为仁义礼乐者皆物也。"③不但形色情才、是非得失、为善为恶、父子兄弟、嘉言懿行、仁义礼乐等是与人切己相待之"器物",风霆雨露、山陵原隰、阴阳刚柔、飞潜动植、厚生利用亦都是

---

① 据《玉篇》解释,"物"即"事也",又说"凡生天地之间皆谓物也"。参见宗福邦、陈世铙、萧海波主编:《故训汇纂》,北京:商务印书馆2003年版,第1403页。"事"的本义指官职,古文事、使、史、吏本为一字,后分化,这些字都和人的活动相关。也就是说,"事"总是针对人所从事的某项活动而言。王夫之所理解的"物"和《玉篇》的解释是一致的,他所说之"物"首先是指人的实践生存活动中关联之物,故笔者称之为"物事","物事"就是实践的活动场;进而,王夫之由"物事"的实践生存活动体证和认识到天地之间所生之物的真实无妄性。

② 何萍教授认为,马克思承继了伊壁鸠鲁的"人文主义的唯物主义"传统,并从"实践"的角度改造和发展了这一唯物主义思想。参见何萍著:《马克思主义哲学史教程》,北京:人民出版社2009年版,第44—45页。萧萐父先生以马克思主义哲学为参照系,界定王夫之的思想为中国传统哲学朴素唯物主义的顶峰,并认为王夫之提出了"明确的人文主义思想"。参见萧萐父著:《中国哲学启蒙的坎坷道路》,《吹沙集》,第20—21页。我们赞同萧萐父先生的观点,认为王夫之从人的生存视野来理解"物",并从实践生存活动的"物事"出发体证整个物质世界的实有性。因此,笔者将王夫之"天下惟器"的思想称为生存论视野下的人文唯物主义;而实践作为人生存的主要形式,王夫之又强调在治器的实践活动中体知"道",笔者又称其为"实践生存论"。当然,王夫之所谓的"实践"和马克思所说的"实践"有不同的文化背景,具体的区别将在本书第四章中讨论。单就马克思从感性的活动或对象性的活动来界定"实践"而言,笔者认为王夫之所说的"治器者则谓之道"和马克思的"实践"观有相通的一面。

③ 王夫之著:《尚书引义》,《船山全书》第2册,第241页。

人所至常可依之"器物"。

一般而言，在王夫之的哲学中，"物"与"器物"可以等同使用。"器"是从"物"之可见可循的角度而言，它对人有着最为原初的感性确定性。但在道器对言时，"物"就将可见之"器"和不可见之"道"统一起来。王夫之言："统此一物，形而上则谓之道，形而下则谓之器，无非一阴一阳之和而成。尽器则道在其中矣。"①人在尽器的实践活动中自身就彰显并生发出价值和意义，这种价值和意义即是物之道或者器之道。道不是物之外或者器之外的别有一物，它本身就内在于器物之中。所以"物"既不是一个机械的、客观的对象，也不是道所寄寓的物理空间，而是主客交融、人物身心共与的生命活动场。因此，"尽器则道在其中"，人的实践生存活动，不仅肯定了感性活动世界的真实性，更实现了人性的价值并体证了天道。我们由此认为，王夫之即有而言器、尽器而体道的思想，开启了不同于程朱理学的人性生存论范式。

三、"治器者则谓之道"——人性哲学的生存论转向

王夫之人性论的生存哲学转向，集中体现在他所提出的"天下惟器""治器者则谓之道"②的革命性思想当中。道器范畴来源于《易传》中的"形而上者谓之道，形而下者谓之器"，其道与器、形而上与形而下对举的方式引出了中国哲学史上的道器之辨，并尤为宋至明清的儒者所争论辨析。吴根友师即指出由宋至明清，道器观是从"崇道黜器"到"由器求道"，标志着传统价值观向近代性的"崇新求变尚奇"价值观的转变。③ 我们认为，从程朱理学到明清之际的王夫之，在对道器关系的研究中，他们形成了各自的理论范式并实现了范式的转换。

(一) 理本论范式下的"道体器用"说

在宋代，以程朱理学的建立为标志，儒家理论形态出现了一次重大的改变。不同于汉唐儒家主要关注宇宙的发生问题，理学家更为关注人伦社会的价值根源和终极根据问题。这样，"天理"成为最高范畴，程朱理学以

---

① 王夫之著：《思问录内篇》，《船山全书》第 12 册，第 427 页。
② 王夫之著：《周易外传》，《船山全书》第 1 册，第 1027、1028 页。
③ 吴根友：《从道器观、公私观——看传统价值的近代性转变》，《船山学刊》1996 年第 1 期，第 51—55 页。

"理"言"道",开创了"理"本体论范式①,道器范畴因此有了理学式的诠释和定位。

汉唐儒学流行"以老解易"传统,道器范畴被描述为"无中生有""道生器"的关系。张载首先否定了这种解释,认为道器不是有无关系而是幽明的关系。他认为,"道"与"器"不过是气化流行过程中的两个不同阶段,气化流行即道、气化流行的凝结则是器。这样,道器从"有生于无"的关系转变为气化过程的不同表现形式,从而将儒家与道家区别开来。

张载以一阴一阳为形上之道,但在二程看来,阴阳之气仍为形而下,而不是儒家的形上之道。"'一阴一阳之谓道',道非阴阳也,所以一阴一阳道也……离了阴阳更无道,所以阴阳者是道也。阴阳,气也。气是形而下者,道是形而上者"②,程颐明确指出道与气的不同,阴阳之气是形而下,而形而上之道则是所以一阴一阳者。一阴一阳的气化流行只是实然的状态,问题是这样的气化流行何以可能,它的根据、动力、原因何在?如果没有根据和原因,那么气化流行就只是一个偶然现象,儒家的一整套理论都将丧失必然性根基。另外,气化流行何以是如此这般进行而不是别的方式进行?它的规律、规则何在?而所谓的根据、动力、原因、规律正是程颐所说的"所以"。故形而上之道本身不是气,而是气化流行得以可能、得以有序运行的根据、动力、原因和规律,这是二程自家体贴出来的"天理"。

在二程,天道和天理属于同一个范畴③,作为形上之道的"理"上升为本体论的范畴。万物统一性的根据是"皆有此理",天地之间只是理而已,一切存在物都依赖理而得以存在,理是最根本、最真实的存在;同时,此理只是自在的存在,"己何与焉",它不是被创造物,没有存亡加减,而是大全,"元无少欠,百理具备"。④ 在这两层意义上,理成为终极性、根本性、普遍性、恒常性的实存,亦即是理本论。程颐又用"体用一源,显微无间"来说明道器、理事、理象的关系,从而有道器一源、道体器用之说。及至朱子,

---

① "本体"一词在中国哲学中,一是指世界或事物本来的面貌;二是指根本究竟义,是表征所以然和规律的范畴。"理"本体论主要是在后一个层面的意思上使用。张岱年先生称程朱理学为"理的本根论""唯理论",一方面,"理"指规律和常则,既是万物所遵循的规律,也是一物存有的根据和遵循的规律;另一方面,"理"更是宇宙本根,万物唯一有一理、理是一切事物的究竟所以之本根,"所以"即是指众物"之所以然或所根据以生成之规律"。详见张岱年著:《中国哲学大纲》,北京:中国社会科学出版社1982年版,第53页。

② 程颢、程颐著:《二程集》,王孝鱼点校,北京:中华书局1981年版,第67页、162页。

③ 据《二程集》记载"棣问:'天道如何?'曰:'只是理,理便是天道也。'"见程颢、程颐著:《二程集》,第290页。

④ 程颢、程颐著:《二程集》,第30页、31页、33页。

成理学之大成,道器关系在他的哲学体系中,就首先表现为本原论上的理气关系和禀赋论上的理物关系。朱子说:

> 若论本原,即是有理然后有气,故理不可以偏全论。若论禀赋,则有是气而后理随以具,故有是气则有是理。①

朱子是从"本原"和"禀赋"两个角度论述理气关系。"本原"是指终极性的根源,推本溯源地说,是理先气后。不过,这个先后不是时间上的概念,而是理论上的逻辑先后,凸显理气的不杂。从理是本体、本原的角度说,理是气及气化流行存在和发生的根源、根据,其重点在所以然之理。"禀赋"是针对具体、个别的器物而言,则是理随气具,有什么样的器物就必具其当然之理,凸显在具体器物上理气的不离。此时,理是指具体器物的本质和规律,重点在当然之则。无论是从"本原"角度,还是"禀赋"角度,朱熹都强调理气的不离不杂,而且作为所以然和当然之则的"理"更为根本。他将描述"道器"关系的形上形下之分用于区分"理气",于是便有"形而上者谓之理,形而下者谓之气"之说。此时,理与气都是在"本原"的层次上说,"气"指阴阳二气,"理"是所以阴阳者。而道器关系就转换成理物关系。对任一具体事物而言,理气浑然一体,道器相须。但道器毕竟是两个异质的东西。器本身不是自足的、拥有内在价值的,它需要"道"寄寓其中赋予其意义。所以,朱子又强调"道器之间分际甚明,不可乱也"②。器只是承载道的工具,道与器也是一种外在的结合。朱子最终要坚守的仍然是作为形上之"理"的终极性和纯粹性。③ 因此,理学家所说的道体器用、道器相须,流露出的却是贵道贱器的理论倾向。

理本论思维范式,为现实世界的人和人伦社会提供了终极的存在根据

---

① 朱熹撰:《晦庵先生朱文公文集》(四),《朱子全书》第23册,第2863页。
② 朱熹撰:《晦庵先生朱文公文集》(四),《朱子全书》第23册,第2755页。
③ 萧汉明老师认为,朱熹是理气论上的"本原""禀赋"二重观,可勉强称之为理气合一的本体论。一方面朱子强调理气合一,这是从禀赋论的角度言;但另一方面理又是相分的,理是气之本,这是从形上形下区分的"本原论"而言。详见萧汉明著:《〈周易本义〉导读》,济南:齐鲁书社2003年版,第36—42页。陈来先生认为,对朱子的理气关系,从横的层面涉及"论本源"与"论构成"两个不同问题;从朱子思想演进纵的层面而言,早年是理本论前提下的理气无先后说,再经理先气后说、理生气说,晚年定论为理的逻辑在先说。"逻辑在先说是在更高形态上返回本体论思想,是一个否定之否定……在本质上,是以不同的形式确认理对于气的第一性地位。"见陈来著:《朱子哲学研究》,第99页。学者们普遍认为,朱子的道器论是其理气关系说在"禀赋"或"构成"论上的表现,因此道器关系在朱子思想中虽然强调相须不离,但却也不能混淆道与器的区别,作为本体论层面或规律根据层面而言的"道"对于"器"具有逻辑先在性。

和价值信仰根源,并从根本上保证了儒家伦理和道德规范的绝对性、必然性、恒常性和普遍性;而且,无论是"性即理"、还是"心即理",都高扬了人的道德理性和道德尊严,增强了人的道德自律意识。但是,"理"的本体论范式,在学理上会使"理"无限超拔于现实的人文世界而成为一种它在的、绝对静止的实体,从而使"理"丧失其本有的鲜活而丰富的内涵,其结果是立一"理"以限事限物。而在皇权专制社会后期,理学意识形态化后,导致伦理异化,动辄以理杀人,理学成了一种抹杀人文意识、取消人的主体性和个体性的伦文主义,人消失在绝对的"天理"视野中。这时候,需要一种人文主义的觉醒,而明清之际天崩地解的形势,为范式的转换提供了机缘,最终滋生了王夫之人文主义视野下的生存论范式,道器关系也转变为"由器求道""治器显道"的新的诠释方式。

(二)生存论范式下的"治器显道"说

儒家阐释《易传》思想的大传统,都是以"幽明""隐显""微著"的范畴来表征形上形下、道器的区别。在这一点上,王夫之是接着讲,用"隐显"的范畴区分道与器、形而上与形而下。

王夫之认为"形而下"是指成形以后、形之成乎物而可见可循者,这是"显"的领域;而形而上是"隐而未见"的领域,其前是"未形而有隐然不可踰之天则"以及成形后"可用以效其当然之能者",前者是未形时之隐然不显,后者是成形后"隐于形之中而不显",这两者其实对应于理学家所说的"所以然"与"当然之则"。但王夫之紧接着说:"乃必有其形,而前乎所以成之者之良能著,后乎所以用之者之功效定,故谓之'形而上'而不离乎形。"[1]这句话非常关键,是说只有从现实中的器物出发才能把握道,道才得以著、得以显、得以定。天下的器物并不需要其他任何外在的实体支撑其存有,器自身就内在拥有价值和意义。正因为器的存在才有所谓道,"道者器之道,器者不可谓之道之器也"[2]。所以,王夫之首先要肯定的是人在生存实践中所直接遭遇到的器物或事务。而人与器物的关系不只是主客二分的认识论关系,人本身就是作为治器者生存于天地之间。也正是从人的生存视野出发,对同是一"物"才有了道器之分。他说:"'谓之'者,从其谓而立之名也。'上下'者,初无定界,从乎所拟议而施之谓也。然则上下无殊畛,而道器无异体,明矣。"[3]"从其谓"中"谓"即是"从乎所拟议"中

---

[1] 王夫之著:《周易内传》,《船山全书》第1册,第568页。
[2] 王夫之著:《周易外传》,《船山全书》第1册,第1027页。
[3] 王夫之著:《周易外传》,《船山全书》第1册,第1027页。

"拟议"的意思,"拟议"是指揣度商议;揣度商议只可能是人的行为活动,故"从其谓"的主语是人。那么,此处用"谓之"即是说,其实本没有形上形下、道器之分,只是因人的实践需要而进行的命名区别而已,"于彼固然无分之地而可为之分,故曰'谓之',我为之名而辨以著也"①。道与器不是简单的并列、蕴含、互相临近或者一前一后的两个不同的东西,也不是本质与现象、真实与虚假、目的与手段的区别。在王夫之看来,无论是汉唐儒宇宙发生论下"道先器后"的时间上的区分,还是宋明儒理本论下"道体器用"的逻辑先后划分,都没有真正理解道器关系的实质。按照王夫之的理解,道器之别其实是从人的生存实践的角度给予的一种命名上的区分,"上下皆名也,非有涯量之可别者也"②。由此,与程朱理学相比,王夫之的哲学视域发生了一个根本的转变。他不以天理为首出,而以生活世界中从事着治器活动的人为首出,开启了人性论向生存论范式的转换。

从人的生存实践出发,"盈天地之间皆器矣"③。器不是外在于人的被观察者、被研究者、被解释者,而正是在人的治器活动中"器"的真实性得以显现并获得肯定。首先,王夫之强调"器"在人的生存意义上的优先性,"无其器则无其道"④"据器而道存,离器而道毁"⑤。人文世界中标举的聪明睿智、仁义中和、大公至正、利用、厚生、正德之道,是因为有耳目心思、人与事、礼乐刑赏、水火金木土、谷蓏丝麻、君子父子之器才得以彰显出来。有了弓、矢才有射道,有了车、马才有御道,道依器存。"器而后有形,形而后有上"⑥,有了器方能形著形上之道;有了具体、个别的事物才显现其规律和法则。因此,人生存的出发点不是抽象的理与道,而是人活动所及的物与器,"因物而见理焉,因器而见道焉"⑦。

其次,器之道必须通过人的治器活动而表现出来,"自其治而言之,而上之名立焉"⑧"治器者则谓之道"。"治器"与"制器"不同。"治"是"治理"的意思,"治器"表明人在与物打交道的过程中认识和实践不断深入的过程,通过这一过程就体认了道。"制器"则是指制作某种器物,它尚需要治器过程所体证之道作为前提。王夫之说:"圣人之所不知不能者,器也;

---

① 王夫之著:《读四书大全说》,《船山全书》第6册,第539页。
② 王夫之著:《周易外传》,《船山全书》第1册,第1028页。
③ 王夫之著:《周易外传》,《船山全书》第1册,第1026页。
④ 王夫之著:《周易外传》,《船山全书》第1册,第1028页。
⑤ 王夫之著:《周易外传》,《船山全书》第1册,第861页。
⑥ 王夫之著:《周易外传》,《船山全书》第1册,第1029页。
⑦ 王夫之著:《四书训义》(上),《船山全书》第7册,第328页。
⑧ 王夫之著:《周易外传》,《船山全书》第1册,第1028页。

夫妇之所与知与能者,道也。故尽器难矣;尽器,则道无不贯。尽道所以审器;知至于尽器,能至于践形,德盛矣哉!"①日常状态,一般人似乎都懂得一些道理甚至可以说出一番道理来,但是这些道理要么停留在自然领会和随便闲聊的层次、要么停留在空谈心性的思辨妙悟层次。他们从来没有全身心地投入到一个现实的器世界,也就没有在艰难反复的治器过程中竭尽耳目心思知能之才切身体道的生命体验。所以,王夫之认为,知"道"一般人都可以,而治器连圣人都有难以做到的地方。但是真正的"道"只存在于人躬行实践的尽器活动中。所谓"行而后知有道;道犹路也。得而后见有德;德犹得也"②,尽器的实践过程就是不断深入地体道和认识道的过程,尽器有所体道而凝成自身的德性反过来又能更好地指导尽器的实践活动。人总是处在实践场中,"尽器—体道—凝德—审器"就是一个螺旋上升的无止境过程。既然人的治器实践活动是一个动态的历史过程,那么,道也是一个动态发展的过程。朱子的理本体论,以理为道,道作为恒存的实体本身是无所谓变化的。而王夫之认为"道"随着治器实践活动在历史长河中的展开和深入会因时万殊、变化日新,"汉、唐无今日之道,则今日无他年之道者多矣"③。王夫之生存论视野下的道器观开启的是一个健动开放、求新尚变的社会和一个德性日新、不断生成和发展中的个人。

最后,人通过身体力行而尽器,尽器则道在其中,道既成就了自身的德性、也创造了日新开放的人道事业。由此,王夫之提出了"天者器,人者道"的崭新观点。他说:"天下之器,皆以为体而不可遗也。人道之流行,以官天府地裁成万物而不见其迹。"④这就将自然之天看作是人的实践对象之器,人充分竭尽其耳目心思之才、发挥其自主能动性,以其合目的的理想和价值改造自然之天,从而创造一个人文的世界。这样,王夫之生存论视野下的"治器显道"说,就高扬了作为实践主体的人之地位,开发出了带有近代性质的"竭天成能"的主体性哲学。

综上所言,正是人在发挥其主观能动性的亲身治器、尽器的实践生存活动中彰显了人之道与天之道。作为实践主体的人在治器的过程中,人之性显现于物,人现实地体证了人之为人之道;同时,物也作用于人,物之所以然和当然之道也为人所体知和认识。而无论人之道抑或物之道,无非都是天道气化流行、一阴一阳之和所成。由此,王夫之从人的生

---

① 王夫之著:《思问录内篇》,《船山全书》第12册,第427页。
② 王夫之著:《思问录内篇》,《船山全书》第12册,第402页。
③ 王夫之著:《周易外传》,《船山全书》第1册,第1028页。
④ 王夫之著:《思问录内篇》,《船山全书》第12册,第405页。

存实践出发,即"人"而言"有",即"有"而言"器",即"器"而言"道",即"治器显道"的过程而言气化流行,人生天地间就是一个生生不息的"气"的生成境域。

第二节 "天人之蕴,一气而已"——气的生成性实有论

人生存于天地之间,即是生存于气化的世界之中。气是身体、生命、天下器物的无限延伸。心与性、天与理、个人与社会、自然与文化有着更为原初的根基,那就是"气"。因此,"盖言心言性,言天言理,俱必在气上说,若无气处则俱无也"①。"气"作为王夫之人性哲学的核心范畴,它并不是一个抽象的概念。无论将其理解为自然主义的物质概念,还是理解为形而上学的实体概念,都是脱离了人的生存处境,成为一种独断论的思辨预设。气化的世界或天道首先不是外在于人、被人所观察和认识的客观对象,而是已然寓于人的生活世界之中。气真正消除了天与人、人与物、身与心、我与人之间的异质和隔阂,融天地人我为一个有机相联、息息相通、和谐开放的生成变化之流。

王夫之关于"气"的思想脱胎于张载,又与扬弃朱熹的理气论密切相关。朱熹坚持"理"为首出、理气不离不杂的"理"本论,而王夫之则坚持"气"为首出、理气相涵的"气"的生成性实有论。由于气通贯天人,在天道,天之气就表现为气本气化的太虚生成境域;在人道,人之气就展现为气质性身体与气化万物互相作用的生存世界。

一、"太虚一实""絪缊化生"——气化流行的生成境域

北宋关学的开山祖师张载,从肯定儒家积极入世的立场出发,反对佛老以虚无、寂灭为宇宙本体的观点。针对佛老"虚能生气""万象为太虚中所见之物"的说法,他提出"太虚即气"的思想,将有形可见的器物与无形可见的太虚统一于"气",从而以"气"来说明世界的统一性问题。王夫之则继承和发展了张载"太虚即气"的思想,既坚持了气一元论的立场,又通过气的生成性实有论较为妥帖地解决了张载未能很好说明的太虚本然之气与物质聚散攻取之气的统一性关系,以及太虚之气与价值理性的有机联系。

---

① 王夫之著:《读四书大全说》,《船山全书》第6册,第1111页。

(一)"凡虚空皆气也"——作为气之生成性实有境域的"太虚"

张载言"太虚即气"的本意是说明太虚不是"真空"或"虚无",而就是气的本然存在状态。① 但是程朱理学囿于其理本论的立场,将"太虚即气"解读为形上形下的道气或理气关系。如二程言:"阴阳,气也,形而下也。道,太虚也,形而上也。"②按照这样的理解,气是形而下者,而太虚则是作为"气"之所以然和所当然的形上之"道"或"理"。那么,在程朱理学的思想体系中,"太虚即气"就是说太虚与气相即不离的关系,但太虚本身并不是气。究其实,程朱理学是将"太虚即气"之"即"字解释为"相即不离"的意思,以维护其天理至上的本体地位。王夫之则认为"太虚即气"之"即者,言即这个物事,非有异也"③,"即"的言说方式表明二者的等同。张载说"虚空即气",王夫之也解释为"凡虚空皆气也",以"皆"表达"即"④。所以,"太虚即气"无非是说太虚就是气,气是真实无妄的实有。王夫之说:

> 人之所见为太虚者,气也,非虚也。虚涵气,气充虚,无有所谓无者。⑤

一般世俗的看法,将无形无象的"太虚"视为"虚无",这是一种感性直观论。王夫之认为"虚"不是"无",而是充满着无边无际、希微无形的气。"虚者,太虚之量;实者,气之充周也"⑥,"量"是范围意思。但此范围不是指有形的轮廓,而是表明气流动洋溢于太虚之中自行展开的在时间和空间上的连绵相续过程。太虚无不是气,凡有虚处、气便充盈,所谓"至实者太

---

① 学界主流的观点都认为张载"太虚即气"意思即是说太虚就是气,太虚是气的本然存在状态。张岱年、冯契、萧萐父、陈来、李存山等先生均持此立场。杨立华教授承继张岱年先生和陈来教授的思想,进而将张载所言之"气"分为"神""太虚""气和万物"三个层次,但它们都统一于气;他坚持太虚就是气的观点,并反驳了程朱理学以及港台新儒家之一的牟宗三将太虚与气割裂起来的太虚理本论和太虚神体论观点,认为他们是对张载思想的误读。详见杨立华著:《气本与神化:张载哲学述论》北京:北京大学出版社2008年版,第36—43页。但是,张载对"太虚即气"的解释中确实存在一些理论的盲点,这才导致后来学者在理解上发生分歧。张立文先生分析了张载"太虚即气"思想的内在矛盾并梳理了宋明学者对此的分歧和争论。详见张立文著:《正学与开新——王船山哲学思想》,北京:人民出版社2001年版,第116—117页。
② 程颢、程颐著:《二程集》,第1180页。
③ 王夫之著:《读四书大全说》,《船山全书》第6册,第406页。
④ 王夫之著:《张子正蒙注》,《船山全书》第12册,第23页。
⑤ 王夫之著:《张子正蒙注》,《船山全书》第12册,第30页。
⑥ 王夫之著:《张子正蒙注》,《船山全书》第12册,第27页。

虚者也"①。"实"是实有的意思,而不是说太虚为一现成实体。王夫之通过虚实统一来描述太虚,表明了气的实有性和境域性特征。作为实有之气正是在太虚境域中展开为聚散万物的生成变化过程。因此,气的实有是一种生成流行的实有,在生成变化中才彰显出气之神或气之理。故不能将气的实有性理解为某一现成不变的抽象实体,可称王夫之的气论为气的生成性实有论。进一步,王夫之通过创造性地解释中国传统哲学中的太和、絪缊、神化等固有范畴,从不同侧面展现实有太虚的境域性特征。

(二)作为"阴阳异撰"构成势态的"太和"

太虚是一个活泼洋溢、充满生化动几和构成势态的阴阳絪缊和合的境域,于此而言名为太和。"太和,和之至也……阴阳异撰,而其絪缊于太虚之中,合同而不相悖害,浑沦无间,和之至矣。未有形器之先,本无不和,既有形器之后,其和不失,故曰太和。"②"和"的本义是指吹奏的各种乐音达至的一种相应谐和的状态。因此,"和"不是无差别的同一,而是有差别的协调统一。太虚充满着气,但气具有阴阳两种区别性的特征。虽然在太虚中,阴阳之气尚未分,但阴阳之性已具。正因为气存在阴阳的差别才谈得上"和"。阴阳之气浑沦于太虚中,相待而有、相生而成,"合同而不相悖害",所以称之为太和。气具阴阳,阴阳具健顺之性,"健而动,其发浩然,阳之体性也;顺而止,其情湛然,阴之体性也"③,气之阳性舒畅清通,阴性滞浊沉凝,阳偏于生,阴偏于成。阴阳两端的健—顺、清—浊、动—静、生—成的互为牵引就构成太虚境域的张力,从而形成一种生机萌动的构成势态,浮沉、升降、温肃、生杀不容已之动几孕育于太虚之中。太和表征了太虚境域的和合性,正因为是和合而不是同一死寂,又显示了太虚境域无限生机的动态性,是动而不动、洋溢盛动。

王夫之的气论不是抽象思辨的产物,它是从人的生成和历史性存在视野中敞开的人参与其中的气化流行世界。由此而言,王夫之所谓的气之世界既是自然生机的世界,又是人类在长期历史进程中所创造的人化世界;太和之气既是物质的,同时又承载着人类历史与文化的信息。因此,太和"阴阳异撰"所构成的动几性、生机性的无穷生发能力,一方面是指其絪缊化生着天地万物、生成着宇宙运动变化的规律,另一方面又指它沉积和蕴

---

① 王夫之著:《周易外传》,《船山全书》第1册,第877页。
② 王夫之著:《张子正蒙注》,《船山全书》第12册,第15页。
③ 王夫之著:《张子正蒙注》,《船山全书》第12册,第82页。

发着人类生活世界的价值和意义。①

(三)神化的太虚境域

王夫之认为,太和就是阴阳之气缊缊和合的构成势态,这种构成势态就引发太虚的神化生成运动。他说:

> 太和之中,有气有神。神者非他,二气清通之理也。不可象者,即在象中。阴与阳和,气与神和,是谓太和。②
>
> 气,其所有之实也。其缊缊而含健顺之性,以升降屈伸,条理必信者,神也。神之所为聚而成象成形以生万变者,化也。故神,气之神;化,气之化也。③

以上两段材料,王夫之说明了"气"与"神"的关系以及气之"神""化"的生成运动。太和有气也有神,但"神"不是"气"外的另一物,它是

---

① 唐君毅先生从王夫之"即器而言气"的观点出发,一方面将王夫之的气论视为客观的宇宙发生论观点,认为王夫之所言之气是"物质生命之气";但另一方面,他又从王夫之"人文化成论"的观点所凸显的历史文化意识,将王夫之所言之气视为一种"绝对不自限"的社会客观精神。详见唐君毅著:《中国哲学原论·原教篇》,第334—335,414—415页。这样,唐君毅先生事实上是以"理本论"融摄王夫之的"气本论"。这点,吴根友教授已经有深入的分析和批评,唐君毅将王夫之的"实有之气"更多看作是"浩然之气""精神之气",并因此将王夫之的气论比附为类似黑格尔"绝对精神"之物,其实并未理解王夫之"实有之气"的真精神。详见吴根友:《唐君毅、牟宗三、刘述先的明清思想研究》,《学海》2010年第2期。
刘又铭教授在《宋明清气本论研究的若干问题》一文中也肯定王夫之之学为气本论,将其称为"神圣气本论",是以气本论含摄理本论的,认为王夫之言"气"是"全气是理的气"。并引曹文超之说表明王夫之气本论之"气"是融理学家"理"与"气"而成的一个新概念,但其"气"已不是理学家所谓的形而下的、既生的、有所依的、与"理"不为一的"气",而是《易传》所谓"一阴一阳之谓道"的道体,是至诚不息、化生不已的。又引林安梧之说认为王夫之论"气"不只是"物质性"的概念,而且具有"精神性"和"伦理性"的意义,是具有辩证发展能力的本体,因此只要说"气"就足够了。以上详见杨儒宾、祝平次编:《儒学的气论与工夫论》,上海:华东师范大学出版社2008年版,第141—149页。
笔者认同萧萐父先生从人的生存和历史性存在出发,将王夫之的气论视为"气—实有—诚"的气本论,这种气本论不是实体论意义上的机械唯物主义,而是人文唯物主义。因为,王夫之的人性生成哲学是从人的生存论视野出发而言及整个气化世界,其以"实有之气"为首出的立场,凸显的是人文物质世界的第一性。所以,当然不能将王夫之的"气"论视为客观精神实体,但也不能简单视为机械论或自然科学意义上的物质实体。笔者将王夫之的气论界定为人文唯物主义或生存论视野下的气本论,用王夫之的固有术语可概括为"气的生成性实有论",并进而突出王夫之气论的非实体性的境域性生成特征。郭齐勇老师在《中国哲学史上的非实体思想》一文中详细分析了中国传统气论的非实体性特征,强调中国的气论与西方实体论思想的不同,认为"气"与"场"有关。详见郭齐勇:《中国哲学智慧的探索》,北京:中华书局2008年版,第107—109页。笔者相关论述借鉴和吸收了郭老师的观点。
② 王夫之著:《张子正蒙注》,《船山全书》第12册,第16页。
③ 王夫之著:《张子正蒙注》,《船山全书》第12册,第76—77页。

气之阴阳两体互成互动而显现的清通之理,表征着气的灵动性、神妙性。"神者,气之灵,不离乎气而相与为体,则神犹是神也"①,王夫之提出了作为"气之灵"的"神"与"气"本身之间"相与为体"的关系。一方面太虚皆是阴阳和合之气,而气函健顺五常之体性,其阴阳、健顺、五常等差异性特征的交相引发就表现为神妙不测、清通无碍之神,此是神以气为体,离了气也无所谓神;另一方面,有此神,太虚之气才有聚散不测之妙,才可能絪缊化生万物,此是气以神为体,凡太和之气都是神妙之气。神气清通而不可象,有形有象之物皆可聚散出入于太虚,而太虚也可以通透无碍地出入形象。太虚虽屈伸往来神化不息,气有清浊、形有成毁,而太和之神气不为之损益。

气与神相与为体的思想,王夫之其实表达了三个方面的意思:第一,他凸显太和之气自身具有的"神"之特性,"神"不是气外的某种实体在操持或掌控"气","神"就是气之神,从而说明太和之气本身就是神妙之气、灵动之气,而不是死寂之气、机械之气;第二,"神"既表征太和阴阳二气聚散万物运动的神妙不测性、动几性和生机性,同时"神"又蕴藏于太和化生的天地万物当中,整个世界都是充满生命力和活力、可以互相感通的动态生命场;第三,太和之气的神性蕴发的生化动几虽然神妙不测,但又是"条理必信",因此,气的运动变化不是杂乱无章的,而是自然成"化"并自身生发出规律,于是形成神化的生成境域。

神气变易不测而成化,化而成天地万物,"神中有化,化不离乎神"②。神为化之理,化为神之迹。神彻乎形上形下、无所不在,天地人物、形色气质俱是神之化迹,而凡形象都函神。因此,化虽万殊、百途,人有圣狂之别、物有灵蠢之异,但它们都因神而相感相通,由神而归于一致。神化之所行,气之阴阳健顺五常之理由此而顺畅无妄,"神之有其理,在天为道,凝于人为性"③。王夫之言:

> 阴阳具于太虚絪缊之中,其一阴一阳,或动或静,相与摩荡,乘其时位以著其功能,五行万物之融结流止、飞潜动植,各自成其条理而不妄,则物有物之道,人有人之道,鬼神有鬼神之道,而知之必明,处之必当,皆循此以为当然之则,于此言之则谓之道……秉太虚和气健顺相

---

① 王夫之著:《张子正蒙注》,《船山全书》第12册,第23页。
② 王夫之著:《张子正蒙注》,《船山全书》第12册,第47页。
③ 王夫之著:《张子正蒙注》,《船山全书》第12册,第42页。

涵之实,而合五行之秀以成乎人之秉夷,此人之所以有性也。①

王夫之认为,气的神化过程生成了一个天地人物各安其位、各循其则而又和谐共生的美好世界。神以成化,"和气为元,通气为亨,化气为利,成气为贞"②,气的神化运行表现出自在自为的规律性,天地、万物、鬼神各有其当然之则,由此而言为天道。天道自在,不假外力人为,故不测而神通;天道自为,自我运作、自我生发显现出规律,故神而有其理。在王夫之看来,天道神化的过程是自然史和人类史相互作用而形成的一个蕴集着人类历史慧命的世界,天道是自然的、同时又沉淀着人类的历史与文明、价值与意义。所以,天之神与人之性是相通的,神气的健顺五常就表现为人性的仁义礼智,"温气为仁,肃气为义,昌气为礼,晶气为智"③。言"天之神"着眼于太虚和合之气清通神妙的"动"的层面,言"人之性"着眼于神气凝为人性的"静"的层面。神化的过程既健动不息地生成着宇宙、世界、天地人物,又显现出世界之为世界与人之为人的规律、价值和意义。因此,太虚不仅造就了宇宙,它更神妙不测地生发着生命、生机和有意义的生活。天地人物无时无刻不处在太虚升降屈伸的"神"之构成势态当中,太虚是人的生存、人的生活世界和人类文化的根基和原发背景。由此而言,太虚又是充满神性、灵性,蕴化自然、社会、人物以规律、价值和意义的神化境域。

(四)"絪缊化生"——健动不息、日新富有的宇宙

阴阳之气交融生机于太和的状态,亦叫作絪缊。王夫之言"太虚即气,絪缊之本体,阴阳合于太和,虽其实气也,而未可名之为气"④。"本体"不是西方哲学意义上的实体(substance)⑤,而是说太虚、太和、絪缊为"气"的

---

① 王夫之著:《张子正蒙注》,《船山全书》第12册,第32—33页。
② 王夫之著:《读四书大全说》,《船山全书》第6册,第1054页。
③ 王夫之著:《读四书大全说》,《船山全书》第6册,第1054页。
④ 王夫之著:《张子正蒙注》,《船山全书》第12册,第32页。
⑤ 王夫之用"本体""实体""真体"来指称太虚、太和、絪缊,凸显太虚的真实性和实有性,意思无非都是说太虚是气的本然状态。郭齐勇老师即指出"气之本体"就是说气的本然状态,并不是说太虚本体是气之背后孤存的、原始的、恒定不变的实体。见郭齐勇著:《中国哲学智慧的探索》,第109页。因此,王夫之所言的"本体""实体""真体"完全不能等同于西方哲学 substance 意指的实体或本体概念。在西方哲学的语境中,"实体"范畴建基于本体界与现象界的二分,它是超越于任何现象的本质,"能够独立存在的、作为一切属性的基础和万物本原的东西。与'现象'或'幻象'相对"。详见金炳华等编:《哲学大辞典》(修订本),上海:上海辞书出版社2001年版,第1338页。

原初状态、本然状态,所谓"本然之体"①。由此,虽然太虚即是气,但为了强调作为原初本原的气,故名为太虚、太和、缊缊。太虚是气之本体,并不是说在气之外尚有一个"太虚",如同程朱理学的"理"一般,在背后支配和控制着气,而是为了区分气本原的状态和发用流行状态:以太虚为气之本体,以缊缊化生为气之功用。而事实上,凡言体用就已经不可离析言之,体都是有用之体,用都是其体之用。"其有可析言之体用乎?当其有体,用已现;及其用之,无非体。盖用者用其体,而即以此体为用也。故曰'天地缊缊,万物化生',天地之缊缊,而万物之化生即于此也。"②在太虚、太和无不是气的本然状态,表现为阴阳和合相生、表现为阴阳健顺之性的充沛流畅,此即是气之本体。但正因为是阴阳健顺合,而有必动之几。当说太虚本体或气之本体,就已有气化流行之用;而气化流行之用也不是别来之用,用即以太虚本体为用。

所谓缊缊化生,即以此缊缊而化生万物。程朱理学也讲体用不二,但建立在理气二分、道器二分的体用架构上,理与气毕竟是异质的、外在的联系,这使体用不二何以可能在理论上无法融通。而王夫之是从气一元论的角度出发,未形不可象与有形有象之物都统一于气,只是表现为气的不同呈现方式,气体气用或气本气化是内在融通的。体必发用,气之本体必有气化之几。所以,"太和缊缊之实为聚散之府"③"缊缊不息,为敦化之本"④,太虚更是缊缊化生、聚散往来的生成境域。

王夫之将缊缊描述为"二气交相入而包孕以运动之貌"⑤,因此,缊缊化生是一内在运作的境域,其动力不是来自外在的某一实体,而是自身的阴阳差别性特征形成的动几。这就说明气运动变化的动因是来自"气"本身。王夫之坚持缊缊化生万物的"内因说",这和汉代的宇宙发生论、佛老的空无本体论、宋明儒的理本论在气化世界之外预设动力之源的"外因说"有着本质的区别。

动几是太虚所固有,太虚就表现为健动不息,"太虚者,本动者也。动以入动,不息不滞"⑥。太虚之气必然相感相交、相摩相荡而聚成人物之万象,人物万象也必然散而回归于太虚。一方面,太虚之气的聚散出入、人物

---

① 王夫之著:《张子正蒙注》,《船山全书》第12册,第16页。
② 王夫之著:《读四书大全说》,《船山全书》第6册,第896—897页。
③ 王夫之著:《张子正蒙注》,《船山全书》第12册,第155页。
④ 王夫之著:《张子正蒙注》,《船山全书》第12册,第76页。
⑤ 王夫之著:《周易内传》,《船山全书》第1册,第597页。
⑥ 王夫之著:《周易外传》,《船山全书》第1册,第1044页。

的生死往返是太虚全体大用流行的本然现象。聚成的人物并不是太虚所显现的幻象或是无中生有的创生，人物形体的散退也不是灭尽无余的消失。"聚而成形，散而归于太虚，气犹是气也"①，无形可见的太虚、有形可见的人物只是气之实有在体用方面的不同形态，其本质仍然是气。太虚是实有，太虚聚散的万物也是实有，气的实有论肯定了宇宙万物的真实存有性，而这种真实存有性是在气的生成变化过程中彰显出来的。

另一方面，太虚絪缊之气更是气化日新的生成之流。"天地之德不易，而天地之化日新。今日之风雷，非昨日之风雷，是以知今日之日月，非昨日之日月也。"②天地之德即是气的健顺之性，健则生生不已，顺则日生日成，天地健顺的德性造就了天地的日新之化。絪缊不息就呈现出一种开放的、永不完成的气化日新之流；气本气化的运动就构织了一幅活生生的，始终处于生成变化、动静无端、聚散出入的世界图景。这一图景，当然是自然的生机绵延，但更是历史慧命和人文价值的相续不息和发展创新。

太虚积健盛之气的生成运动而成乎久大的宇宙，它不是自然机械之物的拼凑，也不是出于天理或本心的赋予意义的构造，而本身就是真实无妄、充满生机和价值的生成境域。"太虚一实"，气是实有的；"絪缊化生"，气又是生成的。据此，王夫之建构了其气的生成性实有论；并从气一元论出发，重新解释气与理、阴阳与道以及天人关系。

二、"天积其健盛之气，故秩叙条理"——气化现理而理气互相为体

气是真实无妄的实有，从不同的侧面进行描述可称作太虚、太和、絪缊等，而从万物资始的角度即可命名为天，"莫之为而为万物之资始者，于此言之则谓之天"③。王夫之反对程朱理学以理言天，而强调即气以言天，从而肯定天的实有性。他认为天的第一义是气，天之气的生化流行过程才显现出"道"和"理"。

（一）"天为化之所自出，唯化现理"——天与天化之理

程朱理学将天与天理等同起来，程颢言"天者理也"④，即是以理为天、以天为理。王夫之认为这种说法是有问题的。因为，在他看来，天首先是气，"天者，固积气者也"⑤，气之化才显现出理，理只能是气之理。王夫

---

① 王夫之著：《张子正蒙注》，《船山全书》第12册，第23页。
② 王夫之著：《思问录外篇》，《船山全书》第12册，第434页。
③ 王夫之著：《张子正蒙注》，《船山全书》第12册，第32页。
④ 程颢，程颐著：《二程集》，第132页。
⑤ 王夫之著：《读四书大全说》，《船山全书》第6册，第1112页。

之说：

> 张子云："由气化，有道之名。"而朱子释之曰："一阴一阳之谓道，气之化也。"《周易》"阴""阳"二字是说气，着两"一"字，方是说化。故朱子曰："一阴而又一阳，一阳而又一阴者，气之化也。"由气之化，则有道之名，然则其云"由太虚，有天之名"者，即以气之不倚于化者言也。气不倚于化，元只气，故天即以气言，道即以天之化言，固不得谓离乎气而有天也。①

> 若夫天之为天，虽未尝有俄顷之间、微尘之地，蜎子之物或息其化，而化之者天也，非天即化也。化者，天之化也；而所化之实，则天也。天为化之所自出，唯化现理，而抑必有所以为化者，非虚挟一理以居也。②

上述两段引文，王夫之至少表达了三层意思：一、天与太虚异名同实，太虚即气，所以"天"无非是阴阳絪缊和合之气，不能离气以言天；二、虽然天道气化流行、生生不息，但"天为化之所自出"，"天之化"不就是"天"，天以"气"言，天之化以"道"言；三、既然"天"不是"天之化"，而天之化才显现出理，所以天不能以理言，理是一阴一阳的气化过程中所显现的气之规则和条理。因此，天即以气言，由天之气化而彰显气之理后，才可以理言天，"乃以理言天，亦推理之本而言之，故曰'天者理之所自出'"③。

在理气关系上，程朱理学严分理气，理为形而上者，气为形而下者，理是气得以存在的根据和气化运行的规律。虽然他们也强调理气不离、体用一源，但从根本上理、气决然是二物。理成为超然于气化世界的主宰者和裁判者，而气不过是理的载体和实现理的工具。王夫之强调气为首出，气总是与生命、生机、生存和有意义的生活联系在一起。因为，气化运行的规律是自我产生的，"唯化现理"；理是在气的生化运动中彰显的，那说明理也是意义生成的，而且凸显了"理"本身的生命力和活力。王夫之的着眼点仍是肯定人的生存体验的真实性和丰富多样性，而气本气化的世界则是人的实践活动和理想追求以及人类的文明创造成为可能和得以实现的根基。

---

① 王夫之著：《读四书大全说》，《船山全书》第 6 册，第 1111 页。
② 王夫之著：《读四书大全说》，《船山全书》第 6 册，第 1112 页。
③ 王夫之著：《读四书大全说》，《船山全书》第 6 册，第 1112 页。

王夫之说:"天人之蕴,一气而已。从乎气之善而谓之理,气外更无虚托孤立之理也。"①整个宇宙都是一气之流行,"理"是表征气化流行自身显现的规则和条理,离开气化的运行也就无所谓"理"的产生。王夫之认为气化显理,一方面是从其生存论视野出发,突出任何本质或规律必然是在人生存的气化世界中显现、生成以至日新富有,脱离了人的生存视野而预设一个恒存不变的"天理"实体,这是形上学的本体论思维模式;另一方面,王夫之也是针对理学贬低感性生命的异化现象以及其末流的蹈虚学风,强调"理"必依于实有之气和感性之身体而产生和呈现,如果将"理"视作与"气"异质性的、主宰气化世界的先验独立之理体,"理"也就丧失其存在的根基和实现的感性动力而成为虚悬不实之理。一旦"理"成为先验绝待的本体,它必然成为没有生命力和活力的外在于人的强制性力量。王夫之即气言天、即气之化而言理,正是要反对各种将"理"形上实体化和虚悬化而导致的伦理异化以及蹈虚学风的理论倾向。所以,他必先肯定天即气,而气化现理,进而推本天之气为理之所自出,天即理之说才能成立;若本没有气,也就无所谓理。王夫之在说明天即气、唯化现理之后,进而阐明他所说的"理"是落实到感性生命的生之理或存有之理。

(二)"理唯可以言性,而不可加诸天也"——"气—实有—诚"之天

程朱理学同天地人物为一理,而王夫之言理则是表征气化生物的丰富性和差异性之理,即是气化之条理、气化生成的感性人物之分理。可见,王夫之所言之"理"主要是指具体的理则和规律。他言"理"有一个隐、显的视角。对天而言,气之理是隐;对天之化而言,气之理则彰显。王夫之说:

> 太极最初一○,浑沦齐一,固不得名之为理。殆其继之者善,为二仪,为四象,为八卦,同异彰而条理现,而后理之名以起焉。气之化而人生焉,人生而性成焉。由气化而后理之实著,则道之名亦因以立。是理唯可以言性,而不可加诸天也,审矣。②

此段材料中,王夫之从天与天之化的区别说明了天即是气,而"理"则是气化流行过程中所形成的生人物之理,他强调"理"是气之条理、气化所

---

① 王夫之著:《读四书大全说》,《船山全书》第6册,第1054页。
② 王夫之著:《读四书大全说》,《船山全书》第6册,第1112页。

成人物之分理,不可径直以理言天。在太虚、在太极、在天,充盈盛动着浑沦一体的阴阳之气,而气都是有理之气,即表现为阴阳之气的健顺之理,但此时气之理是隐而不显的。当气化流行而成象成形、生天地万物而彰显出秩序和规律时,"理"才显现出来,而道、性之名也由此成立。"理"就是人或物的存有之理,它必须落实到气化生成的感性人物之形质或身体上言。

就人、物不同而言,气之化表现为两个结果:"就气化之流行于天壤,各有其当然者,曰道。就气化之成于人身,实有其当然者,则曰性。性与道,本于天者合,合之以理也;其既有内外之别者分,分则各成其理也。"① 一方面,气化流行于天壤而生物,天之象、地之形、山川草木、鸟兽虫鱼,凡天地物类都有其各自的条理、分理,即各自的当然之则,称之为"道";另一方面,气化流行过程中产生之人则独得二气五行健顺五常之精华,凝成仁义礼智之性,此为人所独有而为禽兽草木所无,故特名为人性。在此语境中,王夫之所说的"道"就是指万物之性或物理,"性"专指人性或性理,它们都是在气之条理、人物的分理意义上言。分言之,是为了强调人性与物性的不同,凸显人性的独特性。因此,王夫之又说:

> 凡言理者有二:一则天地万物已然之条理,一则健顺五常、天以命人而人受为性之至理。②

可见,在王夫之的思想体系中,气化所现之理是差异性和多样性的原则,既有万物各自的物理,也有人的性理。由此,他将程朱理学的"理体"解构为气化所显现的条理、人物存有的分理。理是针对气化所成人、物之性而言,不能直接以理言天,"理唯可以言性,而不可加诸天也"。天地人物就各有各之理,理是多而不是一。立足于感性的人与物在其气质或身体

---

① 王夫之著:《读四书大全说》,《船山全书》第 6 册,第 1113 页。
② 王夫之著:《读四书大全说》,《船山全书》第 6 册,第 718 页。

显现出的不同分理意义上,王夫之重新解释了程朱理学"理一分疏"①的思想。

"分殊"在程朱理学主要意味着理在"量"上的不同以及气质清浊厚薄偏全的不同,而在王夫之则首先是理在"质"上的不同。"理一"在程朱理学是指"分殊"同一于"一理",所谓"以一贯之";在王夫之则是说"质"所不同的"分殊"之理统一于天道,天道生物不测,但又为物不贰,所谓"一以贯之"。由天地万物所显现的气之条理、物之分理以及人之性都统一于天,就可以推本天之气涵具众理,只是天之气中理尚处于隐的状态。此时,勉强可以说"天即理",但不可以说"天一理也"。天之气可以在气化中彰显为各种条理,天之理统乎众理,而不是以一理同化万理。王夫之"理一分疏"的观点,从"分殊"的角度,既凸显人物之别,强调道德的完全属人性,同时又肯定了事物的多样性和差异性,给予物理以独立的地位;从"理一"的角度则将天下众理统一于气的生成流行,其实也就是统一于人道所展开的历史世界和生活世界,他突出整个气化世界的历史生成性、开放性和包

---

① "理一分殊"直接肇始于程颐对于张载"民胞物与""爱必兼爱"思想所做的解读。程颐主要从伦理学的角度强调"理一"是儒家仁爱的普遍原则,而"分殊"则强调仁爱在具体实施时存在的亲疏远近、身份等差的具体原则。到朱熹则将"理一分殊"原则上升到形上学和宇宙论的层面,也即是从本体与本原的角度论述"理一分殊"。陈来先生认为,朱熹所言的万殊之物理具有两个层面的意思,一方面指天地万物都禀赋了同一的天理而有仁义礼智之性,此是性理;另一方面朱熹有时又认为万物各有其具体的规律和本质,此是分理。所以,朱熹所言"物理"包含性理和分理两个方面。陈来先生说:"无论从本体还是从本原的角度,朱熹用理一分殊论述作为宇宙本原与本体的一理与万物性理的关系时,这个殊都不是指万物之理的差别而言。"但从物理之分理言,"朱熹认为事物的具体规律、性质是各个差别的",此时,"理一是指各个不同的分理贯穿着一个普通的原理。因之,所谓万物一理,不是指万物具体规律的直接同一,而是说归根结底的层次上它们都是同一普遍规律的表现"。陈来先生虽然强调朱熹有从分理的角度论物理,但他也承认朱熹的格物穷理说并不是认识论意义上的探究事物本身的物理。朱熹言的分殊之理主要还是局限于道德认识上。以上详见陈来著:《朱子哲学研究》,第111—123,297—303页。

王夫之与朱熹"理一分殊"观点的主要差异在于:从"分殊"上言,王夫之认为天地万物是没有人所独有的仁义礼智之性理的,从而就肯定了天地万物各具物理的独立性,将人的伦理价值与自然物的客观规律区别开来;也因此王夫之才开掘出人的知性精神,提倡"即事以穷理"的"质测之学"。从"理一"上言,王夫之反对有作为"宇宙本原与本体的一理"或存在有"同一普遍规律","理一"是指天下众理统一于气化流行的天道,天道统一众理,却不能以某一理来框架天道,即是不能"立理以限天";同时,气是生成的,天道"与时偕行""道莫盛于趋时",任何自然规律、社会原则、道德规范都是随着古今社会的历史变化而损益日新的。

容性,由此,气化所成之理也不是现成不变的而是日新富有、趋时更新的。① 王夫之从"理一分殊"的角度说明了不能以理言天,他进而又从"理"与"非理"的对待、"道"与"理"的不同来继续阐述天首先是气的观点。

  天道气化流行显现出气之条理,凡有气化流行之处便有理。但对于人而言,则有"理"与"非理"的对待,一方面人之所见有"非理"的地方,对天而言无不是有"理";另一方面,"非理"既然是与"理"相对照而有,它本身也是一种理。因为,天化无心、不能有择必善,对于天固然是正、是善,对于现实的人之世界则有不正、有不善。但无论正与不正、善与不善都是因气而有,气都是有理之气,故而凡言气处皆有理。而这样的"理"是以气之条理、人与物各自的分理而言,是差异性和多样性的理则和规律。必须先肯定天即气,由气化流行的生成运动才有各种理则和规律的彰显。

  王夫之又将气化运行、动而固正的一定之理称之为道,道是当然之则,尤指道德秩序之理;理则随气化的不同而不定,有"非理"之"理",它只是指气的秩序和条理,但不一定有道德意义。因此,有道肯定是有理,有理却不一定有道。所以,王夫之说只能言天下有道或天下无道,不能言天下有理或无理。若论天,天则无所不可、无不合理。而作为条理或分理的具体理则而言,总是存在"理"与"非理"的相对,以理言天,岂不是说天时而有理、时而非理。"在天者即为理,不可执理而限天"②,前一个"理"是无不合理的意思,后一个"理"指某一理则。即是说,天道变化无穷,但都是真实无妄、都是合理的,而人不可固持某一理来框架天道。

  王夫之在根本处认为,在天或太极、太虚不可以"理"言,天只是气而已。他赞同周敦颐的观点,天只是一个"诚",诚是无对之词,表征天的实有和真实无妄。因此,天可以言气、可以言实有、也可以言诚,但不能以理言天,天只是"气—实有—诚"之天。

---

  ① 当代一些学者主要从全球伦理的角度创造性地解释"理一分殊"的思想,如刘述先先生认为"通过'理一分殊',在现实层面上肯定文化的差异,在超越层面上向往'金律'(the Golden Rule)后面指示的'规约法则'(regulative principle)",即"大家都同意必须寻求一'极小式的'(minimalist)普遍伦理"。见刘述先著:《理一分殊·序》,上海:上海文艺出版社2000年版,第2页。刘述先先生的上述观点无疑是具有启发意义的,以此对照王夫之的"理一分殊"观点,王夫之的"理一"恰好不是肯定超越普遍的伦理法则,而是肯定文化的多元和包容,但这种多元与包容又统一于人类的生活世界。按照笔者的理解,王夫之"理一分殊"的观点对于当代全球伦理而言,不是在超越的形上学层面寻求"普遍伦理",而是立足于人类的生活世界在现实层面寻求"共通伦理",而且,即使是这种"共通伦理"也是需要"与时偕行"的。

  ② 王夫之著:《张子正蒙注》,《船山全书》第12册,第45页。

(三)"理与气互相为体"——理气互动互成的关系

王夫之以"气—实有—诚"论天,天道气化而成理,天地万物即因此理而生。对于动态的气化流行过程以及气所凝成的人物而言,它们都因气显现出理。而当其有理,气与理就交相互动。

> 气者,理之依也;气盛则理达。天积其健盛之气,故秩叙条理,精密变化而日新。①

> 夫理以充气,而气以充理。理气交充而互相持,和而相守以为之精。②

> 理与气互相为体,而气外无理,理外亦不能成其气,善言理气者必不判然离析之。③

> 理者原以理夫气者也,理治夫气,为气之条理。则理以治气,而固托乎气以有其理。是故舍气以言理,而不得理。④

上述材料说明了王夫之对于理气关系的辩证观点。王夫之认为,具体的理气关系表现为气理相依、理气交充、理气互相为体,理都是气之理,而气都是有理之气,无气则无理、无理亦无气。"理气相涵,理入气则气从理也。理气者,皆公也,未尝有封畛也"⑤,理气本不能离析而言,凡有气处便有理。气内在具有的价值和规律即是理,理气相涵而统一于气。

从天道而言,先有气,气的充沛盛动就显现出秩序条理。如此,"气者,理之依也",有气方有气之理,此是理以气为体。但当气已成理,理就能调理疏导此气,此是气以理为体。王夫之所言之"气"不是本体论意义上恒存不变的实体,而是作为生成、变化、日新的实有之气。气总是处在运动变化的过程之中,这一过程不是杂乱无章的,而是自治自为地生发出规律的过程。"自治自为"本身就是"理"的过程,此时"理"是动词,是"自治自为"的意思。"理者原以理夫气者也",并不是说气外更有一个实体性的、名词性的"理"在主导气,而是气的自治自为的运动过程本身就是"理"的过程。这个运动变化的结果则显现出"条理"或"分理",此时"理"是作为结果、名词的形式出现,是规律、法则的意思,所谓"理治夫气,为气之条

---

① 王夫之著:《思问录内篇》,《船山全书》第12册,第419页。
② 王夫之著:《周易外传》,《船山全书》第1册,第947页。
③ 王夫之著:《读四书大全说》,《船山全书》第6册,第1117页。
④ 王夫之著:《读四书大全说》,《船山全书》第6册,第925页。
⑤ 王夫之著:《思问录内篇》,《船山全书》第12册,第419页。

理"。

王夫之区分出作为过程和动词性的"理"与作为结果和名词性的"理",它们是以表征气运动变化的过程和结果出现的。① 不能舍气以言理,理的彰显有赖于气的运动变化;也不能舍理以言气,气的运动变化又有赖于理的调节疏导。天道的气化流行,因为有理气交相引发的辩证运动而造就了"精密变化而日新"的大千世界。

三、"道者,天地人物之通理"——太极、阴阳与道

气的生成境域从其无所不极的角度也称为"太极"。宋明儒言太极,主要源于《易传》中的"易有太极,是生两仪"以及周敦颐的"无极而太极"的说法。一般而言,程朱理学以太极为理,陆王心学以太极为心,王夫之承接儒家气学的传统,认为太极就是气。不过,他立足于气的生成性实有论,对周敦颐的"无极而太极"之说做了一番新的解读,"太极"仍然是描述气的生成性、实有性和境域性特征之词。

(一)"无有不极乃谓太极"——太极是无限生成的实有境域

王夫之认为,太极仍然是从人的角度对于整个气本气化世界的描述之名,它的实质等同于太虚、絪缊、太和、天、诚等范畴。他说:

> "太"者极其大而无尚之辞。"极",至也,语道至此而尽也;其实阴阳之浑合者而已,而不可名之为阴阳,则但赞其极至而无以加,曰太极。太极者,无有不极也,无有一极也。唯无有一极,则无所不极。故周子又从而赞之曰:"无极而太极。"阴阳之本体,絪缊相得,合同而化,充塞于两间,此所谓太极也。张子谓之"太和"。②

王夫之认为,太极作为赞辞,表征了气的境域向时空无限伸展的差异

---

① 王夫之在《说文广义》中考证"理"字的源流,分析了"理"在动词性"治理"和名词性"文理"之间的区别和联系,并进而说明理气的关系。他说:"理,本训治玉也。通诸凡治者皆曰理,与乱对,故为理国、理财,而治刑之官曰大理。理之则有理矣,故特为'理义'字,事之当然而行之顺也。玉浑然在璞而未有理,治之而文理见。事不治则理不著,治而后见其必然而不易焉,故曰'理在气中'。气有象而理无形。气之变动成乎理,犹玉之未治而理隐,已治而理著也。即玉即理,玉无不可为理也。自天而人,自物而事,无不含理,亦犹是也,在理之而已矣。通为'地理'云者,块然大地,而刊山浚川,区域以分,道路以辨,亦以治而理出也。"参见王夫之著:《说文广义》,《船山全书》第9册,第352页。陈赟教授对此已经有详细讨论和分析,详见氏著:《回归真实的存在——王船山哲学的阐释》,上海:复旦大学出版社2002年版,第115—123页。我们借鉴和参考了其观点。

② 王夫之著:《周易内传》,《船山全书》第1册,第561页。

化生成运动。周敦颐画太极图,太极是一个圈,但这并不是说太极有轮廓限制,而是表明太极不滞不留始终处于絪缊变化之中。"太"说明气在时间和空间上的无限生成而具有的日新富有、无所欠缺之象,"极"说明气向各个方向延伸并且在每个方向都不断深入到极致。王夫之从三个方面说明太极的特征:

第一,太极无所不包、无所不至,天地万物至大至小,庶物流行的各种差异性、多样性以及奇特性等,每一极都是太极所必有,此之谓"无所不极"。

第二,正因为太极无所不极、囊括万极,因此,任何一隅或任何一极都不足以语太极,此之谓"无有一极"。

第三,"无所不极"而又"无有一极"说明气的生成境域是自在自为、真实无妄的。太极的运动变化没有亘古不变之道,也没有一成不变之则,而是"与时偕行""日新富有"。故而,不能用人的有限眼光去揣度其变化规则、以理限天,更不能因人所不能知不能见而怀疑太极为虚幻,"周子之言无极者,言道无适主,化无定则,不可名之为极,而实有太极,亦以明夫无所谓无,而人见为无者皆有也"[1],此之谓"无极而太极"。

按王夫之的上述解释,周敦颐所言的"无极而太极"不是说太极是虚无或是无差别的同一,而是恰好表明太极是趋时更新、生化不测而又为物不贰地生发出无限丰富性和差异性的实有之体。

(二)"阴阳一太极之实体"——作为阴阳之气本然状态的太极

太极之所以是实有,那是因为它本身就是阴阳之气浑然一体的本然状态,"'阴阳'者太极所有之实也……合之则为太极,分之则谓之阴阳"[2]。《易传》中说"易有太极,是生两仪",或将其理解为太极产生出阴阳两仪,也就是说太极本无阴阳之气,在阴阳之先尚有一个孤立的太极。太极与阴阳之气判然两物,这就是"气"生于"理"、"有"生于"无"之说。王夫之反驳说:

> 生者,非所生者为子,生之者为父之谓。使然,则有太极无两仪,有两仪无四象,有四象无八卦之日矣。生者,于上发生也,如人面生耳、目、口、鼻,自然赅具,分而言之,谓之生耳。[3]

---

[1] 王夫之著:《张子正蒙注》,《船山全书》第12册,第272页。
[2] 王夫之著:《周易内传》,《船山全书》第1册,第524—525页。
[3] 王夫之著:《周易稗疏》,《船山全书》第1册,第789页。

"易有太极",固有之也,同有之也。太极生两仪,两仪生四象,四象生八卦,固有之则生,同有之则俱生矣。故曰"是生"。"是生"者,立于此而生,非待推于彼而生之。①

　　王夫之的观点很明确:太极生两仪的"生"不能理解为物理时间先后的产生,仿佛太极为父、阴阳为子,由父生子,即是说由"此"太极而生"彼"阴阳。这样,就将太极和阴阳视为两个不同之物,以为在阴阳之先或阴阳之中尚有一个与阴阳异质的太极作为其始基或本体。王夫之认为,"是生"之"生"是即此而生、即此而存有的意思。他举例说,人生而有耳目口鼻,整体看是面部,分开看就是耳目口鼻。将太极和阴阳理解为前后生成的两个不同之物,如同将耳目口鼻理解为面部生出来的、在面部之外的别的什么东西,其实这是范畴使用错误。因此,太极与阴阳是俱生同有,它们只是人从不同的角度描述本然之气的名称差异,从合的角度而言称为太极、从分的角度而言称为阴阳。太极和阴阳不是外在相联的异质之物,太极即是阴阳,阴阳即是太极。王夫之由此肯定太极即是阴阳之气,"阴阳一太极之实体"②"太极非孤立于阴阳之上者也"③。阴阳之气是太极之实,太极即以阴阳之气而起生化万物的大用。

　　在太极,阴阳是浑然一体之气。当气化流行,则表现为一阴一阳互为消长、动静、变合、屈伸于穆不已。此时,不是说气分为两种不同的气,一为阴气,一为阳气。但凡说气,阴阳之性都存在,只是因为时位的不同,气之阳性为主则为阳气、气之阴性为主则为阴气。阳气与阴气的性情功效虽然不同,但阳气非无阴,只是阳显阴隐;阴气非无阳,只是阴显阳隐。一气之中阴阳互动,"凡两间之所有,为形为象,为精为气,为清为浊,自雷风水火山泽以至蜩子萌芽之小,自成形而上以至未有成形,相与絪缊以待用之初,皆此二者之充塞无间……盈天地之间唯阴阳而已矣"④。天地万物无非是一阴一阳的气化流行所成,而其本身也是阴阳合体。王夫之主张乾坤阴阳并建,但并不是二元论,阴阳作为气的区别性特征统一于太极,而太极无非就是阴阳之气的本然状态。

(三)阴阳与道"交与为体"

　　从太极发起一阴一阳生化之大用,以生成庶物、成就万事、统摄众理而

---

① 王夫之著:《周易外传》,《船山全书》第1册,第1025—1026页。
② 王夫之著:《张子正蒙注》,《船山全书》第12册,第24页。
③ 王夫之著:《周易内传》,《船山全书》第1册,第562页。
④ 王夫之著:《周易内传》,《船山全书》第1册,第525页。

第三章 "形色与道互相为体"——生存论视野下的人性哲学

言,太极又称之为道,它表征一阴一阳之气化流行的天道全体。《易传》有云"一阴一阳之谓道",此道即是指天道,也即是太极。王夫之说:

> "一一"云者,相合以成,主持而分剂之谓也。无有阴而无阳,无有阳而无阴,两相倚而不离也。随其隐见,一彼一此之互相往来,虽多寡之不齐,必交待以成也。一形之成,必起一事;一精之用,必载一气。浊以清而灵,清以浊而定。若经营之,若抟捖之,不见其为,而巧无以踰,此则分剂之之密,主持之之定,合同之之和也。此太极之所以出生万物,成万理而起万事者也,资始资生之本体也,故谓之"道",亘古今,统天人,摄人物,皆受成于此。①

以上材料表明,王夫之所言的"天道"是气本气化自身有其规律地生化万物的总过程。从气本的角度而言,天道是指太极阴阳和合之气的本然状态。古今上下、天地人物、万事众理都由太极生发出来,并无时无刻不在太极境域中细缊不息。在这个层面上,太极是"资始资生之本体",阴阳和合之气就是天道的原初状态。从气化的角度而言,天道又是指一阴一阳气化流行的总过程及其自身运动显现的总规则,"道者,天地人物之通理,即所谓太极也"②。对于一阴一阳之道,分而言之,"阴阳"指气,"一一"指主持、分剂、合同阴阳运行的气化之道。所谓"主持"是指"道"体现出气化运动的自我主导性和动力性,"分剂"表现为气化流行和气化成物中阴阳多寡的差异性,"合同"则说明气化运动虽然存在阴阳的差别性,但是这种差别不是对立而是有差别的统一。阴阳二气自我生发和主导的运动过程既造就了千差万别的品类庶物,同时,天地万物又处在交融无碍的和谐共生状态,它们都统一于生生不息的气化流行运动当中。

道与阴阳的关系如同理气的关系,气与理互相为体,阴阳与道亦是互相为体。"道以阴阳为体,阴阳以道为体,交与为体,终无有虚悬孤致之道"③,道是阴阳彼此相继、多少相待、互为转易的过程中显现出的轨迹或当然之则,它不是阴阳气化之外或之上的某个主宰实体,而是气自身运动的规律性。所以,天道无见其定则而又"巧无以踰",其气化运行既不受外物所支配也不是浑然的无规则流行,而是展开为有序有则地聚散万物的无

---

① 王夫之著:《周易内传》,《船山全书》第1册,第525页。
② 王夫之著:《张子正蒙注》,《船山全书》第12册,第15页。
③ 王夫之著:《周易外传》,《船山全书》第1册,第903页。

止境运动过程。但是,天道气化流行本身是不可见的,它是通过其所凝成的器物及其生成变化而著显出来的。王夫之言:

> 道者,物所众著而共由者也。物之所著,惟其有可见之实也;物之所由,惟其有可循之恒也。①

天下的器物是"可见之实",器物之道又是"可循之恒"。人在治器的实践生存活动中体认各种器物及其变化之道,进而就体证到了天道的真实无妄和运行不息。天地万物彰显了天道,而其聚散成毁又始终处在天道气化流行的运动轨迹当中。对于具体的器物而言,有器而有器之道,由器与器之道又可体证天道,这是器体道用;对于天道之化生器物而言,有此一阴一阳的天道全体才有具体的器物及器之道,这又是道体器用。器与器之道都通于阴阳气化之天道,它们之间是显以著隐、万殊通于一本的关系。可以说,道器也是互相为体。不过,王夫之的人性哲学是从人的生存和实践活动出发,对人的生存而言,器体道用有着逻辑优先性;只是从天道化生万物的角度,则道体器用又有着逻辑优先性。

王夫之持气的生成性实有论立场,气是实有和真实无妄的,太虚、太极、太和、絪缊都是一实的阴阳之气。气的实有是生成的实有,因气的生成就显现出道与理。气与理、阴阳与道交相互动、相与为体就生成了健动不息、日新开放的宇宙全体。天地庶物都由此而出,一切价值和意义亦由此生发,"其在人也,则自此而善,自此而性矣"②。人源于天道而生,天以其真实无妄之理气成人之身、凝人之善性,在人身上天道达到了自我意识。人独得二气五行之精,即此一身就是天道所在,唯有人能够继天道以成人道,也唯有人能够尽人道以体天道。由此,就进入了天人关系。

第三节 "所有者诚也,有所有者善也"
——宗天道而归于人道

王夫之的人性哲学从人的生存出发,通过人的治器实践活动亲证到天道的真实无妄性。而天道的气化流行则生成了天地万物,王夫之言"一阴一阳之谓道,天地之自为体,人与万物之所受命,莫不然也。而在天者即为

---

① 王夫之著:《周易外传》,《船山全书》第 1 册,第 1003 页。
② 王夫之著:《周易内传》,《船山全书》第 1 册,第 525 页。

理,不必其分剂之宜;在物者乘大化之偶然,而不能遇分剂之适得;则合一阴一阳之美以首出万物而灵焉者,人也"①。人是天道所凝成之物,但人与其他物类不同。一般物类阴阳分剂不得其宜,只有人独得阴阳刚柔之中正而成为万物之灵。这当然不是说天道有瑕疵,正因为天道无物不生、无所不极才体现出天道无限的生生之德。所以,对天而言,说个"诚"字最为妥帖。诚是绝对的真实无妄、实有不虚、无不合理。但是天道的这种自洽自适、真实无妄本身又是自在的,天道自身不能自觉,天下器物也不能自觉。因此,只有"诚"是不够的,还需要有"诚之者"。

"诚之者"即是人,人是天地之心。天道在人身上体现,人自继天道之善而凝成仁义之性;秉持着仁义之性的人在穷理尽性、裁成万物的实践活动中不仅能上达天道,更能辅成天道而成就人道。故王夫之说:"言道者必以天为宗也,必以人为其归。"②天道之诚最终通过人的参与和创造来彰显和实现。这样,王夫之由人而天、由天再回到人,天人构成了授受往来的互成关系。他说:

> 在人微者,在天则显,故圣人知天以尽性;在天微者,在人则显,故君子知性以知天。(上"微显"以小大言,下"微显"以隐著言。)孟子就"四端"言之,亦就人之显以征天之微耳。孔子"一阴一阳之谓道"一章,则就天之显以征人之微也。③

上述材料说明了人与天、性与天道的关系。一方面由天而人,从天道凝成人性的角度,天道是显、人性是微,显与微是小和大的关系。此是王夫之"继善成性"说中所谓的道大而善小、善大而性小,圣人知天道而能尽人性。另一方面由人而天,从人性征显天道的角度,人性是显、天道是微,此时显、微是显著和隐微的关系。在现实世界,天道隐人道显,天道要通过人道得以彰显,君子尽心知性而上达天道。第一个方面构成了由天道生成人物的"继善成性"说,第二个方面王夫之提出了"以人道率天道"的挺立道德主体之自我价值的思想。

一、"道生善,善生性"——天人相续的"继善成性"说

《易传》言:"一阴一阳之谓道,继之者善也,成之者性也。"王夫之认为

---

① 王夫之著:《周易内传》,《船山全书》第1册,第526页。
② 王夫之著:《尚书引义》,《船山全书》第2册,第381页。
③ 王夫之著:《读四书大全说》,《船山全书》第6册,第1059页。

此是"就天之显以征人之微",天之显(大)、人之微(小),意在说明道、善、性三者由于时、位的不同而存在大小关系。这是追溯人的善性来源于天道的角度,"推人所受于天之性""言人性之所自出"①,从"道→善→性"动态相续的过程而论善论性。

(一)"道大而善小,善大而性小"——道、善、性的区别

王夫之认为,要准确理解《易传》的"继善成性"说,首先就要区别"道""善""性",进而再说明三者的相续关系。王夫之的独特之处在于,他在气论思维下对道、善、性做了特殊的界定并论述了三者既相统一又蕴差异的层进关系,他说:

> 成之者人也,继之者天人之际也,天则道而已矣。道大而善小,善大而性小。道生善,善生性。②

此句是王夫之"继善成性"说思想的总纲,表明了天道阴阳相继始生人物并凝成人性的过程。"道"指天道,天道发用流行始生人物之际就是"继之者善",由继善而凝成于气质性身体的人性即是"成之者性"。一方面,继善成性的过程展现了天道生成人物的事实和价值次序,必由道而善、由善而性,"道生善,善生性",道→善→性是一体相续而成的,其顺序不能紊乱,"一阴一阳之妙,以次而渐凝于人,而成乎人之性";另一方面,道、善、性三者虽然相通却又存在差异,善是道的发用一极,性又是资善而成,所谓"道大而善小,善大而性小",三者是有差异的统一关系。

"一阴一阳之谓道"的"道",意指天道全体。在王夫之的哲学体系中,"天道"意味着气本气化的全过程。事实上,他在气本原论的基础上,界定并区分了天、道、理。"天即以气言,道即以天之化言,固不得谓离乎气而有天也"③,"天"首先是指阴阳絪缊和合之气(王夫之亦以此称为太极、太虚),此太和之气一阴一阳的气化流行过程称之为"道"。"天为化之所自出,唯化显理"④,气化流行过程中所显现的气的规则和条理称之为"理"。因此,由气而有天之名,由气之化而有道、理之名。"天"(气)与"天之化"(气化)不可分,故"天道"既是指作为本原的太虚阴阳和合之气,又是指作为气化流行过程的"道"和气化所显现的"理"。正是在这种意义上,王夫

---

① 王夫之著:《周易内传》,《船山全书》第1册,第524、527页。
② 王夫之著:《周易外传》,《船山全书》第1册,第1006页。
③ 王夫之著:《读四书大全说》,《船山全书》第6册,第1111页。
④ 王夫之著:《读四书大全说》,《船山全书》第6册,第1112页。

第三章 "形色与道互相为体"——生存论视野下的人性哲学

之言"此太极之所以出生万物,成万理而起万事者也,资始资生之本体也,故谓之'道',亘古今,统天人,摄人物,皆受成于此"。① 天道气本气化的过程无方无体、生生不息,没有时间和空间的限制,涵摄天地人物、万事万理。王夫之的天道论,凸显气的本原地位,没有在气之外、之上、之先的虚悬之理或道,道和理是阴阳气化自身生成的过程和规则,而两间一切事物、事实和价值都要从阴阳气化上获得理解。② "其在人也,则自此而善,自此而性也"③,继善成性也要从气上说,天道纲缊气化流行生成蕴发着人类生活世界的价值和意义。

"继之者天人之际也",王夫之于天道气化流行生人物之际而言"继之者",着眼于天道发用生物的功能。由此而言善,其实是以天道生生之德论善,天道资始资生万物即是善。在天道与继善的关系上,一则王夫之认为是体用的关系,继善始生万物虽然是天道必有大用之一,然而天道气本气化,"自成形而上以至未有成形"④无所不备,不只是生物之用,用可以显体而不即是体,因此不能将善与道等同。二则作为"继之者"的天道生物之大用"不僭、不吝,以不偏而相调"⑤,故由阴阳分剂协调所生的万事万物都各有其所得所适、和谐共生之善。从天始终相继相授以生人物而言,天道成人是善、成事也善、成物成器都是善,"'继之者善也',善则随多寡损益以皆适矣"⑥。阴阳分剂多寡损益乘大化之偶然而有参差不齐,在人看来或有某事某物为不善,但对天道本身言,其所呈现的一切,无论阴阳多寡,无论适宜与否,都是无所不可、无不合理的,"在天者即为理,不必其分剂之宜"⑦。三则"善则天人相续之际,有其时矣",以"际"言"继善",表明天生人物存在时空的一极,而天道纲缊化生则是无所不极、无时不有。综上三者,由于继善是天道的发用流行、仅指生物妙用且有时空一极,因此是"道大而善小"。王夫之认为,天道只言"气""实有""诚"足矣,严格地说,天道不能言善,只有从阳变阴合的大生广生之德可推本溯源说天道有善,"方

---

① 王夫之著:《周易内传》,《船山全书》第1册,第525页。
② 王夫之言:"太极最初一〇,浑沦齐一,固不得名之为理。殆其继之者善,为二仪,为四象,为八卦,同异彰而条理现,而后理之名以起焉。气之化而人生焉,人生而性成焉。由气化而后理之实着,则道之名亦因以立。"见王夫之著:《读四书大全说》,《船山全书》第6册,第1112页。此段很好地说明了王夫之气论思想下的继善成性说。
③ 王夫之著:《周易内传》,《船山全书》第1册,第525页。
④ 王夫之著:《周易内传》,《船山全书》第1册,第524页。
⑤ 王夫之著:《周易外传》,《船山全书》第1册,第1006页。
⑥ 王夫之著:《思问录内篇》,《船山全书》第12册,第427页。
⑦ 王夫之著:《周易内传》,《船山全书》第1册,第526页。

其为善,而后道有善焉"①。必有天道"积健盛之气"②才有阴阳相继生物而言善,"道者善之所从出"③,故说"道生善"。

王夫之承继了《易传》"元者善长""天地之大德曰生"的以始生为善的传统,而这个始生即是天人相接续之际的继之者,始生之善即是阴阳二气相继变合所显现的初生之理。"夫一阴一阳之始,方继乎善,初成乎性,天人授受往来之际,止此生理为之初始"④,善作为始生之理仍然是气之理,是天道气化所现的众理之一,但此阴阳变合的始生之理恰能生成人的气质性身体。于是,继善或始生之理随气禀获得了一种气质中的表现形式,即是人性。

王夫之所言的"成之者性"正是指具身化的人性,"'成之者性也',言质也;既成乎质,而性斯凝也"。⑤ 成性是针对具体的形质而言的,当人的形质既成,性就凝成于一定的形体之中。所以,性都是形色之性或气质之性。"成乎其为体,斯成乎其为灵。灵聚于体之中,而体皆含灵。若夫天,则未有体矣"⑥,天道无形质之体,只能言阴阳相继之善,而不能言有性,在天道言性就将天道视为某一实物。一方面,"成性"作为形体中之性渊源并通达于"继善"的始生之理,但善并不是因成性而始有,倒是因天之继善才有成性,天"唯其有善,是以成之为性焉,善者性之所资也"⑦,由继善而能成性,此是"善生性"。另一方面,天道阴阳无所不继、无所不善,有"融然流动之量",对天之用而言,成象成形是善,成人成事是善,成物成器亦是善,"万汇各有其善,不相为知,而亦不相为一"⑧,但唯有"首出万物而灵"⑨的人能凝天之善于气质之中而为善性,"性则敛于一物,有其量矣"⑩,此是"善大而性小"。从人物继天命而成性言,物能承天之善用却不能凝天之善为性之善体,善"具其用而无与为体"⑪,物只能用天之善而不

---

① 王夫之著:《周易外传》,《船山全书》第1册,第1007页。
② 王夫之著:《思问录内篇》,《船山全书》第12册,第419页。
③ 王夫之著:《周易外传》,《船山全书》第1册,第1007页。
④ 王夫之著:《周易外传》,《船山全书》第1册,第825页。
⑤ 王夫之著:《读四书大全说》,《船山全书》第6册,第862页。
⑥ 王夫之著:《周易外传》,《船山全书》第1册,第1006页。
⑦ 王夫之著:《周易外传》,《船山全书》第1册,第1007页。
⑧ 王夫之著:《周易外传》,《船山全书》第1册,第1006页。
⑨ 王夫之著:《周易内传》,《船山全书》第1册,第526页。
⑩ 王夫之著:《周易外传》,《船山全书》第1册,第1006页。
⑪ 王夫之著:《周易外传》,《船山全书》第1册,第1006页。

能凝成物之善性①；人则既能用天之善，更能凝天之善为己之善性。对物而言，其性有不善；对人而言，则人性无不善、只是善，"方其为性，而后善凝于性矣"②。天命人以性也命万物以性，人之性善，而物性不善；人虽然凝天道为善性之体，但"善具其体而非能用之"③，人有生以后若不能主动继天之善以充实而扩充之，则会随己习也会流于恶。天之生人物之善无穷，但物性则不能凝成善之性体（"善具其用而无与为体"）；人性虽然能凝成善性之体，却会因后天之习而成不善（"善具其体而非能用之"），这个层面也说明"善大而性小"。同时，人继天之善而凝成于气质中的仁义礼智之性只是天道善用之一。人有人之身而有仁义礼智之性，仁义礼智虽然通于天道健顺运行之理，但不能径以仁义礼智名天道，天道气化流行只是元亨利贞而已。

王夫之从气本气化论继善成性，"天积其健盛之气，故秩叙条理，精密变化而日新"④"成之而后性存焉，继之而后善著焉"⑤，离气不能言天、言道、言理，离阴阳气化相继不能言善，离气质之体则不能言性，都是要强调儒家天道和人性的实有性，以区别于佛老的空无之说和理学的理气二元论。他认同《易传》《中庸》以及孟子将人的善性归源于天道的观点，但他同时指出，人性虽源于天道，却不能将天道与善与性等同起来，否则就会取消人在成身成性过程中的自主能动性。王夫之坚持从"道→善→性"天人相续的角度论人的善性，正是说明天人是相通的；同时，他又区分"道""善""性"的不同，则是要强调天人相通并不是说天人同一，天人之间还存在着分际或者说是天人各有其职分，于此就凸显出人在"继善成性"中的主体作用和自主能动性。

（二）"继之为功于天人"——天人的继之功

王夫之以"一阴一阳"论天道、以"成之者"论人，而天人之际则是通过"继之者"来相续沟通的。于是，他将《易传》的"继之者善"与《中庸》的

---

① 一方面，天之继皆是善，但天无形体，所以天不能言"性"；人物有形体，故而可言"性"。另一方面，人物皆是天之继而生，故人物皆善；天生之物固然是善，但物不能凝天之善为善性之体，而只能用天之善，所谓"具其用而无与为体"。故物有性而无善之性，唯独人既有性又是善之性。王夫之区分了"善"与"性"，"性"与"善之性"。当然，善"具其用而无与为体"也可以在天道上理解，天道有生生之善的大用，但天道无方无体，并没有一个固定的善体而言。
② 王夫之著：《周易外传》，《船山全书》第1册，第1007页。
③ 王夫之著：《周易外传》，《船山全书》第1册，第1006页。
④ 王夫之著：《思问录内篇》，《船山全书》第12册，第419页。
⑤ 王夫之著：《周易外传》，《船山全书》第1册，第1006页。

"天命之谓性"联系起来。这种观点,程朱理学即已经提出。① 但王夫之从"天人之蕴,一气而已"的气本原论思想出发,认为天地人物都处在健动不息、日新富有的气化之流中,这个气化之流的实质就是阴阳相继的相续相生相成。阴阳相继的"继之功"成就了天道的生生不息,成就了天人相续的继善成性,成就了有生之后人性的日生日成。所以,王夫之大赞继之功:

> 甚哉,继之为功于天人乎! 天以此显其成能,人以此绍其生理者也。性则因乎成矣,成则因乎继矣。不成未有性,不继不能成。天人相绍之际,存乎天者莫妙乎继。然则人以达天之几,存乎人者,亦孰有要于继乎!②

从上述文字可以看出,王夫之事实上区分了三个层面的"继":一是泛指天道气化流行"繁然有生"的阴阳相"继";二是特指天人相绍之际"粹然而生人"的受命被动之"继"③;三是重点强调人生以后的主动承继天道之"继"。

从天道生生上言"继",王夫之首先强调的是天道气化流行的健动不息和相续无间。气的"阴阳异撰"④、相待相生构成了天道"动以入动,不息不滞"⑤的内在动因,而气的"阴阳相继"、流行不息形成了"天行之健、於穆不已"⑥的天道生生大用。于此而论"继",不仅突出了"继"的连续不中断之义,还强调了"继"之所以可能的能动内因。阴阳健动相"继"的必然结果就是生成化育天下万汇,"天地之间,流行不息,皆其生焉者也"⑦,这就落实到以天道的"资始资生""大生广生"论"继"。由"继"而"生",天道的"生"不是一次性的,不是初生就完成的。"道之不息于既生之后,生之不

---

① 明初胡广等撰的《周易传义大全》引南宋末元初人丘富国之说:"'一阴一阳之谓道',是就造化流行上说。'成之者性'是就人心禀受上说。'继之者善',是就天所赋、人所受中间过接上说。如《书》帝降之衷、《中庸》天命之性,所谓'降'、所谓'命',即继之义也。"丘富国曾受学于朱子门人,他的上述说话是沿袭朱子的。丘氏着眼于天人相授受之际论"继",明确地将《易传》的"继善"与《尚书》的"降衷"、《中庸》的"天命"沟通起来。
② 王夫之著:《周易外传》,《船山全书》第1册,第1007页。
③ 王夫之著:《周易外传》,《船山全书》第1册,第1007页。
④ 王夫之著:《张子正蒙注》,《船山全书》第12册,第15页。
⑤ 王夫之著:《周易外传》,《船山全书》第1册,第1044页。
⑥ 王夫之著:《读四书大全说》,《船山全书》第6册,第872页。
⑦ 王夫之著:《周易外传》,《船山全书》第1册,第1042页。

绝于大道之中,绵密相因,始终相洽,节宣相允,无他,如其继而已"①,天道之"继",既是无所不生的生生不已,又是永不停止的日新之化,而且"继"也成就了天下万物绵延相续、秩序井然、和谐共生的太和之象。② 所以,王夫之论天道的"继之功","继"意味着天道动而亨通的相因相续、大生广生的相洽相允、生生不已的日新富有。天道的阴阳相"继"构织了一幅生意盎然、新新不已、始终处在"相衍而无穷,相安而各得"③的气化流行图景。这一图景,自然是宇宙万有生命和生机的相衍无穷,但更是历史慧命和人文价值的相续不息。于是,就进入王夫之特指的仅以"天"与"人"之际的授受过程论"继"。他说:

"继"者,天人相接续之际,命之流行于人者也。其合也有伦,其分也有理,仁智不可为之名,而实其所自生。在阳而为象为气者,足以通天下之志而无不知,在阴而为形为精者,足以成天下之务而无不能,斯其纯善而无恶者。孟子曰"人无有不善",就其继者而言也。④

此段引文中,王夫之将"继"解释为"天人相接续之际,命之流行于人者"意在沟通《易传》和《中庸》,天命人物之时即是天人相继之际。这样,他明确地将"继善"与"天命"等同。"继"与"命"都是指天赋人受的接续过程,这一过程说明了人性渊源并通达于"继善""天命"以至于"道",所谓"性也、命也,皆通极于道"⑤。因此,继善或天命沟通了天人,人通过天命人受的过程接续了天道,而人性通过追溯天人之际的继善而有了天道的根基。但是,王夫之又强调"继"作为天人之际,"继善"与"成性"之间有合有分。从"合"而言之,"其合也有伦","伦"指先后次序,是说由天道而继善、由继善而凝身成性的次序不能颠倒紊乱。从"分"而言之,"其分也有理","分"亦指职分,是说天人各有其职分之理。"继"是天道气化所现的生生之理,唯独命于万物之灵的人而凝成仁智之性。"天道无择,而人道有辨"⑥,天道继善不仅生人,也生万物,而仁智之性是专属于人的,唯有人率

---

① 王夫之著:《周易外传》,《船山全书》第1册,第1007页。
② 王夫之言:"太和,和之至也……阴阳异撰,而其絪缊于太虚之中,合同而不相悖害,浑沦无间,和之至矣。未有形器之先,本无不和,既有形器之后,其和不失,故曰太和。"见王夫之著:《张子正蒙注》,《船山全书》第12册,第15页。
③ 王夫之著:《周易外传》,《船山全书》第1册,第1006页。
④ 王夫之著:《周易内传》,《船山全书》第1册,第526页。
⑤ 王夫之著:《周易内传》,《船山全书》第1册,第526页。
⑥ 王夫之著:《周易内传》,《船山全书》第1册,第529页。

此仁智之性可参赞天地之化育而成就人道的德业。这其实是王夫之一再强调的"善大而性小""天命大而性专"①思想。不明了天人之继有合有分的道理，不仅造成对继善成性说的误解，更会导致以人僭天而废人道之独。若将"继善"越到"天道"层面，则有"天地与我同根，万物与我共命"之说，产生"无善、无恶、无性"②之妄论，而忽略了天道相继相授而善著于万汇的过程；若将"成性"越到"继善"层面，则有"人之性犹牛之性，牛之性犹犬之性"之说，而忽略了继善而凝成的人所独有的仁智之性，这是混物性于人性而泯人性之尊。③王夫之于天人之际言"继"，正是要说明天人之间不是无差别的同一，而是有合有分的相通；既阐明了人性源于天道继善，又强调了既成人性的独特性，从而尊人以尊天。

王夫之从天人授受论"继"，他进而认为孟子"人无有不善"之说是"就其继者而言也"。于是，他对孟子"道性善"有了新的阐发。首先，孟子"性善"论成立的前提必须是要溯言到"继善"。由性而言善的"性善"说法，会导致人怀疑"性有善而疑不仅有善"④。也即是说，仅由"成之者"论性善，即使说明了人性有善，但并不能排除人性中有恶，"故专言性，则'三品''性恶'之说兴"⑤。当且仅当由继善而言成性时，才表明"性"是"善"的子集，善外无性。人性只能是善、纯粹是善、全是善，此善不与恶相对，人性中没有恶也没有恶的根源。所以，王夫之认为只有从"善通性后"的角度"性善"之说才成立，但准确而言，必须按照《易传》天人秩序"善在性先"的继善成性说，"先言善而纪之以性"，表明"成之者"的人性是纯粹的全善，即"善性"之说才是至当的。⑥王夫之以《易传》为孔子所作，凡孔孟有异的地方，他必以孔子为正而统帅孟子的学说。其次，王夫之言"在阳而为象为气者，足以通天下之志而无不知，在阴而为形为精者，足以成天下之务而无不能，斯其纯善而无恶者"，其实是以天道阴阳的健顺之德论善。天道阴阳健顺之德，既凝性而成就人的德性，又成身以创造人道的事业。因此，天道继善，不仅成性是善，而且成身也是善。王夫之认为，孟子"形色天性"之说，将"人之生理、人之生气、人之生形、人之生色，一切都归之于天"⑦，视人的

---

① 王夫之著：《读四书大全说》，《船山全书》第6册，第1139页。
② 王夫之著：《周易外传》，《船山全书》第1册，第1008页。
③ 这是王夫之所谓的"以善说道，以性说善，恢恢乎其欲大之，而不知其未得其精也"。详见王夫之著：《周易外传》，《船山全书》第1册，第1006—1007页。
④ 王夫之著：《周易外传》，《船山全书》第1册，第1007页。
⑤ 王夫之著：《周易外传》，《船山全书》第1册，第1008页。
⑥ 详见王夫之著：《周易外传》，《船山全书》第1册，第1007页。
⑦ 王夫之著：《读四书大全说》，《船山全书》第6册，第961页。

第三章 "形色与道互相为体"——生存论视野下的人性哲学

一身上下都是纯善而无恶的观点,正是本于阴阳健顺之德赋形凝性的"继"之过程。最后,"人无有不善"除了意指天道继善凝成人绝对的善性,表明天生人的气禀、形色和人性均是善,①还在于人只有主动地承继天道才能成就自身的善。由此,就引出王夫之强调的第三个侧重于人的自由意志和主观能动性维度的"继之功"——人生以后的主动之"继"。他说:

> 继之则善矣,不继则不善矣。天无所不继,故善无穷;人有所不继,则恶兴焉。②

可以看出,王夫之区分了"天之继"和"人之继"。天道阴阳总是相继生生不已,所以善无穷,这是"天之继";对人而言,之所以有"恶"的产生,正是在于人有生以后不能自继天道而因习成恶,人只有主动承继天道而不息才叫作"善",这是"人之继"。因此,王夫之认为孟子所言性善是在天人相继的层面而言。但无论是禽兽不能凝天道之善而有不善之性,抑或是人不能主动承继天道之善而为恶,都不妨碍天道本身的无所不善,现实中出现的一切恶不能归咎于天道之生人物,也不能归咎于人所承继天道凝成的善性,而在于人在后天中的所作所为。

从强调人的自主性和能动性维度的"人之继"言"善",是王夫之的发明之处。③ 理学的传统解释中,有谓《易传》是以天道流行处言"继善",而孟子以见孺子入井而生怵惕恻隐之心,则是从人生后的人性流行处言"继善"。王夫之认为,无论是天道之生几,还是人道之生几,如果缺乏人的自主性,那么仍然还停留在自然自发的"天之继"上。故"乍见之怵惕""介然

---

① 王夫之言:"盖孟子即于形而下处见形而上之理,则形色皆灵,全乎天道之诚,而不善者在形色之外。"详见王夫之著:《读四书大全说》,《船山全书》第6册,第961页。
② 王夫之著:《周易外传》,《船山全书》第1册,第1008页。
③ 劳思光先生在论及王夫之言性与善恶问题时,认为依据王夫之的天道观可以说明人何以能"继",但无法解释何以"不继"的问题,即无法解决善恶的"道德之二元性"问题,他认为这是王夫之理论体系中天道之必然与主体之自由意志两个领域的矛盾所致。详见劳思光著:《新编中国哲学史》(三卷下),桂林:广西师范大学出版社2005年,第530—547页。其实劳先生的批评基于其对宋明理学天道观、本性观、心性论的区分,这一区分又源于西学中的宇宙论、形上学和康德的道德哲学。他以此框架将王夫之的天道界定为实在论和决定论,遂产生无法解释"恶"的问题,还与王夫之提倡主体性和自由意志的论述相冲突。事实上,王夫之的天道观根本不意味着存在一个现成的价值实体、实在物或人格神来决定整个世界,天道即是人的生活世界而不是之外之先的实在物(对应于劳先生的天道观)或观念物(对应于劳先生的本性观)。林安梧先生针对劳先生对王夫之的误解已经有充分论述,此不赘述,详见林安梧:《对船山哲学几个问题之深层反思:从劳思光对船山哲学的误解说起》,《船山学刊》,2003年第4期,第5—8页。

之可否"只是天道生生之善在人身上触境偶发的体现,本质上还是"天之继"。"人之继"则是强调人有生以后主动承继天道、以人道弘天道的德业双修的无止境实践过程。① 如此,王夫之对"继善"层层递进三个维度的分析,尤其是对天人"继之功"的阐发,不仅为人的善性奠定了坚实的气化天道根基,更凸显了继善成性中人的主体作用。

通过天道、继善、成性的一体下贯,王夫之分疏了天道以及天道生人物的大用。因此,天的第一义只是气、实有、诚,天的第二义则是道、理、命、继、善。同时,他又说明了人性、天命、天道的必然联系,性命皆通极于道。王夫之一方面强调人性是由"道→善→性"动态相续而凝成,凸显人性善的绝对必然性;人继天道所成的善性是绝对的善,此善不与恶相对。另一方面,他又区分"道""善""性",人性源于天道,但"道可合而不可据"②,成善成性的责任和动力在于人自身,王夫之"继善成性"说最终要肯定人才是道德实现和道德践履的主体,从而挺立了人的道德主体性、高扬了人的主观能动性。人唯有在自我积极主动、相续不断地尽性践形过程中才能继天道之善而成己之善性。

二、"知天人之际者,可以知性"——人性为实有善的诚体

人性源于天道之善的日日相继、时时授命,天地众物中又只有人能够继天命之善而凝为己之善性。所以,必须从天道流行继善成性的动态过程角度才能知人性本善。至于现实中人所表现出来的恶,它是后天之习所造成,不能因为有恶的出现就怀疑人性本善。王夫之认为,人性是绝对的善体,历史上关于人性善恶的争论,都是因为他们割裂道、善、性的有机联系,而没有从"道→善→性"动态相续的角度理解人性。他以其阐释的《易传》"成性"说来衡量先儒人性论的缺失,并从性体性用的角度肯定人性是实有善之诚体。

(一)"成之而后性存焉"——"与形始之性"和"形而有之性"

在"天道→继善→成性"三者相因相续相生的关系中,前两者主要论述天道化生并涉及天人相继,"成性"则完全落实到人。王夫之认为,"成之者性"的意思是"人成之而为性"③,即成性的主体是人,亦必须从人身上、从人的气禀形色所成言性。基于这样的认识,他通过区分"与形

---

① 王夫之特别重视"人之继"的"继之功",后文第四章第三节还有详论,此处暂略。
② 王夫之著:《周易外传》,《船山全书》第1册,第1008页。
③ 王夫之著:《读四书大全说》,《船山全书》第6册,第961页。

始之性"和"形而有之性",说明了"成之者"的人性与天道、气禀之间的关系。

在王夫之看来,《易传》"成之者性"的说法"语极通贯包括,而其几则甚微",甚至连孟子和程颐的理解都"几有未析"。他从语言学和义理的角度,分析了成性论的内在意蕴。他说:

> 天唯其大,是以一阴一阳皆道,而无不善。气禀唯小,是以有偏。天之命人,与形俱始。人之有气禀,则是将此气禀凝著者性在内。孟子所言,与形始者也。程子所言,气禀之所凝也。《易》云"成之者性",语极通贯包括,而其几则甚微。孟子重看"成之者"一"之"字,将以属天,然却没煞"继之者善"一层,则未免偏言其所括,而几有未析也(孟子英气包举,不肯如此细碎分剖)。程子重看一"成"字,谓到成处方是性,则于《易》言"成之者"即道成之,即善成之,其始终一贯处,未得融浃。①

王夫之的上述说法表明,要真正理解"成之者性",必须分析"之"的指代和"成"的意涵。"成,犹凝也"②,他承继朱子以气之凝结为形质训"成"③,说明人性是天道继善在人的气质性身体上的表现;而"成之者"的"之"则是指代天道。王夫之认为,孟子正确地看到了"成之者性"的"之"属于天,表明人的形色和性都源于天道,"成性"即是"道成之""善成之";但孟子直接道"性善",却忽略了天道继善的层面,也没有从气禀所凝的角度言人性。虽然王夫之认为孟子自身通透无疑,但对于后学者可能造成误解。

第一,孟子说性善没有分析出继善与成性的关系。一阴一阳之天道流行,这是继之者善,天之善广大无碍。而人所凝成的善性总是在一定的气禀之内,气禀有量且有偏,人性的善虽然通于天之善,但毕竟为小,而且人与人气禀有异,每个人的善性也表现出差异。只说性善,就抹杀掉了天道"继之者善"的层面,也抹杀掉了人性之善具有差异的一面。王夫之坚持善大性小,性之名因于气质凝成而立。所以,人性固然是善,但却是善性相近,不能将人性之善等同于天道的"继之者善"。

---

① 王夫之著:《读四书大全说》,《船山全书》第6册,第961页。
② 王夫之著:《读四书大全说》,《船山全书》第6册,第961页。
③ 朱子说"继是接续绵绵不息之意,成是凝成有主之意",又说"继之善是二气五行之事,成之者性是气化后事"。

第二，当只说人性是善的时候，在世俗的眼光看来，"善"总是和"不善"相形而名，于是世人可能认为人性善恶混、人性有善有不善、人性向善之说亦可以成立。由此更可以显出继善层面的绝对不可忽略性，必由继善而成性，人性才能说只是善，而且人性是本善，舍善则不足以言性。

为了方便理解，船山将孟子所谓"性"称为"与形始之性"或"天命之性"①，即是从天道继善生人之气理②言性，"'继之者善'，而成之为性者，与形始之性也"③。可以看出，王夫之所谓的"与形始之性"实质就是《易传》的"继善"、《中庸》的"天命"。"与形始之性"是从天生人的角度，强调是天道继善而成身成性，表明人生而有的一切都是真实无妄且具有内在价值性，"形色皆灵，全乎天道之诚，而不善者在形色之外"④。任何将恶归因于气禀或人性的观点，都忘记了气禀、人性本身就渊源并相续于天道继善的"与形始之性"。

从根本说来，王夫之认为讲人性是"诚"比起说人性是"善"更为准确，人性之诚是天道之诚聚集而显著的呈现⑤。一方面，诚是实有，是气之本然，以诚言性表明性是在人之气上言，性不会托于虚，性是气之本体、是在人之天道；另一方面，诚是无对之词，"诚，无恶也，皆善也"⑥，性是诚体就不存在性有善有不善的争论了。⑦

孟子关注"成之者"的"之"，突出人性与天道的关系，而程颐则关注

---

① 按照王夫之的观点，如果言"成之者"的人性，就只能是"气质中之性"或"形而有之性"，"天命之性"或"与形始之性"的说法都是不准确的。他做如此区分，只是方便说法，为了更好地说明人性的相关问题。
② 所谓"生人之气理"着眼于王夫之的气本原论思想，王夫之认为"理"不是气之上独立的实体，故天道始生人之理是阴阳健顺之气的条理，笔者简称为"生人之气理"。
③ 王夫之著：《读四书大全说》，《船山全书》第6册，第567页。
④ 王夫之著：《读四书大全说》，《船山全书》第6册，第963页。这其实是船山对孟子"形色天性"之说的理解和阐释。
⑤ 王夫之认为，人性是在人之天道，天道之本然与在人之天道虽然有大小、显微、时位的不同，故它们不是"同一"却是"相通"的。由此而言，人性其实也是"诚"，是天之"诚"的集中体现。虽然要区别分明天道之本然与在人之天道的人性，但却不能判为两物。王夫之说："学者仍不可将在人之天道与天道之本然，判为两物。如两间固有之火，与传之于薪之火，原无异火。特丽之器者，气聚而加著焉。乃此所云'诚者天之道'，未尝不原本于天道之本然，而以其聚而加著者言之，则在人之天道也。"参见王夫之著：《读四书大全说》，《船山全书》第6册，第532页。
⑥ 王夫之著：《思问录内篇》，《船山全书》第12册，第426页。
⑦ 陈来先生认为王夫之主张不以善论性，而以诚论性，一则是因为"诚"所表达的性"善"思想是超越善恶相对之"善"的性之本体，一则是王夫之论性为诚有着更广的宇宙论背景。参见陈来著：《诠释与重建：王船山的哲学精神》，北京：生活·读书·新知三联书店2010年版，第203—204页。陈来先生的说法，笔者基本赞同。但笔者认为，王夫之以诚论性，还在于突出"性"是就"气之本体"而言，王夫之强调不能"贱气以孤性"、舍气而言性，正是突出"性"的"实有性"；另外，与其说王夫之论"性"为"诚"是宇宙论的思路，不如说是天人合一的生存论思路。

"成之者"的"成",强调气禀与人性的关系。按照王夫之的理解,程颐认为"到成处方是性",即是说必须在形而有的气禀凝成上言人性,并关注到人生气禀的差异性,这些都是正确的。"气禀之所凝者,形而有者也"①,王夫之将从气禀凝成所言"性"称作"形而有之性",或"形色之性""气质中之性"。② "形而有之性"是天道继善凝成于身体中之性,它凸显了人性的属己性和具身性,表明了人之可以崇德广业的现实基础,"成以为性,而存存以为道义之门者,形而有之性也"③。程颐的错误在于,他基于理气二分的架构,将恶归因于气禀材质并进而以才论性,故论天命之性(属理)无不善,而气质之性(属气)有善有恶。王夫之认为,程颐恰好忽略了"成之者"的"之"指代天道,既然是天道继善凝性成身,则人生而有的气质、人性都是善而无恶的。

王夫之基于气本原论的观点,一方面他反对程颐气质有恶的观点。天道继善成性,成人之身而有人之性,都是天之所成,性是善,人之形色又何有不善,况且孟子亦言形色为天性。如果依照王夫之即气之理而言性的观点,所谓人性都是人的形色之性,"耳目口体发肤皆为性之所藏"④。那么,一个有恶的形色或气质如何能够显现出一个善的性来?程朱理学因人在后天行为中出现的恶,而将恶的根源归咎于气禀和气质之性,这就违背了孟子的性善之旨,对于《易传》继善成性的天人关系也未能贯通融洽。另一方面他反对程颐将"形而有之性"等同于气质的属性或才性。王夫之认为,所谓"形而有之性"或"气质中之性"就是指气质中之理,此理不在气之外,正是太和纲缊之气范围在人的形质中所呈现出的条理。或者说,"形而有之性"就是"与形始之性"凝成于气质中的表现方式。所以,"形而有之性"是承继天道元亨利贞之德而凝成于人身的仁义礼智之性,它凸显的是人所独有的道德性,故必然是善。但毕竟受到个体气质不同的影响,"形而有之性"就随气质表现出差异,这个差异不是程朱理学所说的善恶差异,而是"形而有之性"皆善的情况下,其善的表现形式和呈现难度的差异。所以,"成之者"的人性必然是相近,必然是相近于善。这种由气质差异而导致人的善性不是完全的同一而是相近,正是孔子所说的"性相近"。

---

① 王夫之著:《读四书大全说》,《船山全书》第6册,第962页。
② 需要注意的是,王夫之所理解的"气质中之性"或"形而有之性",和程朱理学所理解的"气质之性"是不同的。但他们都关注到了气质与人性的关系。
③ 王夫之著:《读四书大全说》,《船山全书》第6册,第567页。
④ 王夫之著:《思问录内篇》,《船山全书》第12册,第408页。

从上述对"成""之"内涵的分析中,可以看出,"成之者"的人性既因天道继善而生,所以人人都禀受纯善无恶的"与形始之性";同时"成之者"的人性又只能因气禀凝成而有,故人性又都是相近于善的"形而有之性"。于是,王夫之通过对《易传》"成性说"的阐释,就将孔子的"性相近"、孟子的"道性善"和理学的"气质之性说"进行了有机的整合,形成了立足于人身的"形而有之性"或"气质中之性"说。而且,"形而有之性"不是程颐所说"一受之成侀而莫能或易"①,而是随日新之化的天命而"日生日成",结合他提出的在人物之际打交道过程中所形成的"后天之性",王夫之最终发展出立足于天人之际的"继善成性"和立足于人物之际的"习与性成"两个维度相互作用的人性动态生成论。②

(二)"性之体"与"性之用"

王夫之强调必须从天人相继、"道→善→性"动态相续的角度论人之性,才可以说是真正知性。知性为浑然一善体,所谓恶根本与人性无关。"知天人之际者,可以知性;察善恶之几者,在辨其习"③,人性源于天人之际,所以人性本善;而人性又是身之性,身体必与物交,性必发用为情才,人在后天与物互动中不能辨别习就会导致恶。于是,王夫之又从性之体与性之用言性。他说:

有善者,性之体也。无恶者,性之用也。④

苟志于仁则无恶,苟志于不仁则无善,此言性者之疑也。乃志于仁者反诸己而从其源也,志于不仁者逐于物而从其流也(体验乃实知之)。夫性在己而非物、源而非流也明矣,奚得谓性之无善哉。⑤

王夫之在上述材料中说明了人性是"性之体"与"性之用"的有差别统一,并强调性之体是人本原的实有之善体。王夫之所言的人性都是"形而有之性",天地不能言性,性只能在形质上说。他认为"今人皆不能知此性",人昧于现实中有恶便认为此性不善,或者索性抛弃此形质之累到浩渺的天道上去寻求真性,却不知唯有此"形而有之性"才是现实人世间的道

---

① 王夫之著:《读四书大全说》,《船山全书》第6册,第962页。
② 此在第四章第三节再详述。
③ 王夫之:《四书训义》(上),《船山全书》第7册,第901页。
④ 王夫之著:《思问录内篇》,《船山全书》第12册,第426页。
⑤ 王夫之著:《思问录内篇》,《船山全书》第12册,第426页。

义之门,人道的善业皆是从此而出。① 既然人性都是形而有之性,也就是说只能即人的感性身体而言性,人性都是具身之性;那么,有此身体,人性就必然显发为情、才、欲之用。性之本体是就性本身而言,性之用是指情、才、欲等。性是善体,由性发出的情才欲之用也是善,性即行于情才之用当中。但是,性之用不能等同于性之体,情才也不能等同于性体。因此,准确地说,性之用只是无恶,情才本身不是善体。人在现实的取物用物活动中,无恶的情才既可因性的节度而做出善的事情,也可能失性之所节而做出恶的事情。但是,性之用与物互动而成恶,并不是说性体有恶或者性体无善。

从性用的角度看,似乎人性可善可恶。溯源于天人继善而成的性之本体,则可知性在己而非物、在源而非流,性是内在的本源的善,而随物迁流后起的恶不属于性。"无善"或"恶"是无本的,它是随物感迁流后起之事。所以,性之体只是实有善、无所不善,人性是一充实纯粹之善体,"'成之者性也',性则浑然一体而无形埒之分矣"②。人的视听言动、情才欲等性之用可以表现善、成就善,但它们本身不是善。不能直接以性之用为性体本身,否则就是以作用为性。所以,王夫之认为割裂人性体用的有机联系,单是从性用的角度是不足以体认人性实有之善。他说:

> "学而时习之,不亦说乎!有朋自远方来,不亦乐乎!人不知而不愠,不亦君子乎!"人性之善征矣。故以言征性善者(知性乃知善,不易以言征也)。必及乎此而后得之。诚及乎此,则若火之始然,泉之始达,道义之门启而常存。若乍见孺子入井而怵惕恻隐,乃梏亡之余仅见于情耳,其存不常,其门不启,或用不逮乎体,或体随用而流,乃孟子之权辞,非所以征性善也。③

以上材料,王夫之引用孔孟以"性之用"来说明人性本善的观点,他认为这都是建立在"知性"的前提下才能成立,也即是在性体性用统一的基础上,由体发用,方可由用显体。孔子言时习而悦、朋来而乐、不愠为君子

---

① 王夫之说:"'继之者善',而成之为性者,与形始之性也;成以为性,而存存以为道义之门者,形而有之性也(今人皆不能知此性)。"所谓"形始之性"对应于程朱理学的"天命之性",王夫之认为,准确地说这不能称之为"性",其实只是表征"继之者善"的层面。而"成之者性"只能是形而有之性,即是气质之性。关于气质之性的问题,本书下章将详述。参见王夫之著:《读四书大全说》,《船山全书》第6册,第567页。
② 王夫之著:《思问录内篇》,《船山全书》第12册,第427页。
③ 王夫之著:《思问录内篇》,《船山全书》第12册,第401页。

是通过言语来表现善,这不是每个人都能做到的。孔子已经切身体证自我本性善体的全体大用,所以能由体发用,而用即用其体,用之所及无不是善体的流行。而即使是知性而知善的人,尚未穷尽性的全体,也不能如孔子那样"从心所欲"地以言征善,况且尚未知性的人,更不可能随用而显性显善。

至于孟子用孺子入井而人人在当下就产生的恻隐之心而论证性善,王夫之认为这是孟子的权宜之辞。孟子只是针对那些良心放失甚至是大奸大恶之人,告知他们即使已然成恶,但仍然可以重新做人。虽然良心已被戕伐殆尽,但天命之善日日赋予人,只要人主动承继天命就能凝己之善性。不过,"孺子入井而怵惕恻隐"只是一个偶然事情,也只是恻隐之心在怜悯之情上的表现。对于一般人而言,或许有一时的触发震动,却并不足以使其体证自身本有的善性。因为不知性,则性之体不立,其所发的情用就是无体之用;只在无实无常、流徙变迁的情用上求道理,"梏亡之余"的善体也会"随用而流"。唯有对于知性并存养此善性的君子而言,其善体常在,就不只是随偶然事件才有恻隐之心、怜悯之情,而是随时都将满腔的恻隐仁爱之心投向天地万物。

王夫之强调性之用必是用性之体,单举言辞、情感等性用不足以显现实有的性体。性之用作为可见者,是"可以尽性之定体,而未能即以显性之本体"①。性体必须通过性用才能显现扩充,但这不是一蹴而就、立竿见影的顿悟,"知性乃知善,不易以言征也",言辞、情感并不容易也并不立即就能显现性之本体。性之用无恶,然也不即是善,唯有性体才是充实而一于善。

因为有性体性用之分,就可以分别从积极的角度和消极的角度两方面论人之性。王夫之说:"从善而视之,见性之无恶,则充实而不杂者显矣。从无恶而视之,则将见性之无善,而充实之体堕矣。"②积极的角度是"从善而视之",所见是性之体,则性是"粹然一善""充实而不杂";消极的角度是"从无恶而视之",所见是性之用,"则将见性之无善,而充实之体堕矣"。王夫之认为,言性首先必从性之体也就是性本身而言,性本身就是溯言天人相继所成的实有之善体;只从性之用上说性,虽说无恶也未见性之必善、实有善。

从以上的说明可以看出,王夫之一方面强调人性即是感性身体之

---

① 王夫之著:《读四书大全说》,《船山全书》第6册,第1053页。
② 王夫之著:《思问录内篇》,《船山全书》第12册,第426页。

性,故而性体固然是善,而身体本身,身体发用情、才、欲也都是无恶的;"恶"源于身体之外,他事实上是从性体与性用相统一的角度肯定身体的正面价值和积极意义。但另一方面,情、才、欲等"性之用"本身又不是善体,它们在与物互动的过程中可能产生恶,故又不能单用"无恶"的性用来表征善。王夫之认为,实有之"善"只能从性体上言,"无恶"不足以表征性体。

(三)人性是实有的善体

上面的论述表明,王夫之强调人性只能从积极肯定的角度言"有",而不能用"无"来界定。他说:"有者有其固有而无其固无,无者方无若有而方有若无;无善则可以善,无恶则可以恶;适于善而善不可保,适于恶而恶非其难矣。"①站在王夫之的立场上,他认为王阳明以"无善无恶"来界定人性,本身就否定了人性的实有的善性。因为,如果人性本不是实有之善,那么,"无善"即意味着可以有善,这是无中生有之说;而且即使有善,因为不是固有,所以也随时可能失去。"无恶"即意味着可以有恶,成善困难、成恶则非常容易。人性无善无恶之说最终导致的只能是人性恶。而真实的人性是有其固有、无其固无。王夫之以其天人相续的继善成性说肯定人性是固有的善体,人性的"实有"与"善"都是无对之词,不与"无"和"恶"相对,所以,言人性是"诚"最为妥帖。

不过,这里有必要分析一下王阳明"无善无恶"说的具体所指是什么,王夫之的批评是否就切中了阳明学说的症结所在。王阳明在其四句教中首句言"无善无恶心之体",此句阳明表达的真实意图何在,当代学者的谈论和研究颇多。按照陈来先生的理解,阳明此处所说的"心之体"不是指人性或说伦理学上的善恶问题,而是指心对情感变化无执着的本然状态。因此,他认为阳明的"无善无恶心之体"侧重于精神和心理境界之"无",并不是要否定儒家人伦价值的本体之"有",王阳明恰好是以儒家至善的

---

① 王夫之著:《尚书引义》,《船山全书》第2册,第260页。

"有"之本体融摄佛老的情感无滞、过而即化的"无"之心灵境界。① 对照王夫之对阳明"无善无恶"说的批评,一定程度上可以说是误解了阳明的本意。因为,王阳明并不是从人性或良知本体的实质内容上讲"无善无恶",他仍然坚持人性是至善的本体。但是,阳明在四句教中将"无善无恶心之体"放在首句,这和儒家传统从"有"的角度首先肯定人性善毕竟有冲突;更为关键的是,阳明的说法实质上开启了心学末流空谈心性的蹈虚学风。因此,王夫之的批评从这个层面上讲也是具有合理性的。而且,单从以"无善无恶心之体"是在心灵境界上言,王夫之认为仍然是有问题的,本书第七章讨论王夫之的志量论时再说明此问题。

综上所述,王夫之创造性地整合《易传》的"继善成性"说与孟子的性善说,而提出自己的"善性"或"性诚"说,可以说是对先秦儒家性善论的一种综合性创新和发展。所谓人性之善,"非无善也,而惟有善也;非可以为善也,而实不可以为不善也;非有善也,而实无有不善也"②。人性是诚、本善、实有善,勉强可以说性有善无恶,但这已经是从体用角度言之,有善与无恶不在同一层面;然决计不能说性无善无恶,无善不属于性,而无恶只是性之用。对人性言无善无恶,恰好是存天遗人、以人僭天,而不达天人相继相续之理。

三、"以人道率天道"——挺立道德主体的自我价值

王夫之的"继善成性"说,一方面表明了天人的相继相通,人的善性源于天道之实有,通极于天道之诚。天只命人以善性,禽兽与草木却未有此善性。这是从天道的角度,尊天尊性以尊人。另一方面,"道→善→性"动态相续而凝善成性,成性后,性则专属于人而不能再归于天,天人相通而又存在天人分际。

人继天道之至善而凝为己性,有仁义礼智的善性则人道以立。天地万

---

① 陈来先生分析了既往对"无善无恶心之体"的解释,它们都是将"心之体"理解为伦理学上的良知本体或人性,于是有两种不同的解释:一种是站在"超伦理"的角度,"把无善无恶叫作至善",如此理解其实就消解了人性在伦理学意义上善的意义;另一种则是将"至善叫作无善无恶",这是在伦理学意义上区分"终极的善和具体的善"。陈来先生认为这两种解释都没有理解阳明"无善无恶心之体"的本意,他认为阳明此处重在讲精神境界上的"无",而仍然坚持儒家人性至善的"有"之立场。详见陈来著:《有无之境:王阳明哲学的精神》,第189—213页。当然,其他学者如张岱年、唐君毅、杨国荣、刘宗贤等先生都有讨论,不过都可以归于陈来先生划分的上述两种解释框架中。整体说来,笔者认为陈来先生在占有翔实材料的基础上,将阳明此说解读为"以有摄无"的心灵境界,应该是一种较好的解释。因此,此处只引用了陈来先生的观点。
② 王夫之著:《四书训义》(下),《船山全书》第8册,第697页。

物只有天道,人则不仅有天命相续之天道,更有凝善成之为性的人道,"人之道者,人之性也"①。人有人性就巍然屹立于天地之间,从而主持天地、首物克家,以其聪明睿哲入于万物之藏而尽显天道的妙用。秉持善性的人,在其积极主动的实践生存活动中就显明了天道并最终成就了天道。这是从人道的角度,尊人尊性以尊天。

在天道与人道的互动关系上,王夫之提出了"以人道率天道"的思想,通过区分"天之天"与"人之天",强调人在立足于"人之天"的实践生存活动中挺立道德主体之自我。

(一)"天之天"与"人之天"的区分

在天人关系上,王夫之扬弃程朱、陆王。凡程朱强调天的地方王夫之必强调人的能动性,凡陆王强调人的地方王夫之必强调天的尊严,既不是以人同天的僭人于天,也不是以天治人的存天遗人。王夫之的天人关系是相合相分的天人相通。之所以是相合相分的相通,因为人总是生存于实有天地间的人。王夫之最终所要肯定的是,生活在一定历史和文化时空中的、以其价值理想和道德理性从事着社会实践的活生生之人。正是由此出发,王夫之区分了"天之天"与"人之天","在天之天道"与"在人之天道"。他说:

> 人之所知,人之天也;物之所知,物之天也。若夫天之为天者,肆应无极,随时无常,人以为人之天,物以为物之天,统人物之合以敦化,各正性命而不可齐也。②

王夫之意在说明对"天"的理解必须立足于人的生存体验,于是才有了"人之天"与"物之天""天之天"的区分。天的自在自为的状态即是"天之天"或"在天之天",从其气化流行的运动而言就称为"在天之天道"。天道无心,只是自循其轨迹而生人生物。表现于现实世界中的万有不齐、纯疵皆备、无极无常,正是天之为天的不可测度性,但天之天又是真实无妄地敦化万物、各正性命。

同一个天,在人和物的视域中是完全不同的,物所知的"物之天"本质上仍然是"天之天",因为天地众物终其一生都无法超越天性的限制,它们的活动只是天然的表现。"人之天"则不同,它其实就是指人的知能实践

---

① 王夫之著:《礼记章句》,《船山全书》第4册,第1283页。
② 王夫之著:《尚书引义》,《船山全书》第2册,第271页。

范围所及的自然和生活世界。人不仅有天性更有在己之善性,能够自觉自为与天地互动,因而人的生活世界无处不是打上了人的信息和印迹。人首先就生存于这个世界当中,通过厚生、利用、正德等实践活动,人切身感受到"人之天"的实有性,并进而体证到"天之天"的真实无妄性。人不是没有根基的寡头之物,它源于天道气化而凝性成身,并始终处于天道的气化流行当中,人生存于世本身就是天道的真实体现。因此,"天之天"与"人之天"并不是说存在两个天,而是从人的生存实践的角度给予的命名划分。随着人实践范围的扩大,天之天就不断地进入人的视野而转化为人之天。

在"天之天"面前,人应当保持敬畏和谦卑,这既是对人有限性的认识,同时又是对人自身能动性的肯定。正因为世界从来不是已然完成的,人才可能主动有为地化"天之天"为"人之天",人及其价值理想才有存在的必要性。"天已授之人矣,则阴阳不任为法,而五行不任为师也。"①人承继天道所生,天道即在人身上体现,此时"天之天"就潜隐为背景而凸显出人伦世界所在的"人之天"。如果再以"天之天"为师为法,这本身是不可能的,天运无常、天威难测,于天之"无极"中寻求"有极"不过是刻舟求剑的徒劳而已;同时,所谓师法"天之天"也只能在"人之天"的人道不懈努力中方可上达"天之天",因为"人之天"本来就接续着"天之天"。

当程朱理学将"天之天"抽象为形上学的天理,而将"人之天"下降为形而下的气时,其实就割裂了"人之天"与"天之天"的内在一致性;同时,也就抽离了人生天地间的生存视野,天或天理就成为一个主宰和俯瞰现实世界的旁观者。从"天之天"出发,而不是从"人之天"出发,那恰好是"援天以治人,而亵天之'明威',以乱民之'聪明'"②。王夫之强调早期儒家的智慧都是从人的生存出发,而不是从"人之天"之上或之外、与之异质的天理出发,存理而遗人,遗人亦终不得理。但"人之天"何以可能?因为人都是具有人性的人,人性即是人之道,人道流行所创造的人文世界就是人之天。由此,王夫之凸显人在整个世界中的主体地位,正是拥有德性和才能之"我"在改造自然世界的过程中创造了一个人文化成的世界。

(二)"我者,德之主,性情之所持也"——作为德性主体的自我

人性固然是因天道而有,但天道既已生人,人就具有了内在的道德理性和耳目心思的才能,从而成为道德、文化和历史创建的主体。王夫之言:

---

① 王夫之著:《尚书引义》,《船山全书》第2册,第270页。
② 王夫之著:《尚书引义》,《船山全书》第2册,第270页。

"立人之道,曰仁与义",在人之天道也。"由仁义行",以人道率天道也。"行仁义",则待天机之动而后行,非能尽夫人之所以异于禽兽者矣。天道不遗于禽兽,而人道则为人之独。由仁义行,大舜存人道圣学也,自然云乎哉!①

上述材料中,王夫之明确提出了以"人道率天道"的凸显道德主体之自我价值的思想。人性为人之道,一则在于人性为人所独有,"天道不遗于禽兽,而人道则为人之独";二则在于强调本于自我人性的发用流行过程,"由仁义行"而后有人道。人性是天道继善而凝成于人之性,故而人性又是"在人之天""在人之天道"。分析来说,"人之天"突出人文化成的世界,"在人之天"指人性,"在人之天道"则凸显具有人性的人裁成天地万物的实践过程。因此,立人之道即是立在人之天道,挺立道德主体的自我。"由仁义行"即是"以人道率天道",由我之有性有形的身体出发,尽己之性、践己之形,天地万物皆以为用、皆以为器,秉持着仁义之性的人在治器的实践活动中就能以人文化成天下,尽显仁义的大用。

仁义之德在我,它是人固有的人性;当然,仁义的道理也自在天下。但是,王夫之强调必须从人道出发,从自我的德性出发,由仁义而行自然就能彰显天下的仁义之道,"勇于德则道凝"②。如果只在天道上求仁义,将仁义当作某个可操持的实体之物而"行仁义",要么是"僭于天之天"③,以私心私意揣测天道;要么是"滥于物之天"④,以虎狼之仁、蜂蚁之义为仁义之道。执理而言天治人,任天机之动而行道,"勇于道则道为天下病矣"⑤。脱离了人的生活世界和人道实践,不仅天理成为死理,天化成为物化,而且从根本上就丧失了人之所以为人的道德自主性和能动性。道在天下言,德则是人自我的德性。人之德首先就是凝天道性理的性之德。王夫之说:

有性之理,有性之德。性之理者,吾性之理即天地万物之理,论其所自受,因天因物而仁义礼知浑然大公,不容以我私之也。性之德者,吾既得之于天而人道立,斯以统天而首出万物,论其所既受,既在我

---

① 王夫之著:《思问录内篇》,《船山全书》第12册,第405页。
② 王夫之著:《思问录内篇》,《船山全书》第12册,第428页。
③ 王夫之著:《尚书引义》,《船山全书》第2册,第271页。
④ 王夫之著:《尚书引义》,《船山全书》第2册,第271页。
⑤ 王夫之著:《思问录内篇》,《船山全书》第12册,第428页。

矣,惟当体之知能为不妄,而知仁勇之性情功效效乎志以为撰,必实有我以受天地万物之归,无我则无所凝矣。①

"性之理"与"性之德"之区分,正是从天人授受的角度论述天道与人道的相合相分。"性之理"着眼于天道继善成性、天授命于人的层面。天道囊括天地万物众理,因天之元亨利贞而有人性的仁义礼智。从这个层面上说,人之有性有身都是天所生的浑然大公之体,而不专属于个人的私有。"性之德"则着眼于人既受天命之理为性而人道以立的层面。人在成性存存、尽性践形的人道努力中切身体认到自我本有良知良能的真实无妄,性之理实有得于心就成为我所拥有的性之德。"德者,己所有也,天授之人而人用以行也"②,德性是专属于自我的。有性之德才有人道的流行,性之德就凸显了自我的道德主体性和能动性。在这个层面上,性之德必以现实中从事着人伦实践的作为主体的自我为依归。

天人相继的道德理性需要有"我"作为承担者和实现者。无我,则性之理无所从凝,性之德更无从展开。"我者,德之主,性情之所持也"③,人的有血有肉之躯本身就是函具着性情、充满着生命力的德性主体。由此,王夫之强调个体的道德承担意识、道德使命感和道德勇气,人类世界的一切善业都必须通过自我的人道努力才能实现。因此,有我之非私,这就"从理论上将能够承担社会责任的'我'与仅仅谋求个人利益的'私'区别开来"④。在功名势位面前,可以言无我;但对于居德之体,面对天下之亹亹事业,"我"则义无反顾、挺身而出,尽性践形而成就可大可久的人文事业。

本章小结

本章从人的生存和实践出发,彰显王夫之人性哲学的生存论转向。首先,王夫之通过人与天地万物"与其事""亲用之"的实践生存活动体证了整个生活世界的实有性。他自"人"的实际生存体验而明"天间之有",自

---

① 王夫之著:《思问录内篇》,《船山全书》第12册,第418页。
② 王夫之著:《读四书大全说》,《船山全书》第6册,第521页。
③ 王夫之著:《诗广传》,《船山全书》第3册,第448页。
④ 吴根友师对王夫之"有我之非私"的挺立道德主体之个性价值的观点及其所蕴含的近代性思想已经有深刻的论述,我们不再赘述,参见吴根友著:《中国现代价值观的初生历程:从李贽到戴震》,武汉:武汉大学出版社2004年版,第194—197页。

"生而有"而言"天下惟器",即从人的治器实践活动肯定人性的价值以及气化流行的实有天道。

其次,人生天地之间,即是生存于气化流行的世界当中,天人统一于生生不息的"气"之生成境域。由此气化世界的阴阳、乾坤、动静、浮沉交相引发的生成运动而成人成物、成身成性。王夫之通过对《易传》"继善成性"说的创造性解释,从天道→继善→成性动态相续的角度,既说明人性是源于天道气化流行所显现的生人之理,又说明人性是凝于天道之精华而成于人身的绝对的善性。

最后,天道生人生物是真实无妄、无不合理的,说个"诚"字最为妥帖。但是天道的真实无妄本身又是自在的,天道自身不能自觉,天下器物也不能自觉。因此,只有"诚"是不够的,还需要有"诚之者"。而"诚之者"即是人,人是天地之心。王夫之进而提出"以人道率天道"、凸显道德主体之自我价值的思想,人性虽然源自天道,但人性必须在官天府地、裁成万物的实践生存活动中才能真正成就自我的人性,从而也彰显了天道。

在生存论视野下所彰显的天人互动所构成的回环中,王夫之的出发点是人,最终落脚点仍然是人。人都是具有人性的,人性是人生天地间的最基本存有方式。人因人性而别于天、别于物,也因人性而有人道,更因人性而成为人道实践的主体。但人性不是抽象现成之物,它随着人道实践的展开而始终处于生成当中。这就是王夫之继天权几的人性生成论。

第四章 "性者生理,日生日成"
——继天权几的人性生成论

人生天地间的生存体验,将人性植根于积而成乎久大的宇宙气化洪流当中。人性不是一个孤立的、现成性的范畴,人性之为人性在于其生成性,它总是在天道的不息之流中、在与天地庶物人伦打交道中生成。所以,王夫之言:"夫性者生理也,日生则日成也。"① 人性为"生"和"理"两方面规定。

首先,"生"是指天命所生,人受命于天而有性,所谓"天命之谓性";但此"生"是指天道所以生人物之"理",即是人之为人、物之为物的所以然之理和当然之则。人、物的不同,正是其所生之理不同。性是生之理,即要强调"性"是一种类特性,人有人之性,物有物之性,决不可混为一途。

其次,"生"是指天道气化流行所生之人物,而性与生俱生,这意味着"性"是针对已成形质的具体人物而言。天道不能言性,人物才能言性。

再次,"生"又是生生的意思,天命不息,其生人物授命不息于已生之后,而是日新日生。但这是天之事,人物是受动的,所以是一个自生而生的过程。

最后,对人性而言,"生"更是生成。物只能受性,只在"天之几"上论性,而人不仅能受性,还能成性。"成性"一方面是说唯有人可以继天之善而成其善性,即"继善成性";另一方面则是说生人之后,人以其继之功、权之用,"自继以善无绝续"② 从而不断扩充发展其善性,所谓"成性存存""日生日成""习与性成"。因此,人性是一个受"天几"、权"人几"的时间性生成过程。"生成"和"继""权""习"等范畴,就为人的自由意志和生存实践智慧敞开了施展的空间。

---

① 王夫之著:《尚书引义》,《船山全书》第2册,第299页。
② 王夫之著:《周易外传》,《船山全书》第1册,第1008页。

第一节 "性者,天人授受之总名"
——天人性命之间的互动关系

王夫之认为,盈天地之间都是阴阳之气,人物都处于气化流行当中,为气所变合生成,并与天地之气时时刻刻息息相通。人物与天道的关系,通过"性"与"命"有机地联系起来。王夫之言"性者,天人授受之总名也"[1],自天授于人则谓之命,自人受于天则谓之性。"天之所以生我者为命;生我之理为性"[2],天命以生人物,性就是生之理。

首先,性为天命所规定,从天命生人物的角度,此生理就是所以生人物之理,人物之别就表现为其生理的不同。其次,性与生俱生,性总是落实到具体的人物,从人物生活于天命流行的气化世界而言,性又是人物的存有之理。最后,天命赋性于人是一个自然而然的过程,但人不是处在一个消极被动的地位,而是必须积极主动地自继天命、创造自我的命运以成就人性、实现天命。

一、"性者生理"——人物之生和作为生理的人性

"性者生理""性即理"的说法,王夫之是接着程朱理学讲的。初看起来,他与程朱理学的命题并无二致。但仔细深究,王夫之以"生"、以"理"来界定"性",事实上是通过合理扬弃程朱理学"性即理"和告子"生之谓性"的观点,在新的综合层次上超越了二者。王夫之所言的"性者生理",一方面是说性是所以生之理,人与物的不同,正是由于所生之理不同;另一方面则是说性是与生俱有,性是以气质性生命存在为基础的人生存于天地之间的存有之理和生生之理。[3]

(一)作为天道所以生人之理的"人性"

人物皆是受天命所生。但是,人物所受的天命是不同的。天命即是气

---

[1] 王夫之著:《读四书大全说》,《船山全书》第6册,第397页。
[2] 王夫之著:《四书训义》(下),《船山全书》第8册,第822页。
[3] 林安梧教授认为王夫之人性论的最显著特征在于"即生以言性",既不同于程朱理学的"即理以言性",也不同于陆王心学的"即心以言性"。"即生以言性"与告子"生之谓性"也不同,告子是在生物学意义上言"生",而王夫之所谓之"生"则是在存在论和历史发生学的意义上而言。详见林安梧著:《王船山人性史哲学之研究》,第62—63页。林安梧教授的观点是很有见地的,但他过于割裂了王夫之论"性"与宋明理学和告子人性论的关系。笔者认为,王夫之论"性者生理"是一种综合创新,是对程朱理学和告子人性论的一种扬弃;而且,王夫之言"性"固然是在存在论和历史发生学意义上而言,不过,他更是一种生存论的视野下的人性生成存有论。

化流行自然而成的生人物之理,此理显现于阳变阴合之际,亦可称为变合之理。王夫之认为,天命生人物的变合之理是不同的。

从天道而言,天首先是气,气化流行才显现出气之秩序条理。在天之气无不善,气化所显现出的"理"当然也是善。"天之道惟其气之善,是以理之善"①,而不能说成"天之道惟其理之善,是以气之善"。天与天之化虽然不可分,但也不能等同,气之化显现出理,所以,在逻辑上是气先理后。

从天道变合而生人物言,天变合无心,阳变阴合所成气之条理就不同,表现为分理。分理体现出人与物、物与物的差别性。此时,则人有人之理,万物各有各自之理。唯独人之生理得二气五行健顺五常之实,故其理善,而别于其他生物之理。所以"人之性只是理之善,是以气之善"②。在天之气变合生人物之际,气的变合之理相对于所生成的具体人物的形气而言,在逻辑上则是理先气后。

王夫之说性者生理,在这个层面"生理"就是所以生之理。人之生理即是性,由此性理而凝形充气,就形成人身。在天道,只是诚而已,气善则理善;在天道变合之几,理气则有善有不善,"理善则气无不善;气之不善,理之未善也(如牛犬类)"③。人之生理善,故人之形气也善;禽兽与物的形气不善,是因为其所生之理不善。人物所以生之理就是人物之性,人之性、物之性都对应于各自的所生之理,此即是"性即理"。但是,当王夫之说"性即理"时,一方面理是气化之理,不是在气之外更有一个主宰气的普遍理体;另一方面,理是气化所显现的众理之一、是分理,并不存在一个天地人物都共有的同一之理。这两方面,都说明了王夫之所谓的"性即理""性者生理"是对程朱理学人性论的一种扬弃。

(二)作为气质性生命存有之理的"人性"

王夫之从所以生之理的角度论"性者生理",突出了人性是区别于物性的人之所以为人的独有特征,高度肯定了人性的价值和尊严。同时,王夫之又吸收了告子"生之谓性"的合理内核。那就是人性都是作为气质性生命的人性,人性是立足于身体而言,因而具有生理性的基础。但是,王夫之更是在生存论的视野下,强调人性是透过身体活动而生存于世的存有之理和生生之理。

告子"生之谓性"的合理性在于肯定了性与生俱有的一面,从而强调

---

① 王夫之著:《读四书大全说》,《船山全书》第6册,第1054页。
② 王夫之著:《读四书大全说》,《船山全书》第6册,第1054页。
③ 王夫之著:《读四书大全说》,《船山全书》第6册,第1054页。

不能脱离气质性生命而抽象谈论人性。但告子的问题在于只从"生"表达的存有论意义上论性,却忽视了人与物所以生之理的不同,从而混淆了人禽之别。王夫之说:"谓性与生俱,而在生之中;天以生人,而人以自生,亦未尝失也。而特其所谓生者,在生机而不在生理,则固混人禽于无别。"①告子以人物之生为性,并没有错,性本来就随人物之生而有,且一直处在生生存有之中。但只说性是"生"还不行,性还是"生之理"。准确的说法,应该是"生理之谓性"而不是"生之谓性"。由此,王夫之创造性地解释了孟子以"白之谓白"驳斥告子"生之谓性"的差缪之处,从中可以看出王夫之"性者生理"的多层次内涵。他说:

> 凡立说之道,有因此得彼,而可更推求者;有即此即彼,而更无余义者。今子云生之谓性,将即生即性,更无可推求之实,犹夫人之言白者,但见其白,即可谓之白,不必深求白之体,广推白之用,精审白之实。②

以上材料中,王夫之从语言逻辑分析入手,揭示告子的问题在于将"生之谓性"径直等同于"生即性"。他分析言说论道的方式可区别为两种:一种是因此得彼,一种是即此即彼。"即"表达的是一种无差别的同一肯定,彼、此无异,都指的同一个物事。如说"'性即理也',倘删去'即'字,而云'性理也',则固不可。即者,言即这个物事,非有异也"③。性即理,就必须用"即",表明性与理完全同一;如果去掉"即"改为"性,理也",那么意思就变化了,说明性不只是理,尚有更多内涵和外延。"即此即彼"表达一种直接的等同。在王夫之的哲学体系中有"性即理""太虚即气"之说,表明性就是理、太虚就是气。而生与性、心与理之间就不能用"即"来表达,它们属于"因此得彼,而可更推求者"的言说方式。可以说"心,理也",它说明心不只是理,心尚有情欲、知觉运动等;但说"心即理"则将心与理直接等同,泯灭了心与理的差异。同样,"生之谓性"或"性,生也"的表达是可以的,但并不是说生即性、性即生。

王夫之认为告子正是将"生之谓性"理解为"生即性",生与性同一,则是说凡存在的都是同一的、无差别的。如果是这样,人牛犬马、草木虫鱼都

---

① 王夫之著:《四书训义》(下),《船山全书》第8册,第682页。
② 王夫之著:《四书训义》(下),《船山全书》第8册,第682页。
③ 王夫之著:《读四书大全说》,《船山全书》第6册,第406页。

是生、都是存在,那么它们岂不都是同一无差异的? 孟子举例的"白之谓白"和"白即白"表达的意思就迥异,"白即白"如同"A＝A",没有任何可说的;"白之谓白"则可"深求白之体,广推白之用,精审白之实"的差异。同理,"生之谓性"只是表明"性"与"生"存在关系,并不是说性就是生,言"生之谓性"必须进而推求"性"所以生之实、辨别性之体和性之用。告子在语言逻辑理解上的问题,一方面导致他混淆人物所以生之理的不同,另一方面又不能区别性之体和性之用的差异。

  天行不容已,不能只生人而不生禽兽与草木;天变合无心,不能有择必善,唯有生人之理善,生物之理则不善,人之生理和物之生理决然不同。只以性为生,不审查所以生之理的差异,就看不到人性与物性的本质不同。正因为告子看不到人与物生理的不同,他所谓的"生"就是指"生机"而不是"生理"。生理是性之体,人之生理无非是二气五行健顺五常之实凝于人的仁义礼智之性;生机是性之用,表现为情才欲望、知觉运动等。生理、生机本来统一于作为感性生命存有之理的人性,它们是体用不二的关系。体即有用之体,圣人也有食色之欲;用即用其体,愚夫愚妇亦有仁义之实。但告子不识"生理",废体而任用,只在生机处说性,即以知觉运动为性。禽兽也有知觉运动,离体而只言用,同样混淆人禽之别。王夫之言:

    以知觉运动为性,则人何以异于禽兽哉? 夫性者何也? 生之理也,知觉运动之理也,食色之理也。此理禽兽之心所无,而人所独有也。故与禽兽同其知觉运动,而人自有人之理。[①]

  王夫之意在说明,知觉运动、食色、情才等为人和禽兽所共有气质性生理基础,但它们只是生机,只是性之用,无法凸显人与禽兽的区别;而作为发此生机或性之用的生理、性之体,人与禽兽则完全不同。人之生理为人所独有,所以言人之性,必说个"生理"才最为完备,只说"生"则不知所以生,亦不知生机与生理之别、不知性体性用之别。但是,从人性作为存有之理而言,生理与生机、性之体与性之用又是不可截然分开的。一方面,生理即是气质性生命的存有之理,离开了感性身体也就无所谓人性之生理;另一方面,有什么样的生理就有什么样的生机,有体就必有用。人有其性就必有其发用的情才、知觉运动。

  王夫之进一步强调,即使单从用上看,人的知觉运动也不同于禽兽的

---

① 王夫之著:《四书训义》(下),《船山全书》第8册,第676页。

知觉运动，人的甘食悦色也不同于犬牛的甘食悦色。他从所以生之理的层面强调人性与物性的不同，同时又从气质性生命存有之理的层面，肯定由人之性所凝成的形气、由形气所发的情才之用也是不同的。"人之自身而心，自内而外，自体而用，自甘食悦色（人甘刍豢，牛甘蒿刍；毛嫱、西施，鱼见之深藏，鸟见之高飞。即食色亦自迥异）。以至于五达道、三达德之用，那一件不异于禽兽，而何但于心？件件异，件件所异者几希。"①人性即是仁义礼智，这是人所独有，禽兽草木绝无此性理。因此人禽之别，绝不是程朱理学所认为的天地人物都禀有仁义礼智的性理，只是此理在量上有偏全，或是人能推物不能推，或是人能存仁义之心而物不能存而已。实际上，人与物不仅性之体根本不同，由此体所发的性之用的每一个方面都和禽兽迥异。这就在理论上，不仅凸显了道德理性的完全属人性，真正确立了人道之尊，而且更充分肯定了人之形色、情才、欲望的独特性和合理性。作为秉持着价值和理想的人，在现实生命的追求甘食悦色的实践生存活动中，就绝不只是如同禽兽一般的本能行为，它为价值理性所指引，更表现为一种人所独有的认知的、审美的艺术化生存活动。

综上，王夫之从所以生人之理、气质性生命的存有之理说明了其"性者生理"的内涵。他说："人之生也，气以成形，形以载气；所交彻乎形气之中，绵密而充实，所以成、所以载者，有理焉。"②人性既作为所以生人之理而凝形充气，同时人性本身就内在交彻于形气之中而又是人的存有之理。人性作为所以生人之理和气质性生命的存有之理是通一无二的。同时，人性作为存有之理并不是现成不变的，存有之理更是人在其生存和实践活动中不断生成之理。这也是王夫之"性者生理"的必有之义，本章第三节将进一步讨论。

王夫之以天道气化流行而生人物，此即是天命授性于人物的过程。人物同受天命所生，但人物之性不同；只从天命生人的角度，天不仅命人以性，也命人以形色，这都说明性虽然为天命所规定，但性并不直接就是命。王夫之由此提出天命大而性小的观点，这和他继善成性的思想是一致的。

二、"天命大而性专"——人性与天命的交相互动

性与天命的关系，《中庸》言"天命之谓性"表达得最为明确。王夫之认为这其实涉及天、天命、人性三者的关系，既不能以天命为天，也不能以

---

① 王夫之著：《读四书大全说》，《船山全书》第6册，第1025页。
② 王夫之著：《尚书引义》，《船山全书》第2册，第294页。

人性为天命。"天命之谓性",只是说明天、天命、人性是相通的,但天、天命、人性并不是同一。

(一)天、天命、人性的有差别统一

按王夫之的观点,天与天命之别,其实就是天与天之化之别。天只是气,这是一本;气自然成化而有生人物之分理,人与物、物与物的生理以类各异,此即是天命,命表现为万殊;而人性亦只是万殊中之一理。

王夫之说:"夫天,未有命而固有天矣。理者天之所自出,命者天之所与。天有命,而非命即天矣。"①天总是为化现理,天总是命人物以生,但并不能说天即理、天即命。天首先是气,气化而有理有命。理和命都表现为"多",不能说天地万物都赋同一个理,也不能说天地万物都受同一个命。理、命、性,在王夫之的哲学体系中,都是表征差异性和多样性的范畴或概念。对于人而言,人性只是天命中一理,而天不仅命人,还要命物。因此,天命大而性小。王夫之认为"天命之谓性"中的"之谓",正恰当表达了天命与人性的关系:

> 曰"性"……有质而成章者也。曰"天命"……则事致于虚而未有其名实者也。溯其有质成章者于致虚之际,以知其所自来,故曰"之谓"。

> 天命大而性小,性属一人言。……命外无性……故曰"之谓",彼固然而我授之名也。②

王夫之通过对"之谓"的语言学分析,论证了天命与人性的差别与统一。"天命之谓性"的表达方式,似乎造成一种性、命无分别的错觉,而孟子则力辨性、命之别。王夫之认为,孟子和《中庸》的性命思想是一致的,"天命之谓性"不是说天命就是人性,而是说人之性来源于天命,如果以"天之所命"为A,以"人性"为a,"天命之谓性"可表达为"A之谓a"。"之谓"一是说明a来源于A,但a≠A,即是推原人性之所从来,只能说天命为性之所自出,而不能即天命就是性;二是说明a∈A,"天命大而性小",人性是天之所命的固有一项,"命外无性";三是"A之谓a",表达的是一种本然固定的事实而不是人为的规定,只是用名号将其呈现出来,"彼固然而我授之名也"。由此,王夫之既说明了天命与人性的必然联系——人性来源于

---

① 王夫之著:《读四书大全说》,《船山全书》第6册,第1119页。
② 王夫之著:《读四书大全说》,《船山全书》第6册,第538页。

天命,又强调了天命与人性的区别——"天命大而性专"①。这样,他就说明了天命与人性有差别的统一关系。

无论从人、物不同受命的角度,还是从语言分析的角度,都表明了人性与天命相通但有别的特征。所以,"天命之谓性"重在说明人性之所自生,强调人性通极于天道。但这是一个自然而然的过程,并不是天刻意命令、使令人有此人性。天无心,自然成化、自然而有各种条理、自然成命,遇人则授命于人,人则顺受此命而成人之性。由此,王夫之对朱熹高足陈淳释"天命"为天"分付命令他"尤为反对。

按照陈淳的解释,人性是天使令人而有,那么"人其如傀儡,而天其如提弄者"②。释"天命"为"天令"肇始于董仲舒,王夫之区别了"令"的两种用法:一种是作动词用,如使令、命令;"天命"就是指天差使人、天命令人,天于是成了人格神,而人不过是天的奴仆。一种是作名词用,如律令、时令;"天命"就是指天自身运行的规则和秩序,并不是因人物而有意设置出来。王夫之言"圣人说命,皆就在天之气化无心而及物者言之"③,天道自在自为、自然成化而显现出各种条理,恰于人则成人,恰于物则成物。也即是说,天道生人物是必然的,天行不容已、不能不生;但具体是生人,还是生草木或禽兽,则是偶然的,天变合无心。"天命之谓性"不是说天有意志的命令、差使人而有人之性,而是说人之性来源于天化之理。天道无心而成命,人恰受此命而有人性。命是继之者,人是成之者;命在天人之际,而成命、凝命在人。所谓"天无心而人有成能"④,人既是天命的受动者和承担者,更是成就和实现天命的能动者和自主者。

天命无时不有、无所不包,但《中庸》中所言"天命之谓性",天命和性都有特定的内涵,性是指仁义礼智的人性,天命则是太和絪缊之气所有的健顺五常之命。天即是阴阳五行之气,气以成化而有健顺五常之理,此理就是所以生人之理,命于人而成仁义礼智之性。理都是气之理,天以健顺五常之理气命人,凝形充气而有人之形色和人性。所以,天命之谓性,既命人以性,又命人以形色气质。人性与形色气质都是健顺五常之理所生,但形色是健顺五常所成的化迹,主要为阴气所凝结;仁义礼智之性则是健顺五常的本然之撰,主要表现为阳气的清刚神通。阴阳之气统一于人的身体

---

① 王夫之著:《读四书大全说》,《船山全书》第6册,第1139页。
② 王夫之著:《读四书大全说》,《船山全书》第6册,第456页。
③ 王夫之著:《读四书大全说》,《船山全书》第6册,第679页。
④ 王夫之著:《读四书大全说》,《船山全书》第6册,第456页。

(函形、气、性),亦可称作气禀,作为气本然状态的人性和气化之迹的形色气质虽有区别,但它们本来是不可离析言之,下节将专论此问题。

以上,王夫之从两个方面说明"天命大而性小"的观点。一方面,天既命人以性,也命物以性,性专属于具体的人、物而言,天命则成就所有人、物之性;另一方面,单从人而言,天命人以仁义礼智之性,同时又命人以感性的生命躯体,人生在世的穷通祸福亦是天之所命。因此,"天命"的范畴大于"性"的范畴,同时也说明了"性"自身相对独立的地位。究其实,王夫之对天人性命关系的理解,其始终强调性命相通而有别,正是强调要从天人互动的角度出发,凸显拥有人性之人相对于天命的独立性和自主能动性的一面。

(二)"以人承天而不以天治人"——承载天道和历史慧命的主体之人

单就人的仁义礼智之性与天命的关系,仁义礼智之性虽然为天命所赋予,但命于人则为人所独有,是求之在我者,所以是人之事。王夫之言"夫健顺、五常之理,则天所以生人者,率此道以生;而健顺、五常非有质也,即此二气之正、五行之均者是也。人得此无不正而不均者,既以自成其体,而不复听予夺于天矣"[①],健顺五常之理不是气外别有一物,它是气化流行的均匀和谐状态,"二气之正、五行之均"时就显现出此理。人受阴阳五行的和谐正气,就自成为体,获得了一种内在的自足性和独立自主性。

既已成人,人以其仁义礼智之性巍然屹立于天地之间,不仅是道德理性的发出者、道德行为的实践者,也是道德责任的最终承担者。有生以后所遇的天化不齐、命运坎坷、穷通祸福都不能损益自我的人性,人只需要反身自求、于己取之,挺立道德主体,就有充分的道德自主权和无上的道德自由。由此,人的一切言行举止、所作所为就不能再听命于天之予夺,而是为仁由己,必须且唯有通过自我不懈的努力,将内在的德性扩充出来,从而成己成物,辅天道之不足,裁成天地的化育。

王夫之的天人性命论在一定程度上可以说是对程朱理学和陆王心学的双向扬弃。他认为人性源于天道,人不是一个寡头的人,他必须植根于天地之间。自在自为的天道为人的生活和意义提供了最为原初的背景和资源,人来到这个世间,总已经承载着天命,总是生活在自身族类既有的文化与历史当中。因此,倘若不讲天道、天命,人和自然、社会、历史就是分离破碎的,人性也就是独断和无根的。王夫之诠释的"天命之谓性"的思想,正是将人性与天道有机统一起来,表明人是作为历史性存在,人生活的一

---

① 王夫之著:《读四书大全说》,《船山全书》第6册,第1140页。

切都处在华夏民族历史慧命的熏陶和涵化当中。①

天道犹如母体,天命不息,人性无时无刻不在接受天命的抚育和关爱,人参与天地的造化,获得立命的根基。人性因天命而有并永远处于天命流行之中,天命因人性而得以实现和完满。强调人性源于天道,并不直接导致一种他律性和外在性,这种他律性与外在性是主客二分的思维方式才存在的问题;相反,正是人性与天命的相互生成关系,使人更有了至亲的归宿感和神圣的使命感,天道是人性的家园和根基。从这点上说,王夫之和程朱理学相近,而不同于陆王心学。心学重在发明本心、致良知,而没有完整的天道观。②即天命即心性的说法,是同一天命与心性,本心、良知就有失去根基的危险。王夫之批评为见"浮明之心"而不见"天道之诚",其后果是自矜妙悟,以为"惟己之所胜而无不安"③,如此天命可以不畏、民彝可以不敬,以至"威侮五行,怠弃三正"④。在天人性命关系上,王夫之强调必从气化流行的历史性生成来讲人性,以免使人性成为虚幻把弄的光景。所以,不能虚悬天道,离天而言人。

相对于陆王心学而言,程朱理学虽然重天道,但王夫之认为其离气而言天命,天理天命也就落入不实。而且程朱理学认为天命是超越历史时空的恒存不变的实体,天地万物同禀一个天理。因此,天命有总体化和同一化的倾向。而王夫之认为一物就有一命,命物与命人之理不同,人之性就不同于物之性,其所说的天命则是差异性和独特性。同时,人性虽然源于天命,但天命并不是强制性、命令性地施加于人。天无心成命,人受命后则主动成性,人不是消极地听命于天。所以,王夫之更强调人性的积极能动性,所谓"以人承天而不以天治人"⑤。在这方面,王夫之又近于陆王心学,

---

① 张学智教授认为,儒家传统的"天命之谓性"的思想是"人将自己从进化中缓慢得到的东西一下子赋予人这种生物族类,并且对逐渐积淀于自身并最终趋于定型的东西虔诚、敬畏。这种诠释的优越性在于,它把人从漫长的生物界进化所得的东西说成是本有的,这从一开始就是'截断众流'的,它突出了人在本性上的尊严而不把它仅看作智力和灵性高于其他动物的宇宙中的一个品类"。详见张学智:《王夫之天人视野中的性与命》,哲学门 2003 年第 1 册,第 4 页。张学智教授的解释具有很强的启发意义,它道出了儒家"天命"观蕴集的历史和文化意蕴。其实,王夫之所谓的"天命"中本身就已经凝集着华夏民族在历史演进中沉淀的历史和文明的精华。笔者认为,王夫之由气化流行显理而言天命,天命就具有了"历史慧命"的特征,人承继天命其实也是发现自身的历史性存在。

② 唐君毅先生即指出:"阳明以人道摄天道,无独立之天道论。而船山之言即器明道,即事见理,即用见体,则不仅据以明人道,同时据以明天道,而有独立之天道论。"见唐君毅著:《中国哲学原论·原教篇》,北京:中国社会科学出版社 2006 年版,第 336 页。

③ 王夫之著:《尚书引义》,《船山全书》第 2 册,第 239 页。

④ 《尚书·甘誓》

⑤ 王夫之著:《读四书大全说》,《船山全书》第 6 册,第 1140 页。

而异于程朱理学。他说：

> 命大，性小。在人者性也，在天者皆命也。既已为人，则能性而不能命矣。在人者皆天也，在己者则人也。既已为己，则能人而不能天矣。①

王夫之在上述材料说明了"天命→人性→己能"构成的天人互成的动态过程。健顺五常的天命落实为仁义礼智的人性，而人性在己，要成就此人性，就必须通过己能。命在"天"，性在"人"，成性则在"己"；健顺五常之天命赋予人类而不及于禽兽草木之物类，而成就此天命又落实到具体的个人。人没有决定天命的自由，因为人不是天，但人有道德理性和聪明才干，有能在面对各种境遇时决定自己的自由。天命不是一种外在的对人性的压制和束缚，它只是为人性提供了价值根据和意义来源，具体成就德业的责任却需要个人充分发挥自我能动性来完成。可见，王夫之的天人性命论最终指向的是承继天道和历史慧命的拥有人性之人及其所开显的人道。

程朱理学高扬天命天理，王夫之是认同的，但理学的走向未免只以天为道，而以人为天所役使的器物而已；存天而遗人，同天地万物为一理，恰是消解人的独特性和主观能动性。王夫之认为，从"以人承天"的角度，天固然是道，人是天所生的器物；但当人自成为体，天命则在人为，故"不以天治人"。从这个角度看，人才是真正的道，而天都是人所践履之物。人秉持人性、成就人道的事业，天命也就获得了现实的呈现方式。王夫之由此充分肯定人性对于天命的积极能动作用。天命授人以性，但却并不强制也不保证人能真正成就此天命；人受命成性，立命则在己，人以己有的道德理性为主宰，在官天府地、裁成万物的实践生存活动中崇德广业，尽己之性就是现实地成就天命。人既有人性以自立，不仅能主动承继并实现健顺五常之天命，而且面对所遭遇的气数之命，人更能积极主动地修身以俟命、尽性以至于命。

三、"修身以俟命""尽性以至于命"的造命观

从人的角度而言，天以仁义礼智之性命人，但人生后所遭遇的穷通得失、寿夭吉凶亦都是天之所命。健顺五常之命以及气数之命，都是天之化所成之理，故都是天命。但健顺五常之命是太和絪缊之气的本然状态而显

---

① 王夫之著：《庄子通》，《船山全书》第13册，第512页。

现出的至正专一之理,可特称为"天命之理"①或性命之理。健顺五常之理直接关乎人性,它是人之所以为人、人之所以区别于禽兽草木的内在规定性;以此理命于人,凝形充气而成仁义礼智的人性,就直接造就了人的独立性和自主性。气数之命则是气化流行中二气不齐、五行不均时所呈现的命理,它和人性不直接相关,而突出表现为对人有生之后的一种限制性。

(一)"凡命皆气而凡命皆理"——健顺五常之命和气数之命

人受天命所生而成人之性,但此人性只关乎天命中健顺五常之命,天命于人不仅有健顺五常之理气,尚有气数不测之命理。王夫之说:

> 天之命人物也,以理以气。然理不是一物,与气为两,而天之命人,一半用理以为健顺五常,一半用气以为穷通寿夭。理只在气上见,其一阴一阳、多少分合,主持调剂者即理也。凡气皆有理在,则亦凡命皆气而凡命皆理矣。故朱子曰"命只是一个命"。只此为健顺五常、元亨利贞之命,只此为穷通得失、寿夭吉凶之命。②

王夫之从理气相涵而统一于气的观点出发,认为天命于人有健顺五常之命、有气数之命,它们都统一于天命,都属于气化之理。朱熹从理气二分的角度出发,认为命虽然是一个命,但健顺五常为理,不关涉气,所以可称作理命或性命;气数之命是气,不关涉理,所以可称为气命。王夫之认同朱熹对健顺五常之命和气数之命的区分,但他反对将命分为理命和气命、各占一半以命人。天命人固然以理以气,却并不是说理气是两个不同的东西。理都是气之理,健是气之刚,顺是气之柔,五常是五行生王之气,健顺五常之理亦是气之理;气都是有理之气,气化不齐、气数难料,或使人长寿、或使人夭折,或使人困厄,或使人显达,对人而言似乎是气失其理,对天而言则无不是气化自然的秩序条理,气数之命也是有理之气。王夫之强调天命皆是源于气化,不能离气而言命,健顺五常之命、气数之命都是气化所成之命。但它们所表现的气化之理则是不同的,和人性的关系也是不一样的,故又不能离理以言命,所以"凡命皆气而凡命皆理"。

上述观点显示出王夫之深刻的哲学考虑和现实的人道关怀。倘若不

---

① 王夫之以"天命之理"和"气数之命"对举,"天命之理"特指健顺五常之命,而不是说"气数之命"就不是天命,就不是天化之理,参见王夫之著:《读四书大全说》,《船山全书》第 6 册,第 730 页。

② 王夫之著:《读四书大全说》,《船山全书》第 6 册,第 728—729 页。

强调健顺五常之理是气之理,而析理气为二,其理论后果就是直接导致人性与人的感性生命的实际分离,人性成为寓于身体中的幽灵;现实中,人就必以弃绝情欲形色为工夫,于气质外求人性。性命之学一旦脱离人的感性生命和生存体验,就有落入空虚玄妙的危险。性理固然广大高明,"然所谓广大高明者,皆体物不遗之实,而非以空虚为高广。此圣学异端之大辨,学者慎之"①。体物不遗之实,不是理气相即、性身相即的外在关系,而是即气而气之理显、治器而器之道彰、即形色气质之性的天命之理所在。

至于王夫之认为气数之命亦是有理之气,则意在说明天所命者无非是理。一则是对人有限性的认识,一则是强调人需要对天命有敬畏之心。从人的眼光看,命固然有得丧穷通的不齐。但超越人的狭隘性,从天的角度而言,天只是以阴阳五行、元亨利贞为之命,"或亨此而彼屯,利此而彼害"②。正因为如此,天命才处于一种历史的动态平衡当中,人所见不合理处恰好体现出天的真正合理性。孔孟大圣人,却不得于君、其道不行,世儒都认为是天失其理;但王夫之认为,从历史的维度看,上天却赋予孔孟做师之命,惠及千秋万世。如此而言,天又何尝失其理。如果认为有无理的天命,那就是说存在不合理之天。对此,王夫之批评为以人度天、诬天之说。天是人的终极关怀,天本身又充满着神性和魅力③,人需要在天命面前保持敬畏,明晓天人的界限。天人有分界,这其实是王夫之"天之天"与"人之天"区分的必有之义,当然界限从来都是处在变化当中的。划定界限,既是看到了人的有限性,看到了天命对于人的限制和束缚,但同时又标明了人当所义不容辞、积极有为的领域。人应该有事于在人之天命,而对于天之天、气数之命的不测,合理的态度是尽人事而俟天命。无论是健顺五常之命,还是气数之命,王夫之认为凡言命,都是天有所命,而且"皆气以为实,理以为纪,固不容析之,以为此兼理、此不兼理矣"④。在天者,无不是正命,无不是有理、也无不是气。但天命之理有恒,求之在我;气数之命不测,求不在我,这是宋明儒共有之义。王夫之的贡献或者说超越宋明儒的地方在于,言天命之理必依气而有,人必须即身即器而尽性求道;言气数之命则都是有理的,在一般人看来气数都是消极性时,王夫之看到的却是积

---

① 王夫之著:《张子正蒙注》,《船山全书》第12册,第165—166页。
② 王夫之著:《读四书大全说》,《船山全书》第6册,第1140页。"或亨此而彼屯,利此而彼害",亨与屯、利与害相对,是一种互文互证的用法。此处,"亨"表明通达顺利,"屯"表明艰难困顿。
③ 此处说"神"是指天的神妙莫测,而不是说天是有意志的人格神。
④ 王夫之著:《读四书大全说》,《船山全书》第6册,第1141页。

极性。气数之命不齐,是因为其理无定,正因为理无定,在这种无定中才敞开了人道有为的空间。

(二)"天之有所予夺者而谓之命"——气数之命的特殊规定

王夫之所谓的气数之命,主要是指人有生之后所逢的气数或遭遇,类似于现代汉语中的命运,"唯吉凶祸福大改异处,故以天之有所予夺者而谓之命"①,天有所予夺才能言气数之命,故王夫之言:

> 谓之曰"命",则须有予夺。若无所予而亦未尝夺,则不得曰命。言吉言福,必有所予于天也;言凶言祸,必有所夺于天也。故富贵,命也;贫贱,非命也。由富贵而贫贱,命也;其未尝富贵而贫贱,非命也。死,命也;不死,非命也。夭者之命因其死而言,寿者之命亦要其终而言也。②

上述材料表达了王夫之对于气数之命的特殊规定。人受天命之理而成性成身,在自尽其性的过程中总会遭遇气数的不齐。那么,对于气数而言,在何等情况下可称作命?首先,气数之命是针对人有生以后的生存遭遇而言,人初生时由遗传生理、家庭和阶级背景、社会环境等因素构成的对人的限制因素并不在王夫之的考虑范围之内;其次,气数之命指人生命历程中遭受的大变故,这种变故是由一种状态转变为另一种异质或对立的状态;最后,气数之命不是人力所能掌控,也不是人为所导致,而是由不测之天数有所予夺而导致的。

以生死寿夭言,人生在世的未死状态就不能称为气数之命,因为命数既无所予也无所夺。死则是命,由生而死是一个大变故,而且是天夺去人的生命。但对于死亡而言,天所夺的时间却是未定的,因其夺去的早晚而或是夭折、或是长寿。王夫之以死为命,表明死亡为人生的大限,但他并不是强调死亡对于人生的意义,而是将死亡归之于天命之数,人应该关注的恰好是未死之生。生不是气数之命,生正是人可以掌控和把握的。人只要生存着,那么,他愿意过什么样的生活、选择什么样的道路,完全取决于自我,即使上天还有各种各样的不正、不均的气数以命人,人都能以此"生之性"贞定命运的无常,以此"生之身"自著其功。生在人为,死在命数;"生"是可以随时自我做主的,而"死"连何时"死"都是不可测度的,人"死"之天

---

① 王夫之著:《读四书大全说》,《船山全书》第6册,第1041页。
② 王夫之著:《读四书大全说》,《船山全书》第6册,第1115页。

命的无常无定正凸显出人"生"的自主自由。

　　以富贵贫贱言,人有生以后从未富贵而处于贫贱状态,天无予无夺,不能称作气数之命。而由贫贱要转入富贵状态则是气数之命,因为富贵总是天有所予;同理,由富贵而遭遇变故成为贫贱,天有所夺,此亦是命数。必须强调的是,命数的予夺不是人所主动招致的结果,如果是人为所致,比如说人本来好好活着而主动选择自杀而死,虽然富贵却穷凶极奢而致败家亡国,这就不能推诿于天命。命数的予夺是"人莫之致而自至"①,既不是人为所导致,又是人所无法致力之处,相反,自然降至的才叫作命。命数的非人为性,它降至于人就表现出某种限制性,"命之不可以人力与也"②。

　　气数之命在天不在人,人不能以私意窥测天命,而应该俟命。但所谓"俟者,未至之词也"③,命何时降至又是不测的,命数又表现为可能性。正是命数的限制性和可能性的统一,张开了一个"未死之生""未富贵之贫贱"的人道可积极有为的空间,于此,"命之可以修身而立者"④。对于人有生以后的在世状态,王夫之以死为命、生不是命,以贫贱不是命、富贵是命,都是强调人的出发点,人可以自主自为的只是此"贫贱"之"生"。贫贱之生,天无所予也无所夺,只关乎人而不关乎命数,"乃当人致力之地,而不可以归之于天"⑤。如果归之于气数之命,以为权在天而不在己,那恰是废弃人为、自暴自弃,人绝不能将未死之生、未富贵之贫贱的责任推诿于命数。由此而言,唯有修生而有之身、尽生而有之性,才可以言俟命、才可以言归于天。"人尽而后归之天,性尽而后安之命"⑥"修身以俟命,身之不修而言俟命,自弃而已矣"⑦!

　　王夫之从天之予夺言气数之命,而归之于人能自作主宰的"未死之生""未富贵之贫贱"之际。而且,他从根本上认为,真正属于命数对人限制的只有生死。人只要有生之一日一时一刻,皆有以自立自尽之道。所谓"立",就是立在人之天道;所谓"尽",就是尽在己之天性。王夫之说:"未生而使有生,其命在天,天有立天之道而制乎命;既生而生在我,命亦在我,

---

① 王夫之著:《读四书大全说》,《船山全书》第6册,第678页。王夫之此思承接了孟子以"莫之致而至者"言命的思想。
② 王夫之著:《四书训义》(下),《船山全书》第8册,第825页。
③ 王夫之著:《读四书大全说》,《船山全书》第6册,第1042页。
④ 王夫之著:《四书训义》(下),《船山全书》第8册,第825页。
⑤ 王夫之著:《读四书大全说》,《船山全书》第6册,第1116页。
⑥ 王夫之著:《四书训义》(上),《船山全书》第7册,第450—451页。
⑦ 王夫之著:《四书训义》(上),《船山全书》第7册,第451页。

我有立人之道而贞其命；君子所以立命者此也。"①人未生时，健顺五常之命在天；人已生，则健顺五常之命凝为我之性，天命即在我，生命和生存的自主权亦在我。"人以人道受命"②，立命就是立人之道，就是立我所自主自足的人性。人首先应该朝乾夕惕、自强不息地投身于扩充和成就自我人性的修身活动当中，贞定道德主体以奉常处变，则无论遭遇何种变故、命运都能坦然顺受，命有不齐，而人无不有顺受之道。于此而言，命数是可以悬置起来，人只应该"有事于性、无事于命"③。人对于气数之命虽然是受动的，却并不是无所作为，人可以致力于自我人性的完善，但王夫之认为这还不够，人对命数更是能动的，人在修身尽性的过程中更能主动地造命。④

(三)"一介之士，莫不有造"——**高扬个人主观能动性的造命思想**

"造命"，在本质上就是不断地化"天之天"为"人之天"的过程，这一过程充分彰显了人的自由和主观能动性，高扬了人性的尊严和尊贵。所谓"造"，王夫之解释说："造，本训就也，而'就'有二义：即也，成也。往而至曰造，即也；作而完曰造，成也。则造至、造作，义本相通，俱如字音七到切。或读'造作'为昨到切者，非。"⑤"造"有造至、造作两义，而且二者是可以相通的，字音都是七到切。以造为"造至"，造命就是至于命；以造为"造作"，造命就是主动有为以成命。二者都是说人通过不懈的努力，成就天之所命、创造自我的命运而最终达至天命。

天命大而性专，人只有通过不断地扩充在己之天命，才能不断地接近在天之命，达到性命合一。气数之命有理，人通过尽性穷理，不仅能以理御气，在一定程度上改变气数的影响方式⑥，而且更能创造人自己的命运。可见，人的造命活动，对于健顺五常之命和气数之命都具有能动作用。人

---

① 王夫之著：《四书训义》(下)，《船山全书》第8册，第824页。
② 王夫之著：《张子正蒙注》，《船山全书》第12册，第127页。
③ 王夫之著：《张子正蒙注》，《船山全书》第12册，第122页。
④ 在王夫之之前，泰州学派的创始人王艮曾提出"大人造命"的思想。王艮说："舜于瞽瞍，命也；舜尽性而瞽瞍底豫，是故君子不畏命也。孔子不遇，命也；而明道以淑斯人，不谓命也。若天民则听命矣，故曰大人造命。"参见黄宗羲著：《明儒学案》，《黄宗羲全集》第7册，杭州：浙江古籍出版社1986年版，第835页。明清之际的黄道周(比王夫之年长30多岁)亦提出过"大人造命"之说，"大人造命"的思想都是本于《易传》"'飞龙在天'，大人造也"。王夫之虽然批评泰州学派，但同时又吸收了其合理内核，他的造命思想当源自王艮。对孔子命运的评价，王夫之说"孔、孟道终不行，而上天作师之命，自以顺受"，和王艮的说法如出一辙。见王夫之著：《读四书大全说》，《船山全书》第6册，第1117页。不过，王艮认为唯大人可造命、普通百姓只能听命，王夫之则进一步提出一介之士亦可造命的思想。
⑤ 王夫之著：《说文广义》，《船山全书》第9册，第376页。
⑥ 王夫之以生死不可变，而富贵、穷通、得失等"理御气而可变者也"。王夫之著：《张子正蒙注》，《船山全书》第12册，第132页。

就不只是简单地俟命而已,更能造命而至于命。王夫之的造命思想,是针对李泌提出的"君相造命论"而发的,他说:

> 君相可以造命,邺侯之言大矣!进君相而与天争权,异乎古之言俟命者矣。乃唯能造命者,而后可以俟命,能受命者,而后可以造命,推致其极,又岂徒君相为然哉……唯君相可以造命,岂非君相而无与于命乎?修身以俟命,慎动以永命,一介之士,莫不有造焉。①

上述引文,王夫之批评了唯独君相可以造命的观点,而提出"一介之士,莫不有造"的高扬个人主观能动性的思想。李泌本来是劝诫唐德宗,不能将国家的安危存亡推于天命,而应归于君相的作为,由此提出了君相可以造命的思想。王夫之借此对造命思想进行了哲学上的阐释并给予了新的发展。

造命和俟命,在表面上看是冲突的。而王夫之则认为受命而后能造命,造命而后才能俟命。因为,人必须受天命之理而有人性,立在己之天命,才可以自尽己性,充分发挥自己的主观能动性,从而造命。造命本身就意味着真正意义上的立命,造命的过程其实就是立命的过程,或者说立命本身就是在造命中。倘若无立命,则造命无根基;如若不造命,则立命无实。立命和造命是一而二、二而一的关系。立命和造命人才成为人,命才成为命。由此,如果不能造命,真实的立命也谈不上,既无立命,又无造命,人和命就都成了虚幻之词。人直同化为草木瓦石消解于天地大化之中,虽有人之形,却无人之实。人而无人,命而无命,既无命可俟,又无人去俟,根本就无所谓俟命。因此,俟命并不是不可致人力的"见为不可知,信为莫之致,而束手以待之"②的消极等待,而是唯有造命才可能言俟天之命。王夫之由此称赞"邺侯之言大矣",李泌肯定了造命的重要性和必要性。

王夫之肯定李泌提出的造命思想,但他认为李泌的造命观尚有问题。既然唯有造命才可以俟命,那么说明造命其实是任何人最为本己的事情。人只要是作为人生存于世,他就必然要造命,否则就等同于草木禽兽。而且,李泌将造命归于君相的特权,王艮亦说唯大人可以造命。王夫之则革命性地提出:修身俟命、慎动永命,"一介之士,莫不有造焉",他肯定每一个人都有自我选择、自我成就命运的自由。这恰是王夫之特有的卓识,亦

---

① 王夫之著:《读通鉴论》,《船山全书》第10册,第936—937页。
② 王夫之著:《读通鉴论》,《船山全书》第10册,第936页。

是其具有近代性思想萌芽之处。

但是，造命何以可能？首先，人可以修身以立命，性理既为主宰，尽其性，则贫贱、患难、夷狄"无所遇而不可尽吾性之道"①。其次，天命无心，由穷通、祸福、富贵推至于寿夭，并不是天有意为之，"屑屑然以至高大明之真宰与人争蟋蛄之春秋也"②。人之上并没有一个人格神式的天指挥控制人或者保护庇佑人，由此而言，人是生而自由的，秉持人性的人能够自由选择、自作主宰。最后，天命都是有理的，命数不测并不是无理。生死存亡、穷通祸福皆是有理。正因为命数有理，人可以穷理尽性知其理。循理而行，天固然有吉凶祸福之不测，而人自有趋吉避凶之理，从而化险为夷；富贵虽在天，却是人能以"理御气而可变者也"；哪怕就是生死，不违生之理，知岩墙有足以压死人之理，不自取自昧，为所不当为，天又何尝天天命我以死。

由此，王夫之坚决反对各种天命决定论、自然天命论、神学天命论，他认为天有理无心。天为人和人类社会提供价值根据、生活背景和终极依归，但却从不预先命定人、强制使令人、刻意捉弄人或专门保佑人，对庶民百姓、王公君相、君子圣人以至家国天下无不是如此。人生于天地之间，人就是自己的主人。人性作为人内在的规定，人知性而尽性，面对各种境遇就有以自立，更能以此人性创造光辉的道德事业。命数作为外在的限制，人不仅以性贞命，更能以心穷理。通过修身的实践，认识天命的规律，就能化受动为主动，命数的限制恰成就了人的自主和自由。人以道德理性为主宰，遵循天命的规律，尽性穷理、躬身实践，命就不仅在自我的掌控中，人更可以创造出自我的新命；当修而至圣人，则至于天命，从而与天同化、参赞天地的化育，造万物之命。

可以看出，王夫之所说的"造命"并不是个人（包括圣人）的恣意妄为、随心所欲。造命既是本于主体自由的造命，又是遵循天命规律的造命，"惟循理以畏天，则命在己矣"③。王夫之在人性的主宰性、个体的自由能动性和命数的限制性三者之间维持住一种必要的张力，正是在三者的共同作用中人创造了自我的命运，又可达至于天命。唯有如此，才可以说知人知命，"不知命，则以为无命而违乎天，以为听命而弃人也"④！

王夫之的天人性命论，强调人性和天命之理、气数之命总是处于互动

---

① 王夫之著：《张子正蒙注》，《船山全书》第12册，第119页。
② 王夫之著：《读通鉴论》，《船山全书》第10册，第936页。
③ 王夫之著：《读通鉴论》，《船山全书》第10册，第937页。
④ 王夫之著：《四书训义》（上），《船山全书》第7册，第999页。

当中。天命是人性的来源，而天命的完成和实现却有待于人性的生成和扩充。天无心而人有成能，无论受命、造命，还是立命，都必须从修身尽性的人道实践出发。而对王夫之而言，凡言身都是具性之身，凡言性都是具身之性。程朱理学认为，现实的人性是天命之性落入人的形气之中而形成的气质之性，这就在理论上导致了身与性的二分。王夫之则认为，人性是一个形色气质、心性情才的有机统一结构。

第二节 "性即理也，即此气质之理"
——专属于气质性生命的人性

天以阴阳五行之气化流行生人生物，化生必依于阳变阴合时所成的命理。对人而言，即是健顺五常之理命人以生，此生之理即是人性。性理凝形充气而成人身，同时，性亦必依形气而有，本然地函具于形色气质之中，成为人的存有之理。合而言之，人的形色气质都是作为人性的存有内容，因人性而有生，也因人性而生存于天地之间。分而言之，人性则表现为气、质、性统一的有机结构。王夫之认为，在天言命、在人言性。人性总是针对具有气质性生命的人而言，在天地是不能言性的。性不离气质，这本来也是程朱理学固有的观点。但王夫之认为人性与气质的不离关系，并不是程朱理学所谓的"性寓于气质之中"的外在关系，而是气质中本然函具人性的内在有机的统一关系。

一、"气质中之性，依然一本然之性"——为气质之性正名

天之气生人，凝结为一定的形质。此形质将天之气范围在有限的区域内，成为人之气。形质及其所范围的气合而称为气质。人之气本就是分天之气而有，清通善动，充盈于形质之中。对王夫之而言，气都是有理之气，理都是气之理。人之气流动充周所显现的秩序条理即是人之性。人的身体就表现为人之形质、人之气、人之性的有机统一。人之气在形质范围之内，那么人之性也就是一定形质范围所限之性，此即是气质之性。人之气与天之气相通，气质之性无非就是天命之性。王夫之说：

> 所谓"气质之性"者，犹言气质中之性也。质是人之形质，范围著者生理在内；形质之内，则气充之。而盈天地间，人身以内，人身以外，无非气者，故亦无非理者。理，行乎气之中，而与气为主持分剂者也。

故质以函气,而气以函理。质以函气,故一人有一人之生;气以函理,故一人有一人之性也。若当其未函时,则且是天地之理气,盖未有人者是也。乃其既有质以居气,而气必有理,自人言之,则一人之生,一人之性;而其为天之流行者,初不以人故阻隔,而非复天之有。是气质中之性,依然一本然之性也。①

上述材料中,王夫之从天人相通统一于气的生成性实有论出发,一方面反对程朱理学天命之性与气质之性的截然区分,强调气质之性即是本然之性;另一方面,他坚持所谓人性即是指气质性生命本然函具之性,人性与气质并不是异质性的外在联系,而是人性就是内在于"气质中之性"。王夫之首先对"天命之性"的观点提出了质疑,在他看来,"天命之性"的说法是不成立的,言"性"只能是气质性生命之性。

(一)对宋明理学"天命之性"说的批判

宋明儒创说的天地之性、天命之性的说法,如果单从沟通性命与天道关系上说明人性的来源也未尝不可,但直以天地、天命为性的说法仍是有问题的。

"天命之谓性"不能省略为"天命之性",即命即性,性与命就没有区别。如果天命之性的说法成立,人与禽兽、草木、瓦石都是同样的天命之性,那岂不是说猫狗有人性,人则有虎狼食人之性。因此,天命不是性,命于人物而有性。天命源于天,天无所谓生与死,天之化又无方无体,天就更不能称作性,可以称作天道、天德。因此,王夫之说:

"天命之谓性",亦就人物上见得。天道虽不息,天德虽无间,而无人物处则无命也,况得有性!②

在天谓之理,在天之授人物也谓之命,在人受之于气质也谓之性。若非质,则直未有性。③

王夫之上述说法至少表达了两方面的意思。第一,他认为"性"总是伴随着气质性生命的出现而有。因为,理是气之理,作为生人物之理的性亦只能是具体形气之性。当物人未生、形质未成,天命且无从实现,更谈不

---

① 王夫之著:《读四书大全说》,《船山全书》第 6 册,第 859—860 页。
② 王夫之著:《读四书大全说》,《船山全书》第 6 册,第 866 页。
③ 王夫之著:《读四书大全说》,《船山全书》第 6 册,第 865 页。

上有所谓"性"。王夫之对"天命之性"的说法提出质疑,其实就是要反对抽象地谈论人性。人性作为人之为人的独特性规定,不是在天上求、物上寻,它就是在人自身的气质禀赋当中。这既表明了人性的生命性和具身性特点,突出了身体气质不可或缺的必要性意义,同时更彰显了作为道德理性承担者之个人的价值。正所谓"为仁由己",人性不是通过贱弃或者抛离身体而向形质之外的天道寻道理,人性就是立足于个人的气质性生命展现出来的。

第二,在王夫之的哲学视野下,天道、天命、人性之间相通而有别。天地是不能言性的,天地只是流行的理气,天命之理凝于人的气质而有人性。准确而言,王夫之所谓的"人性"是表征差异化和个体化的原则,它是具体生命气质中之理。性理通于天之理,天道理气的流行不因人的气质形成而有所阻隔,天道、天德就通过人的气质之性表现出来,故而"气质中之性,依然一本然之性也"。

王夫之打破宋明理学"天命之性"和"气质之性"的划分,质疑"天命之性"提法的合理性,并不是要否定人性与天道的有机联系,也不是否定人性所具有的超越性的一面。他是从生存论的视野下强调,任何本质之理都要落实到人的气质性生命,回归到个人身体所展开的生存活动当中,所谓"超越"都不是离形贱身、脱离人的生存实践的超越,而是即此身体或气质性生命活动的超越。由此,王夫之认为人性就是气质之性,而"气质之性"的确切意思是说"气质中之性"。

(二)气质中之性

前文已经论及,王夫之所说的"性者生理",本身就表明了"性"是与生俱生、与形俱有的。而气质与人性的关系,在王夫之看来,本质上就是气与气之理的关系,只是在人身上就表现为气质与气质中之性的关系。

王夫之认为,人性是气质中之性,但他强调"气质中之性"的"中"不是表达一种物理空间似的包含关系,仿佛气质是一个容器,性作为某一实体寓寄于气质容器之中。如果这样理解,"气质中之性"就变为"性在气质中"或"性寓于气质之中",程朱理学正是这种理解。"程子以形而下之器为载道之具,若杯之盛水,杯有方圆而水有异象……盖使气禀若杯,性若水,则判然两物而不相知。唯器则一成不改,而性终托于虚而未有质也。"[①]理学家认为,气质之性无非就是天命之性落入人的气质中所成。其实,这主要是朱子阐发的观点。按照这种理解,气质如同盛水之杯,性如同

---

① 王夫之著:《读四书大全说》,《船山全书》第6册,第963页。

杯所盛之水,杯大小形状的不同导致水量多少不一、显现方式不同。表面上杯与水联系在一起,实质上杯仍是杯,水仍然是水。气质之性就表现为天命之性与气质的外在结合。朱子本来以为,如此就可以调和历史上的各种人性善恶论争。孟子说性善,是指天命之性。天命之性只是理,无有不善。但现实中的人总是性相近而且还有善有恶,那是因为才有性时已经是天命之性落入气质当中成为气质之性,气质有偏全、厚薄、清浊,在不同程度上就障蔽了天命之性从而表现出善恶的不同。

朱子从理气二分的架构解释气质之性,归不善的根源为人的气质或气禀,王夫之是不认同的。一方面,气质虽然有偏全、清浊的不同,但并不是不善。王夫之从根本上认为,形色气质因人性而有,人性善,则形色气质无不善;恶的根源不在于人本身,而在于人物相交之几。另一方面,朱子以理气不离不杂的架构解释气质之性,虽然性不离气质,但理是理、气是气,性与气质终究是两物,它们之间成为一种外在的联系。"性在气质中"的理解方式,性和气质都有一种实体化和现成化的倾向,归不善于气质更是贱气贱质贱身,性不资气质而有则落入佛老的虚幻之性。

王夫之则从气的生成性实有论出发,不存在理气二分的问题,理是气之理,气是有理之气,气本身就内在地拥有规律性和价值性。而所谓的"气质中之性",就表明气质内在的、本有的函具"性"。王夫之说"质以函气,而气以函理",又说"气浃形中,性浃气中"①"人之有形,则气谓之'衷'矣。人之有气,则性为之'衷'矣"②,可见,"气质中之性"之"中"是"函""浃""衷"的意思。"函""衷"都有"内在"的意思,天以二气之正、五行之均凝结为人的形质,气即函具于形质之中,理即函具于形气之中,"性本气之理而即存乎气,故言性必言气而始得其所藏"③,人性即是人之气质自身内在的存有。"浃"是充满、通透,性为气之理,主持分剂人之气而充满、通透于形气形质,凡有质、有气处性便充彻无遗。"衷"又是"善"的意思,天之气无不善,人禀气于天而有人之气,人之气亦无不善;二气五行健顺五常之理降衷于人,即人之气而凝此理为仁义礼智之性,气质中之性就是人所独有、气质本有的道德性。

对王夫之而言,人性与气质、性与身是内在有机地统一在一起,气质本身就是神圣的、灵性的、内在的、拥有价值的。既往学者对气质之性的理

---
① 王夫之著:《思问录内篇》,《船山全书》第12册,第407页。
② 王夫之著:《尚书引义》,《船山全书》第2册,第293页。
③ 王夫之著:《读四书大全说》,《船山全书》第6册,第862页。

解,要么单纯理解为生物性(如声色臭味等),要么以才质为性(质的清浊厚薄、才的刚柔缓急等),要么认为是抽象的道德性与才质的外在结合。如此看法,直接是以气质为僵死的质料、糟粕,最多不过是可资利用的工具。他们都不懂得从"气质中之性"①的角度来真正理解气质之性。人性与天之理相通而有别,"天理者,天之理也,非吾理也"②,以人性不同于天、即气质而有人之性,可称作"气质中之性"。不是说气质之性外尚有一个天命之性,也不是说气质内包裹着一个本然之性,气质之性本身就是天命之性或本然之性。

如上所言的观点,必然逻辑推出气质中之性本身就是善性。不过,王夫之进一步指出正因为人性都是气质之性,人与人之间气质的差异就导致了人的善性不是完全同一而是善性相近。

二、"性相近"为"大公而至正"

天命之理生人,生人之理不同于生物之理,对于人而言,生人之理都是相同的。于此而言,人性表现为一种类特性,人性都是相通的。但相通不是无差别的同一,人性总是气质中之性,"质"表现出一种稳定的差异性,它影响了"气质中之性"的表现方式。因此,人性又表现为个人之间的差异性。这种差异不是本质上的不同。人性既不因才质差异而天生有不善,更不会因此就变成物性。人都是作为人性的存有,人性无有不善,但具体个人性善的精纯度、充实度、显现方式则有不同。所以只能说性相近,相近于善,而不是性完全同一。

程朱理学将人性的差异和善恶的根源一并归之于气质或气禀。③ 王夫之一方面反对将人性善恶的根源归之于气质;他认为人之气质本身就是由天之气所凝成,天之气无不善,人之气质亦是无不善。另一方面王夫之又区分气与质,气质中之性虽然是善的,但是由于人之质的影响导致了人

---

① 程颢认为性即气、气即性;朱子认为气质之性与天命之性不是两个性,气质之性是天命之性落入气质中形成的。可以说,他们都强调性与气质的相即不离关系,其所谓的气质之性在广泛的意义上也可以理解为"气质中之性"。但是,程朱所谓的性和气质是完全异质的不同之物,即使说"气质中之性"也是说气质包裹性、障蔽性,"中"表达的是性与气质不离不杂的外在联系,准确而言是"性在气质中"。这就和王夫之说的"气质中之性"的意思迥异。
② 王夫之著:《四书训义》(上),《船山全书》第7册,第857页。
③ 陈来先生指出,程朱理学一方面用"理"来说明人所具有的先验的善的本质,同时又用气质或气禀来说明人性不善的先天根据。他说:"有宋一代,气的学说普遍应用于解释人物的构成,思想家几乎都以气去解释人的禀性、性格以至道德品质之间的差异及其产生的根源。"参见陈来著:《朱子哲学研究》,第197—198页。

的善性只是相近而不是完全同一,也就是说,人的善性相近的原因在于人之质而不是人之气。

(一)"质"异而"善性相近"说

"气质中之性"分别而言有气、质、性的区分。王夫之言:"质是人之形质,范围着这生理在内;形质之内,则气充之。"人有形质,形质内充满人之气,而性又内在函具于人之气与人之形质中。每个人的形质是有差异的,而人之气则通于天之气。王夫之认为"质"直接导致了人的善性只能是相近。

首先,造化无心,虽然成人之质,但人之质却有清浊厚薄偏全等不同,由此影响了人之善性的表现方式。当然,质本来是天之气所成,但成什么样的质,对天而言是偶然性;既已成质,质之正不正,美不美对于质而言,就是固然的。因此,质的差异不能归咎于成质之气。

其次,或认为是人之气有清浊厚薄而导致人性的差异。事实上,人之气本是分太虚和合之气而有。严格地说,气只是健顺、充盈、善动、神通。平常所说的"气馁",不是说"气"有不足,而是"质"的量不足;所谓刚柔、清浊、厚薄也不是指气,而是气成质后,在质上表现的差异性。

最后,质静浊难以改变,气却是日生而变化。人生以后,可能受失理之气,但一方面气时消时息,不可能长久影响人;另一方面,人既生就自成其体,人之气日生,气中函具之理即是性也是日生,以此日生之性更能贞定各种失理的驳杂之气。

王夫之从以上三个方面表明,善性相近不是由"气"所导致的,而是由"气"所凝成的相对稳定的"形质"所致。从人的角度而言,人之质有不正,可以说是气失其理所致;但从天的角度而言,所谓气失其理又何尝不在有理之中。人之质的不正,但总是人之质,其本身就在天的大正之中,而不是禽兽草木的根本不正。而且人之质固然有清浊、厚薄等的不同,但本身并不是恶。"气质之偏,则善隐而不易发,微而不克昌者有之矣,未有杂恶于其中者也。"[①]质只能言偏不能言恶。更何况质虽然凝浊,但并不是不可以改变,人可以主动养其本然的正气,变化质之偏。人之气本身只是善,人之质只是有偏,气质中之性由此表现为相近。王夫之说:

孟子惟并其相近而不一者,推其所自而见无不一,故曰"性善"。孔子则就其已分而不一者,于质见异而于理见同,同以大始而异以殊

[①] 王夫之著:《思问录内篇》,《船山全书》第12册,第426页。

生,故曰"相近"。乃若性,则必自主持分剂夫气者而言之,亦必自夫既属之一人之身者而言之。孔子固不舍夫理以言气质,孟子亦不能裂其气质之畛域而以观理于未生之先,则岂孔子所言者一性,而孟子所言者别一性哉?①

王夫之上述的言论,试图将孔子的"性相近"说与孟子的"性善"说统一起来。他认为,孔孟所说都是指人性,人性只有一个,只是描述的侧面不同、不存在理气层次上的差异。孟子只言性善,是从天命之理命人的角度而言,人所受之命善,人之性当然也是善。准确地说,孟子其实是在说"命",对应于《易传》中的"继之者善";从善通于成性之后的角度,孟子道"性善"说。孔子说"性相近"才是真正说"性",恰是《易传》所说的"成之者性",即是说形质成而有气质中之性。从乎气而有气之理,从乎质中之气而有性,性是质中之气显现的条理。由此,王夫之说"惟'性相近也'之言,为大公而至正也"②!

(二) 王夫之"善性相近"说与程朱理学的异同

程朱理学一直都面临着如何协调孔孟关于人性论说差异的问题。这里,有必要简单反思一下王夫之与程朱理学的异同。其实,他们都坚持孟子的性善论,但对于现实中之人何以"性"只是相近以及"恶"的产生根源问题上却有着不同的看法。

孔子以性为相近,孟子则道性善,程颐认为孔子和孟子所言不是同一个性。孟子所说的是本然之性,本然之性只是理,理无不善,人人都是相同不存在相近的问题;而孔子所说的是气质之性。程颐以气质之性专以气言。在他的哲学语境中,气质之性主要指才,才因气禀而有,气有清浊善恶,才即有善有不善,气质之性也就有善有不善,所以只能言相近。程颐关于人性的观点,一则他已经较为明确地从理气二分的角度,来分疏孔孟的人性论。人性和气质是没有关系的,性自是性,气质自是气质,不能混为一谈。因此,程颐事实上认为人存在两种性,本然之性和气质之性,但对于现实的具体个人而言,本然之性和气质之性是何种关系,程颐并没有具体说

---

① 王夫之著:《读四书大全说》,《船山全书》第6册,第864页。
② 王夫之著:《读四书大全说》,《船山全书》第6册,第864页。

第四章 "性者生理,日生日成"——继天权几的人性生成论

明。二则他认为人性的善恶有着先天的根据,那就是人天生的气禀。①

朱子则觉察到程颐的人性学说隐藏着性二元论倾向,他强调性与气质不离不杂,所以他说孔子所言性是兼气质而言。由此,朱子所谓的气质之性已经和程颐的不同,气质之性不是天命之性之外的另一个性,气质之性就是天命之性落入气质中所成的性,气质之性是理与气的结合体。② 如此,性虽然不存在二元的问题,性和气质却成为外在的糅合。根本上说,性和现实的人仍然是两回事,只不过是天理寓于人之中就叫作性,而理、命、性是无差别同一的。表面上看,程朱理学似乎合理地解决了孔孟人性论的差异,但是具体分析则又不然。

首先,对于孟子坚持的人性善而言,程朱是认同的。但事实上,程朱理学只是抽象地讲人性善。因为一讲人性都是针对人而言,人都是有气质的,气质天生有善有不善,那么现实具体的人性从来都是有善、有不善。这样,恰好是背离了孟子的性善说。程朱理学对于性善论其实是抽象的肯定、现实的否定。孟子言形色天性、言践形,从未说过形色有恶。如果以天生才质就有恶,和孟子的观点至少可以说是不协调的。

其次,对于孔子所说的性相近,程朱都认为是气质之性可以言相近,但是既然气质有善有恶,那么气质之性也不能说是相近而是天生就相远。

最后,程颐说"论性,不论气,不备;论气,不论性,不明"③,王夫之很不以为然。因为在孔孟,根本就不存在理气关系的问题,以孟子论性只言理不及气,孔子论性只言气不及理,那恰好是程朱用自己的理论主张去匡正

---

① 张岱年先生认为程颐将人性分为两个层次,一个是作为"性之本"的"极本穷源之性",其实质是仁义礼智的天理;一个是"生之谓性"之"性",它是指人的气禀,程颐事实上将之视为"才"。作为"理"之性只是善,而作为"气禀"的才性则有善有不善。详见张岱年著:《中国古代哲学概念范畴要论》,北京:中国社会科学出版社1989年版,第182页。陈来教授承继了张岱年先生的观点,他认为程颐虽然强调"性即理"的天命之性才是"性之本",但是程颐也赞同气禀是一种性,即是气质之性;而且程颐关于讨论人性既要言"性"(即是"理")、又要言"气"的观点,成为后来理学家的共识。参见陈来著:《宋明理学》(第二版),第80—81页。李存山教授认为,程颐从理本论的角度将张载气本论视野下的"天地之性"与"气质之性"的区分化归为理、气的区分,其中作为"理"的天地之性是纯善,作为"气"的气质之性则是善与不善相混。因此,程颐的人性论是一种典型的理气二分的性二元论思想。见李存山著:《中国传统哲学纲要》,北京:中国社会科学出版社2008年版,第174—178页。

② 朱子对气质之性的界定,和道教学者张伯端的思维方式完全相同。张伯端即认为,所谓气质之性无非就是元性落入初生的胎孕气质中。只不过,朱子将道教的元性换成了二程的天理。据刘固盛教授的研究,他通过对道教学者与程朱理学关于人性论讨论的原始材料之对比分析,认为程朱理学的人性思想中"天命之性与气质之性的理论建构,并非原始儒学的自然延伸,而是受到了当时的道教学者陈景元、张伯端老学思想的影响"。详见刘固盛:《二程人性论的道家思想渊源》,《华中师范大学学报(人文社会科学版)》2005年第2期。

③ 程颢,程颐著:《二程集》,王孝鱼点校,北京:中华书局1981年版,第81页。

孔孟。

　　由上而言,程朱理学其实并没有真正统一孔孟的人性论,只是采用自身理气二分的思维方式,从本然和实然的层面区分孔孟的人性论;在具体的理论建构上,既可说是对孔孟荀以来儒家人性论的一种创造性建构,也可以说是对孔孟人性论的一种偏离。其中的根本原因就在于,程朱理学在应对佛老的挑战中,拈出一个"理"以对抗佛教的佛性、道教的元性,从而走向了实体化的本体论思维范式。

　　程朱理学所谓的性理虽然是儒家意义上的,但在哲学思维方式上却是佛老的。他们对性理的描述其实类同于佛家所说的"圆成实性",天生具足、一成不变。至于其重理贱气,离析人性与气质的内在关系,以气质为不善之源,更是佛家以性为真、以根身器界为妄的一种温和变相的表达。王夫之于此批之甚烈,"盖苟视此臭皮囊为赤白和合不净之所成,亦如粪壤之生蔬谷,而父母未生前别有本来面目,则此泡之聚、捏目之花、熏成妄立之肉骨筋骸,而窃之烹之,以聊填我之饥疮也,亦何不可哉!圣人不作,辟之者无力,人之日即于禽而相残也,吾不知其所终矣"①。以气质为不善,人的气质之外别有所谓圆满的本来面目或只是这本来面目寓寄于人身之中,在王夫之看来都是对孔孟正学的背离。

　　王夫之以气质之性为"气质中之性",使气质和人性内在有机地统一起来。凡言人性都是气质中之性,气质中之性即是本然之性。人性有实、气质皆灵,恶的根源既不在质、也不在气,不善在形气之外。人性皆善,但因质的差异而表现为相近。与程朱理学理气二分的架构来论述天命之性与气质之性不同,王夫之从气一元论的角度出发,一方面坚持气化现理,因此人性只能是气质中之性,质之异导致性相近;另一方面又肯定气善而理善,生人之理气善则人之形色气质、人性无不善。如此,王夫之不仅在真正意义上承继了孟子的性善说,而且较为完满地整合了孔孟以及《易传》的人性学说,归于人的善性相近。天之气以理凝质充气,气质虽然本然地函具理,但质静浊有体,不仅表现出人人有异的才质,还表现出欲求声色臭味的攻取之性。王夫之进一步阐述气质中之性与才、欲的关系。

---

① 王夫之著:《读四书大全说》,《船山全书》第6册,第983页。

三、"气成质而质还生气"——才、欲与气质中之性

从天道气化流行生人的角度,人是禀气而生,可称作气禀①。气禀,即是"人生来对气的禀受"②,它表征人生命的产生源于气之所授。按《朱子语类》中的说法,"气积为质"③"气是那初禀的,质是成这模样了底"④。那么,所谓气质就是指所禀之气和其凝成的形质。⑤ 在一般意义上,气禀和气质是可以通用的。至宋明儒,则直接将气禀、气质与性联系起来,而有气质之性、气禀之性的说法。上文已述,王夫之认为气质之性即是气质中之性,气质其实就是气与质,气质本然函具的理即是人性。分为气、质、性,但都统一于阴阳五行、健顺五常生人之理气,它们的差异表现为一气当中的阴阳、虚实的不同。王夫之说:

性,阳之静也。气,阴阳之动也。形,阴之静也。⑥

人之为灵,其虚者成象,而其实者成形,固效灵于躯壳之所窍牖,而躯壳亦无不效焉。凡诸生气之可至,则理皆在中,不犹夫人造之死质,虚为用,而实则糟粕也。⑦

上述材料中,王夫之从气之阴阳虚实的角度说明了人的身体是性、气、质有机统一的生命体。人之气分太虚健顺之和气而有,偏于阳性,故清虚善动。"虚者成象"即是指性,性为气之理,随气而充盈形质,主要表现为阳之静。质或形主要是阴气凝结而成,所谓"实者成形"。质偏于阴性,但并不是说质中无阳,而是阴显阳隐。人的形质表现为实,气与性表现为虚,阴阳不可以截然分离,人就是阴阳虚实统一的灵性有机体。

---

① "气禀"一词当首见于《韩非子》。《韩非子·解老》中说:"稽万物之理,故不得不化;不得不化,故无常操;无常操是以死生气禀焉,万智斟酌焉,万事废兴焉。"参见王先慎撰:《韩非子集解》,钟哲点校,北京:中华书局1998年版,第147页。韩非的说法表明,气禀是指人因禀受气而有生命。
② 金炳华等编:《哲学大辞典》(修订本),上海:上海辞书出版社2001年版,第1117页。
③ 朱熹撰:《朱子语类》,《朱子全书》第14册,上海:上海古籍出版社,合肥:安徽教育出版社2002年版,第114页。
④ 朱熹撰:《朱子语类》,《朱子全书》第14册,第430页。
⑤ 据日本学者研究,将"气"与"质"合并形成"气质"的概念,当始于宋代。详见[日]小野泽静一、福永光司、山井涌编:《气的思想:中国自然观与人的观念的发展》,李庆译,上海:世纪出版集团 上海人民出版社2007年版,第337页。
⑥ 王夫之著:《思问录内篇》,《船山全书》第12册,第407页。
⑦ 王夫之著:《读四书大全说》,《船山全书》第6册,第860—861页。

对人的形质而言,不同于人造的死质,它本然地函具偏阳性的虚灵之气。但既已成质,它更多表现为阴性的静滞沉浊。一方面,质有刚柔清浊厚薄的差异,表现为人的才有不同;另一方面,既已成质,耳目口鼻之质自然就有声色臭味的欲求以滋养质,质又呈现出欲。由此形质或身体就表现出"才"与"欲",准确地说是质之才与质之欲,本小节讨论才、欲与气质中之性的关系。

(一)"才"与气质中之性

在王夫之的哲学语境中,"才"首先是指"才质",由才质的清浊厚薄偏全表现出昏明、强弱、敏钝、静躁等"才性",人以此才质应事接物就表现为"才能"。因此,王夫之所说的"才"是指才质、才性和才能的统一,它们都根源于人的形质,气成质而有才。他说:

> 昏明、强柔、敏钝、静躁,因气之刚柔、缓急而分,于是而智愚、贤不肖若自性成,故荀悦、韩愈有三品之说,其实才也,非性也……才者,成形于一时升降之气,则耳目口体不能如一,而聪明干力因之而有通塞、精粗之别,乃动静、阖辟偶然之机所成也。性借才以成用,才有不善,遂累其性,而不知者遂咎性之恶,此古今言性者,皆不知才性各有从来,而以才为性尔……居移气,养移体,气体移则才化,若性则不待移者也。才之美者未必可以作圣,才之偏者不迷其性,虽不速合于圣,而固舜之徒矣。程子谓天命之性与气质之性为二,其所谓气质之性,才也,非性也。①

上述较为清晰地论述了气质与才、才与性的关系。在王夫之看来,历史上所谓的性三品说以及程颐的气质之性说,都是以才为性,根本上是以"质"的差异言"性"。王夫之是不能认同的:

首先,以才为性,是混淆了质和性。才由质而有,而性则是气质中之理,性虽本然地函具于质之中,但质并不是性,质所表现的才当然不能称作性。

其次,质和才是可以改变的,通过变化气质可以纠正质之偏;性则本来如此,性需要发展充实,却不是说性要发生根本改变。才可变,性则有恒,于此而言,"才"也不能称作性。

再次,质因理成,有性而有才,性是体、才是用。即使才质全而美,也未

---

① 王夫之著:《张子正蒙注》,《船山全书》第12册,第129页。

第四章 "性者生理,日生日成"——继天权几的人性生成论

必能成为圣人;而且如果没有性理的主宰,才质之美更可能造就极大的恶。相反,才质有偏,人的善性不容易显发,但若以性为体,虽不即是圣但也是个善人。所以,才质的偏全不足以决定人性的善恶。

最后,既往以才为性的观点,都是为了解释现实中存在恶的根源问题。程朱理学将恶的根源归罪于人的才、气质或气禀,才与气质天生有善有恶,初生就被决定。程颐以气禀"一受之成俐而莫能或易"①,朱子更将"有生之初,气禀一定而不可易者"当作命②。如果说气质或气禀是命定的、不可变易的,那么在对现实人性善恶的解释上,程朱理学在一定程度上就陷入了气质决定论和命定论。虽然,他们也强调变化气质,但在理论的自身逻辑上是不自洽的。

可以看出,王夫之尤为反对以才质言性,一方面才质有偏但并不是恶,更不能说人之气是恶,气质内在地函具性而有善的价值;另一方面,性虽然为气质中之性,但并不是说人性就是才质的特性,以才为性,正是不知性。王夫之甚至严厉批评程颐以才为性的观点,"君子不以清浊厚薄为性,则其谓清浊厚薄为性者,必非君子矣。而程子抑言有气质之性,则程子之说,不亦异于君子哉"③!

(二)作为气质攻取之性的"欲"

王夫之反对程颐是以才质为性的观点,但他认同张载以质的声色臭味之欲为性的思想。不过,王夫之强调作为气质攻取之性的"欲"和气质中之性仍然是有区别的。他说:

> 气质者,气成质而质还生气也。气成质,则气凝滞而局于形,取资于物以滋其质;质生气,则同异攻取各从其类。故耳目鼻口之气与声色臭味相取,亦自然而不可拂违,此有形而始然,非太和絪缊之气、健顺之常所固有也。④

上述材料中,王夫之说明了质之欲是如何产生的以及欲望与人性的关系,从气以理成质而言,质是天之所成,王夫之称为"气成质";但质还有赖于后天的取物长养,人之质与物往来,此就是"质生气",表现为取同攻异,也可称作攻取之性。究其实,所谓攻取之性,就是指耳目口鼻四肢对于声

---

① 王夫之著:《读四书大全说》,《船山全书》第6册,第692页。
② 王夫之著:《读四书大全说》,《船山全书》第6册,第678页。
③ 王夫之著:《读四书大全说》,《船山全书》第6册,第1142页。
④ 王夫之著:《张子正蒙注》,《船山全书》第12册,第127页。

色臭味货利的自然欲求。一方面,王夫之肯定人的欲望的合理性和不可或缺性,声色臭味之欲是人生后自然必有,也可以称作性。人必以声色臭味以厚其生。但另一方面,声色臭味货利之欲虽然可称为性,但主要是质的属性,因质的阴性显现出来,并不是质中之气所函具的仁义礼智之性,故王夫之特称为气质攻取之性。

作为气质中的仁义礼智之性和质之中的攻取之性虽然均可以称作性,但二者是有差别的,王夫之坚持道德理性的至上性和崇高性。一则,性与欲都是与生俱有,但在逻辑上作为生理的性凝形充气而有质,有性而后有质,有质而后有欲。二则,"性是二气五行妙合凝结以生底物事"①,它是太虚之气的本然状态;质却还需要取资于外物以滋养,质生气与物攻取而有时位的不当,此生气就不再是气的本然状态,甚至成为驳杂之气。不过,差别不等同于排斥,二者更是有机统一的,统一于仁义礼智之性。仁义礼智之性是体,而声色臭味之欲是其必有之用,由体发用,则"好勇、好货、好色,即是天德、王道之见端"②;由用见体,人性不是在气质才欲之外寻求,人性即是人在追求甘食悦色的活动中所显现出来的自我节制和秩序条理。

从根本上说,王夫之认为人性只有一个,即气质中之性。才质固然不能称作性,质的攻取之性即欲望也是因气质中之性而有。具体分析有气、质、性的区分,质又表现为才和欲,但气质与人性相与为体,它们是内在统一的。所以,王夫之强调说:"盖性即理也,即此气质之理。主持此气,以有其健顺;分剂此气,以品节斯而利其流行;主持此质,以有其魂魄;分剂此质,以疏浚斯而发其光辉。即此为用,即此为体。不成一个性、一个气、一个质,脱然是三件物事,气质已立而性始入,气质常在而性时往来耶?说到性上,一字那移,不但不成文义,其害道必多矣。"③人性是"气—质—性"的统一体,因天命而所以生,因气质而生存于世,更因生生不息而日臻完美。

第三节 "命日新而性富有"——人性的生成与发展

人的一生,从来就是置身于天道气化生生、健动不息的开放生成之流当中。人性作为人的存有之理,则理所当然、毋庸置疑也是一个日新富有的生成过程。王夫之讲性日生日成,"日""生""成"三字突出了人性的时

---

① 王夫之著:《读四书大全说》,《船山全书》第 6 册,第 397 页。
② 王夫之著:《读四书大全说》,《船山全书》第 6 册,第 962 页。
③ 王夫之著:《读四书大全说》,《船山全书》第 6 册,第 865 页。

间性、生成性和能动性的特征。"日",与"时""几"相关,表明了人性的时间性、时机性和当下性;"生"意味着生命的动态性、连续性和创造性;"成"则彰显人性存在的主动性和能动性,它又具体表现为人性生成的"继天"和"权几"。

"日"(时、几),"生"(生生、动),"成"(继、权、习)①,它们本身是中国传统哲学中固有之义,尤为《易传》所阐发。据南宋时王称所撰《东都事略》记载:"世宗观《大水泗州记》,以问俨。俨以为天地有五德:曰润、曰暵、曰生、曰成、曰动。五德,阴阳之使;阴阳,水火之本。"②窦俨以天地之德为润、暵、生、成、动,本于天道阴阳水火之性。论及生、成、动等,但都是在天道言。在中国哲学史上,王夫之明确将"日""生""成"统一为"日生日成"以论人性,这也是他人性论中最具特色和最富创发力的地方。

一、"一受成侀"与"日生日成"——两种不同的人性观

王夫之的人性日生日成学说,一方面是其气的生成性实有论落实到人性论上的必有之义;另一方面也是针对理学家以初生天命之性就是人性的极致,而混同于佛教的"现成佛性"、道教的"胎元"之说而发。由此,就形成了两种不同的人性观:一种认为人性"一受其成侀而无可损益",一种认为天命日新、天化不息而人性"日生日成"。王夫之坚持人性善,同时强调人性之善是一个生成发展的动态历史过程。他说:

> 夫性者生理也,日生则日成也。则夫天命者,岂但初生之顷命之哉!但初生之顷命之,是持一物而予之于一日,俾牢持终身以不失。天且有心以劳劳于给与,而人之受之,一受其成侀而无可损益矣。③
> 命日降,性日受。性者生之理,未死以前皆生也,皆降命受性之日也。初生而受性之量,日生而受性之真。为胎元之说者,其人如陶

---

① 清华简《命训》与《逸周书·命训》中言"大命有常,小命日成",以"生成"论"命"。刘国忠先生认为,天生民成就的是"大命",而司德"正以祸福"的则是小命。所谓"小命日成",孙诒让云:"日成,谓日计其善恶而降之祸福也。"详见刘国忠:《清华〈命训〉中的命论补正》,《中国史研究》,2016年第1期,第25—26页。黄怀信等撰:《逸周书汇校集注》(修订本),上海:上海古籍出版社2007年版,第20—21页。王夫之提出的"命日新而性富有"的人性"日生日成"的观点则主要承继了《易传》的传统,"命"是指日新的德命而非祸福之命,和《命训》中"小命日成"的观点是有区别的。

② 王称撰:《东都事略》,《二十五别史》,孙言诚、崔国光点校,济南:齐鲁书社1999年版,第243页。

③ 王夫之著:《尚书引义》,《船山全书》第2册,第299页。

器乎!①

王夫之意在说明:天命不是人一出生就全部命之于人,人性也不是初生就固定下来,人性始终处在不断发展变化、日新富有的时间性生成过程之中。命是自天而降之于人,性是自人而受之于天。天命不息,日日降命于人,人也日日受之为性。"初生而受性之量","量"是范围、境域的意思,但不是指物理空间,而是意义生成空间。朱子析理气为二,"性即理"意味着人性为气外别有一实存之物。而王夫之则在气上见理,人之气充盈流动于人之形而显现出人的性理。由于气是生成性、境域性的,"虚空者,气之量"②,故人性也就不是某一实体、不是程朱理学意义上的理体,而是表现为一个意义生成境域,它处于天地气化流行之中,处于往古来今的大化洪流之中。初生之时,人之性早已有所指向、有所欲,"'可欲之谓善',早已与性相应矣"③,但人性之善尚在生成之中。随着人的生成长养,在日日受天命之性、日日取精用物的过程中,人性的意义才不断充实光辉以至于化而不可知,即所谓"日生而受性之真"。"性者生之理"是说人之性是一个意义生成起来的过程,人性是人生天地间的最基本存有方式,人未死之前都处在意义的生成之中。

(一)"日生而受性之真"——能动发展的人性生成论视野

王夫之从其人性日生日成的观点出发,创造性地解释了孟子"道性善""赤子之心"的观点。孟子言"大人者,不失其赤子之心者也",王夫之认为此句不能反过来说成"不失其赤子之心者也,大人也"。赤子之心固然是人之性,是在人之天,但它只是初生所受性之量,"赤子真有未全,而妄不相涉"④;而大人则是由赤子之心"日生而受性之真"而言,"'不失其赤子之心',未便即是大人,特谓大人者虽其笃实光辉,而要不失其赤子之心也"⑤。赤子之心和大人之别,正表明人性是一个不断生成的过程。由此,王夫之认为孟子"道性善"只是说初生之性,也即是赤子之心。此初生之性、赤子之心"虽曰'性善',性却不能尽善之致"⑥,不能将笃实光辉、化而不可知的人性生成的极致等同于初生的善性。以为人初生之时,就获得了

---

① 王夫之著:《思问录内篇》,《船山全书》第12册,第413页。
② 王夫之著:《张子正蒙注》,《船山全书》第12册,第23页。
③ 王夫之著:《读四书大全说》,《船山全书》第6册,第1019页。
④ 王夫之著:《读四书大全说》,《船山全书》第6册,第1019页。
⑤ 王夫之著:《读四书大全说》,《船山全书》第6册,第1018页。
⑥ 王夫之著:《读四书大全说》,《船山全书》第6册,第1019页。

第四章 "性者生理,日生日成"——继天权几的人性生成论

圆满现成的人性,而没有生成变易,超越时间和空间,这恰恰是将人性当作一个现成的实体,成为佛教所说的"现成佛性"和道教所谓的"胎元"。[①] 因此,王夫之强调人性是"日生日成",而竭力反对以人性为"一受成侀"的观点。这实质上开启了一个迥异于程朱理学和佛老人性学说的能动发展的人性生成论视野。

王夫之所说的性者生理,"生"一是指天生人的性、形、气,但更是指生生、生成,"生"是在动词的意义上使用。所谓日生日成,也是日成日生,生—成、成—生,生亦成、成亦生,既生又成、既成又生,"生""成"相续不断。人性正是在"生"与"成"的交相引发中展开为一个时间过程、一个意义生成空间。人之性不但顺受天命而自生而生,而且还主动权几用物、成性存存。"受"与"权"、"被动"与"主动"在人性生成的境域中相互作用,共同成就人性的发展,这就使人的自由意志成为可能。人性生生不息,其生成总是朝向明日之生、未来之几,时时刻刻都需要人当下的受命权几。由此,王夫之的人性论彰显出一种健动不息、趋时更新、只争朝夕、积极有为的人生观,可谓是"向生而生"。他说:

> 未死以前统谓之生,刻刻皆生气,刻刻皆生理;虽绵连不绝,不可为端,而细求其生,则无刻不有肇造之朕。若守定初生一日之时刻,说此为生,说此为始,则一受之成型,而终古不易,以形言之,更不须养,以德言之,更不待修矣。[②]

上述引文说明了静态现成的人性观,恰好是废弃人道自身的努力。"一受成侀"的观点,"性者生理"之"生"是作名词用,"生"指初生的那一刻,生也只是一次生,这样的人性呈现出封闭、静止、现成化和实体化的倾向。既然人性是"现成",圆满具足、无有损益、超越时空,那么,人道也将无所作为。形可以不养,德可以不修,直是任天道而弃人道。

程朱理学以天地人物只是一理,人物之生都禀赋同一个理为人物之性,此即是天命之性。天命之性虽然为气质所障蔽,但在初生就已经具足

[①] 王夫之言:"孟子亦止道'性善',却不得以笃实、光辉、化、不可知全摄入初生之性中。《中庸》说'昭昭'之天,'无穷'之天,虽无间别,然亦须分作两层说。此处漫无节奏,则释氏'须弥入芥子''现成佛性'之邪见,皆由此而生。愚每云'性日生,命日受',正于此处分别。在天之天'不贰',在人之天'不测'也。"见王夫之著:《读四书大全说》,《船山全书》第6册,第1019—1020页。

[②] 王夫之著:《读四书大全说》,《船山全书》第6册,第753页。

完备于人物的气质之中,以后再无损益变化。这样的人性仿佛就如某一物,人在初生就获得,终身不失、一生不变,"是持一物而予之于一日,俾牢持终身以不失""一受其成侀而无可损益"。而人所需要下的工夫,要么在敬中涵养此"物",要么通过变化气质以显明此"物",要么通过格物穷理以反证此"物"。但人的天命之性本身是没有变化的,变化的只是障蔽此性的气质。朱子如珠在水、如灯在笼的比喻,形象地说明了他的观点。作为"性"的灯、珠是不变的,它只是随着水的清浊、纸的厚薄的变化而显明不同而已。对人性的看法,程朱理学的"性即理"、佛教的"现成佛性"、道教的"胎元",其实都走向了实体主义的道路。陆王心学虽然讲"发明本心""致良知",着眼于本心的发用流行、感通万物,但其"心即理"之"理"和程朱理学的"性即理"之"理",其实有异曲同工之处。按王夫之的看法,程朱、陆王所讲的人性其实都是"天之天的天性",而不是"在人之天性";都是说天性之"无穷""不贰""同一",而不是讲人性之"昭昭""不测""生成"。要而言之,程朱陆王根本上只是在说"天性""天心",而不是在讲人之性。

王夫之独具一种气的生成性实有论视野,不以理为别有一物而于气上见理。一方面,气的生成性造就理的多样性,故物性千差万别,而和人性根本不同;另一方面,对人而言,气的生成性又彰显性理的意义生成性。这种性理的意义生成性,体现在人通过其实践生存活动不断地化天之天为人之天的过程当中。王夫之又从"诚明合致而天人交尽"[①]的角度论证人性的生成发展观。

(二)"诚明合致而天人交尽"——人性在天人互动中生成

天道只是诚,诚则不贰,所谓"在天之天'不贰'"[②];而人之道则是诚之,"诚─之"的"诚"作动词用,即表明人性不是初生就一受成侀而无变异,而是不断地化天之天为人之天的日臻完善的生成过程。王夫之说:

> 人所有者,人之天也,晶然之清,晶然之虚,沦然之一,穹然之大,人不得而用之也。虽然,果且有异乎哉?昔之为天之天者,今之为人之天也;他日之为人之天者,今尚为天之天也……故君子之言事天也,宁小其心,勿张其志:不敢曰吾身之固有天也,知其日益,不惧其日远;不敢曰吾事固有之天而已足也,知其理,迎其几,观其通,敬其介,则见

---

① 王夫之著:《四书训义》(上),《船山全书》第7册,第188页。
② 王夫之著:《读四书大全说》,《船山全书》第6册,第1019—1020页。

天地之心者乎!①

王夫之以上通过论述"人之天"与"天之天"关系,进而阐明人性在天人互动中的生成。他扬弃"天人同一"和"天人相分"两种观点,而讲天人相通、天人交尽,在人性和天道之间张开一个人道流行的生成空间。作为在人之天的人性,并不能直接等同于清虚一大的"天之天"。但二者都处在生生变易、相互交尽之中,人的取精用物的实践生存活动不断化"天之天"为"人之天",人之性就表现为开放能动的、日新发展起来的意义生成过程。从"现成"的观点出发,认为人性初生具足、无有变易,则是将人直接等同于天,也就褫夺了人天之间那种原初的、互动的、充满活力的生成境域。

所以,王夫之论性者生理、日生日成,正是以人性的生成维持住天道与人道的张力,凸显人作为实践主体的地位。"天之化裁人,终古不测其妙;人之裁成天,终古而不代其工。"既不宠人而僭天,又不存天而遗人,人性的自我生成是人之为人不可让渡的责任。"不敢曰吾身之固有天也",人性不是天,唯人性日新富有的生成可上达至天;"不敢曰吾事固有之天而已足也",即不能执理以限天,天道无穷难测,唯有人道积极有为地不懈努力,知几审位、朝乾夕惕,方可语天人之际,方可说知人知性。

综上,王夫之主要从两个方面展开其人性生成思想:一是从天而人(天→人),天命不息于已生以后,以人日受天命而自生而生的过程,论"命日新而性富有"②;二是从人而天(人→天),以人在实践生存活动中"取精用物",受天几、权人几的过程而论习与性成。二者互动,"诚明合致而天人交尽"(天⟷人),从而论证了人性是一个"德性日新"③的生成过程。

二、"习成而性与成"——先天之性与习与性成

人性所敞开的意义生成空间,一方面是受日新天命赋予的自生而生的过程,一方面则是后天人自主权衡选择、取精用物的实践过程。"自受"而知性,"己权"而成习;"自受"即继善成性,"己权"即习与性成。王夫之认为,人性是天人之际的"继善成性"与人物之际的"习与性成"共同作用的

---

① 王夫之著:《诗广传》,《船山全书》第3册,第463页。
② 王夫之著:《思问录内篇》,《船山全书》第12册,第417页。
③ 王夫之人性生成的思想有取于李贽的"德性日新"的观点。详见萧萐父、许苏民著:《王夫之评传》,南京:南京大学出版社2002年版,第320—321页。

结果,他综合孔子、孟子和周敦颐的思想,从个体在社会实践中发展变化的过程来论述人性善恶的形成。他说:

> 周子曰:"诚无为。"无为者诚也,诚者无不善也,故孟子以谓性善也。诚者无为也,无为而足以成,成于几也。几,善恶也,故孔子以谓可移也。有在人之几,有在天之几。成之者性,天之几也。初生之造,生后之积,俱有之也。取精用物而性与成焉,人之几也。初生所无,少壮日增也。①

王夫之发展了周敦颐"诚无为""几善恶"的观点。他特别重视"几",认为有"天之几"和"人之几"区分。"几"首先是指居间引发之际,"天之几"即是天变合生人物之际,"人之几"即是人与物攻取之际;"几"又是几微不可测,有"时机"的当与不当,有"时位"的得与不得。变合攻取之际,时之不当、位之不得,于是有恶的产生,所以是"几善恶"。天道流行、生生不已,生则有变合之差,不能有择必善,此"天之几"唯生人是善,而禽兽草木则不善。人受天命而成善性,这是一个被动的自生而生的过程,是天之事,所谓"成之者性,天之几也"。但人生天地间,不仅被动地接受天命所赋的善性,而且还在生存实践中主动"取精用物",所谓"取精用物而性与成焉,人之几也"。"人之几"则没有必善之势,它取决于人之"权",取决于知几审位。

王夫之由"天之几"和"人之几"引出先天之性和后天之性的区分。而人性的生成总是处在"天之几"的先天之性与"人之几"的后天之性的交互作用中。"天之几"所成之性,初生即被赋予,并日受天命而富有,王夫之称之为先天之性;"人之几"所成之性,初生所无,随年岁增长而有,王夫之称之为后天之性。"人之几"是指人与外物打交道,此即是"习"。"习者,亦以外物为习也,习于外而生于中,故曰'习与性成'。"②所以,后天之性即是习成之性。王夫之认为孟子所言性其实是先天之性,即是在"天之几"上言性。

先天之性是内生者,内生者是"天在己者",所以无不善。人之所性、所欲、所为,自人性而至形色以至于好勇、好货、好色都非不善,"形色皆灵,

---

① 王夫之著:《尚书引义》,《船山全书》第2册,第302页。
② 王夫之著:《读四书大全说》,《船山全书》第6册,第964页。

第四章 "性者生理，日生日成"——继天权几的人性生成论

全乎天道之诚，而不善者在形色之外"①。后天之性则是外生者，外生者是在人物攻取之际的"人之几"。如果"因乎习之所贯，为其情之所歆"②，人失其"权""审"而"纯疵莫择"，就会导致人性的不善。在王夫之看来，人性的不善不能归咎于先天之性，也不能归咎于人之形色和欲望，当然也就不能归咎于气禀和气，不善之源在于后天之习。他区分先天之性与后天之性，先天之性其实只是天之事，它决定了人性善的普遍必然性；但具体现实中个人的人性或善或恶，则取决于人之"习"，这是人之事。于是，人性生成的责任最终落实到人身上。王夫之试图将孟子的"道性善"和孔子的"性相近，习相远"统一起来。他说：

> 先天之性天成之，后天之性习成之也。乃习之所以能成乎不善者，物也。夫物亦何不善之有哉？（如人不淫，美色不能令之淫。）取物而后受其蔽，此程子之所以归咎于气禀也。虽然，气禀亦何不善之有哉？（如公刘好货，太王好色，亦是气禀之偏。）然而不善之所从来，必有所自起，则在气禀与物相授受之交也。气禀能往，往非不善也；物能来，来非不善也。而一往一来之间，有其地焉，有其时焉。化之相与往来者，不能恒当其时与地，于是而有不当之物。物不当，而往来者发不及收，则不善生矣。③

以上王夫之的论述，从先天之性与后天之性动态相互作用的生成维度说明善恶的产生。一方面他坚持了孟子的性善论，不过这个性善论要从以下几个方面界定：第一，人性善根源于天道，从"天之几""先天之动"而生人的角度，则唯有人性是善，禽兽与草木之性不善，人性善是人类区别于物的类特性；第二，天道生人之善性是一个自生而生的过程，"天之几"是人所不能左右的，这强调了人性善的受动性和普遍必然性的一面；第三，由于天命日新，人性之善不是初生就被赋予善的极致，而是日日都被赋予新的善性；第四，人性善是所以生人之理善而致，此生理凝为人之身心而发为情才，人性善则人之气质、形色、情才、欲望初并无不善；第五，人性总是被局限在一定范围的气质之中，气质非不善但却有偏，所以人性之善只是相近而不是相同。

---

① 王夫之著：《读四书大全说》，《船山全书》第6册，第964页。
② 王夫之著：《尚书引义》，《船山全书》第2册，第300—301页。
③ 王夫之著：《读四书大全说》，《船山全书》第6册，第964页。

另一方面,对在现实中人性所表现出来的不善,王夫之主要引入了孔子"习"的概念,用习与性成、后天之性来解释不善的产生。但后天之习性也不是就一定不善,人之气禀、形色并非不善,与之相为攻取之物也非不善,天地没有不善之形色,也没有不善之物,恶的产生在于"几"。王夫之说:

> 天地无不善之物,而物有不善之几。(非相值之位则不善。)物亦非必有不善之几,吾之动几有不善于物之几。吾之动几亦非有不善之几,物之来几与吾之往几不相应以其正,而不善之几以成。①

王夫之从人物互动相交之"几"的时位不当来说明人性不善的由来。人之性动而有心之动几,动几无必善之势,但心之动几本身不是恶;天地之化不齐,物之动也有不善之几,但同样非必为不善。唯当人与物相授受往来、攻取之际的"人之几",作为实践主体的人,不善于权衡选择、知几审位,这样所来之物才成为障蔽、所往之气禀也为之陷溺,日久而成不善之习。虽然天命日新之性不息,但正是由于自我选择不当所养成的不良习性最终导致了人性的恶。于此分析王夫之的观点,他其实认为现实中个体之性的善与不善,并不是初生就能决定的,人性的善恶主要是在人后天的自主选择行为过程中形成的,即是说善恶其实是一种可能性而不是现成性,我们既随时因自己的所作所为而去恶成善、也时时刻刻因自我的选择而弃善从恶,现实中人性的善恶是个体自由意志选择的结果。

由上可见,王夫之通过先天之性与习与性成的相互作用的过程来论述人性善恶的形成,表明人性善恶并不是一个既成的状态,而是始终处在发展变化的生成过程中。因此,每一个人的人性都不是先天决定的,而是在后天的生命过程中自我权衡和选择的产物,正是我们自己造就了自我的人性,我们对于自我成就什么样的人性承担着不可推卸的责任。这样,王夫之以人性的生成论取代既往的各种人性现成说,将人性视为一个意义生成的境域,从而为人的生存实践智慧(习、知几审位)和自由意志(权、继)的施展敞开了空间。

三、"人道始持权"——权、继、习与自由意志

在人性意义生成的境域中,王夫之认为存在着相互作用、彼此对生的

---

① 王夫之著:《读四书大全说》,《船山全书》第6册,第965页。

两个维度,一个维度是"天之几"先天之性,主要在"天人之际"言;一个维度是"人之几"的后天之性,主要在"人物之际"言。二者互相为体,在积而成乎久大的宇宙时空中、在人的实践生存活动中展开,共同作用于现实中具体人性的生成。

(一)人性在"天之几"维度的生成

"天之几"主要是从受动的方面论命日新而性富有,先天之性是一个自生而生、连绵不绝的过程,其实就是王夫之所论的继善成性。

"天之几"说明了人性善是作为人的类特性,对具体人性的形成而言,它是对自我先天之性的一种体认状态。人成为人,他总是对人之为人有一种体认,但这不是反思和认识论意义上的。所谓"知性"正是人生天地间所体认到的人性的原初状态,这恰好来自天人之际的本然相通,而首先不是道德认识的结果,如"乍见之怵惕""介然之可否"。"天之几"意义上的"知性"正说明人从来就是、一开始就处在人性善的生成道路中,但尚未有成性。而且,先天之性日日赋予人,人的一生都处在降命受性的过程之中。

天道继善而成人的善性,但只有"天之继"还不够,还必须有"人之继"。"天之几"自生而生的"天之继"过程就和"人之几"的"人之继"之功互相作用起来。如果人只被动接受天命之性,而不自继其善,那么天所曰命之性也不可存。王夫之特别强调"天之几"继善成性过程中"人之继"的重要作用,人性的两个维度在此相生相成。他说:

> 继之则善矣,不继则不善矣。天无所不继,故善不穷;人有所不继,则恶兴焉……乍见之怵惕,延之不息,则群族托命矣;介然之可否,持之不迁,则万变不惊矣……其不然者,禽兽母子之恩,噩噩虞虞,稍长而无以相识;戎狄君臣之分,炎炎赫赫,移时而旋以相戕;则惟其念与念之不相继也,事与事之不相继也尔矣。从意欲之兴,继其所继,则不可以期月守;反大始之原,继其所自继,则终不以终食忘。何也?天命之性有终始,而自继以善无绝续也。[①]

上述材料中,王夫之充分说明了"人之继"对于"天之继"上降命受性的积极能动作用,而备言人的继之功。"善者其继乎","人之继"首先意味着对"天之继"的主动承继和担当,这就突出了人的道德主体地位。天道继善自生而生、自然自发,只有到了"人之继"才获得主体意识,从而进入

---

① 王夫之著:《周易外传》,《船山全书》第1册,第1008页。

自主自为的阶段。"人之继"化自然为自为、由受动到主动,体现了对"天之继"的积极能动作用,并彰显了人的自主性。人可以选择继而成善,也可以选择不继而成恶;既可以选择继"天命之善",又可以选择继"意欲之兴"。在王夫之看来,现实中人的善恶,其实是人自主选择的结果。唯有选择"反大始之原,继其所自继",才可能成就人道的德业。缺少了自主的继之功,人继于天的仁义礼智之性就和"禽兽母子之恩"的自然本能没有本质区别,人的善性最终就托于虚悬而没有现实中的真实性。其次,"继可学也","人之继"又是指念兹在兹、不怠不倦的勤勉不息,"学成于聚""思得于永"都是强调下学工夫的重要性,从而突出人的实践主体的地位。人在生存实践活动中"竭天成能",持之以恒地念念相续、事事相继,就能将"天之继"的善性内化为自身的德性,外化为天下的事业。最后,王夫之由其气化日新的观点,认为天命日新、天之继无穷。因此,对"人之继"而言,只能是"自继以善无绝续",人承继和弘扬天道是一个永无止境的过程,人的善性也永远处在"日生日成"的自我充实和完善的生成途中。人以其自由意志主动选择"天之几""自继以善无绝续",继之功实现了天道,成就了人道。

"天之几"维度是人性善的活水源头,为人性善规定方向,而"人之几"维度的继之功,则成就天命之理实现于具体的人性之善。没有天命之理,人之继无源;没有人之继,天命之理无实。天人之际的维度,王夫之意在表明,人性的生成不是一个简单的、受动的、一次性的天命赋予的自然事件,而是一个人自主参与、持续终生的以人道弘天道的实践过程。

(二)人性在"人之几"维度的生成

"人之几"主要是从主动的方面论人性在实践活动中的生成。王夫之特别突出"权"的作用,对人而言,在天有命,在己则有"权"。他认为"权"是人所独有的一种能力,并通过对中国传统哲学范畴"权"的创造性解释,凸显了个人的自由意志和实践生存智慧在人性生成过程中的关键性作用。

1. 王夫之对"权"的创造性解释

"权"的本义是指一种"黄华木"之树,在中国传统哲学中"权"有以下三种常用之意:第一,"权"指秤锤一类称量物体重量的器具,《汉书·律历志上》说:"权者,铢、两、斤、钩、石也,所以称物平施,知轻重也。"这一意思逐渐引申为称量、权衡、比较不同事与物之间轻重的意思,作为动词使用。《孟子·梁惠王上》说:"权,然后知轻重;度,然后知长短。"第二,"权"指权力、权柄、权势的意思,如《庄子·天运篇》言:"亲权者,不能与人柄。"《春秋谷梁传·襄公三年》中云:"故鸡泽之会,诸侯始失正矣,大夫执国权。"

第四章 "性者生理,日生日成"——继天权几的人性生成论　177

第三,"经""权"相对之"权",此是权变、变通的意思,根据事情的是非轻重、时位的变化而因事因地制宜、变通以应时。如《韩诗外传》中说:"常之为经,变之为权。"《广韵·仙韵》言:"权,变也。反常合道,又宜也。"①

以上列举了"权"在古代汉语中的常用义,可归结为"权衡""权力""权势""权变"的意思,当然"权"之意非常广泛,尚有权谋、秉持、姑且等义。②王夫之的文本中以上"权"的意义均在使用,他的创造性解释在于:一则是将"权"归结为专属于每个人的一种特殊能力;二则在人性生成哲学中,他突出"权"的个人自主选择性特征或者说是个人自由选择的权力③。王夫之说:

> 生之初,人未有权也,不能自取而自用也。惟天所授,则皆其纯粹以精者矣。天用其化以与人,则固谓之命矣。生以后,人既有权也,能自取而自用也……取之多、用之宏而壮;取之纯、用之粹而善;取之驳、用之杂而恶;不知其所自生而生。是以君子自强不息,日乾夕惕,而择之、守之,以养性也。于是有生以后,日生之性益善而无有恶焉。④

上段引文,王夫之说明了人之"权"的能力的产生以及"权"所具有的"自取自用"的自由选择性特征,人之所以能为善为恶恰好是个人自由选择的结果。人生之初,只有"命"未有"权",人是被动地接受天命之善。但是随着个体生命的成长,人就表现出"权"的能力,而且所占的比重与日俱

---

① 以上参见宗福邦、陈世铙、萧海波主编:《故训汇纂》,第1165—1166页。徐中舒主编:《汉语大字典》(缩印本),武汉:湖北辞书出版社1992年版,第1319—1320页。王力主编:《王力古汉语字典》,北京:中华书局2000年版,第533页。
② 张岱年先生即指出,"权"的本意是指衡量轻重的秤锤类器具,由衡量轻重之义逐渐推衍出"权变之权"与"权势之权"。他认为"权变之权"是儒家的观念,表征"衡量轻重而随机应变",一般是"经""权"相对,"经是原则性,权是灵活性。既要遵守原则性,也要注意灵活性";"权势之权"则是法家的观念,强调君主独有的权力、威势和决断力量。详见张岱年著:《中国古代哲学概念范畴要论》,第209—211页。张先生的总结是精当的,在儒家传统中"权"主要是与"经"相对而用,王夫之承继并发展了儒家"权变之权"的思想。同时,他也吸收并改造了法家"权"的思想,主要是去除法家"权"中威权、威势的内涵而突出"权"作为自主决断的力量和权力,并将这种自主决断的权力归之于个人。
③ "权"作为"权力"并不是政治学意义上的概念,而是指个人的自主选择和决断的力量。据葛荣晋先生的考证,"权"从手作"扌",即是以手卷物的意思,"与'拳'字相通,而有'勇力''拳勇'之义"。参见葛荣晋著:《中国哲学范畴通论》,北京:首都师范大学出版社2001年版,第621页。
④ 王夫之著:《尚书引义》,《船山全书》第2册,第300—301页。

增。"去天道远,而人道始持权也"①,禽兽草木是无所谓"权"的,唯有人道有"权"。人开始拥有持"权"的能力,表明人性的生成摆脱了自然自在的状态而进入个人能够自主自为的阶段。以上分析说明,王夫之将"权"界定为人所独有的能够自由选择、自主决定的能力。我们认为,王夫之对"权"的这一创造性解释已经类似于西方哲学传统中的"自由意志"概念。

"自由意志"在西方首先是从伦理学领域提出来的,它是指"人在行动时对善与恶、道德或非道德的一种选择自由。后来发展成对自由与必然、决定论与非决定论的探讨"②。吴根友师总结了中西方学者对于自由意志问题的探讨,他认为"所谓人的'自由意志',也即是人的自我决定、自作主宰的一种内在精神状态与意识状态"。③ 徐向东教授认为,自由意志在传统上主要是对道德责任的关注,但在更深层次则是和"人的尊严和我们的自我概念联系在一起",他从六个方面说明自由意志对于人的必要性:第一,自由意志意味着人所具有的"原创性"能力;第二,自由意志彰显人的"自主性",人能自己支配自己,是自我生活的设计者、管理者和创造者;第三,自由意志表明了人的"个体性"和"独特性";第四,自由意志说明了人的任何言语、思想、情感和行为不是被外在决定和强迫的,而是我们自己发自内心的自由表达;第五,人拥有自由意志才可能谈论"开放的未来"和"生活的希望";第六,自由意志体现了真实的自我,确认了自我生活的道路是个人真正想要的生活。④

综上学者的观点,王夫之"权"的概念尚未达到以上所论"自由意志"的丰富内涵。但是,在一些基本取向上,"权"和"自由意志"是相通的。王夫之认为,"权"可以自由选择为善为恶,正是在道德伦理角度肯定人的自由意志。如果从王夫之以"能自取而自用"解释"权"来看,他事实上是强调作为主体性个人的自主选择权力。一方面,他将"权"的能力仅归为人所独有,禽兽只有"命"而无"权";另一方面,人"去天道远",个人的行为不是由"天"所决定的,人的行为及其后果都是由个人自由选择并承担责任的。由此,王夫之"权"的概念固然着眼于对人道德行为的关注,但在根本上他是肯定人的尊严、人自由选择的权力以及个人的主体性。正是在以上意义上,我们认为王夫之创造性解释的"权"之概念可通于"自由意志"。

---

① 王夫之著:《读四书大全说》,《船山全书》第6册,第952页。
② 金炳华等编:《哲学大辞典》(修订本),第1823页。
③ 详见吴根友:《自由意志与现代中国伦理学、政治哲学、法哲学的人性论基础》,文史哲2010年第4期。
④ 详见徐向东著:《理解自由意志》,北京:北京大学出版社2008年版,第12—16页。

2."权"作为自由选择的权力

"权"首先是一种自由选择的权力,它彰显人的自由意志,所谓"自取而自用"。在人与物攻取之际的"人之几",人可以自由选择取多取少、取纯取驳,也可以自由选择用粹还是用杂。外物固然有精粹驳杂之分、人也有上天不断赋予的善性,但这一切都有待于人自身的自由取用,取纯用粹则成善,取驳用杂则成恶,甚至不知其自生而生的先天善性。所以,从具体现实的个人而言,不是先天之性,不是外物、不是其他任何别的东西,正是我们自己创造了自己。人在现实生存中自由选择的权力,将成性成善的责任具体落实到个人,不任天之善、不废人之权,"君子之养性,行所无事,而非听其自然,斯以择善必精,执中必固,无敢驰驱而戏渝已"①。如果说"天之几"的先天之性说明了人之为人、人之所以区别于禽兽的类特性,说明了人性善的普遍必然性;那么"人之几"的"权""继"则说明了个人之所以是个人,个人之间的不同正是由于其自由意志的不同选择所致,也说明了现实当中人性成善的差异性、多样性和无限可能性。

其次,"权"作为自由意志的一种表现,不仅体现了个人的自由选择和自我承担,还充分表明了个人的自主性、自我变革性和创造性。王夫之提出了人性"未成可成,已成可革"的观点。他说:

"狎于弗顺"之日,太甲之性非其降衷之旧;"克念允德"之时,太甲之性又失其不义之成。惟命之不穷也而靡常,故性屡移而异。抑惟理之本正也而无固有之疵,故善来复而无难。未成可成,已成可革。性也者,岂一受成侀,不受损益也哉?②

从太甲前后的改变,王夫之论证人性是可以主动变革的。太甲从初生降衷的善性到"狎于弗顺"的不善,再到后来"克念允德"时成就的善,这不是一个自然而然的过程,也不是简单地恢复到初生的善。它是天之所命与人所造命共同作用的不断扬弃更新的结果,"惟命之不穷也而靡常,故性屡移而异"。天命日新之性固然是人性善的根据,也是现实中人性能复归于善的先天基础。但人性真正的价值和意义在于,人对自己拥有什么样的人性有着最终的决定权和自主权。纵然有天命日日赋予的善性,倘若人自甘堕落、自暴自弃,再好的天命也无法保障人性的善。反过来即使是个不善

---

① 王夫之著:《尚书引义》,《船山全书》第2册,第301页。
② 王夫之著:《尚书引义》,《船山全书》第2册,第301页。

之人,只要他出于自我的自由意志主动愿意改变,就在当下,往古来今最好最新的天命即在;就在此刻,人主动地自继其善、权几用物、取精用纯,就可以不断革除旧性而创造出属于自我的、充满希望和活力的新的善性。王夫之说:"苟明乎此,则父母未生以前,今日是已;太极未分以前,目前是已。悬一性于初生之顷,为一成不易之例,揣之曰:'无善无不善'也,'有善有不善'也,'可以为善可以为不善'也,呜呼!岂不妄与!"①今日、目前、此刻、当下,正是指向人性最原初的"继天—权几"的意义生成域,人性的善恶不是现成的产物("初生之顷")或不变的实体("不易之例"),而是在这无限可能意义域中的生成和创造。人性的无限可能性就是人生最大的现实性,此时不是揣摩自己的人性到底是善还是不善,而是做出自我的选择和行动!

最后,天命不息、日新不已,人从来就处在善的征程中,对现实中个人的成善成性首先就是善起来、如何善的实践问题。况且人性还不仅仅是善,"性却不能尽善之致,善亦不能尽性之藏"②,人性的生成固然不能达至天道无穷之善,而善也不能穷尽人性的极致。在根本上,王夫之认为人性的生成是追求真实无妄的"诚"之境界,它不只是天命之善,更是真善美的融通和一致,是一种面向未来的开放和动态的自我创造和无限提升。

王夫之在人性生成论中通过对人之"权"的"自由选择性""自我变革性"和"面向未来的创造性"三个方面的阐释,充分彰显了个人的主体性和自由意志,人性根本上就是个人自由选择、自主决定和永远处于生成中的自我创造之物。

3."权"作为实践生存智慧

"权"是一种自由选择的权力,同时,"权"又是一种权衡时机、时位而成"习"的实践生存智慧。"人之几"在人与物往来攻取之际,有其时,有其位。但此"几"变化无定、几微难测,如果不能知所取舍以应对不同的时机、时位,就会导致恶的产生。所以,权"几"就显得尤为重要。而权"几"并不是一个可以现成把握之术,它总是处在具体的情景或情势之中,"权无定在,而为轻重之自定,随移而得其均平乃允,所谓'时措之宜'"③,唯有通过人在生存实践中反复地与物攻取往来才能权时得宜。因此,权"几"是一种实践智慧,实质上也是一种选择,即选择适当的时机、地点而与物攻取

---

① 王夫之著:《尚书引义》,《船山全书》第2册,第302页。
② 王夫之著:《读四书大全说》,《船山全书》第6册,第1019页。
③ 王夫之著:《说文广义》,《船山全书》第9册,第335页。

有宜,即知几审位。

能权"几"本身就意味着是一种良"习",人的取精用物就是一个善的行动,习以成的后天之性就是善性。但权"人之几"的"知几审位"过程并不是盲目的,它既是在实践中生成的,又是带着理想、价值和目标的人所实施的。人的理想、价值、目标又为"天之几"的善性所筹划。在这里,"天之几"和"人之几"仍然交汇、互为生成。权衡之"权"是和"经"联系在一起的。"经、权一也,因事之常变而分尔"①,言经则必有权为可用,言权则必有经为指引。"天之几"的先天之性是"经","经"有人之"权"可用;人在生存实践中的知几审位是"权","权"又是为"天之几"的"经"所导向。经、权兼备互致,先天之性和后天之性互为贞定,就能造就现实中个人之善性。

王夫之通过其独有的生存论视野,在"天之几"和"人之几"两个维度的对生关系中呈现出一个动态、开放和能动的人性意义生成空间。这就在既往的各种现成人性论中打开了一个巨大的缺口,使人的自由意志和生存实践智慧在现实人性生成过程中的地位达到了其历史所允许的最高高度。相对于传统儒家的性善论,王夫之不仅汇其大成,而且有着根本意义上的突破。他以性善在"天之几"的人之类特性上讲,而更突出个人在"人之几"上的"继""权""习",从而就充分肯定了个人自由意志的崇高性、自主性和创造性,在真正意义上、现实地确立了人和人性的尊严。由此而言,王夫之日生日成的人性论不仅继承和发展了中国传统人性论的固有内涵,更开拓出新鲜活泼、富有时代气息的崭新思想内容。

本章小结

本章紧承上章的内容,一方面王夫之认为人性源于天道的继善成性,另一方面他更强调人性是在切身的实践生存活动中的生成,这正是本章阐释的王夫之继天几、权人几的人性生成论,具体从三个层面论述人性何以可能的问题。

第一个层面是王夫之从"天人交尽"的角度阐明人性与天命的关系。在王夫之的人性哲学中,天命表征多样性和差异性的分理,人所受之天命与物所受之天命是不同的。由此,他肯定人是自然界的最高产物,人性在体用方面都具有独特的价值性。人受天命而成身成性的过程中,生人之理

---

① 王夫之著:《读四书大全说》,《船山全书》第6册,第918页。

所凝成的性心身、情才欲等每一个方面都和禽兽迥异。这就在理论上,不仅凸显了道德理性的完全属人性,真正确立了人道之尊,而且更充分肯定了人之形色、情才、欲望的独特性和合理性。从而就突破宋明理学单纯从道德理性上论人性,而强调人性所具有的在知识理性、艺术和审美活动方面的追求。同时,天命又是自在的,天无心而成命,人性只是来源于天命,但人不是消极被动地承受天命。成就人性、实现天命以至创造自我命运的责任既不在天、亦不在人,而是在于人自身。由此,王夫之提出了"修身以俟命,慎动以永命,一介之士,莫不有造焉"的高扬个人主观能动性的造命思想。

第二个层面:王夫之认为人性实现于有血有肉的人身,他反对程朱理学从理气二分的架构来解释义理之性与气质之性的关系,明确表达人性就是气质中之性的观点。凡言人性都是身之性,凡言身都是性之身,人的形色气质本身就具有独特的意义和内在的价值。形色气质不是恶的来源,恰好是人成善成性的感性与现实性之依托。

第三个层面:王夫之强调身体的活动沟通了天与人、人与物的关系,人性正是在天人之际的"天之几"、人物之际的"人之几"两个相互作用、彼此对生的维度中敞开了人性的意义生成空间。人性不是一个孤立的、已经完成的现成性范畴,而是一个自继"天几"、权择"人几"的时间性生成过程。王夫之创造性地解释中国传统哲学中"习与性成""权""继"等命题和范畴,为人的自由意志和生存实践智慧敞开了施展的空间。他认为人性的真正价值和意义在于,人对于自己拥有什么样的人性有着最终的决定权和自主权。

王夫之认为,人性是生成的,意味着人性永远处在自我创造的未定型化、待完成的状态。由此而言,人性的生成其实就是人性的超越,它不断地超越已有的各种界限和限制而自我发展创新和自我充实完善,最终上达天道。但这个过程自始至终扎根于现实的生活世界,人既处在天道气化流行日日降命受性的过程之中,又立足于大地处于不断地与庶物人伦打交道的过程之中。人与天交汇于天人之几,人与物交汇于人物之几。将人与天、人与物连接起来的正是人的身体。因此,人性的生成是有血有肉的个人在身体力行的践形和实践过程中展开和实现的。

第五章 "即身而道在"
——人性在"践形"中的生成

宋明儒学大都强调人性中道德理性的一面,程朱理学偏重于"性",陆王心学偏重于"心",而感性之"身"则更多表现为道德实现的一种障碍。因此,宋明理学的人性论都不约而同地表现出一种贱身或者消融身的倾向。但一旦离开身而言性、言心,人之本心、本性就有脱离感性现实和有生命个体而不断抽象化的趋势。当其发展至极端,就会导致一种伦理或道德的异化。

王夫之则从有生命个体的生存实践出发,人性的日生日成,就必须落实到现实中人的感性活动才能得以实现。因此,王夫之所说的"性"总是"身之性","身"总是"性之身",性和身是有机统一的。这在前文论述王夫之"气质中之性"的思想时,已经有了初步的阐明。王夫之是从一气之生化流行、阴阳隐显而论人之生。气不是惰性的、死寂的,而是虚实统一、充满生机和灵性、自身函具价值和规律的。当其成人之身,虽然显现为凝浊的形质,但形质中自有虚灵神妙之气,气即函神、气即函理。"由形之必有理,知理之既有形也;由气之必有神,知神之固有气也。形气存于神理"[1],单举"理"是突出气之阳静而为"性"的一面,单举"神"是突出气之阴阳灵动而为"心"的一面,单举"形"则是突出气之阴静成"质"的一面,"质"与物交就表现出情、才、欲。它们统一于人之形气即人之身,因形气而存神理、因身而有性心之名。

"形质"彰显人身的生命性和空间性,"心"彰显人身的知觉性和能动性,"性"彰显人身的道德性和主宰性。按照王夫之的观点,生命空间性、知觉运动性、道德主宰性其实反映了生物体形气的三个递进层次,凡高阶层次都因低阶层次而有,但一旦拥有更高阶层次就自然涵盖低阶层次,并赋予其新的价值和意义。草木只有生命空间性,王夫之称为"生长收藏之气";禽兽则更有知觉运动性,此为"知觉运动之气";唯独人是"健顺五常

---

[1] 王夫之著:《诗广传》,《船山全书》第3册,第438页。

之气"而有道德主宰性,并以此整合前两个层次。① 因此,王夫之言"性之凝也,其形见则身也,其密藏则心也"②,性凝身心,人的形就不同于草木禽兽之形,而是即形色就是天性;人之心也不同于禽兽之心只有自发的知觉运动本能,而是有仁义为主宰的知觉运动之心。在人身上,生命空间性、知觉运动性、道德主宰性达到了辩证和谐的统一,其突出表现是人拥有了仁义礼智的人性。性存于心,心函性而效动,则充盈于形,性心形统一于人的身体。言"形"即有性、心,所谓形色天性、形开神发;言"心"即有性、形,所谓心函性情才;言"性"即有形、心,所谓尽性践形、性体心用。人之一身中性心形、心性情才的交相互动,人性就构成一个气日以充、形日以长、性日以成的"性—身—心"合一的身体主体生成场。

由此,王夫之凸显了身体的地位,继承和发展了孟子"形色天性"和"践形"的思想,提出了"即身而道在"③的尽性践形观,人性的生成就表现为充性于形色气质和情才欲的自践其形的过程。"道之察上下,于吾身求之自见矣"④,从人的身体出发,这正是王夫之"以人道率天道"思想在"践形"观上的落实。⑤

第一节 "性之凝也,其形见则身也,其密藏则心也"
——性心身的有机统一

人是天地之正气所成,性、身、心都统一于气。而且,性与心都是针对一定形质范围而言的,"人物有性,天地非有性""性则敛于一物之中,有其

---

① 王夫之说:"人以其才质之善,异于禽兽之但能承其知觉运动之气,尤异于草木之但能承其生长收藏之气。"参见王夫之著:《读四书大全说》,《船山全书》第6册,第1078页。《荀子·王制篇》中说:"水火有气而无生,草木有生而无知,禽兽有知而无义,人有气、有生、有知,亦且有义,故最为天下贵也。"荀子区别了自然界存有的不同层次,王夫之的说法当有取于荀子的观点。不过,王夫之是从气一元论的角度论述生物体形气的层次,"生长收藏之气""知觉运动之气""健顺五常之气"不是说人身上存在三种不同的"气",它们都统一于人身,统一于"健顺五常之气",分而言之,则表征人的身体的不同功能层次。
② 王夫之著:《读四书大全说》,《船山全书》第6册,第402页。
③ 王夫之著:《尚书引义》,《船山全书》第2册,第352页。
④ 王夫之著:《思问录内篇》,《船山全书》第12册,第408页。
⑤ 张岱年先生较早地阐发了王夫之的践形思想,他说:"形体与道,原非二事,而当即形体以实行道德……'即身而道在',是谓践其形。"具体而言,他认为王夫之的"践形"观一方面是指发展身体各方面机能,使其发挥至极致;另一方面是指身体各部分的发展又都合于道。我们吸收和借鉴了张岱年先生的观点,并进一步从王夫之凸显人性是"性—身—心"统一的身体主体角度论述其尽性践形观。

量矣"①。心、性、天、理要在气上言,性、心、情、才则必在身上言,王夫之的人性生成哲学是从性心身有机统一的人性整体结构展开的。

一、"形开神发"——形体与神明、身与心的统一

人具有身体,外在表现为耳目口体四肢等。但身体不是机械的物质材料,身体是生机的,而且天然具有灵明性。耳能听声、目能视色、四肢能运动,王夫之认为,表征身体的知觉运动能力,即称之为心,相对于道心而言,亦可称作人心。当说心具有知觉运动的神明功能,其实就是说身体是灵明的身体。

(一)对朱子身心观的批评

在王夫之看来,身体是气所凝成的形质空间,形质内充盈盛动着气,气即函神。所以,身体本身就是灵动的、神性的。其实,中国哲学中所谓的"身",从来就没有西方近代哲学以来的机械主义身体观念。单就以心表征神明而言,心与身一开始就是统一的。心不是身体之中的某一实体脏腑,它彰显的是身体的灵性、能动性和统一性。

朱子认为心是人之神明,王夫之非常赞同。但朱子进而认为心是"神明之舍",并有将心实体化的倾向,王夫之则不赞同。朱子说:"凡物有心而其中必虚,如饮食中鸡心猪心之属,切开可见。人心亦然。只这些虚处,便包藏许多道理,弥纶天地,该括古今。推广得来,盖天盖地,莫不由此,此所以为人心之妙欤。理在人心,是之谓性。性如心之田地,充此中虚,莫非是理而已。心是神明之舍,为一身之主宰。"②朱子似乎将心视为肉团心,如鸡心、猪心一般,心只是一个中虚的容器,其间装有许多理。王夫之认为,说心是神明之舍,就完全不懂得何谓"心"了。以为心有轮廓,包裹着理,正如学者误解《太极图》,认为周敦颐所画的一圆圈是表明太极有轮廓一样。他说:

> 太极图中间空白处,与四围一墨线处何异。不成是一匡壳子,如围竹作箍,中间箍着他物在内!今试反求之于此心,那里是他轮郭处,不成三焦空处盛此肉心,里面孔子作包含事理地位耶?一身若虚若实,腑脏血肉,筋骨皮肤,神明何所不行,何所不在,只此身便是神明之

---

① 王夫之著:《周易外传》,《船山全书》第1册,第1006页。
② 朱熹撰:《朱子语类》,《朱子全书》第17册,第3305页。

舍，而岂心之谓与？①

王夫之批评朱子的观点其实是将心看作身体内的某一实物，理则是心里面的一实物。身内有心，心内有理，身、心、理之间成为一种物理空间的包含关系。而王夫之认为，所谓"神明之舍"何是指心，一身上下、腑脏血肉、筋骨皮肤，无处不是神明所在。以为心有轮廓，即使不是将"心"理解为生理上的肉团心，也是在哲学意义上将"心"作实体化的理解。按王夫之分析，将心视作中虚容器的观点，其实是受老子"当其无，有车、器之用"的影响。按程朱理学表现出的某种实体化的思维方式，如果心只是神明，就不能够具众理，心必须如虚空之器，才可能包裹理。如此，就割裂了身、心、理的有机统一关系。"夫神明者，岂实为一物，坚凝窒塞而不容理之得入者哉"，心"将作一物比拟不得"②。心不是身中别有一物，理也不是心中别有一物。将"心"理解为"神明之舍"是误读心主身、心具理之义，以为是形包心、心包理。事实上，身、心、理相涵相入，心之神明即是身体的神明，心所函之理即是气质中之理，都统一于人之气。

(二)"形也，神也，物也，三相遇而知觉乃发"——心身统一的知觉运动

王夫之所谓的"心"，表征的是身体的神明功能，神明即是知觉运动。身体有耳目口鼻之体，又函有心之神明，与物相接相交，就有知觉的产生。"形也，神也，物也，三相遇而知觉乃发。"③王夫之论证了人的神明知觉有赖于形、神、物三者的交相作用。

第一，形不离神。如果只是身体与物的相接，而身体是惰性的，没有神明，那么也不会有知觉。"耳与声合，目与色合，皆心所翕辟之牖也，合，故相知；乃其所以合之故，则岂耳目声色之力哉！故舆薪过前，群言杂至，而非意所属，则见如不见，闻如不闻，其非耳目之受而即合，明矣。"④耳可以合声，目可以合色，手被火灼会自然避开，这都有赖于心的神明。身体有神，一方面表现为身体的受动性，能够接受外物的刺激，而有声色的知觉、四肢运动的反应；另一方面，具有神明的身体又是能动的。纵然是声色、舆薪、群言就在人前，如果心神并没有关注，那也是见如不见、闻如不闻；而

---

① 王夫之著：《读四书大全说》，《船山全书》第6册，第1106页。
② 王夫之著：《读四书大全说》，《船山全书》第6册，第1106页。
③ 王夫之著：《张子正蒙注》，《船山全书》第12册，第33页。
④ 王夫之著：《张子正蒙注》，《船山全书》第12册，第146页。

且,闻见等都只是心神所发的一个方面,心神则整合各种感觉而成为统一的知觉。

知觉的统一性,王夫之归之于"意"的功能。意为心之所发,身物相接,必有"意"之所属才有声色臭味的知觉现象。"意"说明了心的能动性、身的意向功能。身体的神明,并不是单纯的刺激—反应过程,其中更有身体的主动关注和整合刺激的过程。人的身体既不同于草木的形体,人的神明也不同于禽兽的知觉反应。禽兽的神明只是对刺激的受动反应、只是生物的本能性,人的神明则包括对刺激的整合、解释以及赋予意义和再创造的过程。因此,甘食悦色只是人才有的现象,禽兽无所谓甘食悦色。至于人有人性,身心函性,知觉运动更有道德性和审美性,那更是身体的神明所独有的。

由此,王夫之认为,只有耳目与声色,谈不上相合,其所以相合是因为身体具有神明。此神明又是受动性和能动性的统一,人的知觉运动既是自外而内的过程(身←物)、又是自内而外的过程(身→物)。不过,身心的意向能动功能,还需要性作为主宰,这将在后文论述。

第二,神不离形。如果没有耳目口鼻的形体就无所谓形体的神明,必有人的形体方有知觉运功的功能。王夫之说:

> 一人之身,居要者心也。而心之神明,散寄于五藏,待感于五官。肝、脾、肺、肾、魂魄志思之藏也,一藏失理而心之灵已损矣。无目而心不辨色,无耳而心不知声,无手足而心无能指使,一官失用而心之灵已废矣。其能孤扼一心以绌群用,而可效其灵乎?[①]

上述材料表明,心的神明是指整个身体的功能,身体的每一个脏腑器官都是灵性的。倘若某一脏腑损伤了,就是对人身整体神明的破坏。同样,耳目口鼻四肢等感觉运动器官能够接受外物的讯息并做出反应,如果某一感官残废,心的神明也就不能充分发挥出来。没有目,心不能辨色;没有耳,心不能知声;没有手足,心就不能指使身体运动。只要一种感官发生了障碍,整体心的功能都会受到影响。表面上看,五脏六腑、耳目口鼻各自为体、互不相通,汇聚在形体中似乎是外在的机械组合。事实上,身体的灵明性沟通了身体的各个组成部分,将各种感觉和运动有机统一起来。

所以,必须说心之神明是知觉运动,每一个知觉不单是耳或目单一感

[①] 王夫之著:《尚书引义》,《船山全书》第2册,第412页。

官的事情,而是整个身体协调运动的知觉,声色臭味的某种综合,才谈得上"甘"或"悦";同时,每一种运动,也是对运动的整体知觉。身体就表明了灵明的统一性和协调性,感官和心是相涵的,运动与知觉也是相涵的,部分都是整体的部分,人之一身是一个全息的神明体。试图废弃形体以至于任何一个器官而企图独守孤明,既不可以也不可能。有身而有身之神明,有身体各个部分的有机整合才有知觉运动的统一协调。

第三,形神又不离物。如果没有外物法象的刺激,身体的神明也无法显现。"内者,心之神;外者,物之法象。法象非神不立,神非法象不显。"①心神必藉物之法象而显现,物之法象也是心神所建立。形与神统一于人的身体,身体又介入于天地万物之间,形、神、物就构成一个互为涵摄的主体实践场。

人是天之气所生,气本来就函神,以气之神落实到人的形气就命名为"心"。所以,心是自然天性,不待人为就天生具有神明的功能,能够知觉运动而应万事。但人之心还不只是知觉运动而已,人之为人更在于心能函性。人性则是人所独有,人性统合身心,就赋予心身统一体及其天然神明功能以全新的价值和意义。因此,心身的统一还不足以表明人的规定性,人更是性、心、身的统一,此即是王夫之"形色天性"的思想。

二、"形色无非性,而必无性外之形色"——形色与性、性心身的统一

王夫之认为形色、心、性分别体现了身体的不同功能层次,它们以性整合身心的方式统一于人的身体。也即是说不仅心身是统一的,形色与性、性心身也是统一的。王夫之首先正面阐明了其"形色天性"的思想,说明性与形色的有机统一,进而批评各种割裂性与形色有机联系的理论观点,最后,通过阐发大体与小体的关系论证性心身的有机统一。

(一)"即人形色而天与人之性在是也"——王夫之的"形色天性"思想

孟子言:"形色,天性也,惟圣人然后可以践形。"②《孟子》文本中,"形色""践形"的说法仅见此一处,孟子也没有更多的解释。"形色"当是指形体及其外显的声色、容貌、言辞等。有形即有色,所以形色联用。形色是气所凝成,在不做严格区别的意义上,形色可与气禀、气质、形气通用。对于"形色,天性",王夫之理解为"即人形色而天与人之性在是也"③,即是句读

---

① 王夫之著:《张子正蒙注》,《船山全书》第12册,第147页。
② 《孟子·尽心上》
③ 王夫之著:《读四书大全说》,《船山全书》第6册,第1134页。

第五章 "即身而道在"——人性在"践形"中的生成

为"形色,天、性"。形色是天生,形色又本然地函具性,王夫之主要从三个层面来阐述其"形色天性"思想。

首先,形色天性,其实是说形色就是天生的。天即是气,气以生人之理而凝成人的形色。人与禽兽的生理不同,人的形色当然不同于禽兽的形色。因此,人的形色天然就具有美好的价值,"人之气禀,则无有不善"①,一切不善的、恶的产生都不是形色本身所致。王夫之进而肯定人的姿容、才情本身具有的积极意义。"姿容非妨贞之具,文词非奖佞之资"②,一个人的容貌美丽并不导致其品行不端,一个人天生口才好、文辞美也不就是奸佞之徒。倒是天生愚钝、肢体不全、口齿不清以至耳不聪、目不明之人,与其论是非曲直、道德品行却是异常困难的事情。天既已宠人以有其性,而禽兽不得与,又宠人以材质容貌之美,正表明天的生机盎然、博大荣盛。人如果都像庄子所说的那样,必要相貌丑陋、肢体残缺才算是得天得道之人,那人还不如变成禽兽夷狄、草木瓦石。"姿容之盛,文词之美,皆禽与木石之所不得而与者也。故唯一善者,性也;可以为善者,情也;不任为不善者,才也;天性者,形色也。弃天之美,以求陋滥樗栎之木石,君子悲其无生之气矣。"③人容貌美丽、才情优雅,本来就是天赐之美,既是"载福宜人之征",更可以为"德之助"④。人之性固然是善,形色及其表现出的情才本身也不是恶,情可以为善、才可以成就善。人的形色情才之美都是天独衷于人,贱形色情才天赋之美,而必以残缺丑陋甚至无生之物为荣,那不仅是灭人的生气,而且是诽谤上天的好生之德。

其次,形色与性虽然都是天之所生,而且是性凝成形色,但形色与性是有区别的。形色完全是天所决定的,是天之事;性虽源于天,但成性则在人,是人之事。形色为阴气所凝结,有清浊、厚薄材质的不同,又自然有知觉运动的神明作用;性则是阴阳健顺之气的清通之理,表现为仁义礼智的道德性。因此,形色不能直接等同为性,直接以形色为性,就是以情才、以知觉运动为性。性与形色有区别,但并不是说性与形色是分离的或者是外在结合的。王夫之认为,形色与性都是人之气所有,形色是气,性是气之理。形色和性就是内在统一的,"形之所成斯有性,性之所显惟其形"⑤。

最后,所谓形色天性,是指人的形色本然地函具人性,不能在形色外求

---

① 王夫之著:《读四书大全说》,《船山全书》第6册,第1133页。
② 王夫之著:《诗广传》,《船山全书》第3册,第331页。
③ 王夫之著:《诗广传》,《船山全书》第3册,第332页。
④ 王夫之著:《诗广传》,《船山全书》第3册,第331页。
⑤ 王夫之著:《周易外传》,《船山全书》第1册,第836页。

性,性外也无有形色。王夫之说:"尽天下无非理者;只有气处,便有理在。尽吾身无非性者;只有形处,性便充。"①人的身体充盈着气,有气即有理,气质中之理即是性。所以,凡有形色处,无不充盈着性。性具于心,心身是统一的,那么,性、心、身也是有机统一的。身体不仅是心身统一的神明之体,更是性心身统一的德性神明之体。形色的凝成而有人之性,人性需要透过形色而呈现出来,也即是资于气才有性;否则,性就托于虚,性自性、身自身,性与形色没有内在关联也就根本不可能发生作用。但既已成性,性又主持分剂形色,形色及其一切神明功能都依于"性"获得了崭新的意义和更高的整合,身体的知觉运动、情才欲望也必须由性而获得自我主宰、自我节制以至自我升华。

(二)对割裂性与形色有机联系理论观点的批评

形色与性是有机统一的,王夫之反对一切割裂性与形色有机联系的理论观点。一种观点将形色视作机械空间,而性则是藏于形色内的虚窍之中。人的躯壳之内,心肾肺肠之间包裹着一个中虚的如风箱般的器官,性就藏于其中,王夫之称为"虚如橐龠"说;或认为人的身体之中有一条通往体外的如隧道般的中虚空间,性就流行于其间,王夫之称为"虚如隧道"说。这两种观点都认为身体中存在完全虚无的空间,此空间专门用来容纳"性","性"仿佛是某种不明物藏于其中。王夫之则认为,身体是一实之府,充盈着气,性则资气而有。如果身体中有虚空,那么身体就有不实,其内在的有机联系也被虚空所阻断;而且,以性游于虚,性也成为虚无,"夫虚如橐龠,虚如隧道,无有而已"②。"性"作为虚无的孤明,只是寓寄于身体中的某一角落或是开窍于某一管道。性与形色之间就是机械的空间关系,也谈不上有任何实质的联系。另一种观点则是墨家和佛家的二本之说,以性源于天,而形色源于父母。王夫之言:

  墨之与佛,则以性与形为二矣。性与形二者,末之二也。性受于无始,形受于父母者,本之二也。以性为贵,以形为贱,则一末真而一末妄。末之真者,其本大而亦真。末之妄者,其本寄托和合以生,不足以大而亦妄。③

---

① 王夫之著:《读四书大全说》,《船山全书》第6册,第1133页。
② 王夫之著:《船山经义》,《船山全书》第13册,第680页。
③ 王夫之著:《读四书大全说》,《船山全书》第6册,第976页。

第五章 "即身而道在"——人性在"践形"中的生成

王夫之认为墨家和佛家割裂性与形色，根本上是贵性贱身的二本之说。墨佛二家的观点，以天为一本，授人以性；父母为一本，授人以形。天地、父母为二本，则性与形色为二末。性本于天，天地万物都是同一个性，所以人物的本质都相同。从本性出发，则人物、人我俱无分别，也就不应该有亲疏远近的区别，故而墨家讲"兼爱"、佛家讲"同体大悲"。至于形色，虽本于父母，但一方面形色本来就是情欲之妄而生，且有生有死，佛家视为"粉骷髅""臭皮囊"；另一方面，形色也只是作为性的暂时托寄之所，形有毁灭而性常存。"性恒存而生灭无异"，故人死后仍然有觉；"形本妄而销陨无余"，形色本来就是当贱弃之物。于是，墨家有"尚鬼""薄葬"之说。

照王夫之的观点，墨佛都以性为贵且真，而以形色为贱且妄，但形色为贱妄，则形色所本之父母也是贱妄。他总结所谓二本之说，无非是"性本天地也，真而大者也；形本父母也，妄而小者也。打破黑漆桶，别有安身立命之地。父母未生前，原有本来面目，则父母何亲，何况兄子，而此朽骨腐肉，直当与粪壤俱捐"①。父母阴阳合而生人，有此身即有此性。如果认为父母生人之外，别有所谓父母未生之前的本来面目以成性，则人有二本，且一本为真，一本为妄。如此，形色与性成为完全对立的两端，必须灭妄才能存真，唯有弃绝身、摆脱身的限制才能达到"性"的自由。"性"成了完全抽象的超验之物，既不关乎身体、也不关乎父母，贵性贱身、性真形妄必将废弃人伦。王夫之说：

> 形色即天性，天性真而形色亦不妄。父母即乾坤，乾坤大而父母亦不小。顺而下之，太极而两仪，两仪而有乾道、坤道，乾坤道立而父母以生我。则太极固为大本，而以远则疏；父母固亦乾道、坤道之所成者，而以近则亲。由近以达远，先亲而后疏，即形而见性，因心而得理。此吾儒之所谓一本而万殊也。②

以上引文表明，王夫之强调形色与性的内在统一，既是其坚持气一元论的必然结果，同时又是在维护儒家"仁由亲始"的人伦和道德实践原则。太极为大本，它有阴阳差异的原则，分疏实现于人类社会就首先表现为男女，男女相配为夫妇，夫妇生子女则为父母。父母即是乾坤之道，人受于父母而有生，乾坤合体、阴形阳性，"天性真而形色亦不妄"。人要立大本，即

---

① 王夫之著：《读四书大全说》，《船山全书》第6册，第977页。
② 王夫之著：《读四书大全说》，《船山全书》第6册，第977页。

此身就是大本,形色自有性在,只能修身而不能贱身毁身,更不能弃绝身,"'形色,天性也',故身体发肤,不敢毁伤,毁则灭性以戕天矣。"①身为父母所生,修身又必以爱亲为始。由此,以近及远、先亲后疏,即形见性、因心得理,下学而上达天道。以为形色、父母之外别有所谓孤悬的大本,大本不仅流于空虚,亦陷入了墨佛二本之说。

(三)"耳目之于心,非截然而有小大之殊"——大体与小体的辩证统一

王夫之认为,程朱理学同样割裂了性与形色的有机联系,这主要是理学家对孟子大体与小体区分的误解。孟子所谓的大体和小体,大体是指本心(即是宋明儒所说的函性之心),是人之所以为人的道德性;小体则是耳目之官对声色臭味的感性欲望。孟子的着眼点是人的道德理性和感性欲望之间的区分,所以他将心之"官"与耳目之"官"对举。这是一种功能对举,而不是一种心身划分。而且,孟子所强调的是小体从于大体、生理欲望服从道德理性,他并没有要在心与身、理与欲之间做一个截然的分离,更没有贵心贱身、存理灭欲的理论倾向。

但发展至程朱理学,孟子大体小体之别就转换为理气的二分、性身的分离。性和身是完全异质性的,性是理,身是气禀,性只是寓寄于形色之中。人的身体本质上只能算是动物的身体,它只是有灵,表现为知觉运动和情才欲望。身体自身谈不上有积极的价值,它甚至是不善的根源。这样,就将性与形色或大体与小体看作两种完全不同性质的实体,形色或小体主要表现出对于人性展开的遮蔽和障碍。因此,程朱理学表现出较为强烈的贱身、禁欲的理论和实践特色。

王夫之则认为,大体和小体、性与形色虽然是相对待的,但它们既不是空间上的器官区分也不是异质性的完全对立实体,而是身体功能在层次上的区分。只以心身统一的神明身体而言,则是小体,主要表现为知觉运动;而以性统合身心而言,则是大体,表现出人的身体独具的道德主宰性,以整合知觉运动功能。当人之成为人,身体本然就是性与形色、大体与小体合一的状态。只有当这种本然状态被破坏,孟子所谓"不思而蔽于物""失其本心"的时候,人的身体才降格为如同动物的知觉运动状态。王夫之说:

孟子之以耳目为小体,何也?曰:从其合而言之,则异者小大也,

---

① 王夫之著:《思问录内篇》,《船山全书》第12册,第424页。

同者体也。从其分而言之,则本大而末小,合大而分小之谓也。本摄乎末,分承乎合,故耳目之于心,非截然而有小大之殊。如其截然而小者有界,如其截然而大者有畛,是一人而有二体。当其合而从本,则名之心官,于其分而趋末,则名之耳目之官。官有主辅,体无疆畔。①

王夫之意在说明大体与小体并不是两个不同的实体,而是作为身体的不同整合层次和功能层次的划分。从性心身合一的身体本然状态而言,仁义礼智的道德性和知觉运动表现的情才欲都统一于身体,但道德性是高层次整合的身体表现,所以为大体;知觉运动则是较低层次整合的身体表现,所以为小体。从身体的功能层次区分而言,大体表现的道德性是"本"、小体表现的知觉运动是"末",当这两个层次有机整合在一起,那么身体就是大体,名为心之官;当两个功能层次出现分离,身体则成为小体,名为耳目之官。因此,大体与小体本身不是表征本心与耳目口体、性与形色的实体性区别和大小疏异,而是表征身体的本然整合状态(合而从本)与分离状态(分而趋末)或者是身体的高阶功能(本)和低阶功能(末)区别的名称。也就是说,从身体的层次划分而言,单是知觉运动的身体可命名为小体或耳目之官,而道德性统合的身体则命名为大体或心之官;从身体的功能区分而言,表征身体道德性功能的心思之官可命名为大体,表征身体知觉运动功能的耳目之官则命名为小体。王夫之说:

> 人之受命于天而有其性,天之命人以性而成之形,虽曰性具于心,乃所谓心者,又岂别有匡壳,空空洞洞立乎一处者哉!只者'不思而蔽于物'一层,便谓之'耳目之官';其能思而有得者,即谓之'心官',而为性之所藏。究竟此小体、大体之分,如言'形而上者谓之道,形而下者谓之器',实一贯也。②

究其实,大体与小体的区分,是从人的角度对身体的不同层面区分的命名。所以,只能说耳目之官"谓之"小体、心之官"谓之"大体,而不能说成耳目之官"之谓"小体、心之官"之谓"大体,这和同是一物而区分形上形下、道与器是一致的。

一方面,身体是心之官与耳目之官功能的有机统一,身体的功能有主

---

① 王夫之著:《尚书引义》,《船山全书》第2册,第355页。
② 王夫之著:《读四书大全说》,《船山全书》第6册,第1133页。

辅本末之别,但并不是说大体与小体有空间区隔,"官有主辅,体无疆畔";而且,本就是末之本,"末之所会,斯以谓之本"①,耳目口体之视听言动功能相会而以思为体,此即是心之官,而不是在耳目口体之外有所谓本心,"小体之外别有大体之区宇"②。

另一方面,身体更是性心形不同层次的有机统一,性与形色有差异和矛盾,但这不是程朱理学所认为的理与气两种不同实体的截然对立和冲突,而是一气之阴阳虚实、气与气之神理的内在差异,有内在差异才可能存在真正意义上的相互作用。所以,性和形色虽然有异,却是互为依托、相生相成。性内在地赋予形色以道德性,整合并提升了生命的价值和意义,只有人之形色才能称作天性;同时,唯有形色才能显现性并通过身体的活动而实现性。性统合身心,所谓合就是分之合,"合其所分,斯以谓之合"③,没有形色、没有知觉运动也就无所谓性之合。

可以看出,王夫之通过气的生成性实有论思考进路,很好地说明了性与形色、大体与小体之间的辩证统一关系,同时也维护了儒家的人伦原则。无论以性与形色、大体与小体为空间性区分,还是为理气不离不杂的实体性区分,都是以人有二体,落入了佛家的二本之说。所以,王夫之强调"从其一本,则形色无非性,而必无性外之形色"④,即此人之形色而有人之性,尽人之性而能践人之形色,这就是王夫之的"践形"思想。

三、"形色则即是天性,而要以天性充形色"——王夫之的"践形"观

对于性与形色的关系,佛教、道教以及程朱理学都是从实体化、对象化的思考方式出发,将性视作"佛性""元性""理体"的超然绝待之物,人的形色只是包裹性或承载性的容器。程朱理学虽然强调性与形色不离、体用不二,但同时性与形色又是完全异质的不同实体,那么性与形色之间只能是一种外在的结合,体用是无法真正贯通的。而陆王心学强调心、性、理的同一,而没有理气的二分,人只要是依本心、良知而行,则性无非是气、气也无非是性。由此而言,陆王心学其实是以本心贯通了性与形色。

王夫之强调性统合身心的性心身有机统一的思想,其实是吸收了陆王心学的合理内核。但是,他又认为心学有泯灭性与形色差异的倾向,根本上,心学是以"心"同一身、消融身。王夫之和宋明理学都是强调人性对于

---

① 王夫之著:《尚书引义》,《船山全书》第2册,第355页。
② 王夫之著:《读四书大全说》,《船山全书》第6册,第1133页。
③ 王夫之著:《尚书引义》,《船山全书》第2册,第355页。
④ 王夫之著:《读四书大全说》,《船山全书》第6册,第1133页。

身体的主宰作用,但他们的走向是不同的,程朱理学是片面夸大"性"与"形色"的差异性而导致身心的二元对立,陆王心学则片面夸大"本心"与"形色"的同一性而导致销身入心。王夫之则扬弃程朱陆王,认为性与形色之间是性统合身心的有差别辩证统一,因为是内在统一的,所以性与形色不是截然对立;又因为是有差别的,本心就不是同一化身体的。即形色而有天性,性贵而形色亦真,性与形色既相异又统合的相互作用就构成了王夫之人性生成的"践形"思想。

人的身体是"性—心—身"的统一,但这种统一不是绝对的,它总是在一定程度上表现出仁义礼智之性与身心知觉运动功能二者之间的对待性,此即是孟子心官与耳目之官的对待性。对王夫之而言,这恰好是一气之阴阳虚实差异的表现。

身体的知觉运动功能或耳目之官,自然能视听言动,不思而亦得声色臭味,尤其表现出身体的惰性和受动性;身体的道德性或心之官,则必须思而有仁义礼智,不思则不得,尤其表现出身体的自主性和能动性。"耳目不思而亦得,则其得色得声也,逸而不劳,此小人之所以乐从。心之官不思则不得,逸无所得,劳而后得焉,此小人之所以惮从……不待思而得者,耳目之利也;不思而不得者,心之义也(义谓有制而不妄悦人。)'而蔽于物'者,耳目之害也;'思则得'者,心之道也。故耳目者利害之府,心者道义之门也。"[1]身体的本然状态,心思而性立,性则统合身心,人性自行于情才欲之中,大体自行于小体之中,身体有自主性,人就能够自我主宰、自我选择和自我节制。一旦弃心思之劳而求耳目之速获,则身体的整合状态被打破,人失去道德主宰性,身体就只是知觉运动之体。人不能自主就会为外物所牵引以至于为物所化,情才欲失却节制就会恣情纵欲、使才为恶。所以,王夫之说"耳目者利害之府,心者道义之门",这不是说身体本有不善,耳目之官有声色臭味之好本就是身体固有的一种功能层次。关键是性与形色的统一状态被割裂,性不能统合身心而从其小体所致,"耳目之小,亦其定分,而谁令小人从之?故曰小不害大,罪在从之者也"[2]。正因为心官和耳目之官、大体与小体是这种具有差异和对待性的统一,形色虽是天性,但当差异和对待无限扩大就会造成性与形色之间的分离。所以,必须以性充其形色才能恢复身体本然的性统合身心的整体状态,此即是王夫之所说的"践形"思想。他说:

---

[1] 王夫之著:《读四书大全说》,《船山全书》第6册,第1090页。
[2] 王夫之著:《读四书大全说》,《船山全书》第6册,第1091页。

人之形色所以异于禽兽者,只为有天之元、亨、利、贞在里面,思则得之,所以外面也自差异。人之形异于禽兽。故言"形色天性"者,谓人有人之性,斯以有人之形色,则即人之形色而天与人之性在是也。尽性斯以践形,唯圣人能尽其性,斯以能践其形。不然,则只是外面一段粗浮底灵明,化迹里面却空虚不曾踏着。故曰"践",曰"充",与易言"蕴"、书言"衷"一理。盖形色,气也;性,理也。气本有理之气,故形色为天性;而有理乃以达其气,则唯尽性而后能践形。①

上述材料,王夫之阐明了形色与性的内在联系、形色本然的函具性,所谓"即身而道在",因此,不是于形色外求性、身外求道,而是即此身体的"践形"过程中充盈彰显其本有的道德主宰性。单从对象化、现成化的角度而言,人的身体似乎与动物无异,不过是被动的躯体或是肉体,顶多是具有知觉运动功能的兽体。但人的形色是天生的灵秀,为生人之理所凝成即本然地函具人之性,故不能将人的形色等同于动物的身体。

动物的形色只是"生命空间性—知觉运动性"的低层次整体,人的形色则是"生命空间性—知觉运动性—道德主宰性"的高层次整体,并以道德主宰性统率身体的其他各级层次功能。所以,王夫之强调践形,即以性充盈形色,如此,人的身体才是统一的、人也成之为人。没有践形,人的身体就只是"粗浮底灵明"、耳目口腹之官,虽然有知觉运动的作用,但人与禽兽就没有本质区别。

王夫之将"践形"之"践"解释为"充""蕴""衷"。蕴、衷说明了性与形色有机的内在统一性,形色与天性不是外在的"合""相即"或"不离",天独衷于人,人天然就是德性灵明之体;"践"更是"充",形色本然是天性,但性体微而不马上显现,必待人自身的主动性,自尽其性以充实于形色,形色才能真正地实现本有的天性。"充"彰显了身体的自我主宰性和能动性,唯有人道的努力方能成性成身。天生人,唯独人有人之性和人之形,天就决定了人的一切都不同于草木禽兽。不过,这还只是在形色天性的角度而言,而且毕竟是天之事、天之功,也仅仅说明了形色内在函具性是作为人之类特征的普遍必然性。对于现实的个人而言,要成就此天赋的人性人形,就必须通过人道的不懈努力,尽己之性而践其形,这恰好是人之事、人之功。人不能践形,便辜负了天所与的德性之身,身体只成为空虚无实的惰

---

① 王夫之著:《读四书大全说》,《船山全书》第6册,第1134页。

性空间物。所以必说个"践形",形色才成其为天性,人才有资格履居此天生的美性美形。

从天的角度而言,人的形色就是天性,人本然就是善体;不知天则以为人性有不善,形色为万恶之源,离析性与形色的内在统一关系。从人的角度而言,形色而有天性为天之所赋,但成就此形色天性完全是人的责任;不知人,则将人身等同于动物之身,任知觉运动自然之用,或一有不善便归咎于天生的形色,废弃人自身的自主性和能动性,不知尽性践形人道之实学。由此,王夫之认为,形色天性与尽性践形是统一的,形色天性是天之道,明于此,尽性践形的人之道才有得以进行的可能;尽性践形是人之道,人积极有为地自我整合、自我重建和自我创造,形色天性的天之道才彰显并实现出来。割裂二者的关系,是既不知天也不知人,"形色则即是天性,而要以天性充形色"①,如此方是"彻上彻下、知天知人之语"。

天使人即形色而有天性,却不能使人尽性践形,尽性践形是人道之事。王夫之说:"天道自天也,人道自人也。人有其道,圣者尽之,则践形尽性而至于命矣。圣贤之教,下以别人于物,而上不欲人之躐等于天。天则自然矣,物则自然矣。蜂蚁之义,相鼠之礼,不假修为矣,任天故也。过持自然之说,欲以合天,恐名天而实物也,危矣哉!"②人性的生成,必须落实到人道的尽性践形。所谓尽性践形,也是践形尽性,即尽性即践形,尽性是尽形色之性,践形是践性之形色。不能抛离贱弃人的形色,以为未生之前即有卓然静洁的天性可践,这是"欲人之躐等于天";也不能弃绝人形色之天性而践形色的知觉运动作用,此是不"别人于物"而将人等同于禽兽。不通过尽性践形的人道努力,以为"不假修为"就自然有人之天性充盈流动,或是任形色天然自发的耳目口腹之用以为就是人之天性所在,那恰好是误解形色天性之说,更不懂尽性践形的道理。身体自有知觉运动、情才欲等功能,所谓尽性践形,即是以性充彻于形色而统合身心,以性行于情才欲之中而恒其心、实其意、正其情、尽其才、导其欲。

第二节 "性本于天而无为,心位于人而有权"
——身体的自主性和能动性

身体是性心身的有机统一体,人有人之性以能统合身心,但性为阳之

---

① 王夫之著:《读四书大全说》,《船山全书》第6册,第1133页。
② 王夫之著:《读四书大全说》,《船山全书》第6册,第1146页。

静,它是通过心含性而效动来整合身体,人性的主宰性必须通过人之心的能动性来实现,心就沟通了性与形体。"人受性于天,而凝之于心"①,人受天命健顺五常之理而有仁义礼智之性,仁义礼智凝之于心则为仁义之心。仁义之心充彻于人的形气并主持分剂形气,身体就不只是灵动的身体,而更是自主和能动的身体。

一、"心含性而效动"——心灵的层次

王夫之说:"均一'心'字,有以虚灵知觉而言者,'心之官则思'之类是也;有以所存之志而言者,'先正其心'是也;有以所发之意而言者,'从心所欲'是也;有以函仁义为体,为人所独有,异于禽兽而言者,'求放心'及'操则存,舍则亡'者是也;有统性情而言者,四端之心是也;有性为实体,心为虚用,与性分言者,'尽心知性'与张子所云'性不知检其心'是也。"②依王夫之的论述,可从不同角度论心:从心体言,有虚灵知觉之心、持志之心、仁义之心、四端之心、人心与道心等;从心的功用言,心则有思、有志、有意、有知觉运动等;从心性情的关系言,性体心用、心统性情等。虽然有不同的表述角度,但就心本身而言,它主要表征了身体的灵明性和能动性,所以可称作心灵。他说:

心之为德,只是虚、(未有倚,然可以倚。)灵、(有所觉,不论善恶皆觉。)不昧,(能记忆亲切,凡记忆亲切者必不昧。)所以具众理、(未即是理,而能具之。)应万事者,(所应得失亦未定。)大端只是无恶而能与善相应,然未能必其善也。③

王夫之承继朱子的观点,认为心本然只是人之神明,虚灵不昧、具众理应万事,但他进一步细化分析了心的上述特性。心的产生是"天之气化自然必有之几"、为"二气五行之精",自然有神明的良能④,天之气所具之神明在人身上面的表现即谓之心。由此而言,心不需要人的主动修为就有神明灵动的能力。

---

① 王夫之著:《四书训义》(下),《船山全书》第8册,第704页。
② 王夫之著:《夕堂永日绪论外编》,《船山全书》第15册,第856页。
③ 王夫之著:《读四书大全说》,《船山全书》第6册,第1079页。
④ 单说心的"良能"是指心之神明。王夫之说:"原心之所自生,则固为二气五行之精,自然有其良能,(良能者,'神'也。)而性以托焉,知觉以著焉。(性以托,故云'具众理'。知觉以著,故云'应万事'。)"见王夫之著:《读四书大全说》,《船山全书》第6册,第1113页。

第五章 "即身而道在"——人性在"践形"中的生成

　　心之神明,一方面表现为知觉运动,"能知能觉、可运可动者之灵"①,可称为知觉运动之心、觉了能知作用之心;知觉属知、运动属能,所以"因形发用以起知能者为心"②。另一方面,心又能具众理应万事。生人之理即人之性凝成人的身心,性就内在地含藏于心,人心本来就含性;禽兽没有人性,其心自然不能含性。不过,人之性是隐微地含于心,心含性、具众理只是说人心有含性、具理的可能,或是能含、能具的能力,这种可能和能力也是人身所独有。但并不是说人心天然就已经含性、具众理,即使心已经含性,也还有待于进一步扩充此含性之心。"应万事"则特别标明了心的能动性,心不仅能够应事接物做出反应,还能尽其知觉运动之能主动做出一番事为。

　　王夫之认为,心之虚灵不昧、具众理应万事分别代表了心灵的知、意、心、身的功能。他说:"'虚灵',知之德;'不昧',意之德;'具众理',心之德;'应万事',身之德。"③"虚灵"表明心的知觉能力;"不昧"是心发之意的功能,可以记忆思虑;"具众理"指心能含性,但需要通过心官之思;"应万事"是指心的视听言动能力。知、意、心、身四者是从不同层面表征心的功能作用。因此,人之心只是虚灵不昧、统性情、具众理应万事之心。人之心也"大端只是无恶而能与善相应,然未能必其善也",人心是人性所凝成,所以人心本身不是恶,其可以含性而更能与善相应;但心未必现实地含性,性只是善,而心则不能一定为善而可以为恶。

　　心的上述特性,其实可以区分出身体灵动性的不同层次,也即是心灵的层次。身体灵动性的第一个层次,主要表现为一种刺激反应过程,身体是受动的或只是为物欲本能所驱动的。动物身体的灵动性主要停留在这个层面,对人而言,这一层次被称作耳目之官或小体。此时,心的灵动性完全是自在的或是自然的。

　　身体灵动性的第二个层次,主要表现为身体的能动性,心随感而发意生情,因心的意欲和情感趋向,就会主动驱使视听言动之才作用于外物与环境以满足自身的意欲或情感需要。此时,心表现出一种自为性和主动性。一方面,心之意欲和情感的驱动表现出为一种动力,它激发、维持一种个体的、私人的自愿行为;但另一方面,心之意百感千发,情感活动变化不定,心的这种自为的能动性往往又成为一种任"意",身体随"意"而动的过

---

① 王夫之著:《四书训义》(下),《船山全书》第 8 册,第 675 页。
② 王夫之著:《张子正蒙注》,《船山全书》第 12 册,第 124 页。
③ 王夫之著:《四书笺解》,《船山全书》第 6 册,第 110 页。

程中往往为外在诱惑所异化,从而丧失掉自我,做出恶的事情。

因此,身体的灵动性还有第三个层次,主要表现为身体的自主性和主宰性。心官之思而有仁义,仁义之心就不是简单的知能活动,而是良知良能。当心已然含性,人性就赋予了身体灵明以更高层次的整合,身体表现出一种自主的能动性。人的行为不仅是个体自愿的、能动的,而且更是自我决定和自我主宰的。心以含性、性以主心,心就是本心、道心或大体。本心的发用流行既不是简单的知觉运动反应,也不是随心所欲的任意行为,而是个体自主自为、自觉自愿的道德创造活动。当身体的灵动性达到自主能动的层次,人在一定程度上就超越了生活世界的限制而获得了心灵和道德的自由。人不仅依存于天地万物,更能将自身的价值和意义彰显于万物,从而创造一个道德的、艺术的和审美的人文化成的世界。将人之心分为三个层次,不是说人存在三个心,而是突出人之有人性,这就超越了其他生物层次给予了心灵一种新的统一方向。也正是在这个意义上,唯有人之心才有自主能动性、才拥有自由意志。他说:

> 禽兽有天明而无己明,去天近,而其明较现。人则有天道(命)而抑有人道(性),去天道远,而人道始持权也。①
> 性继善而无为,天之德也;心含性而效动,人之德也。②

禽兽虽然有心的灵明,也有知觉运动,但停留在心灵的第一个层次,也就无所谓自主能动性。准确地说,禽兽的灵明只是自然自在,"有天明无己明"。对人来说,则不仅有天道,更有人道。人道在人而不在天,而人道是通过"心含性而效动"来实现的,"心者,人道之所自立"③"动则心为政者,人道也"④。含性之心即拥有了自主能动性以及自我权衡选择和自我决定的能力,"人道始持权",人能够根据自我内在的道德理性自觉自愿地选择个人的生活方式并付诸行动。

通过以上分析可以看出,王夫之论心非常重视心灵三个层次的有机整合和相互作用,从而实现心灵的自主性和能动性的统一。所以,既不能单以"性"论人之心,也不能单以"知觉运动"论人之心,即是不能割裂心的自主性和能动性。人心与物心、人身与物身的不同,不仅是心所含之性的根

---

① 王夫之著:《读四书大全说》,《船山全书》第6册,第952页。
② 王夫之著:《读四书大全说》,《船山全书》第6册,第895页。
③ 王夫之著:《礼记章句》,《船山全书》第4册,第930页。
④ 王夫之著:《读四书大全说》,《船山全书》第6册,第1076页。

本差异,而且人之心表现出的思虑意念、知觉运动、情才欲望本身也不同于禽兽。但是,心之所以能够发挥其自主能动性,那是因为此心是仁义之心。

王夫之强调心性统一而成就身体的自主能动性,但是,心与性本身是有差异的。性是以"隐""微"的方式密藏于心,不能直接将心与性等同起来。心灵层次的整合、心性的统一,必须通过心官之思、尽心知性的人道努力才能显性于心而成为仁义之心。

二、"思为本而发生乎仁义"——心性的差异和统一

人之心不仅含性、具众理,也下统知觉运动和情才。因此,心本身不是性也不是理,但这并不意味着心性是对立的。心官之思就将心性有机统一起来,人心真正成其为人之心,可称作道心、本心、良心或仁义之心。因此,他反对陆王心学同一心、性、理的观点,而强调心性是有差异的统一。

(一)对陆王心学"心即理"观点的批评

对于心性差异问题,王夫之主要反对陆王心学即心即性、即心即理以及佛教以知觉运动为性的观点。

首先,从天人关系的角度出发,"以本言之,则天以化生,而理以生心。以末言之,则人以承天,而心以具理。理以生心,故不可谓即心即理,透人而独任之天。心以具理,尤不可谓即心而即理,心苟非理,理亡而心尚寄于耳目口体之官以幸免于死也"[1]。天之生人而有心,是天以其化理生心;人以承天,则是心具理。正因为是天之化理生心,其次序不可颠倒,理生心而不能以心为理。同时,心具理也是说心能具理,这本身是天之功,含性具理而成仁义之心则必须通过人道的努力。心"若其在人,则非人之道也。人之道,所谓'诚之'者是也。仁义礼智,人得以为功焉者也。故人之有心,天事也;天之俾人以性,人事也"[2],人心天生而有知觉运动、能具众理应万事的能力不是人所决定的,也不是人可以为功的,心之神明是天之事;但显性存性而成为仁义礼智之心以及扩充此本心,则是人之事。以心为理、以心为性,直是以人为天,孤持天赋的灵明而舍弃人事。

其次,从心的功能结构而言,心既有高阶的心官之思,又有低阶耳目之官的知觉运动功能。倘若没有性理作主宰,心自然不能有本心之思,但心仍然有知觉运动。直接同一心、性、理,不免有以知觉运动为性的嫌疑。

最后,性凝于心为德,但心既有性之德,也有行道有得于心之德,二者

---

[1] 王夫之著:《读四书大全说》,《船山全书》第6册,第1114页。
[2] 王夫之著:《读四书大全说》,《船山全书》第6册,第1113页。

都涵于心。"德有性之德,有行道有得之德,皆涵于心者也。心固统性,而不可即以心为性。以心为性,则心、性之名,不必互立,心不出于性,德不出于理矣。如行道而有得,则得自学后。得自学后,非恃所性之理也。"①王夫之强调心与性、心与理有别,都是为了突出人后天修为的重要性。人心有知觉运动性,所作所为未必合理,只有在修身过程中定其性以恒其心,才能彰显心所具之理并凝性之理为心之德;而且所性之理并不是完备具足、一成不变的,它需要扩充,这必须通过心的能动性才能实现,人取精用物的行道过程中就能充实丰富性之理。心可以统性、心可以合理,但心与性、心与理不是直接等同的。心即性、心即理的说法,恰好是废弃人道之功,"诿人而独任之天"。

王夫之进一步认为心学所谓"心外无理、理外无心"都有问题。"心外无理",如果是强调理必通过心而显明著发,也可以如此说。但是这和佛家的"消所入能""三界唯心"之说容易混淆,而且从学理上也不完备。他举例说:"父慈子孝,理也。假令有人焉,未尝有子,则虽无以牿亡其慈之理,而慈之理终不生于心,其可据此心之未尝有慈,而遂谓天下无慈理乎?夫谓未尝有子而慈之理固存于性,则得矣;如其言未尝有子而慈之理具有于心,则岂可哉!"②父慈子孝是理,但若有人终未有子,那么父慈之理固在,但此理终不生于心,心无此慈之理能说天下无此理吗?所以,心外无理之说也是有问题的。心与性不同,性固是理,无论何种情况此理都是存在的;心则必须通过人道的实践才有此理的显发和实现,否则理对心而言始终是隐而不显的。至于"理外无心"的说法就更有问题,理外定有虚灵知觉之心,而虚灵知觉之心未必具理,因为人心未必即是仁义之心。

(二)心官之思实现心性的统一

心性有差异,不能如同陆王心学那样以心同一性和理。但是心与性的差异不是对立,程朱理学从理气异质而论心性,心与性就有异质性对立的理论倾向。在王夫之,心与性是有差异的统一,心性统一于气,统一于人的身体;心是气之神,性是气之理,理主持分剂身心,从而实现性统合身心的人之为人的状态。但性心身的统一,有赖于心官之思。人之心能"思"是因为心含性,但"性,无为也;心,有为也。无为固善之性,于有为之心上发出"③,心官之思将人所受于天而含之于心的道德理性实现为人道的道德

---

① 王夫之著:《读四书大全说》,《船山全书》第6册,第718页。
② 王夫之著:《读四书大全说》,《船山全书》第6册,第1114页。
③ 王夫之著:《读四书大全说》,《船山全书》第6册,第966页。

主宰性和个体的主观能动性。他说:

> 仁义自是性,天事也;思则是心官,人事也。天与人以仁义之心,只在心里面。唯其有仁义之心,是以心有其思之能,不然,则但解知觉运动而已。此仁义为本而生乎思也……心唯有其思,则仁义于此而得,而所得亦必仁义……此思为本而发生乎仁义,亦但生仁义而不生其他也。①

上述材料中,王夫之通过天人互动的关系说明"思"通贯天人和性心。人之所以有心官思的能力,那是因为人有天之所予的仁义礼智之性,天给予人以仁义即给予人以思的能力。禽兽没有仁义之性,身体处于知觉运动整合层次,只有耳目之官的功能,而没有思的能力。人则有性,身体是道德主宰性的整合层次,不仅有知觉运动的功能,更有思的功能。思的功能特别标明为心之官,思是人所独有的。

从继善成性的角度而言,天之气有阴阳,阴阳有仁义的生人之理,生人之理凝成人的仁义之性就自然产生思。于此而言,天就决定了只有人有仁义,也只有人能思,"此仁义为本而生乎思也",这是天之事。因此,凡言人,都有思的能力,都有心之官。现实中出现的君子小人之别,不是说君子有思的能力而小人没有思的能力,关键在于君子能主动开掘思的能力,小人则废弃了思的能力。也就是说,只有天赋的仁义和思的能力还不够,必须通过人主动地发挥心官之思才能显现仁义、扩充仁义。故从成性存存的角度,唯有心之思才有仁义,不思则仁义也不著明,"此思为本而发生乎仁义",这恰好是人之事。"思"既沟通天人,也沟通心性。因性而有仁义之心,因心而著仁义之性。因天赋仁义而有心思,在于天;因人之心思而有仁义,在于人。"'思'之一字,是继善、成性、存存三者一条贯彻底大用,括仁义而统性情,致知、格物、诚意、正心,都在这上面用工夫,与《洪范》之以'睿作圣'一语斩截该尽天道、圣功者同②。"王夫之极为褒扬孟子提出的心官之"思",而此处所谓心之"思"则有其特定的意蕴和内涵。

在王夫之的人性哲学中,"思"有广义和狭义之分。广义上,"思"既包括对人身内在自足的道德理性的体认,也包括认识论层面上的理性思辨或认知。但在说明通过心官之"思"而显仁义于心上,"思"则是在狭义上仅

---

① 王夫之著:《读四书大全说》,《船山全书》第6册,第1093页。
② 王夫之著:《读四书大全说》,《船山全书》第6册,第1094页。

指人对于自我道德理性的体知。

因此,一方面,"思"是专属于仁义之心的职事,仁义之心也只生仁义。王夫之说:"仁义,善者也,性之德也。心含性而效动,故曰仁义之心也。仁义者,心之实也,若天之有阴阳也。知觉运动,心之几也,若阴阳之有变合也。若舍其实而但言其几,则此知觉运动之惺惺者,放之而固为放辟邪侈,即求之而亦但尽乎好恶攻取之用;浸令存之,亦不过如释氏之三唤主人而已。"①从人禽之别言,只有人之心才是仁义之心,而禽兽没有仁义之心,"思"天然就是人所独有的功能。从人之身而言,心表征身体的神明,既有思的层次或心之官,又有知觉运动的层次或耳目之官。仁义为心之实,知觉运动为心之几,二者同体而异用。平常所说的"饥思食,渴思饮,少思色,壮思斗,老思得"②都是针对知觉运动之心而言。思食思饮之"思"表现为对外物的依赖性,其实是人的生理需要所导致的感性欲求;"少思色,壮思斗,老思得"则是人在不同年龄阶段所特有的心理意欲,本质上属于心所发出的"意",而"意"尚待仁义之心去主宰去充实,否则就流为私意私欲妄为。它们在日常语言中称为"思",不过是心的一种意动或意欲能力。单举知觉运动之心,则内无实而外待于物,于内固不能"思"出仁义,于外物则不思亦得,思亦未必得。由此而言,禽兽之心固然不能思,单举人的知觉运动之心也无所谓思。"思"是专属于仁义之心而非知觉运动之心的功能。"思因仁义之心而有,则必亲其始而不与他为应,故思则已远乎非道而即仁义之门矣……只思义理便是思,便是心之官;思食思色等,直非心之官,则亦不可谓之思也"③,只能在仁义之心言思,因为思由仁义之心而有,仁义之心也只能思出仁义,仁义是思的专属和唯一内涵。

另一方面,"思"根源于天道而成就于人身。从身体出发才有心,基于身体,思才成为可能。人初生而有形体,思即作为一种本原的体验而表现在人身上。所谓心之思其实就是身之思,思首先是一种思的能力和思的可能性,表征人对于人性的一种潜在的自觉能力,即是身体先在的对于性与天道的体认。孟子所谓"天之所与我""良知良能""四端之心""赤子之心"都是指心对于人性的自觉、身体对于道德理性的体会。知与能本来是描述心的知觉运动功能,但仁义之心则是良知良能,"良"即是人心本然所具有的善性。人一出生就有良知良能,不过这还是善端,善性体微而藏于

---

① 王夫之著:《读四书大全说》,《船山全书》第6册,第895页。
② 王夫之著:《读四书大全说》,《船山全书》第6册,第1093页。
③ 王夫之著:《读四书大全说》,《船山全书》第6册,第1093—1094页。

人心。但正因为如此,人尚未学、尚未虑就能亲亲敬长。在通过学虑而认识到仁义之前,人已然能够体会到仁义的端倪。即使一个丧尽天良的人,当见孺子入井,也自然会有恻隐之心,"性自不可拘蔽。尽人拘蔽他,终奈他不何,有时还迸露出来(如乍见孺子入井等)。"①。性迸露出来是以含性之心即恻隐之心或不忍人之心而显现,因为心思的能力就是身体对于人性的一种先在体会。人性本然内在于人身,仁义不假外求,即身之思而显现,这就是所谓"以天体身"。但是仅有这种体会是远远不够的,还需要进一步在道德践履中切身体认并扩充仁义,这就是"以身体道"。"以天体身"可以知性,知性即是知天道凝性于人身。体性于心即是仁义之心,尽此仁义之心,"以身体道"则可以尽性,而知性之全体大用,"潜其心以思之,反诸身以求尽吾聪明强力之才以体之,而后知吾所固有者果如是也"②。

三、"心意相关、诚正相因之理"——正心诚意所以修身

通过心官之思、自我的切身体认,就能彰显身体固有的道德主宰性,即是显性于心。"心原是不恒底,有恒性而后有恒心。有恒性以恒其心,而后吾之神明皆致之于所知之性,乃以极夫全体大用,具众理而应万事之才无不致矣。"③心本来只是神明的良能,变动不居、随感而意发,所以不能称作恒心;但当性显于心,性是有恒之体,若以性为心之所志,心就成为恒心,恒心就是仁义之心。因性而有心,心思方能显性,性显而恒其心,尽此仁义之心就能知性的全体大用。心性是交相互动的,既尽心以知性,又知性以尽心,但关键在于所尽之心是持志之心。倘若心不以性为其志之所向,尽心就变成了尽心之意欲。因此,身体自主能动性的实现,不仅需要心之思而彰显道德理性,还需要进一步由此道德理性来指导心灵的灵动性,以免人心的自由变成恣意妄为的任"意",这就是正心诚意的工夫。

(一)志、意之别

从心的不同功能层次出发,心可分为身、心、意、知四德,"身以言、行、动言,心以所持之志言,意以偶发之念言,知以知是知非言"④ "一志所发,心也;随念所发,意也;觉体所发,知也"⑤。统之于一心,即是所谓虚灵知觉、具众理应万事之心或统性情之心,身心意知都包括在内。而在正心、诚

---

① 王夫之著:《读四书大全说》,《船山全书》第6册,第396页。
② 王夫之著:《四书训义》(下),《船山全书》第8册,第696页。
③ 王夫之著:《读四书大全说》,《船山全书》第6册,第1108页。
④ 王夫之著:《四书笺解》,《船山全书》第6册,第112页。
⑤ 王夫之著:《礼记章句》,《船山全书》第4册,第1479页。

意上所谓之心,特指在知性以后(此知性尚未是知性的全体大用)身心意之间的关系。即是以所知之性为心之志,此是正心;以持志之心贯于心所发之意,此是诚意;正其心、诚其意,则可以规范心接物而表现于外的视听言动,此是修身。由此,正心和诚意就涉及心"志"和心"意"的关系。

    吾心之虚灵不昧以有所发而善于所往者,志也,固性之所自含也。①
    心与物感之始,念忽以兴,则意是也……意者忽发者也。②

  "志"表明了心与性的内在统一性。从心而言,志是心所发的必然恒定的志向,这个志向指向性理,即是说心以性为志;从性而言,志的实质内涵通于性理,性是"心所取正之则"③,即是说性以志正心。"意"则是心因感而偶发的动几,如念虑、思绪、意欲等,虽然也表现出某种意向,但这种意向随物随境而迁流,没有恒定性。可见,"志"和"意"是不同的:

  第一,从心灵的层次而言,"志"关联"性",是表征心灵自主性的高层次功能;"意"是身体感受内外刺激而在心理现象上的各种反应,表征的是心之灵动性的较低层次功能。因此,无论动静、感通与否,心志都是常存的,而意则随感而有、无感则无。

  第二,"意无恒体……起念于此,而取境于彼。心则固有焉而不待起,受境而非取境"④,此处"心"是指心志。"意"是一种取境的意向,因境而生,也因境的变迁而流动不居,所以"意"之所向没有恒定专一的本体;心"志"虽然呈现于一定境域之中,但并不是取境而生,"志"之所向专一于"性",所以"志"拥有内在恒定的原则和标准。

  第三,正因为"志"有内在恒体,它不仅一于善而无恶,而且完全是自我决定和自我做主的。"意"虽然都是"己"之"意",却总是为"物"所牵引决定,所以"意"的操持权往往为物异化;也因此,"意"没有必善之势,"其念善也而为之也难,其念不善也而为之也利,于是此一意者,任其择于难易利害之间,而为善不力,为不善遂决"⑤。

  第四,"志"可持可执,一心于志则可以尽性践形;"意"无恒体,本身无

---

① 王夫之著:《读四书大全说》,《船山全书》第6册,第925页。
② 王夫之著:《四书训义》(上),《船山全书》第7册,第48页。
③ 王夫之著:《读四书大全说》,《船山全书》第6册,第403页。
④ 王夫之著:《读四书大全说》,《船山全书》第6册,第417页。
⑤ 王夫之著:《四书训义》(上),《船山全书》第7册,第66页。

法执守,但"因见闻而执同异攻取,不可恒而习之为恒"①,于不可恒中而执之为恒,"意"就成为一己的私意或成心。

志意虽然有以上的不同,但并不是没有关系的,它们统一于心协同作用于身体所发的视听言动。"意居身心之交……心之为功过于身者,必以意为之传送"②,"意"直接导致了身体反应和身体活动,心"志"要作用于"身"就必须通过"意"为中介来实现,也即是说,心"志"的自主性体现在心"意"的灵动性当中。"志→意→身"由体而用、自静而动、从内而外一体下贯的过程就是"正心→诚意→修身"的过程。

(二)"必欲正其心,而后以诚意为务"——正心与诚意的关系

所谓正心,"执持其志者,正其心也"③。王夫之认为,心持志即是正其心,所正之心就是持志之心。身体在物之未感、意之未发时,不是去守个昭昭灵灵的空虚寂灭之心,而是以性实心、存性为心之志。当"心"志向于性理,心就成为有恒有实之心、善而无恶,身体也就获得了道德的自主性和主宰性。所谓诚意,"则是将所知之理,遇着意发时撞将去,教他吃个满怀;及将吾固正之心,吃紧通透到吾所将应底事物上,符合穿彻,教吾意便从者上面发将出来,似竹笋般始终是者个则样"④。以自身体知的性理为心之所志,当意念发动时,便以此实有之理灌注于"意",则意之所发皆是志之所向,"意"就不再是被外物所牵制的"放意"或是随心所欲的"任意",而是表现为具有自律特征的"自由意志"。正心诚意的工夫就具体实现了身体的自主能动性。而正心、诚意之间的关系,在王夫之看来与存养、省察之间的关系是一致的,他说:

> 《中庸》之言存养者,即《大学》之正心也;其言省察者,即《大学》之诚意也。《大学》云:"欲正其心者先诚其意。"是学者明明德之功,以正心为主,而诚意为正心加慎之事。则必欲正其心,而后以诚意为务;若心之未正,则更不足与言诚意。此存养之功,所以得居省察之先。盖不正其心,则人所不知之处,己亦无以自辨其孰为善而孰为恶;且昏瞀狂迷,并所谓独者而无之矣……故《大学》以正心次修身,而诚意之学则为正心者设。《中庸》以道不可离,蚤著君子之静存为须臾

---

① 王夫之著:《张子正蒙注》,《船山全书》第 12 册,第 150 页。
② 王夫之著:《读四书大全说》,《船山全书》第 6 册,第 426 页。
③ 王夫之著:《读四书大全说》,《船山全书》第 6 册,第 422 页。
④ 王夫之著:《读四书大全说》,《船山全书》第 6 册,第 413 页。

不离之功,而以慎独为加谨之事。此存养先而省察后,其序固不紊也。①

王夫之意在表明:正心即是存养,诚意即是省察,而且当以存养正心为先,有了性理之实,方可以实理实心省察其所发之意。如果心未有正,则对意的省察就没有取正之则,根本就谈不上诚意了。因此,"诚者诚其所正,正心为本务,诚意为加功矣"②。但《大学》言"欲正其心者先诚其意""意诚而后心正",宋明儒皆以诚意为先、正心为后。王夫之认为,宋明儒其实是误解了《大学》所言先后之意。

一方面,"先"不同于"前"。"前"意味着物理时间的次序,"欲正其心者先诚其意"中的"先"不是"前"的意思。因此,"先诚其意"并不是说"诚意"为先而"正心"为后,所谓"'先'字亦是从彼处下工夫,为此工夫地之意"。意思是说,相较于"正心"而言,"诚意"又是"正心"的工夫;言"欲正其心"之"欲"字已经表明"正心"已经有一截工夫,但并不纯全,需要进一步致力于"诚意"的工夫,"正心"才能真正完成。王夫之认为这才是欲正心、先诚意的准确意思。

另一方面,"后"不同于"後"。"'後'者,且勿急而姑待异日之意","後"也是表达物理时间次序之辞。而"意诚而后心正"中的"后"不同于"後","'后'者始得之意",意思是说"意"皆诚而"心"才完全得正。③ "心正"不同于"正心","意诚"不同于"诚意",意诚、心正是从成德的最终效果而言,正心、诚意则是从学者入手处而言。正心先于诚意,正是"于学言之,则必存养以先立乎其本,而省察因之以受……即《大学》'欲正其心'先于'欲诚其意'之旨"④。

王夫之认为《中庸》所言"慎独"也是强调"正心"而后对于初发的意念之几早下诚意省察的工夫,"独者,意之初几。慎独乃是诚意及早下手工夫,不待著见而始慎。诚意之功在慎独,不可以慎字当诚字,独字当意字"⑤。如果没有"正心",就没有善恶判断的内在标准,即使对初发的意念如何地谨慎小心,也不知道何为善何为恶;"诚意"是以所正之心实其意,而不是"慎独"表达的谨慎其意念初几的意思,唯诚意而能慎独,非慎独即

---

① 王夫之著:《读四书大全说》,《船山全书》第6册,第582页。
② 王夫之著:《礼记章句》,《船山全书》第4册,第1485页。
③ 以上皆参见王夫之著:《四书笺解》,《船山全书》第6册,第111页。
④ 王夫之著:《读四书大全说》,《船山全书》第6册,第583页。
⑤ 王夫之著:《四书笺解》,《船山全书》第6册,第117页。

是诚意。由此,王夫之批评后世儒者不在"正心"上下工夫,而专以遏意、慎独为至要。① "意"本是虚体,舍心志而独治"意",不过是以虚治虚、舍本逐末之术;而且,"遏意"之说就将"诚意"曲解为择其意、严其意甚至是绝其意,以为无意念干扰就可以优游入圣道之途,其实已经落入了佛家"狂心乍息而即为菩提"②之道。

王夫之强调由本贯末的本末兼具的工夫,故以存养正心为本为先,而以省察诚意为加功。不过,这并不意味着省察诚意不重要或者要等待完全"心正"以后再来进行。正心和诚意存在轻重缓急的不同、本末的差异,但事实上二者同时并进、缺一不可,是"互相为因,互相为用,互相为功,互相为效"③的紧密关系。正心为先才能诚意,意诚而后心才至正;诚意之效本于正心之功,而正心之效就体现在诚意之功当中。唯有正心、诚意相续相贯才能共同作用于现实的修身过程,这就是"心意相关、诚正相因之理"④。"心"通过"意"而表现于"身",并与外部世界发生关系。"意"是心之动几,必然与物之动几相交,于是就产生了身体的情才欲功能。

第三节 "心者,函性、情、才而统言之"
——身体与情才欲

身体从来就置身于天地万物之间,必然与外物相感相通,于是表现出情、才、欲的功能。从天道生人的角度,可表示为:天之气→气化现理(天命生人之理)→身(性、心、形)→感于物而动(情、才、欲),身体上通于天道而有心性,下及于物事而有情才欲,天人物我构成了相互蕴含不可分割的有机统一体,统一于天道的气化流行。从体用动静的角度而言,性是身体的最高层次而整合身体的其他层次,则性为体为静,心为用为动,情是性之感通,才是性之显现。从身体的能动性而言,心就沟通了性与情才,它既向上

---

① 王夫之对以慎独、诚意为先观点的批评,主要是针对刘宗周的。不过,刘宗周理解的"慎独"和"诚意"与王夫之的理解并不相同。刘氏对"独"与"意"都是从先验的角度理解,"独"是至善本体之心,而"意"不是"心之所发",而是"心之所存","独"与"意"是隐显的同一关系,都是先验存在的善。刘宗周的观点有其自身理论的自洽性,但其理解完全抹杀了"意"的经验性特征和在感性经验上的积极作用,也取消了《大学》中"正心"的地位。整体而言,刘宗周所谓的"诚意"强调道德意志的自觉性,王夫之则强调先有"正心"获得道德的自律性和自觉性,同时又必有"诚意"的道德自愿性。王夫之认为,唯有正心诚意方才有自觉自愿的道德行为。
② 王夫之著:《礼记章句》,《船山全书》第4册,第1489页。
③ 王夫之著:《读四书大全说》,《船山全书》第6册,第426页。
④ 王夫之著:《礼记章句》,《船山全书》第4册,第1487页。

函具性,又向下统摄情才,性为心之实、情为心之显、才为心之能,性函于心、性即自行于情才之中。所以,"心者,函性、情、才而统言之"①。心、性、情、才、欲交相互动,展现了身体的差异性、丰富性和能动性,但差异不是异质的对立和矛盾,它们又是统一的,这种统一是通过人之性函于心来整合的。不过,人性的统一和整合,既不是同化差异,也不是消除差异,而是恰好在肯定差异以及在差异的生成变化中才能实现统一。

一、"吾之动几与天地之动几相合而成者"
——情的根源和性质

王船山论"情",深深植根于其气本原论思想背景。天道始终处在生生不息的气化流行过程当中,其"体"即是阴阳健顺之气,其"用"即用此"阴阳健顺之气"变合而生人物。"天人之蕴,一气而已"②,人之气相通相成于天之气,其"体"即是天道阴阳健顺之气范围在人的形质之内所凝成的仁义之性,其"用"即是气质性身体与物相交互动显现的情才。船山言:

> 气之诚,则是阴阳,则是仁义;气之几,则是变合,则是情才。③
>
> 天不能无生,生则必因于变合,变合而不善者或成。其在人也,性不能无动,动则必效于情才,情才而无必善之势矣。在天为阴阳者,在人为仁义,皆二气之实也。在天之气以变合生,在人之气于情才用,皆二气之动也。④

根据以上两段材料,王船山在气本原论思维下统合周敦颐的"诚无为、几善恶"思想来说明情的根源和性质,并梳理性与情才的关系。首先,天与人、阴阳与变合、性与情才都统一于气,都必须从天人一气相通的生成变化来理解。气之诚、气之体或气之实,在天为阴阳,在人则为仁义之性;气之几、气之用或气之动,在天为变合,在人则为情才。"情元是变合之几,性只是一阴一阳之实"⑤,性是阴阳之实,情是阴阳变合之几,"性"与"情"其实是"气"的不同存在方式。"天不能无生,生则必因于变合","气"总是生成变化中的"气",有"诚"必有"几",有阴阳之气必有阳变阴合之生;"性不

---

① 王夫之著:《尚书引义》,《船山全书》第 2 册,第 366 页。
② 王夫之著:《船山全书》第 6 册,第 1054 页。
③ 王夫之著:《船山全书》第 6 册,第 1057 页。
④ 王夫之著:《船山全书》第 6 册,第 1055 页。
⑤ 王夫之著:《船山全书》第 6 册,第 1066 页。

能无动,动则必效于情才",作为阴阳之实的性则必有情才变合之动。船山不仅从天人合一的角度将性情统一于气,"气化之变,性情,其机一也";而且充分肯定"情"存在的必然性和合理性,"爱恶之情无端而不暂息者,即太虚之气一动一静之几","情"是天道人道自然必有的状态。① 正因此,船山坚决反对灭情说和贱情论,"情者,阴阳之几,凝于性而效其能者也,其可死哉?"②情是阴阳之实必有之几,灭情则性无从显现,天之生道也绝。

其次,船山明确将"情"界定为"在人之气"或"性"所必有的"气之动几"或"变合之几"。以"几"论"情"的产生,对船山而言,"几"首先意味着相合相生之际。他区分了"天之几"和"人之几","天之几"是指天道阴阳变合生人物之际,"人之几"是指人与万物打交道之际。那么,"情"就是人与物相感而动的"气之几"所生。"盖吾心之动几,与物相取,物欲之足相引者,与吾之动几交,而情以生。"作为"气之几"的"情",其产生既有"人"的因素(人心之动几),又有"物"的因素(物欲之引),所以"不纯在外,不纯在内",而是"吾之动几与天地之动几相合而成者也"。③ 情虽源于性之动,但情不是性,它还受到物的影响,人物感通而有情。可见,船山还是继承了传统从感物而动的"情感"论"情"的产生,"情"就特指喜怒哀乐爱恶欲的七情,"情之始有者,则甘食悦色;到后来蕃变流转,则有喜怒哀乐爱恶欲之种种者"。④ 他的特别之处在于从气一元论的思想以人物相感的"气之动几"论情,以性之动或气之动论"情"先儒已言,以"几"论"情"应该是船山的发明。

最后,"变合之几,成喜怒哀乐之发而为情"⑤,情作为"变合之几","几"不仅意味着人物相感之际,意味着气之动,同时也是几微难测,船山进而从"几善恶"论情。在天道上,天之气虽然都是阴阳健顺之气,但变合既可生秀而灵的人,也可生无仁义之性的天地万物;落实到人道上,在人之气即"性"是气的本然状态、只是善,"情"虽源于"性"之动,但毕竟不是性,作为"气之动几"的"情"则无必然之善,"性一于善,而情可以为善,可以为不善也"⑥。"情"在"人物之几"受人与物的双重影响,既可率性正情以驱才成善,也可能陷于物欲任情使才而行恶,故情与实际善恶的形成有着密

---

① 王夫之著:《船山全书》第12册,第41页。
② 王夫之著:《船山全书》第1册,第889页。
③ 王夫之著:《船山全书》第6册,第1067页。
④ 王夫之著:《船山全书》第6册,第1068页。
⑤ 王夫之著:《船山全书》第6册,第1071页。
⑥ 王夫之著:《船山全书》第6册,第1071页。

切的关系。

综上三点，船山从气本原论的视野说明了"情"源于"性之动"，是"太虚一实之气所必有之几也"①，论证"情"的合理地位。进而由"几"论情，一方面梳理"情"在人物之际相感而生的"情感"机制，将情界定为"七情"，说明性情的联系和区别；另一方面，"几"则善恶不定，阐释情动使才在善恶形成中的作用。下文将针对这两个方面分别展开论述。

二、"相因而发""各自为体"——性情的关系

通过前文的论述可知，船山论述性情关系的总纲是"诚无为，几善恶"，由诚论性，由几论情。从天道论层面看，性情是气之体与气之动、阴阳与变合的关系；从心性论层面看，是性之体与性之用、道心与人心、四端与七情、中和与已发的关系。总体而言，性情之间既"相因而发"，同时又"各自为体"。

船山立足于气本原论，从气本气化凝性成形、性动成几感通情发、情驱使才成己成物一体相生的角度，论述心性情才的一体"相因而发"的关系。阴阳之实凝性成身，"性之凝也，其形见则身也，其密藏则心也"②，性为体、显于形质、藏于心思，通过身心感物而起用，用则为情才。船山言：

> 夫有生则有质矣，质立而形成；有形则有感矣，感通而情发。而心凝于形之中，为情之主，此皆一致相生而无异本者也。③
>
> 夫人生而有性，感而在，不感而亦在者也。其感于物而同异得失之不齐，心为之动，而喜怒哀乐之几通焉，则谓之情。情之所向，因而为之，而耳目心思效其能以成乎事者，则谓之才。三者相因而发，而及其用之，则各自为体。④

此两段材料中，船山阐明身体与心性情才的统一关系。从天道气化流行生人的角度，天之气→气化现生人之性理→性理凝心成身→身心感物而动效于情才，身心及其性情才一本于气的生成变化，是"一致相生""相因而发"的关系。这样就克服了理气二元论可能导致"二本"的弊端，把理气的二元实体区分变成气本原论下的气之本与气之几的体用区分。但性、情

---

① 王夫之著：《船山全书》第12册，第41页。
② 王夫之著：《船山全书》第6册，第402页。
③ 王夫之著：《船山全书》第8册，第706页。
④ 王夫之著：《船山全书》第8册，第698—699页。

毕竟是不同的,从产生的机制看,性是气之诚,表征人内在本有的阴阳之实,即仁义之性;情是气之几,既不在内,也不在外,仅在人物相感之际而生。所以,"性有自质,情无自质"①。从产生的先后看,人生而有性,无论感与未感,性都是存在的;情则依赖于后天的感物而动,当其感则情生,当其未感则无所谓情。《中庸》言:"喜怒哀乐之未发谓之中,发而皆中节谓之和。"船山认为"喜怒哀乐之未发谓之中"一句是"儒者第一难透底关"②,关键在于"未发""已发"指什么以及喜怒哀乐之"情"与"中""和"的关系。"未发"就是"未感",既然是人物相感之几而情发,"喜怒哀乐之未发"即没有产生喜怒哀乐之情,"发而始有、未发则无者谓之情"③,当其"已发",情才存在。那么,"情"就不是一个恒在,"无自质则无恒体"④;而"性"则无论未发已发、感与未感都是存在的,故是恒存。如此,船山坚决反对以"中""和"论情。"喜怒哀乐之未发谓之中"不是说"未喜、未怒、未哀、未乐而即谓之中也"⑤。"未发之中""中节之和"都是指性体而言。"未发之中,诚也,实有之而不枉也"⑥,性是"气之诚",是"实有"的"自质"存在。"善者,中之实体,而性者未发之藏也"⑦,"性"当其未发在中谓之"中",谓之"善",当其已发见于外则谓之"和",谓之"节"。"乃此中者,于其未发而早已具彻乎中节之候,而喜、怒、哀、乐无不得之以为庸。非此,则已发者亦无从得节而中之。故中该天下之道以为本,而要即夫人喜、怒、哀、乐四境未接,四情未见于言动声容者而即在焉。"⑧船山明确区分性、情:性有自质,是贯穿于已发未发的恒体,当其发现于外表现为"节",故性有质有恒有节;情为性之用,当其感而生,受性所"节",故情无质无恒无节。正因此,只能言性必善,而不能言情必善。船山批评朱子门人庆源以"节"属"情"的情善说。他说:

庆源说"喜怒哀乐未发,何尝不善,发而中节,亦何往而不善",语极有疵。喜怒哀乐未发,则更了无端倪,亦何善之有哉!中节而后善,则不中节者固不善矣,其善者则节也,而非喜怒哀乐也。学者须识得

---

① 王夫之著:《船山全书》第6册,第1068页。
② 王夫之著:《船山全书》第6册,第471页。
③ 王夫之著:《船山全书》第6册,第966页。
④ 王夫之著:《船山全书》第6册,第1068页。
⑤ 王夫之著:《船山全书》第6册,第471页。
⑥ 王夫之著:《船山全书》第6册,第472页。
⑦ 王夫之著:《船山全书》第6册,第473页。
⑧ 王夫之著:《船山全书》第6册,第473—474页。

此心有个节在,不因喜怒哀乐而始有,则性、情之分迥然矣。①

此段材料说明,《中庸》已发未发一句恰是区分性之中节与喜怒哀乐之情。当情未发有其"中",当其已发则有其"节",不过,中与节都是指"性"而言,并不指称"情"。"言'中节'则有节而中之,非一物事矣。性者节也,中之者情也,情中性也。"②情无"节"正待性为之"节"。因此,情无论未发、已发都无所谓善,"善者则节也",节是指性之节,善是因性而有。性行于情之中而为情之节,并不是说"性之生情"或"性之感物而动则化为情"③,"生"只是表明性情一体相因而发、相通相成的关系,犹如竹与笋、父与子的关系,"若情固由性生,乃已生则一合而一离。如竹根生笋,笋之与竹终各为一物事,特其相通相成而已。又如父子,父实生子,而子之已长,则禁抑他举动教一一肖吾不得。情之于性,亦若是也。则喜、怒、哀、乐之与性,一合一离者是也"。④ 情不是性,也不是性感物就变成情,性情之间一合一离,"判然为两个物事"⑤。性情的区别本质上仍然是"气之诚"与"气之几"的区分,"性"有质有恒有节而必善,而"情"则无质无恒无节而不必善。

船山还通过阐释道心与人心、四端与四情、心统性情等儒家经典命题,说明性情之间虽"相因而发"却又"各自为体"的关系。这其中的关键是四端与情是什么关系?既往一些学者的研究中,认为船山前后有差异,在《尚书引义》中主张四端为情,在《读四书大全说》中又主张四端非情。事实上,船山前后是一致的,即主张四端非情说。他在《尚书引义》中说:

今夫情,则迥有人心道心之别也。喜怒哀乐,(兼未发。)人心也。恻隐、羞恶、恭敬、是非,(兼扩充。),道心也。斯二者,互藏其宅而交发其用。虽然,则不可不谓之有别已。于恻隐而有其喜,于恻隐而有其怒,于恻隐而有其哀,于恻隐而有其乐,羞恶、恭敬、是非之交有四情也。于喜而有其恻隐,于喜而有其羞恶,于喜而有其恭敬,于喜而有其是非,怒哀乐之交有四端也。故曰互藏其宅。以恻隐而行其喜,以喜

---

① 王夫之著:《船山全书》第 6 册,第 1067 页。
② 王夫之著:《船山全书》第 6 册,第 967 页。
③ 王夫之著:《船山全书》第 6 册,第 1068 页。
④ 王夫之著:《船山全书》第 6 册,第 966 页。
⑤ 王夫之著:《船山全书》第 6 册,第 966 页。

第五章 "即身而道在"——人性在"践形"中的生成

而行其恻隐、羞恶、恭敬、是非,怒、哀、乐之交待以行也。故曰交发其用。①

此段材料中,船山认为四端与喜怒哀乐之情是"互藏其宅而交发其用"的关系,而且明确四端与四情"不可不谓之有别已"。一方面,四德与四端皆是指"性"而言。"寂然不动者,仁义礼智之藏;感而遂通者,四端之见。惟天以元、亨、利、贞之理笃生乎人,使之皆备,故成之为性者,凝之于心,而四德存焉。则因感而发,皆四德之流行而不容已者也。惟其然也,四德为四端之原本,则四端之充遂为四德之成能。"②四德是性之"寂然不动"的未发状态,此时未有四情;四端是性之"感而遂通"的已发状态,此时四情也生,但并不是说四端即是四情,而是两者"互藏其宅而交发其用"。四端是"四德之流行而不容已者",因此,本质上四德与四端是一致的,"四德为四端之原本",四端只是还处于四德尚未充分扩充的阶段,当其充遂即为"四德之成能"。所以,仁义礼智四德是在性上言,恻隐、羞恶、辞让、是非四端原本于四德同样在性上言;无论四端扩充与否仍然是性,绝不可能等同于喜怒哀乐之四情。《读四书大全说》中船山进一步明确四德、四端与四情的关系,"仁义礼智,性之四德也。虽其发也近于情以见端,然性是彻始彻终与生俱有者,不成到情上便没有性! 性感于物而动,则缘于情而为四端;虽缘于情,其实止是性"。③ 这个说法呼应了《尚书引义》中区分四端与四情的观点,"性"缘四情而表现为四端,但四端只是性而不是情。

另一方面,从心统性情的角度,四端与四情皆可以"心"言,但四端是道心,情则只是人心。"恻隐、羞恶、辞让、是非,但可以心言而不可谓之情,以其与未发时之所存者,只是一个物事也。性,道心也;情,人心也,恻隐、羞恶、辞让、是非,道心也;喜怒哀乐,人心也。"④船山此是从道心与人心区别性情、四端与四情。心都是统性情之心,"人心亦统性,道心亦统情矣"⑤。分为道心、人心不是说人存在两个心,心只是一个心。从性体已然显现于心(包括尚待扩充与正在扩充的"四端之心")则称为道心。孟子言"四端之心",船山认为仅涉及性体心用的问题,即四德之性为体、四端之心为用,只是说明"性"感通而为四端之心,还没有涉及心下统喜怒哀乐之

---

① 王夫之著:《船山全书》第 2 册,第 262 页。
② 王夫之著:《船山全书》第 2 册,第 259 页。
③ 王夫之著:《船山全书》第 6 册,第 1066—1067 页。
④ 王夫之著:《船山全书》第 6 册,第 966 页。
⑤ 王夫之著:《船山全书》第 2 册,第 261 页。

情的层面。因此,"四端"不是情,其"与未发时之所存者,只是一个物事",那么,四端就是已然函性之心,四端之心即是道心。所谓"道心亦统情",显性之心当然也统四情,只是道心所统的四情是由性或四端所主宰的四情。"人心亦统性"则是说人心能够统性,但却未有现实地显性于心为其主宰。单举人心,则性体尚未显现于心,其所统之情就是心未有主宰而任物产生的喜怒哀乐之情。所以,情只是人心,其发与未发均不是道心。人可以终日没有喜怒哀乐之情,仍然只是人心的状态,即保持一个虚灵之心。当且仅当性已然显现于心,"情以性为干"①,则情受性所秩序条理,人心也即成为道心,但所谓秩序条理都是指性而不是言情。四端以及扩充至四德全体都是指"性"而不是言"情",情只是人心,显性体之心、四端之心及其扩充都是道心。

船山从儒家经典命题中总结性情关系说:"惟性生情,情以显性,故人心原以资道心之用。道心之中有人心,非人心之中有道心也。则喜、怒、哀、乐固人心,而其未发者,则虽有四情之根,而实为道心也。"②性情相通相成,性为实体,情为性动必有之几,"情也自然必有,以达吾性之用者"③。四端与四德质同量异,虽缘四情而发仍然是性,故性与四端皆是道心,而情只是人心。道心是显性的仁义之心,性与四端必然通过四情之用而显现,此所谓"道心之中有人心""人心原以资道心之用"。人心是尚未显性的虚灵之心,其所发之情"虽统于心而与性无与"④,故不能显性,此所谓"非人心之中有道心也"。王船山严性情之别,因为"性"是有质有恒有节而必善的"气之实体",而"情"则是无质无恒无节而不必善的"气之动几"。作为"气之动几"的情,它不仅是人物相感而生的情感体验,而且还是一种驱才以就事为的原动力。

三、"情以御才,才以给情"——作为原初驱动力的情

王船山区分性情,辨析四德、四端与七情之别,将"情"界定为人物感通而发的情感体验。作为情感体验而源于"气之动几"的"情",其产生根源及其性质与作为"气之实体"的"性"是不同的,船山一方面是要强调不能将情等同于性,但另一方面他也赋予了情以独特的地位和价值。情是动几,其产生就会促使行动的发生,从而成为身体的一种原动力。"情之所

---

① 王夫之著:《船山全书》第6册,第967页。
② 王夫之著:《船山全书》第6册,第475页。
③ 王夫之著:《船山全书》第6册,第345页。
④ 王夫之著:《船山全书》第6册,第966页。

向,因而为之"①,情感作为动力性因素触发并诱导了行为过程。如此,"情"就不单纯是人物相感之际的被动情感体验,它同时也是人的主动行为的一种原初驱动力。从情才关系看,"情以御才,才以给情"②,情动则驱使身体竭耳目心思之才成就事为,"才"的活动所达成的功效恰好满足情感的需要。船山充分发挥了自李翱、朱子以来"情者,性之动"的观点,进一步以"情"作为"二气之动"来阐明情感作为身体原动力的作用。

《孟子·告子上》中记录孟子申明性善而言:"乃若其情,则可以为善矣,乃所谓善也。若夫为不善,非才之罪也。"理学家一般将此句中的"情"释为"情感"之"情",认为孟子是在阐释情、才与性善的关系。船山承接了这一观点,同样也是以"情感"释"情",但在具体的理解上与程朱理学明显不同,除了进一步申明"情"的无质无恒无节性外,还尤其突出了"情"的动力特征。船山言:

> 孟子竟说此四者(指恻隐、羞恶、恭敬、是非。笔者注)是仁义礼智,既为仁义礼智矣,则即此而善矣。即此而善,则不得曰"可以为善"。恻隐即仁,岂恻隐之可以为仁乎?(有扩充,无造作。)若云恻隐可以为仁,则是恻隐内而仁外矣。若夫情,则特可以为善者尔。可以为善者,非即善也……性不可戕贼,而情待裁削也。③

此段文字中,船山首要批评的就是程朱理学将"乃若其情"的"情"涵盖为四端和七情。按照他的观点,孟子已经将四端界定为四德,四德、四端皆是指性,性有质有恒有节本身就是善体,恻隐、羞恶、恭敬、是非虽然需要扩充,但仍然是指性,仍然是本善的。如果以四端为情,"情可以为善"就可改成"四端可以为善",那岂不意味着四端本身不是善,尚待四德为之"裁削"而后善?这样的结果,就割裂了四端与四德的本质统一关系,反成了"恻隐内而仁外"了。按照孟子的观点,四端只需要扩充,而不用"为善"来"造作"。因此,船山认为,"乃若其情,则可以为善"这种语言表达本身就说明了"情"仅指七情而不是指四端。况且,船山在理论上坚持四端属性而非情,"性不可戕贼,而情待裁削",即是说"情可以为善"之"情"是指喜怒哀乐等七情时才成立。

---

① 王夫之著:《船山全书》第8册,第698页。
② 王夫之著:《船山全书》第1册,第980页。
③ 王夫之著:《读四书大全说》,《船山全书》第6册,第1067页。

其次,在程朱理学话语系统中,"情可以为善""非才之罪"表征的是情才本善。朱子即认为孟子此句是由显现的情才本善而论性本善。① 按照程朱理学的观点,"情"是"性"中发出来的有质之体,只要未污染,其本身就是善体。"情"之所以有不善,是因为没有从"性"中发出来,仅受物欲牵引而生了。朱子门人陈淳在《北溪字义》中对"情"的解释反映了程朱理学的普遍观点,其言:"情之中节,是从本性发来便是善,更无不善。其不中节是感物欲而动,不从本性发来,便有个不善。孟子论情,全把做善者,是专指其本于性之发者言之……孟子四端,是专就善处言之。喜怒哀乐及情等,是合善恶说。"② 由此可见,理学不仅将四端、七情合在一起论"情",还连带将七情视为有质的价值实体,可以径直说情善或情恶。区别在于,四端是只可从性发出来的"情",七情则可从性出,也不可以从物欲生;从性发出来的四端和七情有质且有节而必善,从物欲而生的七情有质无节则不必善,即所谓"孟子四端,是专就善处言之。喜怒哀乐及情等,是合善恶说"。船山认为,作为"气之实"的性及其四端才是有质有恒有节的;作为"气之几"的七情"不纯在外,不纯在内",本身是无质无恒无节的。所以,"情"仅指七情,且不能当作价值实体而直言情善或情恶,只能说"情可以为善"或"情可以为恶"。依船山的理解,孟子"乃若其情,则可以为善"一句的意思,要准确把握句中"可以""为"的意蕴才能理解。"为"主要不是"变成""成为"的意思。"情可以为善"不是说"情"可以变成或成为像"性"一样有质的善体,而是说"情"可以在"性"的节度条理下应乎善或合乎善。"善"亦是指性之节,"其善者则节也,而非喜怒哀乐也"③,情中性之节则情合乎善,但并不是说情就变成了性或善体。故船山言:"情以应乎善者也……乃应乎善,则固无适(音'的')应也……无适应,则不必于善。"④"适"在此处是"专"的意思,"适应"意味"专应"。船山认为情"无适应"就意味着"情"即可为性所节度条理而当于善,也会因失去性的节度条理而无当于善。这恰好是"可以"一词表达的准确意思。"可以"不是"必然",它构成或然的判断,船山说:"孟子曰'乃若其情,则可以为善矣。'可以为

---

① 朱子曰:"情本自善,其发也未有染污,何尝不善,才只是资质,亦无不善。譬物之未染,只是白也。"又曰:"性之本体,理而已,情则性之动而有为,才则性之具而能为者也。性无形象声臭之可形容也,故以二者言之,诚知二者之本善,则性之善必矣。"详见胡广等纂修:《四书大全校注》,武汉:武汉大学出版社2009年版,第986页。
② 陈淳著:《北溪字义》,北京:中华书局1983年版,第15页。
③ 王夫之著:《船山全书》第6册,第1067页。
④ 王夫之著:《船山全书》第6册,第1056页。

善,则可以为不善矣。"①又言:"'可以为善',则可以为不善者自存。"②他认为"乃若其情,则可以为善"表达了两层意思:第一层是七情非性,不是有质有恒有节的善体,既可以因性所节而合于善,也可以失去性节而不当于善;第二层是情作为性之动,有"为"之功,作为身体的原动力,情既可以驱才以行恶、也可以驱才以为善。

最后,"情可以为善"之"为"字,表明了"情"作为情感,同时也成为驱动身体行为的一种原动力。③ 船山认为,"为"作为动词,表征情驱使才积极有为满足情感需要的过程。"乃若其情,则可以为善"即是说"情"源于性之动,本来可以在"性"的指引下驱动耳目心思之才尽其能而成就善,从而实现"性"。"情之可以为善,惟其为性发动之几也"④"能活动底,只是变合之几"⑤,情是变合的动几,充分体现了其作为身体原动力的一面。船山认为,告子"性犹湍水"之喻,公都子所举"性可以为善,可以为不善"的观点,其实都是描述"情"的特征。"'性犹湍水也',则但言情而已"⑥,"湍水"因势而无分于东西的无定特征,不仅形象地显示了"情"的动力性特征,还点明了这种动力的无定性。性本善而无为,惟通过情感的动力性使才竭能,才能将人性的价值和意义实现于天地万物,并在此过程中人性得以日新富有,此所谓"达情者以养其性";但情的动力性本身是无定的,因为情无质无恒无节,既可驱才成善,也可驱才作恶,故需要"性之节"来规范引导这种动力性,即所谓"既登才情以辅性,抑凝性以存才情"⑦。

由此,船山在仔细分辨性、四端以及情才的特征和功用中,就深发了"情"的动力性特征。性有自质,情无自质,但"惟情可以尽才",性授节于情,才能正情而充分驱动耳目心思之才以尽性;四端本是性,但其体微力弱,必通过七情的动力性畅发四端,"然后能鼓舞其才以成大用"。⑧

---

① 王夫之著:《船山全书》第6册,第1055页。
② 王夫之著:《船山全书》第6册,第1066页。
③ 孔颖达其实也是将"情可以为善"理解为"情"所独有的驱动能力,他解释为"盖人之性,本则善之,而欲为善者,非性也,以其情然也","为"就是指情的"欲为","为"是作动词使用。见阮元校刻:《孟子注疏》,《十三经注疏》,北京:中华书局1980年版,第2749页。
④ 王夫之著:《船山全书》第8册,第701页。
⑤ 王夫之著:《船山全书》第6册,第1059页。
⑥ 王夫之著:《船山全书》第6册,第1055页。
⑦ 王夫之著:《船山全书》第1册,第924—925页。
⑧ 王夫之著:《船山全书》第6册,第1069页。

四、"不善虽情之罪,而为善则非情不为功"
——情与善恶

基于船山心性情才论的观点,人与天地万物打交道有赖于心、性、情、才之间"相因而发"的交互作用,情在这个过程中提供了行为的动力。"性继善而无为……心函性而效动"①,函性之心感于物则产生喜怒哀乐之情而生好恶之用,"情亦自然必有,以达吾性之用",情动驱使"耳目口体之能效其视听言动以有为"则是才,"才亦自生而有"。② 按照这个过程,人的所作所为都是达其情、尽其才而成就善、充实性。那么,现实生活中"恶"是如何产生的呢? 自孟子道性善、荀子论性恶以来,儒学内部对"恶"的产生问题或归于"性",或归于气禀材质,或归于物欲习气,或归于情才。至宋明理学,儒学的主流观点都坚持人性本善,认为"性"中没有恶的根源,恶的产生主要归罪于先天的气禀材质不良、后天的物欲遮蔽以及习气染污等。船山坚持人性本善,他将恶的产生归罪于情。

程朱理学依照其理气二分的思想架构,人性属于理,理无不善故人性无不善,而将恶的根源追溯到气的因素上;凡是与气有关的气禀材质、物欲习气都与恶的形成密切相关。王船山坚持气本原论立场,"天人之蕴,一气而已。从乎气之善而谓之理,气外更无虚托孤立之理也"。③ 理只是气之理,气善理亦善,理善气亦善。天地所有一切,无论人与物皆是天道气化流行所生,本无所谓不善,"凡不善者,皆非固不善也"④。船山认为,人的性心身、气禀材质中没有恶的先天根据,恶也不是气化所生万物所致。从根本上说,恶的产生源于人后天自主选择的行为。因此,"恶"主要从行为的角度指作恶、为恶,而不是说性心身以及天地万物本身就有恶的因素或本身就是恶。人后天自主选择的行为是在人物相交之"几"而发生。船山即是承继周敦颐"几善恶"的观点,从气的"变合之几"论善恶。⑤ 人物相交的"变合之几"一往一来,既有物欲的影响,又涉及情、才的因素。

朱子在《孟子集注》中言"人之为不善,乃物欲陷溺而然"⑥,象山言

---

① 王夫之著:《船山全书》第 6 册,第 895 页。
② 王夫之著:《船山全书》第 6 册,第 345 页。
③ 王夫之著:《船山全书》第 6 册,第 1054 页。
④ 王夫之著:《船山全书》第 6 册,第 962 页。
⑤ 唐君毅先生分析船山此一思想时就指出:"故不善之源,不在内之气禀与情欲本身,亦不在外物本身;唯在外物与气禀与情欲互相感应一往一来之际,所构成之关系之不当之中。"详见唐君毅著:《中国哲学原论·原教篇》,北京:中国社会科学出版社 2005 年版,第 378 页。
⑥ 朱熹撰:《四书章句集注》,北京:中华书局 1983 年版,第 328 页。

"蔽于物欲而失其本心"①,阳明亦言"只是物欲蔽了,须格去物欲"②。宋明儒通常将"物"与"欲"联用为"物欲"一词,认为过多的物欲会陷溺人或遮蔽本心而导致恶。船山言:"物之可欲者,亦天地之产也。不责之当人,而以咎天地自然之产,是犹舍盗罪而以罪主人之多藏矣。毛嫱、西施,鱼见之而深藏,鸟见之而高飞,如何陷溺鱼鸟不得?牛甘细草,豕嗜糟糠,细草、糟糠如何陷溺人不得?"③他表达了两层意思:一方面要将"可欲之物"与"欲求之人"区分开来,可欲之物是"天地自然之产",其丰富多样且能诱发人声色臭味的各种欲望也是自然必有,它们本身没有过错。如果将恶的产生归咎于"物"及"物"所诱发的自然欲望,就推卸了具有自主性的"欲求之人"应该担负的责任。另一方面,过多的物欲是否会陷溺人或遮蔽本心呢?船山反问,鱼鸟为何不陷溺于毛嫱、西施的美色,而人又何不陷溺于牛豕的细草糟糠?他试图表明,物欲不是恶,声色臭味等自然基本的生理欲求不是恶,即使人追求丰富美好的"可欲之物"的欲望同样也不是恶④。船山要厘清理学家的物欲陷溺或遮蔽说,不是说物欲或物欲过多过好导致了恶,再多再好的物欲都不足以陷溺或遮蔽人,除非人主动去选择作恶。或者说,即使"格去物欲",甚至完全灭掉了物欲,人仍然可能为恶,恶只在于人的自主选择行为。那么,就不能将为恶的责任归罪于物欲的诱惑。

"变化之几"还产生才的作用,"才"是否是恶的根源呢?孟子言"若夫为不善,非才之罪也",船山将此处的"才"主要理解为人的材质在应事接物中表现出来的才能,他从自己的理论视野解释了恶并不是才之罪。人无论为善还是为恶,最终都是通过"才"来实现的。但这并不意味着"才"能自主地为善或作恶,"才"是被"情"所驱使产生事为,也需要"情"的动力以持续完成行为过程。当情为性所节,在情的鼓动下"才"就会做出善的事情;当情失性所节,也会驱动"才"做出恶的行为。船山以士兵杀人为喻,兵犹才,士兵奉命杀人。那么,杀人的后果与责任就不在于兵而在于下命者,下命者即喻情。但士兵可杀盗贼,亦可杀无辜。若杀盗贼,当然是为善,但并不归功于士兵,而只能归功于那个理性的下命者(喻为性所节的情);若杀无辜,即是作恶,但本质上也不是士兵的过错,士兵只是奉命而

---

① 陆九渊著:《陆九渊集》,北京:中华书局1980年版,第9页。
② 王阳明著:《王阳明全集》(上),上海:上海古籍出版社2011版,第102页。
③ 王夫之著:《船山全书》第6册,第1068页。
④ 船山即言:"君子敬天地之产而秩以其分,重饮食男女之辨而协以其安。苟其食鱼,则以河鲂为美,亦恶得而弗河鲂哉?苟其娶妻,则以齐姜为正,亦恶得而弗齐姜哉。"见王夫之著:《船山全书》第3册,第374页。

行,错在那个疯狂的下命者(喻失性所节的情)。所以,"为不善非才之罪,则为善非才之功矣"①。"才"只是"效灵之具"②,即是人为善为恶的工具,本身却不能以善恶论才。人之所以为恶,根本上是受到情的驱动,"才"因而做出恶的行为,并不是"才"会主动为恶。准确地说,"才""与罪"而不能"为罪","才"参与了恶的行为,但其本身不是恶。船山认为,孟子"非才之罪"的说法正好说明了"才"在人的恶行中扮演的角色,"若本不与罪,更不须言非罪矣"③,"才"虽然不任罪,但毕竟参与了罪。

根据上面的分析,船山认为,恶的产生不能归咎于性与气禀材质,也不能归咎于才与物欲,而只能归咎于"情"。性作为气之理,凝天之气而为人之性,人性善、人的气禀材质亦善,所谓"不贱气以孤性,而使性托于虚"。性作为"气之实"有质有恒有节,是真正意义上的价值实体,唯有善、只是善、全是善。情作为"气之几"无质无恒无节,只是"性之用"而不是指性体本身,故不能以善或不善之体而言,所谓"不宠情以配性,而使性失其节"。④ 之所以归罪于情,是因为情作为动力能够驱才为恶,"情之不能不任罪者,可以为罪之谓也"⑤。需要强调的是,船山并不是说"情"本身就是罪,就是恶体,而是"可以为罪"。"为罪"中的"为"作为动词,只是意指"情"可以驱才做出恶的行为,而不是说情可以变成恶、成为罪。⑥ 因此,情作为身体的原动力,为恶固然是情所驱动,为善也需要情提供动力。船山言:

> 不善虽情之罪,而为善则非情不为功。盖道心惟微,须藉此以流行充畅也(如行仁时,必以喜心助之。)……功罪一归之情,则见性后亦须在情上用功……既存养以尽性,亦必省察以治情,使之为功而免于罪……若不会此,则情既可以为不善,何不去情以塞其不善之原,而异端之说由此生矣。乃不知人苟无情,则不能为恶,亦且不能为善。便只管堆塌去,如何尽得才,更如何尽得性……孟子言"情则可以为善,乃所谓善也",专就尽性者言之。愚所云为不善者情之罪,专就不

---

① 王夫之著:《船山全书》第 6 册,第 1055 页。
② 王夫之著:《船山全书》第 8 册,第 701 页。
③ 王夫之著:《船山全书》第 6 册,第 1072—1073 页。
④ 王夫之著:《船山全书》第 6 册,第 1070 页。
⑤ 王夫之著:《船山全书》第 6 册,第 1074 页。
⑥ 船山的"罪情说"不同于"情罪说","情罪说"认为情本身就是恶,落入李翱的性善情恶论。船山的哲学体系中,情是"变合之几"而不是价值实体,本身无所谓善与恶,只是作为动力能够驱才为恶,于此而言归罪于情。

善者言之也。孟子道其常,愚尽其变也。①

此段材料中,船山阐发了情与善恶的关系以及其作为动力在尽性尽才中不可或缺的重要作用。情是人心,"有权"而能"自取而自用"②,其动力的无定性,既可选择驱才为善,也可选择驱才作恶,所以必须在"情上用功"。③ 船山从"变"与"常"区分不善者和尽性者两种情况。尽性者,性显现于心而彰显道德主宰性,能够节情而尽才成就善;不善者,性隐而不彰、情失性节,就会任情而驱才作恶。因此,船山强调既要存养以尽性,为情的活动挺立道德主宰;同时又要省察情之动而授之以节,使情专以驱才为善而免于罪。创造人道的善业,性、情、才三者缺一不可,性理"纪乎善"、情以"应乎善"、才以"成乎善"④,其中情的作用尤为关键。虽然需要尽性以节情,但所谓尽性即是在情动中的尽性,"道心惟微,须藉此以流行充畅也";需要尽才而成乎善,亦必有情的驱动才能尽才成善,"人苟无情,则不能为恶,亦且不能为善"。所以,情不可灭,性理的主宰性必通过情感的充畅而成为身体的自主能动性,进而情动而驱使耳目心思尽其才,从而成己成物、崇德广业。

王船山的情论,始终立足于气本原论的立场,通过"气之实"与"气之几"来区分性情。尤其是他将情界定为气必有地变合之"动几",不仅肯定了情的必然性和合理性,突显了情的动力性和善恶无定特征,还积极肯定了在性情才互动以成就人道善业中情的关键性作用。船山坚决反对灭情论和贱情论,灭情则灭身,使性托于虚无;贱情则贱性,使尽才尽性无从可能。他明性情之分,将四端归于性,强调性情体用相函又各致其用方能相需相成,奉性正情而尽才,达情竭才以尽性交相互动,从而创造出充满生机和活力的道德人生和世界。

五、"私欲之中,天理所寓"
——欲而有私、私而有诚的理欲观

从身体出发,"欲"的问题也就凸显出来。一方面,在形体的层面,身

---

① 王夫之著:《船山全书》第 6 册,第 1071—1072 页。
② 王夫之著:《船山全书》第 2 册,第 300—301 页。
③ 以西方伦理学"道德恶"与"自然恶"的区分上言,船山将恶归罪于情,强调作为人心之情因自由选择而为善为恶,其实说的是"道德恶";而从船山反对从气禀材质、物欲与天地之产论恶,可以看出他不主张"自然恶"。
④ 王夫之著:《船山全书》第 6 册,第 1056 页。

体需要摄取外物以滋养,其生理机能的运作就自然导致对声色臭味的需要;另一方面,身体总是处在与他人、社会以及天地万物的互动过程中,从中就产生了对于利益、富贵、权势、功绩等方面的欲求。王夫之说:"凡声色、货利、权势、事功之可欲而我欲之者,皆谓之欲。"①其实,无论是生理上的对声色臭味的需要,还是社会上的对货利、权势、事功的欲求,本质上都可以归结为物欲,表现为一种对对象的依赖性。

(一)"人欲之各得,即天理之大同"——对人之物欲的积极肯定

宋明儒对"人欲"的看法主要停留在物欲层面。而且,他们只是肯定最为基本的作为维持生命所必需的生理需要,而对于甘食悦色、好货好色等其他物质欲望则基本持否定态度。朱子说:"饮食者,天理也;要求美味,人欲也。"②饮食与美味之间成了天理与人欲的分界,这一说法无疑将人及其社会生活降格为自然界有机生命体的活动状态,禽兽草木即只有饮食、谈不上美味。以饮食为天理固然不错,不过这还只是在物之天理,而不是在人之天理。在人身上才有可能对饮食有美味的追求,这恰好是人类文明的特征,以此为人欲而加以否定,根本上就混淆了人禽之别,也将人之天等同于物之天。

更为严重的是,宋明儒基于其根本理论预设而将天理和人欲异质地对立起来。无论是程朱的性即理,还是陆王的心即理,都是从现实的生活世界中抽离出形上学的超然绝对、纯粹不杂的"理体",而人欲只是属于形下学层面的范畴。理欲的对立,在程朱理学其实是天理世界和气化世界的对立,在陆王心学则是本心建构的道德世界与现实的感性世界的对立。这种对立和分界是不能混淆也是不可调和的,因此,宋明儒几乎都不约而同地认为有天理则无人欲,有人欲则无天理,从而有"存理灭欲"或"存理去欲"的强势表达。人欲成为道德实践中负面和阻碍的因素,是一切恶的罪魁祸首,因而也是需要加以否定和去除的东西。王夫之从气的生成性实有论立场出发,将理和欲统一于气的生成流行,他首先为"人欲"正名。他说:

> 盖性者,生之理也。均是人也,则此与生俱有之理,未尝或异;故仁义礼智之理,下愚所不能灭,而声色臭味之欲,上智所不能废,俱可谓之为性……理与欲皆自然而非由人为。③

---

① 王夫之著:《读四书大全说》,《船山全书》第6册,第730页。
② 朱熹撰:《朱子语类》,《朱子全书》第14册,第389页。
③ 王夫之著:《张子正蒙注》,《船山全书》第12册,第128页。

第五章 "即身而道在"——人性在"践形"中的生成

> 天以其阴阳五行之气生人,理即寓焉而凝之为性。故有声色臭味以厚其生,有仁义礼智以正其德,莫非理之所宜。声色臭味,顺其道则与仁义礼智不相悖害,合两者而互为体也。①

上述材料中,王夫之认为理欲都是人性所必有,并且从厚生与正德的角度说明理欲的辩证统一关系。人所拥有的仁义礼智之理和声色臭味之欲都是与生俱有的天理之自然,圣人有欲、下愚亦有理,理不可废、欲也不可灭,理欲都属于人性的有机组成部分。从天道而言,身体的欲望就是天理,而且这种欲望已经超越了一般生物的生理需求层次,而是具有人类文明的类特性。因此,甘食悦色、好货好色也是天理,"天之使人甘食悦色,天之仁也"②"好勇、好货、好色,即是天德"③。从人道而言,理与欲统一于身体而共同作用于人的实践生存活动。感官欲望维持人的生存,并推动实践活动以改善人类的生活条件;仁义之理端正自我的德性,并指导实践活动向着合理有序的方向进行。"欲"以厚人之生,"理"以正人之德,所谓厚生必然是在正德中厚生,离正德而言厚生,厚生就失去了正确的方向,人就成为唯利是图的酒囊饭袋之徒;而所谓正德也必须在厚生中正德,离厚生而言正德,不仅连人的基本生存都无法得到保障,而且更为关键的是正德就失去了赖以展开的条件和可以施展的空间。"正德非以伤生,而厚生者期于正德"④,天理的彰显不以人欲为障碍而正以人欲为基础,人欲的实现不以天理为限制而正以天理为旨归。王夫之从天生人的角度,肯定了人类欲望的合理性和独特价值,又从人道实践的角度,肯定欲望是道德开展的依据和基础。两个角度都说明理欲不可以截然二分,而是理欲同行且互相为体。他说:

> 动则见天地之心,则天理之节文随动而现也。人性之有礼也,二殊五常之实也。二殊之为五常,则阴变、阳合而生者也……是礼虽纯为天理之节文,而必寓于人欲以见(饮食,货。男女,色。);虽居静而为感通之则,然因乎变合以章其用(饮食变之用,男女合之用。)。唯然,故终不离人而别有天,(礼,天道也,故《中庸》曰"不可以不知

---

① 王夫之著:《张子正蒙注》,《船山全书》第12册,第121页。
② 王夫之著:《思问录内篇》,《船山全书》第12册,第406页。
③ 王夫之著:《读四书大全说》,《船山全书》第6册,第962页。
④ 王夫之著:《张子正蒙注》,《船山全书》第12册,第122页。

天"。)终不离欲而别有理也。①

王夫之认为现实的生活世界是健动不息的气化流行世界,这就是整个宇宙最为真实的图景。人要体认天理,人性的价值就只有也唯有从这个气化世界出发,离此现世间之外就无所谓天理人性的彰显和实现。但宋明理学在受佛老思想洗礼以后,其整体思维方式表现出对于抽象价值和纯粹意义实体的一种追寻和回归。他们虽然也面对感性的气化流行世界,但却并没有真正地投入到世界本身当中,而是表现为"对"这个世界的思考或体贴。"对……"的思维模式首先是一种超然于生活世界的理论立场,而不是人投身于天地间的实践立场。因此,宋明理学总是试图在气化流行的感性世界之外或之上安置一个天理或良知来作为对整个现实世界的抽象。一旦建立起此种意义上的天理或良知,气化世界显现的一切(当然包括欲望)自然就被视为一种遮蔽或阻碍而不可避免地成为受天理或良知所宰制甚至弃绝之物。而王夫之认为"理"就是气化世界运行所彰显出的气之秩序条理,人欲则是气化运动变合所必然有的现象,因此天理或性理并不与人欲对立,而恰好是在人欲活动中显现出天理的节度纹理。"天理之节文随动而现也",故天理"必寓于人欲以见"。不是灭绝饮食男女、好货好色等人欲才呈现出所谓的天理纯洁世界,也不是绕离人欲现实展开和构织的活动之外去寻求其背后所谓的纯粹天理,离开人的实践生存活动就无法体证天道的有序运行,离开人欲就无所谓的天理的展开和实现。所以,理与欲不是此存彼亡、此亡彼存的二元对峙关系,而是相依共存、彼此实现的统一关系。王夫之说:

圣人有欲,其欲即天之理。天无欲,其理即人之欲。学者有理有欲,理尽则合人之欲,欲推即合天之理。于此可见:人欲之各得,即天理之大同;天理之大同,无人欲之或异。②
天下之公欲,即理也;人人之独得,即公也。③

天是无所谓"欲"的,天之理就体现在人的各种欲望和欲求当中。因此,理欲对待的说法其实只有针对人才存在。"只理便谓之天,只欲便谓之

---

① 王夫之著:《读四书大全说》,《船山全书》第6册,第912—913页。
② 王夫之著:《读四书大全说》,《船山全书》第6册,第641页。
③ 王夫之著:《张子正蒙注》,《船山全书》第12册,第191页。

人。饥则食、寒则衣,天也。食各有所甘,衣亦各有所好,人也。"①饥食寒衣等基本生命需要,在王夫之看来还算不上人欲,它不过是天生的本能。而真正称得上人欲的却是"各甘"其食、"各好"其衣,人欲不仅表现为人的类特性(甘食悦色等只能是人的现象),更表现出个体性,每个人的所"甘"所"好"是不同的。根本上,王夫之所谓的人欲都是指每个有血有肉个体的物质生活欲望,也即是说,人欲总是个体私人的欲望。

私欲其实是君子和小人同有的情实,"天理、人情,元无二致"②,故私欲并不外在于天理,而是"私欲之中,天理所寓"③。对圣人而言,圣人皆有私欲,但其欲望所现自然秩序井然、无不中节合理。在圣人身上,实现了天理与人欲的高度统一,所以,圣人之欲即是天之理。对于一般人而言,虽然有理欲的对待,但它们仍然是统一的。从个体出发,追求感性欲望活动中的自我节制和自我权衡取舍就是合理的状态,所谓"节其欲而欲皆理也"④。甘食悦色的井井分别处即是至仁大义之所在,好货好色之心即是载天地之德的大用⑤,人身上的情感欲望以至于本能已经不是简单的生物学机能,而是道德的、科学的、艺术和审美的活动。从社会出发,将个人的私欲通过恕道推己及人而表现为天下人的"公欲",此即是"理";而所谓"公欲"也即是每个个体私欲的满足。王夫之将理欲公私统一起来,个人尽其理即实现人之欲,推己之欲即实现天之理;天理的实质内涵就是满足每个人的欲望,每个人欲望的满足就是天理流行的境界。由此而言,唯有理欲之间互生互成的共同作用才能实现儒家理想中的大同世界。

王夫之尊理而遂欲、遂欲而显理,理欲不能离析而言之,而是要在"人欲中择天理,天理中辨人欲"⑥。好货好色固然是人欲,但"君子敬天地之产而秩以其分,重饮食男女之辨而协以其安。苟其食鱼,则以河鲂为美,亦恶得而弗河鲂哉?苟其娶妻,则以齐姜为正,亦恶得而弗齐姜哉"⑦。感性欲望的追求活动中即可彰显庶物之则、人伦之理,敬其秩序、辨其条理,则

---

① 王夫之著:《读四书大全说》,《船山全书》第 6 册,第 641 页。
② 王夫之著:《读四书大全说》,《船山全书》第 6 册,第 898 页。
③ 王夫之著:《四书训义》(下),《船山全书》第 8 册,第 91 页。
④ 王夫之著:《四书训义》(上),《船山全书》第 7 册,第 769 页。
⑤ 王夫之言"甘食、悦色之井井分别处,即全仁大义之所在",又说"即此好货、好色之心,而天之以阴骘万物,人之以载天地之大德者,皆其以是为所藏之用"。参见王夫之著:《读四书大全说》,《船山全书》第 6 册,第 1027 页,第 913 页。
⑥ 王夫之著:《读四书大全说》,《船山全书》第 6 册,第 1027 页。
⑦ 王夫之著:《诗广传》,《船山全书》第 3 册,第 374 页。

食美味、娶美色,"目历玄黄,耳历钟鼓,口历肥甘,而道无不行,性无不率"①,这是人欲中体现天理。仁义礼智固然是天理,倘若不从人类文明的角度出发,那么禽兽亦有天理。"虎狼之父子""蜂蚁之君臣"也成为仁义。不要以为只讲天理、仁义就可以了,弄不好就成了禽兽之"仁义"而纵容姑息之爱,此非但不是"天理"而只是"人欲"甚至是"兽欲"了,这就是天理中辨人欲。

基于上述观点,王夫之既反对"惩忿窒欲"的遏欲论,也反对"薄于以身任天下"的薄欲论,当然也反对"贪养不已,驰逐物欲"的纵欲主义,尤其对挟天理之名而行人欲之实的假道学深恶痛绝。他认为正确的态度是在肯定人欲的前提下,以理导欲,将天理人欲统一起来。由此,理欲的关系不是宋明理学所谓的"存理灭欲"问题,而是"公私诚伪"问题。

(二)"天理、人欲,只争公私诚伪"——新的理欲观

吴根友师指出,相对于宋明理学,明清时期的王夫之和戴东原实现了理欲观的一种转向,即其关注的核心问题不再是"有欲""无欲",而是"有私""无私"的问题,他们主张人在实现欲望的过程中做到"欲而无私"而不是"无欲"。② 王夫之说:

> 天理、人欲,只争公私诚伪。如兵农礼乐,亦可天理,亦可人欲。春风沂水,亦可天理,亦可人欲。才落机处即伪。夫人何乐乎为伪,则亦为己私计而已矣。③

兵农礼乐、春风沂水等在人的实践生存活动中既可以表现为源于天理人欲的统一,也可以表现为源于二者的分离。但是,如果分离开来,那么绝对是伪理私欲。伪理是一种假公欲亦即是假公理,而私欲则指向了人的一己之私意。王夫之发现,任何物欲其实都伴随着心之意欲,而意欲不即表现为物欲,因为意欲不一定有明确的对象。因此,王夫之所说的人欲,除了物欲外,也指意欲。意欲可以出于心志,也可以出自机心和算计,而后一种意欲适成为私意、成心、习气或"为己私计"的私欲。

王夫之对物欲是充分肯定的,虽然物欲总是个体性的私欲,但却可以

---

① 王夫之著:《尚书引义》,《船山全书》第2册,第409页。
② 参见吴根友著:《明清哲学与中国现代哲学诸问题》,北京:中华书局2008年版,第112—114页。
③ 王夫之著:《读四书大全说》,《船山全书》第6册,第765页。

推而为公欲,于此而言"天下之公欲,即理也"。但是他坚决反对把个人的私意私见强加给天下人成为公欲,或是"匹夫匹妇,欲速见小,习气之所流,类于公好公恶而非其实"①之类的习气式公欲,于此而言是"有公理,无公欲"②。因此,王夫之肯定的是合理的、正当的即诚有其情实的私欲;当他说"私欲净尽,天理流行"③时,并不是否定物欲和意欲,而是否定意欲层面出于个人机心和利害算计的私欲,这类私欲恰好是损人利己的"私"、假公济私的"私"、违道干誉的"私",即使以"公欲"的形式表现出来也是虚假不实的"伪"公欲,而绝不是天理。

(三)"欲有大,大欲通乎志"——作为生命原动力的欲望

王夫之强调理欲的统一,同时又将人欲同私意、习气、理蔽等私欲、伪欲及其导致的无节制嗜欲或纵欲区别开来,从而对理欲关系的认识达到了度越前人的较高理论水平。但更为深刻的是,王夫之所说的"欲"还不只是名词意义上的物欲、意欲等人欲,"欲"在本原上是动词意义的欲求或动力。

在王夫之人性生成哲学中,意、情、欲三者密切关联,都体现出一种生命原动力,表征身体的能动性,但"欲"是最为根本的作为存有论意义上的创造性动力。王夫之认为,天地是生生不息的,气是生成的,理是生成的,人性亦是生成的,当然人也是生成的。而所谓生成即意味着开放、创造、无穷的动力或活力。这种动力或活力即是人之大欲,当孔子说"吾欲仁""吾其为东周乎"时,王夫之说"岂不有大欲存焉"④"欲有大,大欲通乎志"⑤。所谓"通乎志"的大欲根源于人性的生成,它是成就自我的人性、实现天命之理的根本欲求,体现为人投身于天地之间成己成物、参赞天地的化育、以人文化成天下的创造性活动。

宋明儒离欲而言理,"天理"对于现实感性的人本质上都异化为一种他者,对天理的服从或对于天理的欲望追求已经完全取代了个体自身对于固有性理的欲望。如果说这种天理有任何意义的话,那么这种意义不是来自人对于自我人性生成的创造和筹划,而是来自作为他者天理的既定现成的规范和目的,这样的天理不是自身欲望的表达,而完全蜕变为一种自在的他者。王夫之认为天理必寓于人欲以见,在"大欲"的意义上正是强调

---

① 王夫之著:《思问录内篇》,《船山全书》第12册,第428页。
② 王夫之著:《思问录内篇》,《船山全书》第12册,第406页。
③ 王夫之著:《思问录内篇》,《船山全书》第12册,第406页。
④ 王夫之著:《读四书大全说》,《船山全书》第6册,第901页。
⑤ 王夫之著:《诗广传》,《船山全书》第3册,第325页。

唯有植根于自我欲求的创造动力,性理才会彰显充盈于整个身体,并因此动力而投身于创造和成就自我的实践生存活动中去。

本章小结

　　本章讨论人性在"践形"中的生成,这是王夫之"以人道率天道"思想的具体落实。王夫之承继和发展了孟子"形色天性"和"践形"的思想,提出了"即身而道在"的尽性践形观,人性的生成就表现为充性于形色气质和情才欲的自践其形的过程。他认为人性不是身体之外别有的实体,性凝身心,人性本身就构成了一个气日以充、形日以长、性日以成的"性—身—心"合一的身体主体生成场。性、心、形色只是从不同的层面表征身体的功能,"形色"彰显人身的生命性和空间性,"心"彰显人身的知觉性和能动性,"性"彰显人身的道德性和主宰性。通过尽性践形的过程,人的身体就超越了禽兽草木而成为性心身有机统一而具有自主能动性的身体主体。

　　所谓尽性践形,即是以性充彻于形色而统合身心,以性行于情才欲之中而恒其心、实其意、正其情、尽其才、导其欲。因此,王夫之反对道学家割裂性、心、身的有机联系,视身体为道德实践障碍而主张遏意、化情、灭欲的观点,他认为身体所表现出的知觉运动、意念、情感、欲望是道德理性得以开展和实现的前提和基础,志与意、性与情、天理与人欲都是互相为体的有机统一关系。王夫之更强调意、情、欲等感性生命需求是身体行为以至人类文明发展和进步的内在驱动力。道德理性不是在身体的情、才、欲之外寻求,它就是人在追求甘食悦色的活动本身中显现出来的自我节制和秩序条理。

第六章 "存于心而推行于物"
——人性在"实践"中的生成

身体有其生命空间性和知觉运动性,倘若没有道德主宰性充盈于人之身,则人的身体就失去了其道德的自主性。王夫之以"函"表征身体的生命空间性,而道德主宰性则是函之"实",充性于形色则"实函斯活""实,充也;函,量也;充其量斯活矣"①。形色是"函",性是之"实",知能情才则是"实函斯活"之"用"。尽性践形的过程就是"实函斯活"过程,这一过程是在两个相互作用的向度上展开。一个向度是身体内部性心身、心性情才的统一,即是以实有之性充盈于形色并行于情才欲之中,人的身体就整合为自主能动的身体主体。但所谓尽性践形既不是指一种内在的封闭的纯意识性思辨活动,也不是指一种简单孤立的形体反应或动作表现,性显于形色或情才本身就敞开了人置身于其中的生活世界。因此,尽性践形第二个向度指向了身与事、身与物、身与世界的统一。人性的生成,又总是在厚生、利用、正德的社会实践中进行。"实践"②一词,在王夫之的哲学语境中,一方面是指身体知能潜能所展开的知行活动的统一,"知"或"良知"都必须通过身体力行的实际生存体验才能成为"真知",本质之理要回归到"实有"的生存感性活动中。另一方面,他用"实践"表示人以其价值信念

---

① 王夫之著:《诗广传》,《船山全书》第3册,第500页。
② "实践"对应的英文词是practice,在希腊语中即是"行为"的意思,但在当时的语境中"实践"或"行为"并不专指人,而是可应用于一切有生命之物,只是到亚里士多德才明确实践是人所特有的行为。亚氏认为实践是"趋向目的的过程"和"自身就是目的的行为",因此他区分实践行为与生产制作的不同,并从伦理学的意义上界定实践是个人"正确的行为""与生产劳动相区别的人的伦理道德行为和政治行为"。亚氏的观点其实是将"实践"限定于个人的伦理道德和政治活动。亚里士多德以后,康德区分理论理性和实践理性,将实践理性限定在本体界的道德自由意志,它是形式原则,与质料无关。以上参见张汝伦著:《历史与实践》,上海:上海人民出版社1995年版,第95—99页。亚里士多德—康德传统将实践主要限定在道德行为,而马克思的实践观则扬弃了这一传统,"实践"不只是相关于个人的道德行为,在广义上,马克思的"实践"是指人的一切感性活动或对象化活动;狭义上,则是指人的物质生产活动或改造自然和社会的革命活动。以上参见俞吾金著:《实践与自由·前言》,武汉:武汉大学出版社2010年版,第10—13页。王夫之人性哲学中的"实践","实"是和"虚"相对的,他一方面是反对人在德性修养方面的凌空蹈虚、空谈心性而言,强调人的德性必须在实事实物、身体力行的人伦践履活动中生成;另一方面,王夫之更在广泛意义上强调格物致知以及厚生、利用、正德涉及的知识追求、物质保障、德性修养等一切人类事务必须在人文化成天下的对象性活动中获得。

和合目的性理想"官天府地裁成万物"的过程,即所谓"知之尽,则实践之"①"存于心而推行于物"②的以人文化成天下的过程。

第一节 "有道不动心"
——身体主体的挺立和实践动力的养成

人性在身体力行的实践中生成,首先就需要挺立身体主体,获得实践的动力和勇气,从而达至一种有道不动心的状态,如此就可以从容地投身于世界。王夫之承孟子之意,认为唯有通过集义养气与学诲知言的工夫才能达至不动心。

孟子论"知言养气"正是由担当大任的政治实践"动心与否"引出。何谓"动心"?赵岐释为畏难自恐,朱子说:"任大责重如此,亦有所恐惧疑惑而动其心。"③王夫之基本上承继了朱子的讲法。通俗讲"动心"就是心的一种不安宁状态,突出表现为畏难、恐惧、疑惑;其中畏难、恐惧是在"勇"上说,疑惑是在"知"上说。王夫之认为"动心"是心失其守。一般人外驰于功名利禄,舍本逐末,一遇大事、一担大任,便患得患失,自心把持不住。心失其守是一种无家可归、茫然不知所措的感觉,空虚、焦虑、恐惧、疑惑自然产生。而心有所守,在孟子看来就是"仁义内在",这是在"仁"上说。所以,王夫之认为"动心与否"事关仁、勇、知三者④,它们又分别对应于心性、气、言三个方面。对于如何能不动心,王夫之认为,公孙丑、告子等人各执一偏,公孙丑认为其道在于养勇,而告子认为其道在于养心,只有孟子仁、勇、知合一,持志为本,集义养气、学诲知言而自然不动心。

一、"气是个不恐惧的本领"——养勇之道

关于养勇之道,孟子所处的时代已经争论颇多。王夫之从其气实有论出发,他认为养勇即是养气,"孟子吃紧工夫在气上"。不过,王夫之所言之气是指本身已经囊括心、性、志、义的浩然之气。他说:

> 孟子吃紧工夫在气上……气是个不恐惧的本领,除告子外,则下

---

① 王夫之著:《张子正蒙注》,《船山全书》第12册,第199页。
② 王夫之著:《张子正蒙注》,《船山全书》第12册,第80页。
③ 朱熹撰:《四书章句集注》,《朱子全书》第6册,第279页。
④ 孔子即以知、仁、勇并举,见《论语·宪问》"仁者不忧,知者不惑,勇者不惧。"《中庸》更将知、仁、勇提升为三达德,从这个角度看孟子的"不动心"是仁、知、勇三者合一而不动心。

第六章 "存于心而推行于物"——人性在"实践"中的生成

而北宫黝,上至曾、孟,皆以此为不动心之道,特其所以守之者有约不约之分耳。内里有个义作骨子,以听气之自生,则守之功约,而其用大。若其不然,则守之气之末流,其功不约,而用反有所诎尔。约以言其守气者,而非与气为对。气只共此一个气。曾、孟之气,较黝、舍百倍刚大而塞两间;非曾、孟舍气不守,而别守一自反以为约法也。不出吾心而守之,乃以塞乎两间,则曰约。①

"气是个不恐惧的本领",王夫之认为不动心之道主要在于守气。所谓守约其实就是守气,但从守气的角度而言,其本身又有"约"与"不约"之分;是守血气、还是守浩然之气,是无本而守、还是有本而守。公孙丑等人都以养勇为不动心之道。所谓"勇",《说文解字》中说:"勇,气也。从力甬声……古文勇从心。"段玉裁注解云:"勇,气也。气,云气也。引申为人充体之气之偁。力者,筋也。勇者,气也。气之所至,力亦至焉。心之所至,气乃至焉。"②由此,"勇"的范畴涉及心和身,身又具体表现为"气"和"力"。按王夫之的理解,养勇是有不动心之道,因为养勇即是养气。但公孙丑等人主要是在血气之"身"的意义上讲"养勇",而没有意识到"心性"在"勇"中的根本作用,所以其所养之"气"只是"血气"。由此,王夫之首先区分血气和浩然之气。血气只是生理,为气之末流;浩然之气则是持志、集义所生,是气之本。

进一步需要指出的是,王夫之的气实有论是人文主义的,"血气"与"道义"本身是融合为"浩然之气"的,这是天地正气的本来面目。但是,如果没有集义长养的工夫,气就失其条理,就会导致"气"与"道义"的分离,而气则只成为生物学意义上的血气。王夫之区分气之本末并不是说存在两种气,而是说气存在不同的状态;浩然之气不是血气之外别有的一气,而是血气合乎道义后长养盛大的状态。③ 曾子与北宫黝、孟施舍虽然均是以战斗之气言养勇,但曾子所言之气就不单是血气,而是合乎道义的浩然之气。北宫黝但求血气之勇,只凭一身的血气向外求胜;孟施舍是向内守住一身血气之固然,调养血气而无惧。北宫黝是一味向外求,而孟施舍是只

---

① 王夫之著:《读四书大全说》,《船山全书》第6册,第922页。
② 许慎撰,段玉裁注:《说文解字注》,杭州:浙江古籍出版社1998年2月第1版,第701页。
③ 清人戴震对血气更有"尽其自然"而归于"必然"的观点,"天下唯一本,无所外……有血气心知,则发乎血气心知之自然者,明之尽,使无几微之失,斯无往非仁义,一本然也"。参见戴震著:《孟子字义疏证》,北京:中华书局1961年12月第1版,第19页。从气一元论的观点出发,血气与仁义并非二物,尽血气之自然就是仁义之必然。这方面,戴震和王夫之是相通的。

向内守。二人同是养血气，都是求身不求心，皆是无本之术。曾子则不单凭血气，其贵在能"自反而缩"，"缩"则有本，"内裹有个义作骨子"；"缩者，集义也"①，集义也是在气上说，唯集义长养浩然之气，故为大勇。

依王夫之气的实有论观点，孟子的心性论与气论就是贯通为一的。所以，他断言"孟子吃紧工夫在气上"，强调养气的重要性。"养气"之"养"有两层意思，对血气之气而言，只能是"调息、调养"，其没有以"心性"为本；而浩然之气则是"长养"，持志、集义才能长养浩然之气塞乎天地之间。均是守气，孟施舍会调养血气，所以相较北宫黝是守约；而曾子以"义"长养浩然之气，比起孟施舍又更为"守约"。不过，在王夫之看来，曾子和孟子的境界仍有距离。曾子只知集义而不知持志，还未意识到性或道；而孟子"由仁义行"，乃是当下由持志之心，集义而发纯乎道义的至大至刚之气，而曾子尚需"自反"的工夫。

告子不动心之道不是养血气之勇，而是养其虚灵之心。②似乎告子意识到心的作用，但告子所谓的心是虚无灵妙之心，和孟子的道义之心有本质的不同。从心的角度而言，养勇之心又可分别出三个不同层次。北宫黝、孟施舍的不动心，其本质是以心为知觉运动之心，它只和身体的血气相关，不关涉道义，故在养血气之勇上下功夫；告子的不动心，以心为虚无灵妙之心，此心既不关涉道义，亦不关涉气，故在离形去知（离形则不求气，去知则不求知言）上下功夫。而孟子之心是道义之心，道义之心即是持志之心，即是本心。"道"是持志而言，关涉性，"义"指集义，关涉具众理之心，持志集义而长养浩然之气，则有道不动心。

王夫之言"不出吾心而守之，乃以塞乎两间，则曰约"，"不出吾心而守之"是以道义为本，即以心性为本，"塞乎两间"是指持志、集义所长养的浩然之气充塞乎天地之间，"初非以求胜于物，而自成胜物之用"③，此即是守

---

① 王夫之著：《读四书大全说》，《船山全书》第6册，第922页。又，"缩"的意思，赵岐云"缩，义也"，并训"不缩"为"不义不直之心"；解释"直养"为"养之以义"。焦循疏解说："盖缩之训为从，从故直。从亦顺也，顺故义；义者，宜也。"其将缩、从、直、义、宜之意一并贯通。故"缩"可引申为"直道""道义"。详见焦循撰：《孟子正义》，北京：中华书局1987年10月第1版，第193页。可见，在一般意义上，"缩"与"直""义"是同一个意思，王夫之也认同这层意思，其所以训"缩"为"集义"，强调的其是动词义和过程义，特别是"集义"与"气"的关系。

② 王夫之延续了朱子以"虚灵不昧"论"心"，但和告子的"虚灵之心"有本质的不同。王夫之认为，"虚"是指本无私欲，而不是虚无；"灵"是指应事接物中，无论逆顺处境都可以为善，而不是指机警、灵光；"不昧"是从始终和表里言，始、表所得，终、里也不昏蒙、忘却，而不是"常惺惺"的警觉状态。告子的"虚灵之心"是说心的虚无灵妙。参见王夫之著：《读四书大全说》，《船山全书》第6册，第397页。

③ 王夫之著：《读四书大全说》，《船山全书》第6册，第926页。

约。气为道义所长养,道义因气而流行充盈、得以实现,道义即在气中,心性、道义都统一于天地正气之流行。王夫之以孟子之不动心吃紧工夫在"气"上,在具体养气工夫上,他强调志气交辅、集义长养浩然之气。

(一)持志帅气、志气交辅

孟子不动心之道的关键是以道义之心为本,其实质即是以持志为本、以性为本;持志是指志于在人之天道,即是志于性。而"志"与"气"交相为功,志以帅气以有所为,但舍气言志,志也无法实现。志与气的关系上,王夫之主张持志帅气而志气交辅。他说:

> 若吾心之虚灵不昧以有所发而善于所往者,志也,固性之所自含也。乃吾身之流动充满以应物而贞胜者,气也,亦何莫非天地之正气而为吾性之变焉合焉者乎?性善,则不昧而宰事者善矣。其流动充满以与物相接者,亦何不善也?虚灵之宰,具夫众理,而理者原以理夫气者也,理治夫气,为气之条理。则理以治气,而固托乎气以有其理。是故舍气以言理,而不得理。则君子之有志,固以取向于理,而志之所往,欲成其始终条理之大用,则舍气言志,志亦无所得而无所成矣。①

在王夫之看来,孟子言"志"与"气"的关系,体现在天道上即是理与气的关系,其落实到人道上其实是心与身的关系,而天道与人道又是通过"性"联系起来的。性本质上是天地之正气所生,"性是二气五行妙合凝结以生底物事"②。但性是从天人授受而言,即是天授之于人,人受命于天的天人相续之际而言性,而心、身是在人的层面而言。性凝结变合而有人的身心,性密藏于心而显现于形色。心是性凝于身而起用者,心专属于人身。在心性关系上,王夫之的基本观点是性体心用,但"性者天道,心者人道,天道隐而人道显"③,作为"在人之天道"的性要通过心而起作用,当心持志而为仁义之心,心性就统一起来。

人之身为气所充盈,也是天地之正气由性所凝结而成。在人而言,性对于身心有根本的地位,性统帅身心通过"心之志"得以实现,性以志正心,性以志帅气。天地之正气无不善,天人相授受的性也无不善,性所凝结变合的身心同样也是善,心是"不昧而宰事者",身是"流动充满以与物相

---

① 王夫之著:《读四书大全说》,《船山全书》第6册,第925页。
② 王夫之著:《读四书大全说》,《船山全书》第6册,第397页。
③ 王夫之著:《张子正蒙注》,《船山全书》第12册,第124页。

接者",性、心、身都从气上言,都统一于天地之正气。但气都是有理之气,理主持分剂气而本身就是气之条理。天道生人之理气凝为人之性,性当然是理气浑然一体的。心以性为志,志为性之所自含,不能舍气以言性,也就不能舍气以言志,舍气便没有始终的条理,志也失去目标和依托,将无所得也无所成。所以"持其志,无暴其气"是说不但要持志,还要全持其气以配之。"无暴其气"不是说"气暴",说"气暴"是贱气之说。"无暴其气"是指不要虐害气,而应该持志长养浩然之气,因为"吾身之流动充满以应物而贞胜者,气也",志必须以气为依托和动力才可能"应物贞胜"而实现志。

持志帅气而志气又交相为功,其表现为"志壹则动气,气壹则动志"。王夫之认为,此处之"气"是指浩然之气而非血气,"动"字不是"不动心"之"动",而是相为感动之意,以强调志气的不离和交相为功。"'志壹',则固为之'动气',使体充而有为;'气壹'则亦足以'动志',而使所志得行,则志日以增也。志气交相为功,志以作气,气亦兴志,两者俱不可不求。"① "壹"是专壹,凡言"壹"都是从正面立言。若人心不能持志,则心失去定向,思想和行动上便游走不定、时此时彼;若人身不能充盈浩然之气,则气失其本,而任气之末流(即血气)时盈时虚,二者都不能称为专壹。

照王夫之的理解,志壹动气是"先天而天弗违",持其志而充其浩然之气,则有道德实践的力量,就会有所作为以实现志。气壹动志是"后天而奉天时",人身充盈浩然之气必有所作为;即使起初并未意识到"志",但专壹之气必然感动持志之心,浩然之气在"应物贞胜"的运动中便会显现出"志"来。如人在"蹶""趋"的状态,也不一定是暴虐其气,"'蹶者'但气之迫,而心亦奋厉;'趋者'气之敏,则心亦警惕",王夫之认为"蹶者趋者"不是朱子所谓的颠跌而行,若是"跌倒"则是形动气而非气动心,故王夫之释为急迫敏捷。如果是专壹之气的急迫敏捷状态,正可以感动持志之心,"是全持气以使心之得,则大有为而无所屈挠"。②

(二)集义长养浩然之气

王夫之以孟子的不动心,首在持志帅气,但还必须集义以长养浩然之气,他分疏了"志""气"与"道""义"的关系。

心定向于性即是志,志主要是在性上说。性代表天道,心以性为所志,就可表述为"志于道"。此处的道指在人之天道,即指性而言。"道"和"义"都属于理的范畴,在人而言,为心所具之理,此心也即是道义之心或

---

① 王夫之著:《四书笺解》,《船山全书》第6册,第289页。
② 王夫之著:《四书笺解》,《船山全书》第6册,第289页。

本心。心具众理,其所恒定指向的固有之理则是性或道,是通过心之志来持守;心"所志之外"具有的其他理则是"义",是"吾心之制"而不是"性之制",是通过身之气来实现。"道"虽然是天下固有之理,落实到人则主要在性理上言;"义"是从心、身接物之际而言,"吾心所以宰制乎天下者谓之义",义又与一身之气相为体用才能应物贞胜而宰制天下。"道"有始终如一固有的准则,处于静而体一,故必须持志,使人心有所根本和依据。"义"没有一成之则,不是居静而是处动,"散见而日新";天下之事种类繁多,每一事都需要心给予一个"义"为之处理分别,一事之义只有一事之用,故而必须"集义",使人身之气恒充不馁。所以,王夫之言"志主道而气主义",尊气故能集义,集义可尽心,尽心则所志之道得以显。"义是气上事",故配义以不馁其气;"道是志上事",故配道以不馁其志。① 志气合用,持其志以帅其气,则必然"配义与道",而长养浩然之气。

"浩然之气"为持志之心集义所生,故心、气合一而不可分为二;浩然之气即为道义之气,气在身内,义在心内,并不是心从外处再套取个"义"来主使气。若只持本心,不集义长养其浩然之气,则道义不充于天地之间,缺乏道德实践的力量和勇气,最终也只能空谈论道德心性;无气的充盈鼓动,道义也就无法实现。王夫之说:"凡气所流行皆与道义相应,而道义之行必须此气以助之,使决断而不中沮;苟非此气,则虽志于道义,而优柔不决,如饥人之不能胜所负荷也。"② 可见,王夫之解释孟子的"无是,馁也"是说无此浩然之气充沛流行,则道义无从实现。很多解释者认为"无是,馁也"是说无道义而气馁。③ 在王夫之看来,其实是未明白孟子是直论浩然之气而非论人养气的工夫,"浩然之气"是主语,"无是"是说"无是气";更何况浩然之气本就合道义,浩然之意就是盛大流行,其如何能馁?既然心、气合一不二,若不集义长养浩然之气,则道义馁;另一方面,若只守血气而不集义,"行有不慊于心,则馁也",浩然之气不生而血气亦终将馁。王夫之分别两个"馁"字,上一"馁"是"道义馁",下一"馁"是"气馁",强调心性、道义与气三者缺一不可的统一状态才能长养成浩然之气。

持志集义而长养成浩然之气,此浩然之气至大至刚,塞于天地之间。王夫之发挥朱子"至大,初无限量;至刚,不可屈挠"④的说法,并"以孟解

---

① 王夫之著:《读四书大全说》,《船山全书》第6册,第927、931—932页。
② 王夫之著:《四书笺解》,《船山全书》第6册,第290页。
③ 毛奇龄即认为"无是者,是无道义。馁者是气馁,道义不能馁也"。见焦循撰:《孟子正义》,第201页。其实,夫之所言的"道义馁"是指道义无法实现,"馁"只是譬喻的说法。
④ 朱熹撰:《四书章句集注》,《朱子全书》第6册,第282页。

孟"。"至大"才能尽孟子所谓"万物皆备于我"的大用,"至刚"才可能"富贵不能淫,贫贱不能移,威武不能屈",历艰难险阻而不易其守。浩然之气"以直养而无害"则充塞于两间,"直养"二字赵岐解为"养之以义";朱子释"直养"为"自反而缩,则得其所养";毛奇龄说"以直养者,集义所生,自反而缩也"①,均是训"直"为"义"。然浩然之气本就是集义所长养之气,即是道义之气,道义之气又"养之以义"或"自反而缩",不但是重复解释,而且有析气、义为二之嫌,落入告子外义之说。而观孟子所言,浩然之气是集义所生,非义袭而取,是义气本一。

诸儒所失是囿于"自反而缩"的"缩"字训从、直、义,故对"直养"之"直"也训为"义",但未明晰"自反而缩"是论曾子如何养气,而此处是直论浩然之气本身的性状。王夫之独具慧眼,认为俗解以曾子"自反而缩"释"直"字不妥,所谓浩然之气的"直养"应是"顺其所自生之理以养之,以义生即以义养,一直养去,始终不易"②。所以,气以义生、即以义养,"直养"即是"顺而养之",顺浩然之气本有之义而养之。浩然之气本就是道义之气,本身就是善,顺其本性而长养扩充之(而不是人"自反而缩"再用"义"对其调养),则成己成物、可以参天地之化育,如此人生以立、人道以立,即所谓"塞于天地之间"。王夫之特别强调所谓"天地之间"即是人间、人道。浩然之气充盈于身,人就挺立于天地之间,人道发用流行则"凡天下之事事物物,无不可担当,无不可发付,无有不足处"③,此即是"万物皆备于我"。

二、"集义养气"与"学诲知言"——养气、尽性而知言

持志、集义而能长养浩然之气,但长养浩然之气是一个自然而然的过程。在这一个过程应该如孟子所言"必有事焉,而勿正,心勿忘,勿助长",如此,才能真正养成浩然之气。王夫之认为"心勿忘,勿助长"是指养气当以持志为要,而"必有事焉,而勿正"即是说养气当以集义为事。持志的过程中应该注意"勿助长",集义的过程则应"勿正"。"正"字,朱子据《公羊传》中"战不正胜"而训"正"为预期④,言"养气者,必以集义为事,而勿预期其效"。⑤ 王夫之认为,如果解释为"预期"便是指急于求成、躁于必得的

---

① 焦循撰:《孟子正义》,第 200 页。
② 王夫之著:《四书笺解》,《船山全书》第 6 册,第 290 页。
③ 王夫之著:《四书笺解》,《船山全书》第 6 册,第 290 页。
④ 杨伯峻先生考证,"战不正胜"之"正"当依王引之《经义述闻》所言,训"正"为"定也、必也","战不正胜"即"战不必胜"之意。详见杨伯峻译注:《孟子译注》,北京:中华书局 1960 年版,第 70 页。
⑤ 朱熹撰:《四书章句集注》,《朱子全书》第 6 册,第 283 页。

助长之人,"勿正"便是"勿助长",两相重复。他引《士昏礼》中"必有正焉,若衣若笄",认为"正者征也,的也,指物以为征准,使必然也……集义者以徙义日新其德,而不倚物以为定据,故曰勿正。有事则有守,勿正则不执,勿忘则有恒,勿助长则不迫。上以事言,下以时言,自相互以起义也"。①"正"就是以外物为准绳。"必有事焉,而勿正"是说应事接物、视听言动、是非取舍之际,不以外物的迁流变迁为据为准,无论物情顺逆、艰难险阻,凡所有事都应必以自集其日新之义、长养浩然之气为事。身体充此浩然之气自然就能挺立于天地之间,就能从容不迫地投身世界裁成天地万物。义在内,集义养气只是尽己之事,以物为准则适成外义之说。"必有事焉,而勿正"正与"是集义所生者,非义袭而取之也"相对应。而"心勿忘,勿助长"与"持其志,无暴其气"相对应,当物未至、事未来之际,不是汲汲于绝事绝物、遏意绝情而去独守个虚无空灵之心,也不是一任血气恣意放纵而成匹夫莽撞之勇,而应该以性为志、以志恒心,配道义而使一身之气有守有持。舍心性、道义而所谓养气成勇,恰好是暴虐气之本然而助长血气之末流。根本而言,持志即是知性,集义即是尽心,持志集义长养浩然之气的过程就是尽心知性的过程。而唯有尽心知性后方能知言,知言则不惑。

　　王夫之认为,告子"不得于言,勿求于心"是不知言,而言由心生,孟子则尽心知性而知言;告子"不得于心,勿求于气"是不养气,而孟子持志集义而长养浩然之气。因此,在王夫之看来,孟子论知言养气而不动心正是针对告子之不动心而发。"知言""养气"对举,这就涉及二者的关系。孟子是有道不动心,此道即以道义之心为根基,持志为本,所以能集义养气、学诲知言。知言和养气表现为两个向度:学诲知言是从道德认知的角度讲"不疑惑",集义养气是从道德实践的角度讲"无恐惧"。"尽心、知性是知言本领,非知言后功效。"②尽心知性而后方能知言,而尽心知性有赖于集义养气之功。"知言"所说的"言",是指天下万事万物凡可以称名道说的都是"言",所以是"天下之言"。孟子所说的诐、淫、邪、遁之言,只是从言的差错偏失上说。王夫之区别"知言之成效"和"知言之全体大用"。能够辨别言说的参错偏失,只是知言的成效;知言的全体大用是能知天下的是非得失。是非得失需要"吾心固有之义"为之裁断,而唯有集义才能见义在内,集义在己心而至义精仁熟,则自然能知言。可见,知言是身体集

---

① 王夫之著:《读四书大全说》,《船山全书》第6册,第56页。
② 王夫之著:《读四书大全说》,《船山全书》第6册,第929页。

义养气所达至的功效,是"大而化之"之境。

在知言与养气关系上,朱子以格物穷理的知言为先,而以集义养气为后,因穷理方能集义,因明理方能养气,这是朱子理本论的必然结果。王夫之则以集义养气为先,而知言是其效果之一。因为,王夫之所谓的集义首先不是通过格物穷理的认识路径获得,而是通过心性道义与一身之气相为体用的方式在应物贞胜的实践生存活动中养成。所以,王夫之强调尊气修身方能集义,而不是格物穷理而集义。

与王夫之同时代的黄宗羲,几乎有同样的观点,他也认为集义养气后方能知言。"天地之间只有一气充周,生人生物。人秉是气以生,心即气之灵处,所谓知气在上也……'集义'者,应事接物,无非心体之流行。心不可见,见之于事,行所无事,则即事即义也。心之接于事者,是乃集于义矣。"①黄宗羲持气一元论立场,其心、性、理亦都在"气"上说,养气而灵才有心知、才能知言。其所谓"集义"是"应事接物",和王夫之的说法如出一辙。他说以心接事就是集义,而心无本体,心无非是一气之流行。黄宗羲以气学融通心学,故对孟子气论与心性论的贯通有深切的认识。准确地说,黄、王二人都认为孟子是"养气知言"论而不是"知言养气"论,于是有"集义养气→尽心知性→知言"这样的先后顺序,不过这是逻辑上的次序而非时间上的先后。王夫之进一步指出,知言以格物穷理为入手工夫,所以称之为"学诲知言",养气以集日新之义为初功。集义养气与学诲知言本来是并进的,但有本末、内外、主辅之别;集义养气是本、是内、是主,而学诲知言是末、是外、是辅,二者并进而有别。

依王夫之的理解,告子将心、言、气完全离析之,其求不动心正在于孤守其虚灵之心,而绝言、外义外气;孟子则持志、集义以长养浩然之气,尊气集义以尽心、持志帅气以知性,尽心知性而知言,心、气、言一体贯通。王夫之以孟子养气知言而不动心,以成无所恐惧疑惑之大勇。持志帅气则气有本、心有恒,集义养气自无恐惧,学诲知言自无疑惑。如果说告子等人是在不动心上做功夫,为不动心而不动心,孟子则是持志为本,集义养气、学诲知言而至义精仁熟,自然不动心,初并不在不动心上用功夫。简言之,告子等人是"不动心有道",而孟子则是"有道不动心"。有道不动心,则能"含古今,统常变,与时偕行;退而明道以辨异端,进而行道以成王业"②。身体主体挺立于世,其浩然之气即可以充盈盛动天下之气,道之不行,"吾顺吾

---

① 黄宗羲著:《黄宗羲全集》第1册,杭州:浙江古籍出版社1985年版,第60—62页。
② 王夫之著:《四书训义》(下),《船山全书》第8册,第182页。

气以不弱吾志",明道以淑人;道之行,"吾顺吾气以行吾志",身任天下而成王道大业。①

第二节 "入天下之声色而研其理"
——人伦物理必以身心尝试的力行观

心志坚定、浩然之气充沛于身,有了实践的动力就可以与万物贞胜。身体总是置身于天地之间,人与天地万物就构成了"能""所"互动的实践场。人有耳目之聪明、心思之睿知,更能身体力行"入天下之声色而研其理"②。唯有亲身于人伦物理当中的力行实践,才能体证天道性命之理的真实无妄,成就人性的真善美和人道流行的光辉事业。

一、"因所发能""能必副所"——能所互动的实践场

性心身统一的身体是自主能动的身体,而所谓自主能动总是对于一定处境的自主能动。身体和其所处的环境本然构成了一种实践场,人不是简单地栖居在某个地方,而是首先和周围的事物处在一种相互作用的对象化活动当中。王夫之正是立足于其实践生存论的立场,由人的对象化活动而论能、所的区分,进而批评佛家和宋明理学的能所观,并通过能所互动的实践生存活动而开掘出了初具近代主客二分的认识论思想。

(一)实践生存论视野下的能所观

王夫之说:"'能',在己之用也;所,在事之体也。凡有成形、成心、成功、成事一定之处皆曰'所',实有其所而可有事也。"③在他看来,"能"是指己身积极主动地作用于周围世界以及改造周围世界的能力,"所"则是身之"能"有所作用或有所事为的实有对象和场所。能、所范畴,本身源于佛教,但是,王夫之认为,能所表达的意思在中国传统哲学中早已存在。他说:

夫"能""所"之异其名,释氏著之,实非释氏昉之也。其所谓"能"者即用也,所谓"所"者即体也,汉儒之已言者也。所谓"能"者即思也,所谓"所"者即位也,《大易》之已言者也。所谓"能"者即己也,所

---
① 王夫之著:《四书训义》(下),《船山全书》第8册,第188页。
② 王夫之著:《读四书大全说》,《船山全书》第6册,第952页。
③ 王夫之著:《说文广义》,《船山全书》第9册,第102页。

谓"所"者即物也,《中庸》之已言者也。所谓"能"者人之弘道者也,所谓"所"者道之非能弘人者也,孔子之已言者也。援实定名而莫之能易矣。阴阳,所也;变合,能也。仁知,能也;山水,所也。中和,能也;礼乐,所也。①

王夫之认为,体用、思位、己物、人能弘道与非道弘人、阴阳与变合、仁知与山水、中和与礼乐等都是表征人在实践生存活动中所构成的能所关系。因此,能、所实质上是对人类实践活动中实践主体和实践对象的分别指称。能所范畴虽然来自佛教,但是它所呈现的人类实践活动是普遍的,只是不同的民族从不同的角度对实践主体和实践对象采用了不同的命名方式。整体说来,王夫之所谓的实践主体是指性心身统一的身体,实践对象则主要指身体所遭遇的事物或处境。"'所'著于人伦物理之中,'能'取诸耳目心思之用。"②耳目心思之"能"指向的是整个身体的自主能动的功能,人伦物理之"所"则指向人的整个生活世界。王夫之说:

境之俟用者曰"所",用之加乎境而有功者曰"能"。"能""所"之分,夫固有之,释氏为分授之名,亦非诬也。乃以俟用者为"所",则必实有其体;以用乎俟用而可以有功者为"能",则实有其用。体俟用,则因"所"以发"能";用乎体,则"能"必副其"所"。体用一依其实,不背其故,而名实各相称矣。③

上述引文中,王夫之从体用关系的角度出发,阐明人在实践活动中展开的能所互动关系的实有性。在身体与其周围处境所构成的实践场中,有待于身体施加作用的处境即成之为"所",而身体能够作用于"所"并产生功效的能力即是"能"。"能"与"所"都是真实存有的,人的实践生存活动就体证到了人与人性、天地万物与天道的真实无妄性。"所"作为"俟用者"是实有其体,它不仅为身体的能动作用敞开了施展的空间,而且使身体涵具的价值和意义在"所"中获得了可见可触的感性表现形式。"能"是"用乎俟用而可以有功者",有功效所以是实有其用,这种功效既表现为

---

① 王夫之著:《尚书引义》,《船山全书》第2册,第377页。
② 王夫之著:《尚书引义》,《船山全书》第2册,第380页。
③ 王夫之著:《尚书引义》,《船山全书》第2册,第376页。

"所"为人所把握认识,又表现为"所"为人所改造而成为人之"所"。因此,"能"和"所"相因相成就构成了人物互动的实践场。

从"所"而言:一方面,天下无处不是"所",只有当"能"作用于某一"所"时,才成为与"能"相对待之"所";人伦事物之"所"都有待于人通过人伦实践活动来体察践履,即王夫之所谓"体俟用"或"所俟能"。另一方面,"所"引发并展开了"能"的活动,人的耳目心思之"能"只有在人伦事物当中方能尽其才,所谓"因所发能"。

从"能"而言:"能"总是要作用于"所",而且可以达至对"所"的理解;人的实践活动可以认识事物之理,从而实践主体就能既合目的,又合规律地作用于实践对象。最终,实践主体和实践对象能够相互协调地和谐统一起来,这是所谓"用乎体,则'能'必副其'所'"。

能所相互作用,但是,"能"和"所"本身是不同的,它们存在己物内外之别。王夫之说:"'所'不在内,故心如太虚,有感而皆应。'能'不在外,故为仁由己,反己而必诚。"[1]"能"是属于己身的能力,故"能"不在外。正因为不在外,身体才具有自主的能动性,能够在与事物的互动中保持自身的主体性而不被外物所异化;同时,身体之"能"不是简单的一种激情冲动或是任意的盲动,而是为自身的道德理性和价值理想所导引的能力。"所"则是身体所作用的实践对象,故"所"不在内;但正因为不在内,身体才能与周围世界相感相通,身体的实践活动才得以可能。能所相互作用本身就说明了能所的区别,能所如果是同一的就不会存在相互作用。王夫之认为,佛家和宋明理学的能所观正是泯灭了能所的区别,从而将表征人的实践生存活动的能所关系理解成了以心治心的内在意识活动。

(二)对佛家和宋明理学能所观的批评

在王夫之看来,佛家虽然区分能所,但他们并不明白能所的真正意蕴。佛家的能所观,事实上只是"消所入能""以能为所"甚至"无能无所"。他说:

> 释氏以有为幻,以无为实,"唯心唯识"之说,抑矛盾自攻而不足以立。于是诡其词曰:"空我执而无能,空法执而无所。"然而以心合道,其有"能"有"所"也,则又固然而不容昧。是故其说又不足以立,则抑"能"其"所","所"其"能",消"所"以入"能",而谓"能"为"所",

---

[1] 王夫之著:《尚书引义》,《船山全书》第2册,第380页。

以立其说,说斯立矣。故释氏凡三变,而以"能"为"所"之说成。①

王夫之简要分析了佛家在能所观上,由"唯心唯识"到"无能无所"再到"消所入能"的三次演变过程。按照王夫之的观点,心、识都是身体实有的灵明之用。佛家既然将一切实有都视作虚幻,而将虚幻的都视作实有。那么作为实有其用的心、识也应该是虚幻的。如此,佛教又讲"唯心唯识",岂不是违背了其"以有为幻"的宗旨? 于是,佛家改变其观点,认为作为人伦日用之"所"固然是虚幻,以其为实有是"法执";而且,心识之"能"也不能执为实有,否则是"我执"。唯有破除我执法执、虚能虚所才能合道。不过,"能"已经破除,又如何能"以心合道"? 况且言心言道本来就有了能、所之分。这样,佛家既要坚持"以无为实"、又要坚持能所之分,其唯有的策略就是消所入能、以能为所。消所入能则彻底否定现实人伦世界的真实性,天下之"所"起无非是一心之"能"起。但"能"不能没有"所"相对,实有其体的"所"被否定,就必须重新创建一个"所",而这样的"所"只能是以"能"为"所"。因此,佛家有"心王""心所"之分,其实不过是"拒物而空之,则别立一心以治心"②。佛家在能所观上经历上述三次演变,最终的落脚点是以"能"为"所"。

"以能为所"的观点,不仅泯灭了能所的差异,而且在根本上摧毁了能所互动所构成的人类改造自然世界、从事人伦道德实践的现实生存活动。正如王夫之所批评的那样:"今乃'所'其所'能',抑且'能'其所'所',不拟而言,使人寓心于无依无据之地,以无著无住为安心之性境,以随顺物化为遍行之法位,言之巧而荣华可玩,其背道也,且以毁彝伦而有余矣。"③他认为,将己之"能"视作天下之"所",且将天下之"所"视为己之"能","能"的"所"化,那就意味着人丧失自身的主体性而可以随心迁流、顺物而化;"所"的"能"化,"能"也就失去了自身可以作用的有依有据的实有场所,"能"也最终成为虚能。

在王夫之看来,本来是说明实践活动的能所关系,在佛家却变成了虚悬的治心术和收心术。这样,佛家所谓的能所关系恰好是废弃了儒家的人伦社会实践,而宋明儒者已经不自觉地陷入了佛家的巢穴而不自知。当朱子说"收敛此心,不容一物""非以一心求一心,只求底便是已收之心"时,

---

① 王夫之著:《尚书引义》,《船山全书》第 2 册,第 377 页。
② 王夫之著:《尚书引义》,《船山全书》第 2 册,第 378 页。
③ 王夫之著:《尚书引义》,《船山全书》第 2 册,第 377 页。

王夫之认为这就已经和佛家的消所入能、无能无所、"最初一念,即证菩提"没有了区别。① 吕祖谦、蔡沈也将表征身体之"能"的"敬"和"无逸"当成了"所"。消所入能必然导致以能为所,以能为所也必将消所入能。对此,王夫之严厉批评说:

> 今日"以敬作所",抑曰"以无逸作所",天下固无有"所",而惟吾心之能作者为"所"。吾心之能作者为"所",则吾心未作而天下本无有"所",是民嵒之可畏,小民之所依,耳苟未闻,目苟未见,心苟未虑,皆将捐之,谓天下之固无此乎……惟吾心之能起为天下之所起,惟吾心之能止为天下之所止,即以是凝之为区宇,而守之为依据,三界唯心而心即界,万法唯识而识即法。呜呼!孰谓儒者而有此哉!夫粟所以饱,帛所以暖,礼所以履,乐所以乐,政所以正,刑所以侀,民嵒之可畏实有其情,小民之所依诚有其事。不以此为"所",而以吾心勤敬之几,变动不居、因时而措者谓之"所"焉,吾不知其以敬以无逸者,将拒物而空有其"所"乎? 抑执一以废百而为之"所"也?②

王夫之的上述分析,深刻地击中了宋明理学的弊病。宋明儒在对抗佛家形上学思想而建构儒家自身的心性形上学时,其实已经为佛家的思维模式所桎梏,在一定程度上已经偏离了儒家的原生智慧。这在能所关系上表现得很突出。最为典型的就是宋明儒如同佛家一样——"以能为所",陆王心学还有"消所入能"的倾向。以能为所,那意味着人伦物理、礼乐刑政、民心民情等实有其体之"所"都是首先(至少在逻辑上)被虚悬起来的。宋明理学能所观的症结在于:

一方面,能所关系变样为只是关注心性的内在修养问题,王夫之称之为"以吾心勤敬之几,变动不居、因时而措者谓之'所'"。如此,"修身"就变成了单纯的"修心","反身而诚"也只被理解为"反心而诚",以为在端正自己的念头、收心治心的主敬主静的工夫中就能识得天理。这导致了两个后果:第一,理学和心学发展至末流成为一种脱离人伦社会实践的空谈心性,"执一以废百"。第二,单是内心所悟的天理,其实往往是以意见为天理,不体察民生民情的实际情况,便以理治人,适成戴震所谓的"以理杀人"。王夫之强调"民嵒之可畏实有其情,小民之所依诚有其事",正是要

---

① 参见王夫之著:《读四书大全说》,《船山全书》第6册,第1084—1085页。
② 王夫之著:《尚书引义》,《船山全书》第2册,第378页。

说明性理总是在人伦实践活动中生成,而不是高悬于人伦世界之外之上的某一自在实体。

另一方面,人的本质力量、人性的价值和意义都是在人伦物理、礼乐刑政、民心民情等实有实事的体察践履活动中才真正得以成就和彰显,以能为所、消所入能,经验的生活世界就淡出了人的视野。但是,人一旦远离感性的真实世界,身体之能、人之性都不免流入空寂,虚所的结果必然是虚其能。

由此,王夫之竭力反对佛家和宋明儒的能所观,重建了儒家原生智慧中始终建基于人的实践生存活动之上的实用实体的能所观,而这种实践生存论视野下的能所观恰好开掘出了主客二分的认识论思想。

(三)"能""所"主客二分的认识论思想萌芽

能所相互作用而构成了人物身心共与的实践场,人首先生存和交融于这个世界当中。王夫之的能所观在实践生存论视野下是主客统一的,统一于人的实践活动。但随着实践生存活动的深入,人进而就区分出了认识主体与认识客体。于是在生存论的基础上发展出了主客二分的认识论思想。从认识论的角度出发,"能"就表征主体的认识能力,"所"则是被认识的对象,能所关系也就表现为一种"能"的主观能动性与"所"的客观制约性相互作用的认识活动。

王夫之的能所观所开掘的主客二分的认识论思想,前辈学者如张岱年、冯契、萧萐父、张世英等先生已经有精彩而独到的阐发。萧萐父先生认为,王夫之的能所观,是将认识主体从客观世界中分化独立出来,通过对认识活动中的主观与客观、主体与客体进行明确的规定和区分,从而丰富和发展了中国传统哲学中朴素唯物辩证法的能动性反映论原则,突出作为认识主体之人是被动性和主动性的统一。[①] 张世英先生指出,中国哲学的发展是"长期以天人合一为主导原则转向主客二分式的发展史,明清之际是转折点"[②],王夫之正是转折性的人物,其能所观真正明确了主体与客体的区分,可以说既是中国传统"天人合一"思维方式的"终点",同时又是近代哲学"主客二分"和"主体性"思维方式的兴起者,"王船山可说是中国哲学史上第一个最接近西方近代哲学中主体性思想的哲学家"。[③]

---

① 详见萧萐父著:《船山哲学引论》,第32—34,80—82页。以及萧萐父、许苏民著:《王夫之评传》,第179—185页。

② 张世英著:《天人之际:中西哲学的困惑与选择·序》,北京:人民出版社1995年版,第3页。

③ 张世英著:《天人之际:中西哲学的困惑与选择》,第93页。

鉴于前辈学者从认识论角度阐发王夫之的能所观已经非常详细，故此不再赘述。笔者认为，王夫之的能所观是建基于实践生存论而开出初具近代性质的认识论思想。能所互动构成的实践场，人首先是作为实践主体而与天地万物打交道，进而发展出认识和改造世界的能力。王夫之认为作为实践主体的人具有"知""能"的能力。知、能具体表现了身体的自主性和能动性。"知"是一种认识的自主能动性，表现为知觉、心思和直觉的潜能；"能"是一种行动的自主能动性，表现为体认、体证和力行的潜能。知能现实地展开为人的知行活动。

二、"格致相因"——成善与求真的统一

人在身体力行的实践活动中既体知到自身固有的性理，又可以认知和掌握天下万事万物的事理或物理，这是一个在力行中获得真知的过程。王夫之认为，"格物"和"致知"是人求知的两个途径，它们既相互联系又各有功用。他关于格物致知的观点，立足于人的实践生存活动，在对程朱陆王双向扬弃的基础上，建构了自己的德性体知论，并发展出具有近代科学意义上的认识论思想萌芽。

（一）王夫之对朱子和阳明"格物致知"观的双向扬弃

格物、致知源自《大学》中的"致知在格物"。朱子肯定外物的实有性，"格物"就是即事即物穷理的过程，物格后知理就叫作"致知"。所以，朱子认为格物和致知其实是一回事，通过格物就能致知；而且物理与性理是同一的，所格的物理其实就是自身的性理。这样，朱子所谓的格物致知，其实就是由外向内的以心知理的过程。阳明认为朱子格物穷理恰好是析心理为二，在他看来，心外无理、心外无物。因此，格物绝不是即物穷理，而只是格心之非或是正念头。晚年，阳明提出致良知，致知也就不是知物理以明性理，而是致本有的良知。致良知就包括了格物，格物就是致良知于意之所在的事事物物。可见，阳明其实是致知格物，是由内向外的建构意义之物的以心赋理过程。简单而言，朱子重在"道问学"，格物穷理即是致知；阳明重在"尊德性"，致良知即是格物。王夫之坚决反对阳明将格物理解为正念头的观点。如果格物是正念头，那就取消了物和物理的实有性，根本上是消所入能的治心术。但这并不表明王夫之接受了朱子的观点，如果说阳明是以致知为先而销格物于致良知，那么，朱子就是以格物为先而销

致知于格物穷理。①

在格物致知问题上,朱子与阳明可谓各自走向了一个极端。王夫之既肯定朱子格物穷理的重要性,同时又肯定致知的相对独立性。他认为格物与致知虽然紧密联系,但它们是两种不同的工夫,不能将格物与致知完全等同起来。王夫之说:

> 大抵格物之功,心官与耳目均用,学问为主,而思辨辅之,所思所辨者皆其所学问之事。致知之功则唯在心官,思辨为主,而学问辅之,所学问者乃以决其思辨之疑。"致知在格物",以耳目资心之用而使有所循也,非耳目全操心之权而心可废也。②

上述材料中,王夫之精要说明了格物与致知的区别与联系。格物就是即物穷理,它是耳目之官和心官共同作用的结果,主要表现为对具体事物知识的考察和学习。致知是"求尽夫吾心之全体大用"③,它是心官的功能,主要表现为对自我德性的体知以及对耳目闻见所知的理性思考。其实凡言"知"都是指心官致知的过程,这一过程是通过耳目等感官功能的协同作用完成的,但并不意味着耳目闻见可以取代心官的功能。

因此,格物与致知相辅相成,但又各自有其规定性,这类似于"规矩"与"巧"的关系。他说:"规矩者物也,可格者也;巧者非物也,知也,不可格者也。巧固在规矩之中,故曰'致知在格物';规矩之中无巧,则格物、致知

---

① 格物与致知之辨,本身涉及训诂学上对"格""致"的不同解释,由此产生了不同学者对格物致知的不同理解。对中国哲学史上格物致知的不同理解问题,可详见葛荣晋著:《中国哲学范畴通论》,第447—478页。宋明儒对格物致知理解上的分歧,可参见蒙培元著:《理学范畴系统》,第342—369页。此处主要着眼于王夫之对朱子与阳明格物致知说的双向扬弃的角度,重点阐明朱子和阳明对格物致知关系的看法。笔者认为,朱子在格物致知关系上是"销致知于格物穷理"。其实,陈来先生即已指出,朱子哲学中"格物"与"致知"并不是两种不同的认识过程,格物以致知为目的,而致知是在格物的过程中自然实现的,"致知作为格物的目的和结果,并不是一种与格物并行的、独立的、以主体自身为认识对象的认识方法或修养方法"。参见陈来著:《朱子哲学研究》,第288—290页。陈来先生认为朱子与王夫之在格物致知问题上最大的区别即在于,朱子将格物与致知的区别抹杀了,而王夫之强调格物与致知是有区别的。参见陈来著:《诠释与重建:王船山的哲学精神》,第78—79页。至于王阳明将"格物"理解为"格心"或"正念头",陈来先生说:"阳明训格为正,训物为事,对事又采取了一个意向性的定义,从而将格物变为格心之不正。在这个意义上,朱子学中格物的认识功能和意义被干脆取消,代之以简易直捷的方式把格物解释为纠正和克服非道德的意识。"参见陈来著:《有无之境:王阳明哲学的精神》,第124页。事实上,阳明早期以正意念解释格物,晚年更通过致良知来通贯诚意、格物,从而就取消了格物的独立性。因此,笔者认为阳明是"销格物于致良知"。
② 王夫之著:《读四书大全说》,《船山全书》第6册,第406页。
③ 王夫之著:《读四书大全说》,《船山全书》第6册,第405页。

亦自为二,而不可偏废矣。"①规矩是物之规矩,所以必须即物穷理,格物而知规矩;格物之巧却是心之所喻,是致知所得,致知的理性思考具有相对独立性,格物不能格出巧来。"巧固在规矩之中",致知是在格物中实现的;但规矩毕竟不是巧,致知与格物不能相互同化。致知和格物的这种关系,具体表现在人对德性之知的体认和对见闻之知的认识上。

(二)"格致相因,而致知在格物"——德性与知性统一于人的实践生存活动

王夫之发展了"格物穷理"说在认识论上的积极意义,同时又认为"致知"既是德性的体知,又是一种理性思辨的认知。王夫之的格物致知说的独到之处在于,他总是从人的实践生存活动中去理解格物与致知的有差别统一关系,从而强调德性与知性、成善与求真的统一。

1. 德性之知与见闻之知

格物与致知涉及宋明儒对德性之知和见闻之知的区分。王夫之说:

> 知善知恶是知,而善恶有在物者,如大恶人不可与交,观察他举动详细,则虽巧于藏奸,而无不洞见;如砒毒杀人,看本草,听人言,便知其不可食:此固于物格之而知可至也。至如吾心一念之非几,但有愧于屋漏,则即与跖为徒;又如酒肉黍稻本以养生,只自家食量有大小,过则伤人:此若于物格之,终不能知,而唯求诸己之自喻,则固分明不昧者也。是故孝者不学而知,不虑而能,慈者不学养子而后嫁,意不因知而知不因物,固矣。唯夫事亲之道,有在经为宜,在变为权者,其或私意自用,则且如申生、匡章之陷于不孝,乃藉格物以推致其理,使无纤毫之疑似,而后可用其诚。此则格致相因,而致知在格物者,但谓此也。②

王夫之这里其实区分了德性之知和见闻之知,见闻之知主要是一种格物穷理的认识所知,德性之知是对自我性理的体知。人能孝、能慈等"不学而知,不虑而能"的良知良能不是通过格事物之理而有的"知",这种知就是自身本有的性理之知,宋明儒称之为德性之知。德性之知源于心官之思,是致知的功效。于此而言,朱子认为格物即是致知是不成立的,"吾心

---

① 王夫之著:《读四书大全说》,《船山全书》第6册,第405—406页。
② 王夫之著:《读四书大全说》,《船山全书》第6册,第405页。

之知,有不从格物而得者,而非即格物即致知审矣"①。王夫之说子女对父母尽孝,就不能从父母身上去格出个孝的理,对孝理之知必须反求于己。这个说法基本上是阳明的观点,对于德性之知,王夫之所说的致知具有某种致良知的意味。不过,与阳明侧重于内心修养不同,王夫之的致良知是一种在实践生存活动中的体知和体证。

人固然对自身的性理有一种先天的体认,但只是端倪,还必须在后天的实践活动中不断体认扩充。"人之所以为人,不能离乎君民亲友以为道,则亦不能舍夫人官物曲以尽道。"②性之知就是在君民亲友的人伦实践、人官物曲的格物活动中实现"求诸己之自喻"的体知。张载所言的"德性所知,不萌于见闻",王夫之认为,这只是说性之知的来源不是通过认知或者格外物之理的方式而获得,但并不是说德性之知就可以离开人的实践生存活动,而且单是闻见的认知活动也可以辅助性理的自我体认。

在王夫之看来,阳明心学重视心官的致知活动,从而挺立人的道德主体性,这方面他是非常认同的。但是,心学的致良知在理论上对格物闻见有一种轻视,以至于脱离的人的生活实践而抽象谈论心性的倾向,这一点王夫之是坚决反对的。致德性之知"非虚守此灵明之体而求白也,非一任吾聪明之发而自信也"③,一方面,对于性理的致知不是空虚无实的心理体验或是个人意见,它是处在人伦实践活动中个体的自我体知;另一方面,德性之知虽然不同于格物穷理而来的见闻之知,但是德性之知的实现离不开见闻之知,或者说致知离不开格物。比如说孝顺父母,孝属于德性之知,是致知所自得;但孝在具体施行为事亲之道时,却有经权宜变的不同,这就需要即事穷理才能真正实现所体知的孝理。申生、匡章表面上似乎知孝之理,但不因事因物穷理,自以为知孝却不过是个人的私意,最终还是陷于不孝的境地。正如王夫之所言:

> 诚有其性即诚有其理,自诚有之而自喻之,故灵明发焉,耳目见闻皆其所发之一曲,而函其全于心以为四应之真知。知此,则见闻不足以累其心,而适为获心之助……多闻而择,多见而识,乃以启发其心思而会归于一,又非徒恃存神而置格物穷理之学也。④

---

① 王夫之著:《读四书大全说》,《船山全书》第6册,第405页。
② 王夫之著:《礼记章句》,《船山全书》第4册,第1483页。
③ 王夫之著:《四书训义》(上),《船山全书》第7册,第48页。
④ 王夫之著:《张子正蒙注》,《船山全书》第12册,第147页。

上述材料中,王夫之事实上是说明德性之知与见闻之知的统一问题。一方面,他强调真正的德性之知必表现为闻见的真知,良好的德性修养必表现为实事求是的求真精神。价值理性能够指导和规范人类的认知活动,使人类在求真的过程中不会陷入狭隘的科学至上主义和功利主义。另一方面,王夫之凸显人类的认知活动的积极正面的意义,

格物穷理的多闻多见有助于心官自喻其德性之知。他反对泛道德主义,道德伦理的德性之知不能取代人的知性追求,"徒恃存神而置格物穷理之学"只会导致一种极端的唯意志论和道德蒙昧主义。恰好是人在一丝不苟的求真活动中正可以培养和促进人自身真实无妄的德性。总之,王夫之认为,对性理或德性的体知就实现于对现实世界的格物穷理活动当中,德性和知性、成善与求真是彼此促进的统一关系。

以上从道德体知的角度说明了致知与格物既相区别而又互生互成的辩证关系,但王夫之所谓的"知"还有一种知识论意义上的认知活动的意思。这方面王夫之强调格物致知的过程是一种"质测"的即物穷理之学。①

2. "即物以穷理"的质测之学

格物穷理何以可能?人在实践活动中就区分出认识主体和认识客体,作为认识主体的人具有认知的能力,而作为认识客体的天下之物是实有其存在和实有其理的,"理因物而有,无物则未有理矣。故欲穷理必即物而穷之"②。有物就有物之理,所以必须亲自接触事物才能知晓事物之理。对王夫之而言,物理是指事物的分理,物理和性理是不同的,物与物之间的理也是不同的,格物穷理就是真实地对于事物本质的研究。

由上可见,王夫之所言的格物穷理其实还有一种真正意义上的认识论内涵。他将知人、知物都看作是格物,如通过观察人的言行举止而察识人的善恶、经由学习知晓砒毒能杀人等。可见,这种认识包括对道德知识的

---

① 萧萐父先生、许苏民老师已经详细论述了王夫之的"惟质测"能"即物以穷理"的思想,认为王夫之通过"吸取新兴质测之学的成就来为自然科学奠定认识论的基础",其思想主流是一种"走向新时代的科学精神"。详见萧萐父、许苏民著:《明清启蒙学术流变》,第470—472页。吴根友师特别指出明末清初"质测之学"的兴起是"求实""经世"的时代精神和历史要求的一种反映,明末学者一般都反对宋明儒空谈心性之学,而提倡从经验出发获得真知,这一思想运动"比较典型地展示了该时代科学研究的精神及其社会批判功能"。吴根友师进一步指出,自泰州学派对"童心""真情""性灵"的追求,到以方以智为代表的"质测之学"的科学研究活动,以及王夫之在哲学上倡导"有即事以穷理,无立理以限事"的认识论思想,一直至乾嘉学派人文考古的实证主义,都无不表明了传统价值观向现代蜕变的一个核心标志,即是"求真"精神的展现,"对道德之真诚与事实之真实的关注"。详见吴根友著:《中国现代价值观的初生历程:从李贽到戴震》,第64—69,178—185页。笔者吸收和借鉴了萧萐父先生和许苏民、吴根友二位老师的观点。

② 王夫之著:《礼记章句》,《船山全书》第4册,第1481页。

认知,但主要意义上还是认知事物性质的客观知识。王夫之非常赞赏方以智父子的质测之学,"密翁与其公子为质测之学,诚学思兼致之实功。盖格物者,即物以穷理,惟质测为得之。若邵康节、蔡西山则立一理以穷物,非格物也(按近传泰西物理、化学,正是此理)"①。格物不是仅仅格心,也不是仅仅格性理,而且包含着对事物本身性质的客观考察与认识。当王夫之将格物理解为方氏父子的质测之学时,他的格物论就有一种认识论的维度。所以,王夫之坚决反对"立一理以穷物",明确提出"有即事以穷理,无立理以限事"②的观点。他发现以往儒者的一个共同倾向就是用道德原则来规范和解释一切自然现象,以为天下万变无不出自己心之一理。如士文伯将日食现象解释为人世间为政的不善、朱子视彩虹为天之淫气等。当张载据阳健阴顺之理断然否定天文历算家的日月运行之说时,王夫之批评说:"张子据理而论,伸日以抑月,初无象之可据,唯阳健阴弱之理而已。乃理自天出,在天者即为理,非可执人之理以强使天从之也……以心取理,执理论天,不如师成宪之为得也。"③张载等儒者出现的问题都是不从可见可循的经验事实出发,但凭自我的臆测或有限之理来限制天下之理。王夫之认为他们是"私为理以限天",而不懂得"即天以穷理"的道理。④ 天下事物变化万千,事物之理又具有一定的客观性,格物穷理的正确途径是回归到事情或事物的本来面貌,"依物之实,缘物之理,率由其固然,而不平白地画一个葫芦与他安上"⑤。

王夫之强调认识客观事物之理的重要性,但他也充分意识到闻见所得的经验知识的局限性。天下的事物是没有穷尽的,人不可能格尽天下之物;而且所格的具体事物之理也总是局限在各自的狭窄范围内无法贯通。因此,通过格物所得的闻见之知是有限的。这时候就需要心官的致知作用,通过心官的思考辨析,就可以从各种具体的、分散的知识和学问中提炼出具有普遍性和系统性的知识或规律,所谓"吾之所知者有量,而及其致之也不复拘于量"⑥。这样,格物穷理的感性经验和致知的理性思辨又紧密联系起来。在认识论意义上,王夫之既强调"质测"的经验之知的客观性,同时又强调必须从个别的经验事实上升到理性的普遍把握,从

---

① 王夫之著:《搔首问》,《船山全书》第12册,第633页。
② 王夫之著:《续春秋左氏传博议》,《船山全书》第5册,第586页。
③ 王夫之著:《思问录外篇》,《船山全书》第12册,第438—439页。
④ 王夫之著:《续春秋左氏传博议》,《船山全书》第5册,第587页。
⑤ 王夫之著:《读四书大全说》,《船山全书》第6册,第448页。
⑥ 王夫之著:《读四书大全说》,《船山全书》第6册,第405页。

而就突破了儒家传统单从道德伦理角度论格物致知的束缚,开掘了人的知性精神。

综上所述,无论是对于自我德性的体知,还是对于事物之理的认知,格物和致知都是共同起作用的。但是,不能混淆格物与致知的差别。王夫之说:"博取之象数,远证之古今,以求尽乎理,所谓格物也。虚以生其明,思以穷其隐,所谓致知也。非致知,则物无所裁而玩物以丧志;非格物,则知非所用而荡智以入邪。二者相济,则不容不各致焉。"[1]格物是广泛地积累经验、考证古今事实的即事穷理,致知则是身心的体认和理性的思考辨析。只是格物而不致知,格物既失去理性思辨的统率而成为支离零碎的学问,更因缺失道德理性的指导而陷于玩物丧志;只致知而不格物,即使有所知也不是真知,不过是凭空的玄想或是一己的私心私智,恰好流荡不实而落入异端邪道。王夫之强调格物和致知并重,人在与事物打交道的过程中相互敞开、相互交流,人既认识了事物之理,又将自身体知之理赋予事物,格物致知的过程就是一个"理"的双向生成活动,从而达到了成善与求真、成己与成物的高度统一。

三、"行可兼知"的"真知实践"之学

王夫之将格物致知统一于人的实践活动。因此,致知本身就是在力行中实现的,而且所得之知既需要在力行中进一步充实丰富,更需要通过力行来验之于人伦日用,显现于事事物物。他说:"大要致知上总煞分明,亦只是大端显现;研几审理,终其身而无可辍也。倘云如白日丽天,更无劳其再用照烛,此圣神功化极致之所未逮,而况于学者?而方格致之始,固事在求知,亦终不似俗儒之记诵讲解以为格物,异端之面壁观心以为致知,乃判然置行于他日,而姑少待之也。"[2]王夫之其实是在批评俗儒离开人的实践生存活动抽象地谈论格物致知。

格物不是简单的书本学习、文字训诂考证等,致知更不是不问世事的心性修炼,格物致知需要终生不懈地在实践中磨炼。以为已然有知,便不屑于日常之行;或以为先"知"为要,而将"行"留待他日,这些都背离了儒

---

[1] 王夫之著:《尚书引义》,《船山全书》第 2 册,第 312—313 页。
[2] 王夫之著:《读四书大全说》,《船山全书》第 6 册,第 412 页。

家的"真知实践"①之学。王夫之强调知行活动中"行"的优先性。不过,这种优先性不是说知行之间存在一种时间上的先后关系,而是说明知行统一于实践活动,"行"则是首要着力下手之处。由此,王夫之首先批评了宋明理学中存在的"离行以为知"的知行观,进而提出了自己"行可兼知"的新知行观。

(一)对朱子和阳明知行观的反思与批评

王夫之认为,《尚书·说命》中"知之非艰,行之惟艰"②很好地说明了知行的关系。艰者先,从切身的厚生、利用、正德的生产和道德实践入手,"近取之自喻其甘苦",则"易者从之易矣"③。但是,宋明儒者的知行学说却不同程度地偏离了这一正确方向。王夫之说:

> 宋诸先儒欲折陆、杨"知行合一,知不先,行不后"之说,而曰"知先行后",立一划然之次序,以困学者于知见之中,且将荡然以失据,则已异于圣人之道矣。④

王夫之列出宋明儒对于知行关系的两种典型观点,"知先行后"说与"知行合一"说。朱子持知先行后的观点。他认为在先后上,知为先;在轻重上,则是行为重。其实朱子也常常强调知行相须、不可偏废,他充分意识到知行之间的密切联系。但是,王夫之认为其症结在于将知行截然分出一个次序。

朱子的知行关系根本上建基于其理气观。所谓"知"就是知"性理",但是"理"需要"气"提供实践动力,"行"就是以"气"行"理",这也是"行"

---

① 王夫之在《显考武夷府君行状》中言:"先君子早问道于邹泗山先生,承东郭之传,以真知实践为学。"见王夫之著:《姜斋文集》,《船山全书》第15册,第112页。在王夫之人性哲学中,"真知实践"有两层意思,一是说真正的"知"必是在"行"中获得并受到检验;一是说"知"之真就必须"实践之""推行于物"。
② 按照陈来先生的观点,儒家的知行观主要是指道德知识和道德践履的关系,"知行是指人的知识与人把既有知识付诸行为行动这两者的关系",也即是说"行"只是针对既有知识的实行。他由此指出,《尚书》中所谓"知之非艰、行之惟艰",也主要指知所当行并不难,难在行所已知"。参见陈来著:《朱子哲学研究》,第317页。陈来先生的观点确实说明了传统儒家知行观的基本意思。当王夫之说"知之尽,则实践之"时,也是延续了传统儒家知行观的此层意蕴。不过,王夫之知行观的突破点正在于他从生存论视野,强调实践生存活动的优先性,而肯定"行"在先、"知"则是在"行"的过程中生成和发展的。因此,他认为"知之非艰,行之惟艰"是强调作为"艰者"之"行"的逻辑优先性,而不是说"难在行所已知"的意思。王夫之引用孔子"行有余力而求知"的观点论证自己的主张。见王夫之著:《尚书引义》,《船山全书》第2册,第312页。
③ 王夫之著:《尚书引义》,《船山全书》第2册,第312页。
④ 王夫之著:《尚书引义》,《船山全书》第2册,第311页。

第六章 "存于心而推行于物"——人性在"实践"中的生成　255

为重的原因。朱子是以理统摄气的理本论,理具有至高无上的地位;理气虽然不离,但至少在逻辑上理先气后。因此,在程朱理学,"知"具有无可置疑的优先性,理气毕竟不杂、性理又是现成而不是生成的,所以只要潜心于知理就能够无所不备。这样,就导致了后学者以"知"为方便法门,忌行之艰、欣知之易,以为可以脱离气化生活世界中的人伦实践而径在书本和前贤语录中寻道理,当其有"知"后方可"行",最终却是停留在知见当中。可以说,朱子的"知先行后"说是其理气异质二分体系建构的必然结果。

　　至于"知行合一"说则主要是阳明的观点,当然也代表了陆王心学的基本立场。朱子以格物知理为先,阳明认为这不仅析心理为二,而且本身就是知行二分了。阳明最为典型地将理气、心性、格致诚正、知行都收归于本心或良知的发用流行。只需说个致良知,那就已经既是"知"又是"行"了,根本不存在知行先后的问题。程朱理学存在割裂知行关系、重知轻行的弊病。但是,阳明的解决办法却是将现实的知行实践活动划归为本心的活动。他常说"知行本体",而这个本体无非就是良知、心之本体或性理,由良知所发之一念已经是知行兼备了。可见,阳明将行为的意向直接等同于现实的行动;虽然他也强调致良知要在事上磨炼,但是所谓"事"也常常是本心意向之事,"行"已经丧失其独立的价值和地位,只是成了良知的发用之物。

　　王夫之敏锐地发现,程朱陆王对知行关系的看法虽有分歧,但都不约而同地走上了类同于佛家"明心见性"的形上学路径。他们不是从以行动为先的感性实践活动出发,而是从形上世界的性理或良知出发。程朱理学先知而后行,"行"成为实现"知"的工具或载体,其结果是"离行以为知"[1];陆王心学"销行以归知"[2],"行"从根本上被同一为"知"的表现,"知行合一"不过是"知行同一"而已。因此,王夫之认为,程朱陆王知行观的流弊是导致抽离人的实践活动而言知行,这样的"知"只能是意识经验层次的灵光偶悟,这样的"行"也是以不行为行。灵光偶悟不过是恍惚之见,自矜妙悟以为得道,其实和"道之诚然者,相似以相离,相离以相毁"[3];即使偶悟真有所得,但也不能以自我的一理概尽天下之理;以不行为行,现实具体的行动就被悬置甚至虚无化,心性的内在世界成为唯一的现实,"而人之伦,物之理,若或见之,不以身心尝试焉"[4]! 王夫之所要做的工作是,

---

[1]　王夫之著:《尚书引义》,《船山全书》第2册,第314页。
[2]　王夫之著:《尚书引义》,《船山全书》第2册,第312页。
[3]　王夫之著:《尚书引义》,《船山全书》第2册,第241页。
[4]　王夫之著:《尚书引义》,《船山全书》第2册,第312页。

重新回归到先秦儒学所倡导的人伦、物理必以身心尝试的力行实践活动中。他说：

> 知行相资以为用，惟其各有致功而亦各有其效，故相资以互用，则于其相互，益知其必分矣。同者不相为用，资于异者乃和同而起功，此定理也。不知其各有功效而相资，于是而姚江王氏知行合一之说得借口以惑世；盖其旨本诸释氏，于无所可行之中，立一介然之知曰悟，而废天下之实理，实理废则亦无所忌惮而已矣。①

上述材料中，王夫之说明了在人的实践活动中，知行各有其功能亦各有其功效。"知"是致知，主要表现在讲求义理、学问思辨过程中的获得知识，其功效是知理明善而知性；"行"是力行，主要是指应事接物的践形践履活动，其功效是诚身尽性而成己成物。"知"就是在"行"中的体知和认知，"知"亦是以"行"为最终目的；"行"总是自身就有一定目的和规律的"行"，或者是由"知"所指引下的行动。知与行功能和功效不同，它们才会相资互用；如果知行是同一的，就不能发生相互作用。所以，王夫之认为知行并进、相资相待而统一于人的实践活动。

（二）"行可兼知，而知不可兼行"的新知行观

知行实践活动本于身体知能潜能的开显，而知行的不同就在于知能本身存在的差异。王夫之说："能有迹，知无迹，故知可诡，能不可诡……以知为首，尊知而贱能，则能废。知无迹，能者知之迹也。废其能，则知非其知，而知亦废。"②"能"所展开的行动是有形可见、有迹可循的，而个人所谓的"知"则是无从检验的。所以，"知"完全可能是一己的偏见或意欲，既能自欺也能欺人，而"能"或"行"则无法欺诈。"知"是在"能"或"行"中显现自己和成就自己，废弃感性实践活动的"能"或"行"也就意味着"知"的抽象化和虚悬化。由此，王夫之强调"能"或"行"相对于"知"的优先性，提出了"行可兼知"的真知实践之学。他说：

> 夫知也者，固以行为功者也。行也者，不以知为功者也。行焉可以得知也，知焉未可以收行之效也。将为格物穷理之学，抑必勉勉孜孜，而后择之精，语之详，是知必以行为功也。行于君民、亲友、喜怒、

---

① 王夫之著：《礼记章句》，《船山全书》第4册，第1256页。
② 王夫之著：《周易外传》，《船山全书》第1册，第989—990页。

第六章 "存于心而推行于物"——人性在"实践"中的生成

哀乐之间,得而信,失而疑,道乃益明,是行可有知之效也。其力行也,得不以为歆,失不以为恤,志壹动气,惟无审虑却顾,而后德可据,是行不以知为功也。冥心而思,观物而辨,时未至,理未协,情未感,力未赡,俟之他日而行乃为功,是知不得有行之效也。行可兼知,而知不可兼行。下学而上达,岂达焉而始学乎? 君子之学,未尝离行以为知也必矣。①

王夫之的意思是说,知行虽然相资互成,但"'行'是'知'的基础、动力和落脚点,'行'包括了'知'、统率着'知'、优越于'知'"②,或者说行是知的充分必要条件。一方面,知以行为功,行不以知为功。此处所谓"功"者,"据其力之所成,则谓之功"③。"知"需要据"行"之力而获得并实现出来,体知和认知都是在人伦日用、格物穷理的实践活动中生成的,只有在具体实践活动中亲身历练、反复打磨才能有"择之精,语之详"的真知,"故知者非真知也,力行而后知之真也"④。"行"而后有"知","知"而后却未必能"行"。"行"是不需要据"知"之力才成其为行动的,人在实践活动中,不因知有得有失而欣喜忧愁,志定气足、勇往直前,就能在砥砺力行中将体认的东西转化为内在的德性,而德性是任何知识都无法给予也是无法替代的。

另一方面,行可以得知之效,单是知却没有行之效。"行"可以检验和成就"知"的功效,将所知之理、所明之善付诸君民亲友、言行举止的践履行动中,行动成功则知为信实,行动失败则知为可疑,行动过程本身就能体证和明辨"知"的是非真假。"知"本身无法实现"行"的功效,耳目浮明、心思浅慧之知固不用说,即使是竭心思、辨物理所获之知,如果受时机不成熟、情理尚未通达、行为动力不足等因素影响,也不能立刻展开为具体的实践行动,只要未"行"就终究没有"行"的实践效果。王夫之于是合乎逻辑地得出了"行可兼知,而知不可兼行"的思想。"行可兼知",所以必须以力行为先。孔子讲下学而上达、行有余力而学文,都是强调首先要回归到人的生活世界、回归到人现实的实践生存活动当中。程朱陆王后学的流弊,其根本问题都在于离行以求知、抽离人的生活实践而求天理,其后果要么是以训诂考据为道而玩物丧志,要么就是以恍惚浮明为真知而流入佛老

---

① 王夫之著:《尚书引义》,《船山全书》第2册,第314页。
② 萧萐父著:《船山哲学引论》,南昌:江西人民出版社1993年版,第86页。
③ 宗福邦、陈世铙、萧海波主编:《故训汇纂》,第243页。
④ 王夫之著:《四书训义》(上),《船山全书》第7册,第575页。

之道。

宋明理学中,无论是程朱的"性即理",还是陆王的"心即理"都有将"理"现成化,"理"不是生成的,所以,他们在知行关系上表现出强烈的"知"的倾向。因为一旦知理或是致良知,那就意味着一劳永逸地获得了最为稳定的至高立足点,"行"自然就排在"知"的后面或者被"知"所同化。王夫之强调在力行实践活动中统一知行,他并不是贬低理性思维和知理的重要性。而是从其气的生成性实有论立场出发,强调人所知之理都是气之理。故而,人只有投身于气化流行的世界当中力行实践才能把握理;理本身又是随气化流行而不断生成的,所以"知"不是一次性完成的,而是随着实践的不息历程而日新丰富。再加上王夫之身处明末乱世,有感于心学末流空谈心性的弊病并且对民族危亡痛心疾首,他大声疾呼"诚于为,则天下之亹亹者皆能生吾之心"①!因此,无论是从思想学术上,还是从时代背景上,"力行实践"在王夫之人性哲学中都具有无可争议的优先性。知行均不偏废而统一于行,"闻见之知不如心之所喻,心之所喻不如身之所亲;行焉而与不齐之化遇,则其欣拒之情、顺逆之势、盈虚之数,皆熟尝之而不惊其变,行之不息,知之已全也"②。

第三节 "仁义之藏,礼乐刑政之府"
——礼乐文明的王道天下观

人受天命之性理而凝成心之德性,其最终目的是将人性之所存"实践之""推行于物",将人的本质力量彰显于身、外化于物、通之于天下。人通过厚生利用的生产实践、"行于君民亲友之间"的道德伦理实践,最终成就礼乐和谐的美好人生并创造一个礼乐文明的人化世界。

因此,王夫之认为,六经之教,必以"礼"为旨归。"礼"具体表现为礼乐刑政化成天下的王道政治。他说:"六经之教,化民成俗之大,而归之于礼,以明其安上治民之功而必不可废。盖易、诗、书、乐、春秋皆著其理,而礼则实见于事,则五经者礼之精意,而礼者五经之法象也。故不通于五经之微言,不知礼之所自起;而非秉礼以为实,则虽达于性情之旨,审于治乱之故,而高者驰于玄虚,卑者趋于功利,此过不及者之所以鲜能知味而道不

---

① 王夫之著:《思问录内篇》,《船山全书》第12册,第423页。
② 王夫之著:《周易内传》,《船山全书》第1册,第510页。

行也。"①易、诗、书、乐、春秋之教重在阐发义理,而礼乐之教显现于人伦事物,以实现儒家化民成俗、安上治民的王道政治理想。通五经则明了礼乐的本源和精意,人在实践生存活动中的制礼作乐、克己复礼、治器凝道则将五经的意蕴现实地展现在感性世界之中,使天之德、人之性获得了可见可循的实质形式和内容。

如果离却礼乐化成天下的活动而只是耽于内心上的明天理人性、致良知,在王夫之看来,这在理论和实践上都是存在问题的。从理论上言,"动则见天地之心",天的秩序条理本身就在健动不息的气化世界中呈现;"形色天性",人性只能实现在身体的知能活动当中;"心无非物也,物无非心也",心性的价值和意义是在心物相生相成的过程中得以贞定彰显。脱离礼乐展开人文化成活动,天理良知只会成为闭门造车的意见和独断。从实践上言,即使对于天理良知真有所得,而不以礼乐文明为实现之途,那么就会陷入脱离实践的空谈心性和耽于静中体验虚玄的玩弄光景,甚至是假道学之名而行追求功名利禄之实。王夫之强调创造礼乐文明世界的重要性,正是要重铸儒家"崇德广业""经世致用"的基本精神,实现王道天下观。

一、"礼乐皆仁之所生"——礼乐为人道之独

"礼"本义是指祭祀的事神致福活动,逐渐扩展到人伦社会中的纲常大法、典章器物以及隆重而庄严的仪式、典礼,进而演化为日常生活中人所遵循并践履的各种行为准则和道德规范。可见,礼作为人类文明的建制,既是治国平天下的政治之道,又是个人修身齐家的践履之道。"乐"是诗歌、音乐、舞蹈的总称,带给人美感和欢乐。但是在中国传统哲学中,礼与乐是紧密联系在一起的,礼乐的审美层次立足于政治教化和道德修养的基础之上。"礼"着眼于人伦社会的差异性和秩序性,"乐"着眼于差异和秩序中的和谐性和沟通性。儒家一般礼乐并举,言礼则乐已经包含在其中。王夫之认为,礼乐是人区别于禽兽夷狄的人道之独。

(一)"'礼'者,人道也"——礼乐是人类文明的象征

诗书礼乐等是华夏民族在长期的历史进程中所创造的一种人类文明,它说明了人类世界的人文性特征。从族群的角度而言,礼乐文明是汉民族相对于周边游牧民族,其文化先进性和优越性的象征;对现实中的人而言,礼乐的涵养和教化意味着人超越了禽兽的本能、夷狄的野蛮而步入了人类

---

① 王夫之著:《礼记章句》,《船山全书》第4册,第1171页。

文明的生活方式。由此而言,礼乐不只是表现于外的典礼仪式、行为规范,它更是人之所以为人、华夏之所以为华夏的独有文化底蕴和文明生活象征。

王夫之强调礼乐为人道之独,首先着眼于强烈的现实关怀和文化担当意识。他身处以清代明的天崩地解的时代,作为在政治和军事上失败的汉民族士人,通过强调礼乐文明来实现"保种"的文化理想。但王夫之并不停留于此,他进一步从人性哲学的高度,由仁与礼、人性生成与礼乐创造活动的关系来论证礼乐的重要性。他说:

> 天之生人,甘食悦色,几与物同,仁义智信之心,人得其全,而物亦得其一曲。其为人所独有而鸟兽之所必无者,礼而已矣。故"礼"者,人道也。礼隐于心而不能著之于外,则仁义智信之心虽或偶发,亦因天机之乍动,与虎狼之父子、蜂蚁之君臣无别,而人道毁矣。①

在王夫之看来,饮食男女的行为,在动物身上也存在;即使人性中的仁义智信之德,似乎鸟兽也有其中一部分,但是唯独礼乐文明的人文图景在生物世界是绝对不存在的。人的礼仪节文、弦歌雅乐、服饰装束等礼乐表现以及好学、力行、知耻等社会实践活动正体现了人道的独特性和专有性。可以看出,王夫之以仁义之心为人道,又以礼乐显著于外的文化现象为人道。

仁与礼皆为人之道,这本身是孔子以来儒家的共有之义。② 王夫之则从生存论的视野出发,强调人性是生成的存有,而人性的生成正是在克己

---

① 王夫之著:《礼记章句》,《船山全书》第4册,第18页。
② 孔子强调仁与礼的重要性,但是对于孔子所言"仁"与"礼"之间到底为何种关系则争论颇多。简单而言,孟子更多发挥了孔子思想中"仁义"的一面,荀子则更多发挥了孔子思想中"礼乐"的一面。根据梁家荣教授的研究,对孔子仁与礼的关系,后世儒者的观点和当代学者的研究中大概可归结为三种立场:一种是"仁本说",礼作为仁的外在表达,本身不具有独立的价值;一种是"礼本说",仁从属于礼,仁的内容也为礼所规定;一种是"仁礼并重说",仁与礼是同一事物的两种不同表现,它们并无轻重高下之分,而是互相补充、互相渗透。梁家荣教授认为三种立场都是存在问题的,在一定程度上都偏离了孔子本身的思想。按他的观点,仁与礼有从属关系,仁是礼的必要条件,礼是仁的充分条件。仁是礼的基础,却不能说仁是礼的原则和理据,礼本身有仁所未有的价值;有礼必有仁,但有仁未必有礼。以上详见梁家荣著:《仁礼之辨:孔子之道的再释与重估》,北京:北京大学出版社2010年版,第28—39页。笔者认为梁家荣教授将孔子的仁礼关系概括为"仁是礼的必要条件,礼是仁的充分条件"是比较确切的。从王夫之强调仁是礼产生的根源,同时又必须"复礼"才能被称为仁,正是说明仁与礼的这种关系。不过,王夫之的独到之处在于他并不将仁、礼作现成化理解,而强调在仁与礼互相为体的生成过程中成仁、成礼,仁与礼是在动态的互成关系过程中统一起来的。

复礼、制礼作乐的人文化成活动中生成的。事实上,王夫之在此提出了人之为人的一个更为深刻的问题。和宋明理学不同,王夫之认为人性不同于物性。人自继于天命的善性就已经将人与禽兽草木区别开来,但这只是从形上学高度或者是理论层面规定了人生存于世的独特性。王夫之深切地体会到单说人性善是不足以真正规定人的,因为人性善并没有说明人如何成为人,也即是现实的怎样成之为人的问题。

人在特定的情景中也会天机乍动,产生怵惕恻隐的仁心,但是偶然的仁义举动与"虎狼之父子、蜂蚁之君臣"的本能行为就丧失了根本的区别。因此,王夫之不仅讲人性只是善、唯有善,他更讲人性之善是生成的。人置身于天地之间,人性的生成在"天之几"是自继天道以立人极,不断地化天之天为人之天;在"人之几"是取精用纯、即事穷理,秉持人性的价值和理想合目的、合规律地创造礼乐文明的世界。人性不是一个孤立的内在性范畴,其生成就是一个走出自我、投身世界,超越自我、化成世界的主动创造和再创造的过程。人性生成的过程中礼乐文明于天下,人才真正意义上地成为文质彬彬的君子。因此,人道不是言说而成、反思而成,而是在礼乐活动中生成。如果抛开人性生成中所展开的礼乐文明的创造活动,人与动物就没有了本质区别,"而人道毁矣"。因此,礼乐的开放性创造活动是有根的,礼乐源于人性仁心的生成。王夫之说:

> 人心有真爱真敬之诚,而以施于亲疏上下之交,则各如其心之不容已而有序;以达其欢忻豫说之忱,则一如其心之所适而能和。其序也,显之于仪文度数而礼行焉;其和也,发之于咏歌舞蹈而乐作焉。夫真爱真敬者,人心恻怛自动之生理,则仁是矣。故礼乐皆仁之所生,而以昭著其中心之仁者也。仁以行礼,则礼以应其厚薄等差之情,而币玉衣裳皆效节于动止之际;仁以作乐,则乐以宣其物我交绥之意,而管弦干羽皆效顺于欣畅之衷。①

上述材料中,王夫之既表明礼乐产生于人性生成显现的有节有宜的秩序,又说明人正是在礼乐实践活动中生成和发展了自我的人性。人心真实无妄的爱敬之诚即是仁,仁心不是静止僵化的,而总是生生不容已的自然发用流行。仁心动态的生成过程就显现出自然的秩序等差,这种秩序等差不是随意紊乱或者是无规则的,而是各有所适、恰到好处,从而达到一种和

---

① 王夫之著:《四书训义》(上),《船山全书》第7册,第320页。

谐有序的状态。仁心有"序","显"之为仪文度数,诚有其爱敬而"行"之于父母兄弟君臣朋友,此即是"礼";仁心有"和","发"之于咏歌舞蹈,由真情实感而"作"乐以畅达内心的欢欣愉悦,此即是"乐"。显序而行礼、和发而作乐,"序"之显、"和"之发,表明了仁心的自发性和动态性;行礼、作乐,表明了仁心的生成性和创造性。"人心恻怛自动之生理"的"显—行""发—作",礼乐由此而生,并现实地展开为文化制度和文明世界的建构。因此,王夫之说:"心之发端,则是恻隐、羞恶、辞让、是非。到全体上,却一部全礼乐刑政在内。"①

仁义之心与礼乐之间的关系不是外在的,仁心的生成显发为礼乐,礼乐则将仁心和谐有序的条理和结构著显于事事物物。由仁而行礼作乐,币玉衣裳、管弦干羽、规章制度等礼乐器物都倾注了人心的真爱真敬;而人在人伦社会中的礼乐践履和礼乐创造活动正是彰显和生成本心固有之仁。仁与礼交相互动于人性的生成之中,仁礼并举的双向生成运动就塑造了汉民族文化的特有文明形式。由此,王夫之进一步提出仁与礼互相为体的思想。

(二)仁与礼互相为体

王夫之将礼乐归摄于仁心的生成,同时又强调礼乐活动是人性现实展开和最终实现的必备条件。仁与礼是互为体用的关系。他说:

> 缘仁制礼,则仁体也,礼用也;仁以行礼,则礼体也,仁用也。体用之错行而仁义之互藏,其宅固矣。人之所以异于禽兽,仁而已矣;中国之所以异于夷狄,仁而已矣;君子之所以异于小人,仁而已矣。而禽狄之微明,小人之夜气,仁未尝不存焉;唯其无礼也,故虽有存焉者而不能显,虽有显焉者而无所藏。故子曰:"复礼为仁。"大哉礼乎! 天道之所藏而人道之所显也。②

王夫之意在说明,正是在仁与礼两端的互为体用的生成过程中,人才超越禽兽、夷狄而成为有教养、有文化的文明社会之人。从制礼作乐的角度而言,"礼非由天降,非由地出,而生于人心"③,礼不是来自人伦世界之外的人格神上帝的意志命令,也不是纯粹生物世界的自然法则,而是仁心

---

① 王夫之著:《读四书大全说》,《船山全书》第6册,第943页。
② 王夫之著:《礼记章句》,《船山全书》第4册,第9页。
③ 王夫之著:《礼记章句》,《船山全书》第4册,第1547页。

第六章 "存于心而推行于物"——人性在"实践"中的生成

自有的经纬条理。礼不属于天之天,也不属于物之天,礼是人之天独有的文化现象。所以,必须依人建极、缘仁制礼。当礼乐未成、未显或未完备之时,仁心的真爱真敬就是礼乐制作的根据和原型。由此而言,仁为体,礼为用。人面对周围的世界不是被动地反应或者是消极地模仿描述,而是自发能动地将内在的资源和力量积极作用于天地万物,于是就创造出了人类的礼乐文明。人独有的内在资源和力量就是仁义礼智的人性,人性是仁心制礼作乐的始发处和动力之源。礼乐文化的创建主体是人,人文世界的创造就是作为主体的人将其人性的精神力量客观化为感性事物的过程。于是感性事物不再是与人无关的自在之物,而是因礼乐的人文价值显现出节度条文的和谐之美,所谓"文"者,"谓五官百骸人己事物交错而成章也"①。

礼之文质非由外作,王夫之坚决反对礼乐自外而生的观点。他说:"礼外之云,《乐记》之枝词也,而贤者徇焉,乃以云:'事在外,义由中制;心在内,礼由外作。'(朱子云)则是于其来而授物以所未有,于其往而增益以心所本无,日以其心与天下构,而日以天下与心构,舍自然之则,忘固有之真,斯何异于老氏所云'反者道之动哉'……义之内也,以智而喻;礼之内也,以仁而显。丧之哀,祭之敬,食之不饣乍兄臂,色之不搂处子,亦惟以求慊乎心也。必求如此而后慊于心,则心固有之。"②礼根于心生色于形,身体之威仪、喜怒哀乐之节度、亲亲尊贤之等杀以至经礼三百、仪礼三千,皆是发自仁心的爱敬之实。如果认为礼自外作,那么礼就成为矫揉造作、文饰外物的繁文缛节和压制人心真情实感流露的桎梏枷锁。王夫之批评朱子将义与事、心与礼分为内外而对立起来的观点。朱子的说法将导致应事接物之际,人自主的能动力量和内在资源无从发挥,既不能因事之来而以义制事得心之宜,也不能因心之往而以礼制心显心之节度条文。唯有出自仁心真情发显的礼乐才是真正的礼乐,否则礼乐就是外在无实的形式虚文。所以,王夫之非常赞赏《乐记》中"情深而文明"的说法,根极于内在德性的情是真爱真敬的情实或深情,有此深情才有光辉灿烂的礼乐文明。礼乐诚于中、显于外,当礼乐已成,就应该以仁行礼。

从礼乐践履的角度而言,礼就是体,而仁为用。人不是孤零零地立足于天地之间,他总是处在一定的礼乐制度规范的文化世界当中。人制礼作乐,是人对文化的创造;而礼乐作用于人,则是文化对于人的塑造。王夫之说:"君子之内以治身,外以治世,舍礼其何由哉?未有礼之先,则人心固有

---

① 王夫之著:《礼记章句》,《船山全书》第4册,第902页。
② 王夫之著:《尚书引义》,《船山全书》第2册,第291页。

之节文,礼因之以生;既有礼之后,则人心固有之节文,必待礼而定。"①人性仁心的展开表现为礼乐并创造出礼乐文明,但人性仁心本身就是在一定的礼乐文明世界中展开的。因此,人心固有的节文条理以生礼乐,而礼乐活动本身又反映并生成着人性的本质。人置身于人类铸造的历史文化世界当中,礼乐于人自身陶冶其性情、涵养其德性,于世道天下又反作用于其价值和意义的建构。所以,"修己治人之实,礼而已矣"②,君子之道以仁行礼则"内以治身,外以治世"。

  王夫之强调礼乐对于个人德性修养、处理家庭和人际关系以至治国平天下的不可或缺的和积极的建设性意义。小人异于禽兽,华夏文明异于夷狄,君子异于小人,"仁而已矣"。但是禽兽夷狄有微明,小人亦有夜气,似乎也存有仁之一端;不过华夏之为华夏、君子之为君子,不仅在仁,更在于有礼,礼乐文明为人道之独。"仁义必以礼为德之符,而后仁义果其仁义也。故礼复而后仁可为也。"③仁义实现为礼,仁义才真正成其为仁义,故复礼才能显仁成仁,礼是天道之藏而为人道之独显,"大哉礼乎"!

  由上可见,王夫之从人性仁心的生成言礼,自然是承继和发展了孔孟的思想;而他强调仁礼并举而互相为体,并将礼乐提升为人道之独,特别重视礼乐的文明建构作用,这又是对孔荀思想的继承和发展。但是,王夫之言礼乐更植根于气化流行的天道论背景,人之所以能创造礼乐文明的世界,那是因为礼乐本身就贯通天道心性、人情物理。

二、"天道人情,凝于仁,著于礼"——威仪著于天下

  礼乐生成于人性仁心之经纬条理,圣人因之而制礼作乐。一方面,个人以礼修身,践行礼的过程就是对个体情欲的节制疏导以及对情欲所发视听言动行为的规范;另一方面,人类的礼乐创造活动必然作用于感性世界,使自然的存在物变成人文的存在物。但是,礼乐展开的修身治世活动既不是负面地遏制人的情感和欲望,也不是无规律地肆意破坏自然和物理。因为,礼乐虽然本于仁心,却通极于天道,天生万物所必有的人情物理不是与礼乐相背,而恰好是互相发明。

  (一)"礼所以运天下而使之各得其宜"——礼乐通于天道、人情、物理

  王夫之认为,发于人性仁心的礼乐活动,既是完善自我的"克己复礼"

---

① 王夫之著:《四书训义》(上),《船山全书》第7册,第267页。
② 王夫之著:《礼记章句》,《船山全书》第4册,第1213页。
③ 王夫之著:《尚书引义》,《船山全书》第2册,第315页。

第六章 "存于心而推行于物"——人性在"实践"中的生成

的修身活动,又是改造自然的礼乐化成天下的实践活动。强调礼乐根源于人性,是突出秉持着性情的人才是礼乐活动的主体。主体之人展开的礼乐活动是为了实现人所独有的价值、理想和目的,但是这一活动本身又是合乎天道节律的。因为,"礼之所自为本者,原于天,率于性,达于百物,通于万行"①,这就是礼之"通"性。礼乐发于人性,而原于天道,和顺于人心之情而通达于事物之理。王夫之说:

> 礼所以运天下而使之各得其宜,而其所自运行者,为二气五行三才之德所发挥以见诸事业,故洋溢周流于人情事理之间而莫不顺也。盖惟礼有所自运,故可以运天下而无不行焉。本之大,故用之广,其理一也。②

上述材料表明,礼乐之所以能运行于天下或者说人的礼乐创造活动何以可能,那是因为人性所显发的礼乐本身就源于天道运行的秩序。阴阳二气绹缊,"乾知大始",阳感而始生物;乐自无而有,亦是因感而生。乾道通遂万事、无物不生;音乐感通无限、畅达情理。"坤作成物",阴受阳施而成就事物各自的材质性命;礼则因事因物节度其秩序条理而各安其位。乐沟通庶物、和顺万事与阳乾兴发无限生机和生命同其用,礼裁成人情事理与阴坤造就万物的定体性命同其功。因此,"礼乐之原与乾坤合其撰"而"礼乐之成与天地同其德"。③ 礼乐通于天地阴阳之道,乾坤并建而气化流行不息,礼乐即相成互用而充盈周流于天下,运万事万物而无不通、无不顺。

王夫之试图说明,人类的礼乐活动本身是通于天道的。天道气化流行的生成运动彰显出万事万物和谐有序的节文条理,但此理于天道自身是不显明的,它有待于人主动承继天道而凝为人之性,并通过人性生成而著现的礼乐创造活动充分实现出来。于此而言,人类的礼乐创造活动既是成就人道,也是彰明天道。礼乐器物、典章制度、仪式典礼等礼文礼器的人文事业就是二气五行、健顺五常之理,天地人三才阴阳、刚柔、仁义之德在现实世间的感性呈现方式。正是人以礼修身、制礼作乐的实践活动将生理与性理、自然与人文有机统一起来。

---

① 王夫之著:《四书训义》(上),《船山全书》第 7 册,第 321 页。
② 王夫之著:《礼记章句》,《船山全书》第 4 册,第 535 页。
③ 王夫之著:《礼记章句》,《船山全书》第 4 册,第 914 页。

人类的礼乐活动通于天道天德,首先,它说明了人类继天立极的制礼作乐活动的无比神圣性和尊严性;其次,则肯定了感性世界存在的合理性和内在的价值性,"天下之物莫不有自然之秩叙以成材而利用,天之礼也"①,气化流行的世界本身就洋溢着有序的节拍和祥和的旋律;最后,从天人合一的角度表明天道在人心为性理,在天下为物理,而"天理之流行,身以内,身以外,初无畛域。天下所有,即吾心所得;吾心所藏,即天下之诚"②,人性与人情事理统一于天道之诚,人性生成的礼乐活动就可以通达万事万物之情理。

礼乐之在天道,礼乐所以能自运而又能运天下;礼乐之在人心,礼乐创造活动的主体只能是人;礼乐之在两间,礼乐又必实现于感性世界,人与世界的互动威仪即著见于天下。

(二)"己与物相得而礼成焉"——礼乐以成身成物

王夫之认为,礼塑造了个体身心仪容的庄敬威仪,其由仁心自内而外辐射扩展,集中体现在身体神情气魄的严密武毅、衣冠举动的宣著盛大,作用于喜怒哀乐之情、视听食之欲而有节有和,外显于天地万物皆成礼乐之大用。王夫之说:

> 威仪者,礼之昭也。其发见也,于五官四支;其摄持也惟心;其相为用也,则色、声、味之品节也。色、声、味相授以求称吾情者,文质也。视、听、食相受而得当于物者,威仪也。文质者,著见之迹,而以定威仪之则。威仪者,心身之所察,而以适文质之中。文质在物,而威仪在己,己与物相得而礼成焉,成之者己也。③

王夫之意在表明,人通过礼乐活动就可以成身成物,礼之威仪也就著见于天下。礼乐活动表现为身体之威仪与事物之文质的相互作用。事物应之于身,其色声味之品节物理合于人心之情实,此是礼表现于物之文质;文质在物,而著显身体威仪之则。身体作用于物,其视听食之节度当于物之情理,此是礼表现于身体之威仪;威仪在己,而自恰于事物文质之中。"此人性之蕴与物理之宜同原而互著,礼所为率性体物而不可离也。"④礼在己在物,率性之威仪与体物之文质互成互著而成就礼乐文明

---

① 王夫之著:《礼记章句》,《船山全书》第4册,第580页。
② 王夫之著:《尚书引义》,《船山全书》第2册,第292页。
③ 王夫之著:《尚书引义》,《船山全书》第2册,第408页。
④ 王夫之著:《礼记章句》,《船山全书》第4册,第604—605页。

第六章 "存于心而推行于物"——人性在"实践"中的生成

的天下。

一方面,作为礼乐活动创造客体的事物及其色声味表现不是低贱的"鼓粥饭气"和负面的"后天之阴"①,它们本身承载着天道和人性的价值和意义。从天而言,色声味皆是精微茂美之气所成的固有之物,所以是天下已然之迹,为天道之所撰;从人而言,因人之目能辨色、耳能审声、口能知味,而色声味才彰明于天下,所以色声味又是人性之所显。天下之事物情理为人性之所显,为天道之所成,因此,它们与仁义礼智互为体用,与礼乐刑政相为功效。离却了天下之物、色声味之显,天道、人性、礼乐都无从实现。王夫之说:"色、声、味自成其天产、地产,而以为德于人者也。己有其良贵,而天下非其可贱;已有其至善,而天下非其皆恶。于己求之,于天下得之,色、声、味皆亹亹之用也。"②色声味是天地之产,人取其精华而能厚生利用以正德。人有良贵、有至善的人性,但天下并不是可贱可恶之物,它们是人性生成的展开场所和感性载体。只要充分发挥人的自主能动性,身体之威仪即能显现于色声味之文质,求之于己、得之于天下,黼黻文章之色、琴瑟钟鼓之声、食精脍细之味③适成礼乐亹亹之大用。

另一方面,礼贯通天道人物,己物相得而成礼,但是创造和成就礼乐的动力和主体是人。所以,王夫之强调威仪察于自我的身心,威仪就在己,"天下皆礼之所显,而求之者由己"④"成之者己也"。他从三个方面说明礼乐创造主体的特性:

第一,礼乐表现为深发于人内心的所有功能和价值的精神力量,这种精神力量不是封闭的,它原初地启动、维持并指引一切礼乐创造活动。发之于视听言动而成身体之威仪,应接事物于耳目口体而成天下之文质。

第二,人性仁心的精神力量是透过心性情才欲等身体功能的共同作用而呈现出来的。人身必有的意、情、欲不是对于人性发动、礼乐彰显的遮蔽和阻碍,它恰好是人性精神力量的有机组成部分,是礼乐开展的具体动力所在。反过来,以仁心之礼以节情,并不是说用外在的礼仪规范来扼杀人之情欲的正常流露,而是表明情欲的自我节制本身就是在践行

---

① 王夫之说:"天地之产,皆精微茂美之气所成。人取精以养生,莫非天也。气之所自盛,诚之所自凝,理之所自给,推其所自来,皆天地精微茂美之化,其酝酿变化,初不丧其至善之用。释氏斥之为鼓粥饭气,道家斥之为后天之阴,悍而愚矣!"见王夫之著:《思问录内篇》,《船山全书》第12册,第420页。
② 王夫之著:《尚书引义》,《船山全书》第2册,第408页。
③ 王夫之说:"黼黻文章,大禹之明也。琴瑟钟鼓,《关雎》之化也。食精、脍细,孔子之节也。"见王夫之著:《尚书引义》,《船山全书》第2册,第410页。
④ 王夫之著:《尚书引义》,《船山全书》第2册,第408页。

礼。所谓"节"不能理解为钳制、压抑的意思,"'节'者,性情之所必至,无过不及而顺以相生者也"①。所以,礼乐本于人性仁心,自然也就顺乎人情。"礼者,以达情者也。礼立则情当其节,利物而和义矣。"②情欲有序有节有和既实现了礼,又将礼推扩到他人与事物而使人与人、人与物各得其宜。

第三,礼乐创造的现实途径是以身体主体的仰观俯察、动容周旋、身体力行的人文化成实践活动展开的。身体挺立于天地之间,自然与事物相交相接,如此就构成了礼乐活动的生成空间。王夫之说:"求己以己,则授物有权;求天下以己,则受物有主。授受之际而威仪生焉,治乱分焉。故曰:'威仪所以定命。'命定而性乃见其功,性见其功而物皆载德。优优大哉!威仪三千,一色、声、味之效其质以成我之文者也。至道以有所丽而凝矣。"③己与物相授受之际,本于天道、发自人道,求之于己而发于己,则"授"物裁成天下有权;受之于天下而求之于己,则"受"物适人情事理有主。身体之威仪"授"色声味以性,则威仪著于事,人性丽于物;身体以聪明睿智入天下之所藏而"受"色声味之欲,则彰显天地之道。人物授受之际,威仪生于身、成于天下。威仪生于身则天命之理化为己德,因己之德由仁义行,人性发用流行而丽于事事物物,则物成章载德而凝成天下之至道,正所谓"入德而凝道"。

人类展开的礼乐活动说明,没有天道之原,礼乐不能运通于心性庶物、人情事理;没有人性仁心,礼乐无从发动,天之道、物之理也无从显发;没有天地万物,礼乐则无附丽凝成之所。天道、心性、人情、物理一体贯通,而必依赖人性仁心为通天下之精神力量和创造动力。"求天下以己,则天下者其天下矣。"④威仪著于天下就是人道之所创造而又合于天道之节律的礼乐文明的人文世界。

三、"礼乐者,君子所以化成天下"——礼治天下的人文关怀和王道政治

王夫之先说明礼乐之所自生,进而阐明由天道心性、人情物理相为贯通而威仪著于天下的礼乐文明化成之道,最终则以礼治天下的人文关怀和

---

① 王夫之著:《礼记章句》,《船山全书》第4册,第1198页。
② 王夫之著:《礼记章句》,《船山全书》第4册,第559页。
③ 王夫之著:《尚书引义》,《船山全书》第2册,第408页。
④ 王夫之著:《尚书引义》,《船山全书》第2册,第409页。

第六章 "存于心而推行于物"——人性在"实践"中的生成

王道政治实践为现实旨归。① 从治理天下的角度,王夫之坚决反对以刑罚、禁令、武功为纲的霸道思想而主张礼乐化成或者说是人文化成,其根本上是承继了先秦儒家提倡的德化、仁政、礼治的王道天下观。具体而言,即是以原于天道、发自仁心、通于人情事理的礼乐为政为法,"礼乐者,君子所以化成天下而为元后父母之实者也"②。

礼乐化成天下的思想落实到政治领域,即是以礼治天下为至道。礼乐源于爱人的仁心,以礼乐修身齐民,循礼而治政立法,其实质就是施仁政、行王道。由此,王夫之突出礼治与刑治、王道与霸道的区别。王夫之说:

> 王之所以异于霸者无他,仁而已矣。王者清心寡欲为本,而无欲之极,天下为公,推而行之,其教之养之之政,一本于恻怛之至诚。霸者异是:其心,利欲之心也;其政,富强之政也。时虽假仁以行,而不足泽及斯民。③

上述引文中,王夫之通过王、霸之别,说明霸道政治的专制性,而凸显王道政治的人文关怀。王者推行王道是本于恻怛至诚的仁心,由此仁心而发的礼乐教化、养民之政是为了实现天下为公的政治理想;霸者则不同,其出发点是个人的私心利欲,必然推崇刑名法术钤束万民以维护一家一姓的绝对皇权专制统治,富国强兵之政也不是为了造福民众而是欲聚天下之财富于一人。王霸之间出发根基的不同就导致了礼治天下与刑治天下的分野,礼治关注的是"生民之生死"的天下之公,而刑治则关心"一姓之兴亡"的一家之私。④ 王夫之从三个方面具体阐发了王道政治的人文主义特征。

---

① 本小节所论礼乐化成天下的王道观主要参考了萧萐父先生和许苏民、吴根友两位老师的研究成果。详见萧萐父、许苏民著:《王夫之评传》,南京:南京大学出版社 2002 年版,第 417—436 页。吴根友著:《儒家"王道天下观"与当今国际和平》,《在道义论与正义论之间:比较政治哲学诸问题初探》,武汉:武汉大学出版社 2009 年版,第 103—128 页。需要指出的是,王夫之身处满人入主中原的乱世,由于强烈的民族悲愤使他未能很好地思考如何处理不同民族国家关系的问题,其中的论述也充满民族偏见。虽然他也主张在国家强盛、天下治平的时期,和周边民族国家的关系应该是和平共处、相互尊重,既不主张同化异族,也不主张异族汉化,而是强调应该保持各自民族的文化、风俗。不过,他的着眼点仍然是夷夏之别。相对于孔子对于周边民族主张的文德感化论,王夫之的民族立场显得极为保守和偏激。这也使他"礼乐化成的王道天下观"只适用于华夏,而不适用于处理民族国家关系。
② 王夫之著:《礼记章句》,《船山全书》第 4 册,第 1203—1204 页。
③ 王夫之著:《四书训义》(下),《船山全书》第 8 册,第 163 页。
④ 王夫之言:"以在上之仁而言之,则一姓之兴亡,私也,而生民之生死,公也。"见王夫之著:《读通鉴论》,《船山全书》第 10 册,第 669 页。

（一）礼治天下的人文关怀

王夫之认为,礼治天下首先是一种人文关怀,"惟王者躬行于上而修明其礼以教国人,抑必家给人足,俾足以尽其仰事之实,孟子所谓'制其田里,教之树畜,导其妻子,使养其老',正此之谓。不然,徒修庠序养老之文而冻馁积于下,亦何以为王政哉"！① 礼治将个体生命的生存权放在首要的地位,人伦社会中的个人及其所在的家庭,唯有其生命和财产得到了应有的尊重和足够的物质保障才可称得上是王政。否则,礼乐教化就成为一套形式空文。王夫之承孔子"富而后教"的思想,认为养民、体贴民情先于教化。而且,在他看来,这本来就是"礼"所固有之义,"养其生理自然之文,而修饰之以成乎用者,礼也"②。

礼乐治道的第一义在于把人当人看,关心人、尊重人,给养和保护人的生命,满足人真实合理的生活需要。民众对于饮食男女的正常欲望,应该使每个人获得其应得;对于出现死亡贫苦的弱势群体,为政者要同情怜悯并给予照顾和保全。③ 在此基础上,再通过礼乐教化品节民众的情感欲望、引导其发现自身本有的仁心善性,从而自别于禽兽、野人,步入人类礼乐文明的生活。因此,礼治的人文关怀,既尊重关心人,又使人成之为人。礼治所构建的是个体有尊严有品位,同时又家给人足、亲情温暖、宗族和睦、社会公平正义的礼仪之邦。而刑治则崇尚严刑峻法,将人降格为禽兽看待,轻易摧残人的肢体性命。王夫之坚决反对肉刑,这有违于礼治的人文关怀精神。

肉刑是古代刑治中重在对人身心摧残的刑法,如面部刺字（墨或黥刑）、割去鼻子（劓刑）、斩脚（刖刑）、割闭生殖器（宫刑）等。这类刑罚的共同特征是残性命、折肢体,"创巨痛深,而惟死之不令,形之不全"④,经历肉体上的痛苦、肢体和生命机能的残废、心理上的创伤和耻辱,却让你保住一条命。汉文帝时,已经废除肉刑。后世有所谓"君子儒"者则提倡恢复肉刑,美其名曰"圣人以君子之道待天下也"⑤。大意不过是,如有民众犯了法,判决死刑并不能达到杀一儆百的效果;而且人与鸟兽同样惧死,死刑的方式就将人等同于禽兽。所以,最好的办法就是采用肉刑。肉刑不致人

---

① 王夫之著:《礼记章句》,《船山全书》第4册,第355页。
② 王夫之著:《俟解》,《船山全书》第12册,第487页。
③ 王夫之说:"先王齐之以礼,既不拂人之情,而于饮食男女之事,使各获其应得,其于死亡贫苦之故,又有以体恤而矜全之。"见王夫之著:《礼记章句》,《船山全书》第4册,第560页。
④ 王夫之著:《尚书引义》,《船山全书》第2册,第256页。
⑤ 王夫之著:《尚书引义》,《船山全书》第2册,第256页。

于死,同时又起到了惩戒教化的作用。从受刑者角度言,让其身心痛苦、形体残缺、机能废弃一辈子,足以达到惩罚的效果;从警戒震慑后来者的角度而言,凡欲作奸犯科之人,只有看到肉刑者生不如死的样子,自然畏惧厌恶而不敢违法犯罪。因此,实施肉刑其实是君子以仁道治天下的表现。

王夫之对这套所谓"致之于君子"的肉刑仁道论深恶痛绝,他说:"致之君子也者,其名也;残性命,折支体,剧痛楚者,其实也。名奖而实伤之……其教也不素,其矜也不诚,徒托于名以戕其实!不仁哉!"①以君子仁道之名行严刑峻法之实,这是阳儒阴法的大不仁。没有礼乐教化昌明著显于天下,没有对于个体生命真诚的尊重和同情,哪里谈得上用"刑",更何况谬言刑治为致君子之道。以肉刑为仁道教化即是以刑法为实现礼治之要具,礼由刑著、刑先于礼的逻辑就背离了儒家仁政礼治的真精神而落入法家的巢穴。

王夫之以宫刑为例,批评肉刑的极端不人道和反人性。宫刑即意味着毁家灭宗,不仅残废了身体机能,更伤害了人的尊严,既毁掉了个人终生的幸福,又断绝了家族的绵延。人虽然苟活在天地之间,然"老无与养,死无与殡;无罪之鬼,无与除墓草而奠杯浆"②,人生在世的一切意义尽亡,这样的"生"和判处死刑已无两样。王夫之无限悲悯伤怀、痛心疾首:"伤哉,宫乎!均于大辟矣!""悲夫!为复肉刑之议者,其无后乎!"③礼治是发于不忍人之心的仁政,对于严刑峻法损之还来不及,更不必说还要恢复肉刑。由此,他高度赞扬汉文帝废除肉刑之举是万世之仁,而真正的王道"一惟齐民以礼而不以刑"④。礼治天下的人文关怀,不仅是要让人活着,更要让人有尊严有价值有意义地活着。

(二)"化民"与"教民"——礼治天下的实现方式

礼治天下的实现方式主要是"化民"而不是"治民",它强调为政者通过自我的德性修养而感化万民,从而移风易俗、化成天下。

礼治的意思并不是说为政者持一套礼法制度和道德规范去要求民众或治理百姓,而是首先针对为政者自己要身先士卒地以礼修身、涵养德性。正如孔子言"为政以德"是对为政者而言,而不是说以"德"责之于民、正人之不正,"若以德责人使正,则是'道之以政',非辰居星拱之道也。此'为政'二字,是言为政者,犹言人君能修德耳……初未及于民。盖正己而物自

---

① 王夫之著:《尚书引义》,《船山全书》第2册,第256页。
② 王夫之著:《尚书引义》,《船山全书》第2册,第257页。
③ 王夫之著:《尚书引义》,《船山全书》第2册,第257页。
④ 王夫之著:《礼记章句》,《船山全书》第4册,第553页。

正,非有禁令以正人之不正"①。以德责之人、以刑用之民,认为一个国家的治理首要是对民众而言,这就是"以政""以刑"刑治天下的"治民"政治思维模式。道德律令、礼法制度、刑赏教条不用于为政者,而专施以普通老百姓,托词曰"民愚而不可化,非严为之督责而不可也"②。于是,施政者于德礼未严加自律、切身躬行,却以居高临下的道德掌控者和裁判者的姿态,用仁义天理、政刑教令强之于小民,使之亲亲敬长、孝悌忠信,不然则肉刑霜刃加之于身,还义正词严地说"吾以使人履仁而戴义也"。这是法家治国理民的所作所为,不幸却有儒者倡导之,王夫之反问道:"岂有不忍人之心者所幸有其名,以弹压群论乎!"③以道德礼仪专责于人、提倡政刑治民,所谓儒者已经流为申韩之儒。王夫之认为,后世儒者言礼治已经偏离了先秦儒家的宗旨,标为仁者之术,实质上是以圣人之道文饰法术霸道。

圣人所言"为政"首先是要求为政者修德明礼,并不先针对普通民众而言。所谓"辰居""星拱"之道,在上者自正自治而垂范天下,在下者则志气感通、相循相效,从而达至化民成俗的治功。王夫之言:"道以德,则上自清心寡欲,敦亲尚贤,为臣民昌,初不责之民;齐以礼,则上必动以礼,而制为吉凶之礼,使贵贱贤愚各得以自尽,民自相率循行,有不率者,自耻自格。"④这是强调道以德、齐以礼的礼治是从最高行政者天子的修明德礼开始,天子自正而后诸侯正,诸侯自正而后大夫才有正,"初不责之民"。如果这一秩序被颠倒,先以德礼责民的话,那就会导致天下混乱。⑤ 礼治天下不是"治民"而是"化民","化民"要求为政者致力于修身践礼,唯有在上者德性高尚、循礼守法,才能在整个社会营造一种贵德扬善、礼乐和谐的风尚,天下万民自然为之熏陶感化,并激发本有的善性仁心而能够自律自治。

化民的过程也伴随着教民,教与化本来不能分割。对于礼乐教化而言,王夫之承《尚书》的观点,主张"敷教在宽"。他说:"'敬'以严乎己

---

① 王夫之著:《四书笺解》,《船山全书》第 6 册,第 168 页。
② 王夫之著:《四书训义》(上),《船山全书》第 7 册,第 281 页。
③ 王夫之言:"画之以一定之法,申之以繁重之科,临之以愤盈之气,出之以诮削之词,督之以违心之奔走,迫之以畏死之忧患,如是以使之仁不忘亲,义不背长。不率,则毅然以委之霜刃之锋,曰:吾以使人履仁而戴义也。夫申韩固亦曰,吾以使人履仁而戴义也。何患乎无名,而要岂有不忍人之心者所幸有其名,以弹压群论乎!"见王夫之著:《姜斋文集》,《船山全书》第 15 册,第 87 页。
④ 王夫之著:《四书笺解》,《船山全书》第 6 册,第 169 页。
⑤ 王夫之说:"谨制度修礼法当自天子始,天子正而后诸侯正,诸侯正而后大夫莫敢不正。反是,则乱之始也。"见王夫之著:《礼记章句》,《船山全书》第 4 册,第 552 页。

也,'宽'以恕乎物也。严乎己以立法,恕乎物以达情。《春秋》立法谨严而宅心忠恕,'敬敷五教在宽'之见诸行事者也。"①施行礼乐教化,贵在严于律己、宽以待人。施教者必须自我严格要求、自立法度以谨言慎行方能教化于人,而对于受教民众则重在感化引导,不能用自我的严要求而苛责于人。

朱子认为,教化下民不应宽厚而应当返于严,必矫之而后才能恢复常态。王夫之对此大不以为然,一则大部分教化之人都是"弛敬于立教之身,而过严于物也"②,不责于己而责于民,如何能让民众心悦诚服?二则即使自身能够严于法度,对民众仍然应该动之以情、晓之以理,矫之于严则落入法家之途,在社会造成一种肃杀、震慑之气反而不利于礼乐教化。王夫之说:"严以教君子而阻其自然之爱敬,严以教小人而激其滔天之巨恶。通于古今,达于四海,咸以宽而成其涵泳熏陶之化。奈之何其欲'矫之以严'邪?"③君子小人都有真情实感,都有善性仁心,如果严以责君子,则君子自因于名教,反而矫揉造作丧失其自然爱敬的真情流露;小人之善性本就未充分显露,时有恶习,如果严以止其恶,则善端非但不能扩充,更助长其报复之心。王夫之认为,唯有为政施教者自严于德礼而恕于民情,在整个社会营造一种宽大平和之气,天下人于此宽容和谐的氛围中才能心情舒畅地优游涵泳、化解其暴戾之气而成熏陶之化。礼乐教化就是着力培植每个人以至整个社会的宽大包容之气,一个充满肃杀、畏惧、暴戾之气的社会绝不是儒家倡导的礼乐文明社会。

(三)"刑以佐礼"——"刑"作为礼治的辅助手段

王夫之礼乐化成的王道思想,首在于养民,凸显礼治的人文关怀;次在化民教民,其实也是一种人文关怀。但这并不意味着王夫之简单地反对政、法、刑,关键是它们必须建立在礼治的基础上。

"仁义之藏,礼乐刑政之府。"④政、法、刑都是出于仁义之心,从属于礼治。以礼为政为法,则政即是礼⑤;至于"刑"则是迫不得已之用。对于刑

---

① 王夫之著:《尚书引义》,《船山全书》第2册,第248页。文中"立法"之"法"不是法律的意思,而是说自我严立标准、法度。
② 王夫之著:《尚书引义》,《船山全书》第2册,第250页。
③ 王夫之著:《尚书引义》,《船山全书》第2册,第249页。
④ 王夫之著:《周易外传》,《船山全书》第1册,第889页。
⑤ 王夫之说"礼之既立,政即行焉""政之所自立,必原于礼之所自生",又说"礼所以治政;而有礼之政,政即礼也。故或言政,或言礼,其实一也"。王夫之著:《礼记章句》,《船山全书》第4册,第556,554,553页。

法,王夫之主张"刑以佐礼"①,在礼治不得的情况下,再辅之以刑法。② 而且,他认为"刑"主要是对王公贵族和大臣官吏而言,不是对知识分子和普通老百姓而言,"刑有详于大夫,降于士,而宥于庶人"③;即使有"不肖之尤,非刑罚无以惩之。惟一以仁恕公慎行之"④。刑法之用必有仁恕之心,具体执行则要公平谨慎、不能私断枉法。

王夫之尤为担心滥施刑法会造成法家的酷政,而对于崇尚礼治的儒者更应该慎之又慎,"法立于画一,以别嫌而明微;教养以从容,或包荒而养正。君子所甚惧者,以申、韩之酷政,文饰儒术,而重毒天下也。朱子于此,有遗议矣……矫之以严,欲辞申、韩之过而不得矣"⑤。礼治必发于爱人之仁心,以天下为公,以生民为先,重在为上者自正而化民、自治而治人,教化之施宽容平和,佐以刑法则公平划一。⑥ 如果不于此出发,专以仁义道德、礼法刑政严苛于民,适成申、韩荼毒天下之酷政。

可以看出,王夫之礼治天下的思想无不灌注着深切的人文关怀,他尤其深刻地认识到一个国家人心败坏、道德沦丧,不能简单归咎于老百姓的"心中贼"问题,它首先是为政者以及国家治理方式的问题。如果没有为政者高尚的品行、公天下的无私之心,没有基于礼乐化成构建的和谐公正的政治制度,社会没有营造出一种宽大平和、涵泳熏陶的氛围,只是针对民众要"存天理灭人欲"而使之"履仁戴义",这是不可能实现天下大治的。王夫之礼治天下的思想,可以说是对宋明儒政治实践的真切反思和深刻批判。

在一个政治清明、礼宜乐和的国度,社会既公平正义、又充满包容和宽和的气氛,人生活于此,处处感受到的是人性光辉的流逸、人伦社会的亲切和温暖。每一个个体是真实存在的,其感性的丰富性不是被无限膨胀的私欲所桎梏,其道德需要也不是被伦理规范、礼法制度所异化,人是由内心真诚生发出对于人生价值和意义的追寻,对于真善美的无限渴求。如此,在

---

① 王夫之著:《四书训义》(下),《船山全书》第8册,第541页。
② 已有学者研究指出,王夫之"刑以佐礼"的主张不同于传统儒家的"礼主刑辅"的思想。"礼主刑辅",礼与刑同时出现在政治治理当中,只是主辅之别;"刑以佐礼",礼与刑则不同时出现在政治当中,是先有礼治,礼治之穷才辅以刑。参见陈力祥著:《王夫之礼学思想研究》,成都:巴蜀书社2008年版,第291—292页。
③ 王夫之著:《春秋家说》,《船山全书》第5册,第348页。
④ 王夫之著:《礼记章句》,《船山全书》第4册,第346—347页。
⑤ 王夫之著:《尚书引义》,《船山全书》第2册,第250页。
⑥ 王夫之言:"治天下以天下,而责一人之独至于己,故养先于教,礼先于刑,所为易从而能化也。"见王夫之著:《张子正蒙注》,《船山全书》第12册,第173页。

礼乐文明所营造的诗礼乐生存艺境中，每一个人都可以修养成身心和谐、情才兼备的德性君子，而人性也由此得到了升华。

本章小结

尽性践形的过程一方面是指身体内部性心身、心性情才的统一；另一方面，尽性践形又指向了身与事、身与物、身与世界的统一。人性的生成，又总是在厚生、利用、正德的生产和人伦实践中进行。本章主要讨论人性在"实践"中的生成。王夫之从三个方面进行阐述：

第一，性心身统一的身体要通过志气交辅、集义养气的过程获得实践的动力和勇气，如此就可以从容地投身于世界。

第二，身体的知、能潜能是在能、所互动所构成的实践场中展开为知行活动的统一。王夫之一方面反对道学家离行以为知、销行以入知的观点，强调"知"或"良知"都必须通过身体力行的实际生存体验才能成为"真知"，本质之理要回归到"实有"的生存感性活动当中。另一方面，他将德性的体知和闻见的认知都统一于人的实践生存活动，真正的德性之知必表现为闻见的真知，格物穷理的多闻多见有助于德性之知的体认，从而强调成善与求真的统一；王夫之进而提倡"即事以穷理"的"质测之学"，重视人在社会、人文等科学研究活动中的知性精神，发展出了具有近代科学意义上的认识论思想萌芽。

第三，王夫之认为人继天命之性理而凝成心之德性，其最终目的是将人性之所存"实践之""推行于物"，将人的本质力量彰显于身、外化于物、通之于天下，通过厚生利用的生产实践、"行于君民亲友之间"的道德伦理实践，最终创造一个充满人道主义精神和人文关怀的礼乐文明之王道世界。

第七章 "壁立万仞,只争一线"
——人性生成的人格美

  人性在践形和实践中的显现、生成和超越中最终创造出本真的自我和人文的世界。王夫之强调个人在天道生生不息、天德日新富有之流的主动承继和自我塑造过程中,在历史文化和民族慧命的熏陶和涵泳中,挺立道德主体之自我价值。通过自我在其生命历程中的自我筹划和身体力行的实践生存活动,竭天功而成己能、善动天地以化万物,从而立人道之独、建人极之尊,尽人道而以人文化成礼乐文明的天下,最终实现"'人之所以异于禽兽'的本质、本性,达到真、善、美的统一"[①]。萧萐父先生认为王夫之人性哲学是真、善、美的融通和一致而归于人格美的境界。他说:"王夫之一生,风骨嶙峋。时代的风涛,个人的经历,传统文化的教养,学术道路的选择,都促使并激励着他始终执着于'壁立万仞,只争一线'的理想人格美的追求。"[②]王夫之不仅有"抱刘越石之孤愤"的大丈夫气节和政治实践抱负、"希张横渠之正学"的学术理想抉择,更有"六经责我开生面"的文化担当意识和无比强烈的历史使命感,而这一切都在他坎坷艰难、波澜壮阔的生命历程中化归为"赏心""遥感"的顽石之美和"搔首问天""以诗达志""续梦观生"的艺境诗心。[③] 因此,王夫之的人格美,是成善、契真和审美的高度统一而又上升为一种精神之美的超越境界,是无形与有形的有机统一,是人性生成在历史和艺术中的升华!

  [①] 萧萐父著:《船山哲学引论》,第88页。
  [②] 萧萐父著:《王夫之人格美颂》,《吹沙二集》,第423页。
  [③] 萧萐父先生曾从四个方面论述了王夫之的人格美,第一,王夫之哲学首重人极,依人建极为其人格美追求的理论基础;第二,王夫之诗化之梦凝聚着其内蕴情结和理想追求,寓情结与理想于诗化的梦境是其人格美的升华;第三,王夫之哲学以"史"为归,读史而发现自身的历史性存在、感受民族慧命的绵延,基于历史教养而自觉养成理想人格的崇高美;第四,人格美的自我塑造在于立志和养志。详见萧萐父著:《王夫之人格美颂》,《吹沙二集》,第423—428页。本章论述王夫之的人格美主要参照了萧先生的观点。

第一节 "以人为依,则人极建而天地之位定也"
——人格美追求的理论基础

王夫之人性生成哲学的最终旨归,指向了追寻自我生命价值和人生意义、实现真善美统一的理想人格美境界。而要追求和成就理想的人格美,在理论上就要首先肯定人及其敞开的感性世界的价值和地位,萧萐父先生将其总结为"首重'人极',依人建极,主持天地"[①]。王夫之认为,唯有从秉持人性价值理想的人出发,通过其在社会历史进程中的实践生存活动才能为"天地古今立人极"[②]。王夫之"依人建极"的思想为其理想人格美的追求奠定了坚实的理论基础。不过,在阐释这一理论基础之前,有必要先简单分析一下人性、人格和人格美的关系。

一、人性、人格与人格美

人格本身不是中国传统哲学中的术语,它源于西文中的 personality,但

---

① 萧萐父著:《王夫之人格美颂》,《吹沙二集》,第 424 页。
② 王夫之著:《读四书大全说》,《船山全书》第 6 册,第 1029 页。

本书中所说的"人格"主要着眼于中国传统文化的理解。① 王夫之并没有直接言"人格"一词,但他对"格"字做了语言训诂学的解释。透过这一解释,我们可以从王夫之的人性哲学语境中梳理出"人格"的一些特殊意蕴。夫之言:

> 格,本训木长貌。木长则所至者远,故借为至也,通也。木长则植而上通,故通天曰格天。木长则仆而旁通,故通物曰格物。其曰'格其非心'者,言心之有非,藏于深隐,而能感通,警醒其隐愿,无不彻也。

---

① "人格"一词源于西方的 personality,是西方心理学、社会学和伦理学研究的重要问题之一,其中又以西方科学心理学对于"人格"的研究最为系统。按当代西方心理学的理解,简单而言,人格是指个体在遗传和环境的交互作用中所形成的较为稳定的内部心理结构(包括认知,动机和情绪,能力、气质与性格等系统)以及表现于外的具有跨时空一致性的行为模式。但是必须指出,即使在西方科学心理学内部对于人格的定义也缺乏统一而明确的界定,不同的心理学流派争论较大。一般认为,personality 只是对于个体心理的事实描述,并不涉及价值领域。不过,西方任何一个心理学流派提出的人格理论其实都或隐或显地预设了某种人性假设,而且当代心理学的发展(如超个人心理学、存在主义心理学等)对于人格的讨论则明确谈论伦理道德、人生境界等问题。以上可具体参见郭永玉著:《人格心理学:人性及其差异的研究》,北京:中国社会科学出版社2005年版,第3—10页。

按照科学心理学对"人格"的界定,personality 大体类似于中国传统哲学中"才"的概念,"才"表示才质、才性和才能等相对稳定性的人之特征,同时,"才"又总表现为一种外部行为模式。不过,在当今中国学术界所使用的"人格"范畴,一方面受苏联学术的影响,另一方面又融入了中国传统文化的理解,大体上和"人品"的意思相近。在中国传统哲学中使用的"人格"概念一般都和人性、道德品行、大丈夫气节、君子、大人等因素联系起来。

冯契先生认为,人格是"把理想化为现实的活动"主体之"我"或"自我",它是感觉与思维、情感与意志、行动与意识的主体;在理想与人格的关系上,"人格既是理想的承担者,也是理想实现的产物;人不仅按理想来改变现实,而且也按理想来塑造自己";同时,人格一词,通常也只用来指德性主体。具体参见冯契著:《人的自由和真善美》,上海:华东师范大学出版社1996年版,第8—9页。冯契先生对"人格"的界定代表了大陆学界的主流共识,他是将西方哲学和心理学、马克思主义哲学、中国传统文化三个方面的理论因素结合起来论述"人格"。韦政通先生曾从《周易》乾卦中"元、亨、利、贞"概括出中国哲学史上的四种人格典范,他说:"元代表刚健精神,亨是通达透脱,利乃锋利,是一种冲破敝锢和束缚的力量,表现在人格上就显狂放,贞、固也,是一种遁世而无闷,天变地变而我不变的气象。"其中孟子是"元"之刚健人格的典范,庄子是"亨"之透脱人格的典范,阮籍是"利"之狂放人格的典范,王夫之则是"贞"之贞固人格的典范。他具体分析王夫之贞固人格特征是坚贞不移、守死善道、孤高耿介。韦政通先生还特别指出,人格的形成和人所处的动乱时代和苦难经历密切相关。详见韦政通著:《中国哲学史上四种不同人格》,《中国思想传统的创造转化:韦政通自选集》,昆明:云南人民出版社2002年版,第86—99页。不过需要指出,韦政通先生基本上是沿用西方心理学中"人格特质"理论来理解人格范畴,并将其运用到对中国传统理想人格的描述上。此可详见其《传统中国理想人格的分析》一文,载李亦园、杨国枢主编:《中国人的性格》,台北:桂冠图书股份有限公司1988年版,第1—48页。江畅教授则详细讨论了人性与人格的关系,认为人格是人性的现实化,而德性则造就道德的人格甚至是健康的人格。详见江畅著:《德性论》,北京:人民出版社2011年版,第111—231页。

又为格式之格者,言法立乎其至也。①

按王夫之的说法,"格"的本义是指树木充满生机和活力地超越既有限制的无限生长延伸之貌,历经岁月风雨、电闪雷鸣的磨炼和洗礼而生长成顶天立地、坚韧不摧、岿然挺立的参天大树。因此,"格"象征着健动向上的勃勃生机、不断超越有限而上达无限的生成过程,而这种生成过程的动力是无极限的,它能"至"能"通",既"通达"天道心性,又"感通"人情事理、"旁通"万物庶类,可谓是无所不通、无所不至、无所不彻;同时,"格"又表征一种结构性和至上性的法式、标准。当"格"与"人"联用形成"人格"一词,它既指人格的结构和标准,又指人格发展达至的境界。

在王夫之的人性生成哲学语境中,人格的结构其实就是人性的结构。王夫之不抽象谈论人性,人性必落实于有血有肉的人身上。由此,性心身、心志意、情才欲统一的人性整体结构就是人格的结构。"格"的生成性、健动性、通达性的意思,表明人格是一个动态的生成过程,人格的生成和塑造既是置身在一定历史和文化时空当中,又总是在与万事万物打交道的过程之中,这和王夫之人性生成的思想是一致的。对王夫之而言,人性与人格都不是"抽象"或"形式"的纯粹天理、性体或心体,人性和人格都是表征拥有实际生存体验和实践智慧的有生命存在。同时,"格"又指至上的标准,人格既意味着人格当有的标准和典范,同时也可理解为以人为"格",即以人为至上标准,这两方面的意思就是王夫之提出的"依人建极"思想。至于人格无限生成所达至的境界,在王夫之人性哲学中就是追求超拔流俗、贞固挺立的理想人格美,这是人在自我的生命历程和艺术化生存体验所通达的真善美有机统一而又上升为一种精神之美的人生超越境界。

二、"依人而建极"——人格美追求的理论基础

《易·益卦》中有"利用为依迁国"的爻辞,孔颖达正义疏解为用中行之道"以依人而迁国者,人无不纳"。②《易经》中所言,表明古代迁国之大事都必须立足于民众的利益而行。而明代学者曹学佺(1574—1646)在其著作《周易可说》中则据此直接提出了"立国,以人为依"的观点。这些说法其实都体现了中国古代传统的民本思想。而王夫之则在此基础上,从哲学的高度明确提出"以人为依"而又"依人建极"的思想。他说:"以人为

---

① 王夫之著:《说文广义》,《船山全书》第9册,第339页。
② 参见王弼著、孔颖达疏:《周易正义》,《十三经注疏》,阮元校刻,第54页。

依,则人极建而天地之位定也。"①以人为依还不是简单的民本思想,王夫之将其提升到依人建极而确立整个天地秩序的哲学高度,从而就高扬了人在整个世界中的独特价值和核心地位。

(一)从"惟皇建极"到"依人建极"——人为天地古今立法

王夫之"依人建极"的思想是和"惟皇建极"的思想相对立的。"皇极",按朱子弟子陈淳的解释"皇者,君也。极者,以一身为天下至极之标准也"②。由此可见,程朱理学的皇极之说客观上是将天命、天理操持于专制皇权。"惟皇建极"是皇权至上的原则,而"依人建极"则是将人提升到天道与自然、人类社会与历史文化的主体和"主持者"地位。以人为依、依人建极,才可能有主体人格的挺立。王夫之言:

> 道行于《乾》《坤》之全,而其用必以人为依。不依乎人者,人不得而用之,则耳目所穷,功效亦废,其道可知而不必知。圣人之所以依人而建极也。③

此段引文,王夫之以精练的语言说明了"人"与"道"的关系,进而提出依人建极的思想。我们可以从三个层面分析王夫之所要表达的哲学思想。第一,王夫之虽然承认道无所不及,但其发用流行和功效作用却是从人的生存视野中显现出来的。这样,王夫之就改变了儒家既往思想中偏重强调从天道而言及人物的传统,而更强调按人生存实践的需要来把握和彰显天道;当然,王夫之认为天道与人是互相为体的,但是从其生存论的视野出发,人对于"道"无疑具有逻辑在先的地位。第二,王夫之人性哲学的关注点和落脚点始终都是人所生活的感性世界,在人的实践生存活动所敞开的生活世界之外的抽象世界不是他关注的重点。人就是在现实世界和生存活动中体认"人"的价值和"道"的价值,所谓超越就是在世俗社会中自尽耳目心思之才的超越。因此,脱落人的实际生存体验而言超越的天道,对王夫之而言,这样"不依乎人"的天道"可知而不必知",人性哲学的第一个坚实自明的前提是性心身有机统一的个体生命的存在。第三,所谓"以人为依""依人建极"无非是说明,人生天地之间,不是外在的天理和天命、先验的本心和良知为人和世界立法,而是人为世界立法,为天地古今立法,亦

---

① 王夫之著:《周易外传》,《船山全书》第1册,第852页。
② 陈淳著:《北溪字义》,第46页。
③ 王夫之著:《周易外传》,《船山全书》第1册,第850页。

是为人自身的生命、生活和生存立法。①

对王夫之而言,人生活于其间的气化流行世界都是真实无妄的世界,即是"诚"的世界。宋明理学侧重于视"诚"为"善",而且将"善"局限于天理、天命之性、本心和良知的层面而言,对于气化的感性世界、对于人的气禀和身体基本上持消极甚至否定的态度。但在王夫之的人性哲学视野中,"诚"的世界既是"善"的世界,也是"真"的世界,但更是"美"的世界。从其生生之大德谓之"善",从其真实无妄谓之"真",从其美利而利天下谓之"美"。王夫之言"天,诚也"②,天道是真善美的有机统一,"百物之精,文章之色,休嘉之气,两间之美也"③。但是天地万物"诚"有的真善美本身是遮蔽起来的,唯有透过"诚之者"人的参与和创造,天地的真善美才敞开显明起来。王夫之说:

> 天地之化、天地之德,本无垠鄂,唯人显之。人知寒,乃以谓天地有寒化;人知暑,乃以谓天地有暑化;人贵生,乃以谓"天地之大德曰生";人性仁义,乃以曰"立天之道,阴与阳;立地之道,柔与刚"。④

王夫之的上述言论,充分说明了人才是天地古今的立法者。天道神化万物之大美,阴阳刚柔贵生仁义之天德,以及日月寒暑之化、品类庶物之物理,与其说是天地真善美的本性,不如说是体现于天地万物的"人性"或者说是人化了的"天地之性"。"性,诚也"⑤,人身上才真正有所谓真善美的统一。人正是以其独有的道德理性、求真理想和审美追求,竭尽其耳目心思之才而不断锐意进取、开拓创造才呈现并生发出宇宙的秩序和条理。天固然积气于上,地固然积形于下,如果没有人的存在则天地判然不相为通;日星雷雨、禽兽草木虽各为形象充塞于天地,如果脱离人的实践和生存视野,则万事万物亦不相为知。"天地之灵,以人而灵也。非然,则亦庞然有

---

① 以上参照了萧萐父先生和许苏民老师的观点,参见萧萐父著:《王夫之人类史观述评》,《吹沙三集》,第98—99页。以及萧萐父、许苏民著:《王夫之评传》,第213页。
② 王夫之著:《尚书引义》,《船山全书》第2册,第307页。
③ 王夫之著:《诗广传》,《船山全书》第3册,第513页。
④ 王夫之著:《读四书大全说》,《船山全书》第6册,第706页。
⑤ 王夫之著:《读四书大全说》,《船山全书》第6册,第1108页。

此法象于空虚而已矣。"①天地因人而灵,离却人所谓的纯粹世界不过是形上学的预设而必归于空虚。天地无心而人即天地之心,人心之灵、性之贞而情深才大,自能通天下之志、成天下之务,自在的世界因人的参与和创造才能够相会相通、相与相知,而成为充满价值和意义的人文世界。

在王夫之看来,离开了人或让人处于"绝圣弃智""空诸所有"的自然无为或涅槃寂灭的状态,以为天理自然流向、本心自然发用,这无疑是倒退到弱肉强食之丛林法则的动物世界。因此,他一再强调人是天地所生的"秀而最灵者""天地之生,以人为始",人是天地混沌的开辟者和天地发展的主持者,天理良知、仁义礼智以至于真善美都不是人类出现之前的先验实体,它们都是随着人类历史的展开、通过人的实践生存活动所创造的人类文明之特性。所以,人真正彰显和成就了天地的真善美,也是在人的生存和历史性存在中确立了天地、古今和人物的法则,而且这个法则不是一成不变的,它随着人性的生成、人类实践活动的不断深入而"与时偕行""日新富有"。

"道"因人而成其为"道",所以要以人为依,但王夫之更强调要依人建极。"极,栋也。栋下属地,上有屋脊,为群材所宗主,故借为'极至''建极'字。以其居至高而无出其上者,故通为甚也。屋至于栋而止矣,无可进也。"②"极"是指房屋中至高而无有其上的栋梁主干,人极即是以人为中心和标准。"依人以为则,准见以为道。"③依人建极既是说以人的价值和意义为"群材所宗主"的最高准则,又是说以人及其生活的可见可循之世界或人道为依据和依归。以人为"则"为"格"④,建基于人之格、人之则的人极即是指"人之所以为人的本质特征,以及文明人类之所以为文明人类的本质特征"⑤。由此,王夫之进一步说明其"人极"的内涵,也就是人格的标准。

---

① 王夫之说:"今夫天穹然积气于上,地隤然积形于下,判乎其不相与也;日星雷雨、草木昆虫,充塞其中,亦各为形象而不相知也。不相与、不相知,皆其迹也,则谓天地之无心可矣。及观于人,而后知其心在是已。天欣合于地,地欣合于天,以生万汇;而欣合之际,感而情动,情动而性成。是其间斟之酌之,会之通之,与化相与、与理相知者,自有人而不迷于天,不迷于地;不迷于天地之中,蕃变之大用两间乃灵焉。然则天地之灵,以人而灵也。非然,则亦庞然有此法象于空虚而已矣。"见王夫之著:《船山经义》,《船山全书》第13册,第693页。
② 王夫之著:《说文广义》,《船山全书》第9册,第339页。
③ 王夫之著:《周易外传》,《船山全书》第1册,第1056页。
④ 此处"格"就是王夫之所言的"法立乎其至"的意思,"人格"在此的意思就是以人为"格"、以人为极。
⑤ 见萧萐父著:《王夫之人类史观述评》,《吹沙三集》,第99—100页。

(二)在天地人三维中"自畛其类"——人性在历史和社会性存在中的生成

王夫之具体通过"人禽之别""华夷之别""君子小人之别"而论述人极的内涵,并由此说明了人是作为历史和社会性存在之人,人必须在承继自身族群历史和文化慧命的基础上,"自畛其类",从而塑造超越禽兽、野蛮和庸俗的独立人格,追求理想的人格美。他说:

> 夫人之于物,阴阳均也,食息均也,而不能绝乎物。华夏之于夷狄,骸窍均也,聚析均也,而不能绝乎夷狄。所以然者何也?人不自畛以绝物,则天维裂矣。华夏不自畛以绝夷,则地维裂矣。天地制人以畛,人不能自畛以绝其党,则人维裂矣。是故三维者。三极之大司也。①

要理解上段引文,必须说明其中"绝"的意思。段玉裁《说文解字注》中说:"断丝也。断之则为二,是曰绝。引申之,凡横越之曰绝。如绝河渡是也。又绝则穷。故引申为极。如言绝美,绝妙是也。"②在王夫之的人性哲学中,"绝"的上述意思都有。但在此处,"绝"的意思需要做一番分析和辨正。王夫之明确反对绝物,因此,"绝"不是断绝之义,而主要说明人物虽然相待共有,但却不能混淆人物的界限。因此,王夫之引文中的"绝"一是指区别、划分人与物、华夏与夷狄的界限;另一方面"绝"又是在"越过"的意思上使用,王夫之强调人应该超越禽兽的本能、夷狄的野蛮而成之为文明社会之人。故而,笔者认为引文中"绝"不是断绝或灭绝的意思,而是意味着区分界限和对禽兽、夷狄的超越。③

王夫之从天地人三维整体来论述人极的内涵,人极根本上关乎人性的整体结构以及人性在历史文化和社会实践中的生成。天维重在人禽之别,强调人性承天道而继善成性的一面;地维重在华夷之别,说明人性在历史演进过程中所形成的族群社会文明的一面;人维重在君子与庸俗之人(主要指世之俗儒和小人)的区别,意在说明人性在文明社会中所养成的独立

---

① 王夫之著:《黄书》,《船山全书》第12册,第501—502页。
② 许慎撰,段玉裁注:《说文解字注》,第645页。
③ 牟宗三先生认为上述引文中"不能绝乎物""不能绝乎夷狄"两句,"不能"似乎脱落一个"不"字,"不能"当为"不能不",否则整段引文前后句意不通。他解释"绝"为区分、划分畛域的意思。见牟宗三著:《政道与治道》,桂林:广西师范大学出版社2006年版,第155页。笔者基本认同牟宗三先生的观点。

人格的一面。

天维上,虽然人物同为天道所生,而且人禽在生理层面看似还有很多共同之处,但是人和禽兽草木是决然不同的。如果人不能自我超越禽兽、主动和其划分界限,则天道不复为天道。天皆以元亨利贞命人命物,但唯独人能够自继天命之善并且能在实践和历史中成就自我仁义礼智的人性。所谓人应当"自畛以绝物",即是要超越物性、彰显人道而挺立人之所以为人的仁义之性。"仁义只是性上事,却未曾到元亨利贞、品物流行中拣出人禽异处。君子守先待后,为天地古今立人极,须随在体认,乃可以配天而治物……人自有性,人自有形,于性尽之,不尽禽性,于形践之,不践禽形,而创制显庸,仁义之大用立矣。"①人性之仁义礼智不是直指单传的神秘心法、也不是某个可把持的实体之物。人性就体现在现实生活中每个个体切身地尽性践形的活动当中。因此,王夫之更强调好学、力行、知耻的实践生存活动的重要性,并将其提升到二气良能的高度,"好学近乎知,力行近乎仁,知耻近乎勇,人之独而禽兽不得与,人之道也"②。于天之维命人命物之际而立人极,不是一个抽象的理论问题,而是一个实践问题。仁义礼智、知仁勇之人极不是在对象性的言说和思辨中,而是人在生活世界时时刻刻的应事接物活动中当下生成的随在体认和体证。

在地维上的华夷之别,涉及不同地域人群在历史演进中形成的文明和野蛮的差别。个体总是生活在自身族群所创造的一定历史文明背景当中,华夏民族在历史的发展中确实创造了优于周边地域少数民族的文化与文明。抛开王夫之的民族偏见以及满人入主中原所导致的民族悲情,王夫之强调华夏自畛以绝夷,其实是反对孤立抽象地看待人性,而应将人性置于族群的历史文明演进当中。因此,人性的生成既是以承继已有的族群文明为前提,又是以担当和发展自身的民族文化为己任。人性生成的历史性和社会性特征,就打破了各种人类历史退化史观和复古理论,王夫之进而提出了今胜于古的人群历史进化观。人类发展经过由禽兽到"直立之兽"(不全其质且无文)再到夷狄(文之不备)以至文明人类在中国诞生的开天辟地的轩辕时代,才由史前史进入文明史,进而以人文化成天下,建立人化的自然和人类文明社会。同时,王夫之也清醒认识到人类文明的发展不是单一直线的,而是充满着曲折和反复,是"进化与治乱离合的统一",但其

---

① 王夫之著:《读四书大全说》,《船山全书》第6册,第1029页。
② 王夫之著:《思问录内篇》,《船山全书》第12册,第402页。

总的趋势是"古今殊异"而今胜于古。① 由此可见，王夫之所说的人性不仅是性与天道的相通相连，而且更具有历史演进的族群社会文明特征。

承继于天维，人以自别于禽兽；生息于地维，人以自别于野蛮。因天地之维，华夏民族创造了礼乐文明的人文世界。生活在如此文明的社会之中，社会成员如果不能自觉熏陶涵泳于自身族群的历史慧命、注重个人的人生价值取向和道德品性修养，而是自甘于堕落、习成唯利是图的小人并结党营私，则人维将名存实亡。名之为人，实与禽兽无异；名之为华夏，而华夏（文明）与夷狄（野蛮）无异。"天维"着眼于人性的类特性，"地维"着眼于人性的社会历史性，而"人维"则在天维、地维的基础上着眼于人性在个人层面的生成性。既已为人，又生养于文明的族群中，唯有个人在生命历程中充分发挥己所独有的自由意志，朝乾夕惕、知所取舍、"自畛以绝其党"②，方能尽性竭才而成就德才兼备而又超越流俗的独立人格。

因此，在人维上，王夫之强调人格的塑造在于成为真正的君子而自别于俗儒、小人。君子能自继天维、地维而尽人道，所谓"'人道'者，人之所以为人，有其性，有其情，有其才，而能择能执者"③。君子体现为性心身、心志意、情才欲有机统一的人格结构，既自贞性命、志定意坚以崇德于内，又恕物于情、才被天下而广业于外。俗儒、小人则徒有性情才之表而无真性情之实，小人忘义贪利而恣情纵欲，小人儒假性命之学而曲学阿世，更有申韩之儒恃仁义以荼毒天下。王夫之认为，君子与俗儒、小人之别正在于君子是性心身统一而有自主能动性的独立人格，可以自作主宰、自我择持。"胸中无真血性，只依他人见处，一线之差，便成万里。"④有性情之真而能自超拔于流俗，居仁由义而知择能执，兴发豪杰之气则可以救人道于乱世，这正是王夫之所向往的理想人格。天地人三维的统一就是塑造英尤特立、勇于担当历史和文化重任的真君子或豪杰之士。⑤

心性情才统一的人性整体结构在天地人三维的历史性展开中，人若能

---

① 以上详见萧萐父著：《王夫之人类史观述评》，《吹沙三集》，第97—113页。本书所述"人极"内涵的观点主要参照了萧萐父先生的研究成果，故不再赘述。另外，台湾学者林安梧教授对此也有论述，从王夫之分天地人三维而严人禽、夷夏、君子小人之别而分析出人性具有的历史性、族群性和类阶性三个维度，参见林安梧著：《王船山人性史哲学之研究》，第65—69页。

② "自畛以绝其党"之"党"即是指俗儒、小人的结党营私。

③ 王夫之著：《礼记章句》，《船山全书》第4册，第1279页。

④ 王夫之著：《读四书大全说》，《船山全书》第6册，第1016页。

⑤ 王夫之对于君子的界定，特别强调其超拔流俗的独立人格，强调要有真血性的豪杰精神，这是他对真君子的界定，并不完全同于传统儒家的君子观。这一方面是王夫之个性的本色，一方面是鉴于民族危亡之时特别需要豪杰之士敢作敢为、勇于担当的英雄胆略。关于王夫之个性及其豪杰精神，将在后文论述。

"自畛其类""自尽其道",则人极以建、人道以立。人真正意义上超越于禽兽而成为人类,脱离了野蛮而进入文明族群,更在文明社会中养成高尚的人格。因此,在王夫之看来,"人的道德自觉和人格塑造有一个由禽到人、由夷到华即由野到文,乃至继善成性而超迈流俗的漫长过程"。① 这就说明,人作为历史和社会文化的存在,其生存涵摄过去、把握当下、预知未来,一方面,历史文化熏陶和长养了人,人性和人格都在历史和文化的时间进程中不断完善;另一方面,人又主动地创造着历史文化,参赞了天地的化育。"往古来今,则今日也。不闻不见,则视听也。"②人虽然是作为有血肉之躯和生命时限的世俗存在,却总是融通过去与未来于当下和己身,在自我的生存和实践创造活动中理解自我、发展自我、超越自我。作为人和文明人类本质特征的人性也就不是先验现成的天理教条,人性及其生成体现在性心身统一的个人在自继天道以成善、在历史长河中担当民族文化慧命、在社会养成中超迈流俗而希贤希圣的实践生存活动当中。

第二节 "出入于险阻而自靖"
——人格美的自我塑造

人极的内涵说明了何为人之"格",而如何成就人之"格"则必须回归到人自身以及人道所开显的生活世界当中。如何成就人之"格",其实就是人格美的自我塑造问题。对人自身而言,王夫之重在立志和养志;对人道的生活世界而言,王夫之强调在"诚于为""身任天下"的实践生存活动中实现生命的价值和人生的意义。

一、"大心正志为本"——生命价值和人生意义的贞定

理想人格美的境界,按孟子的说法是由善而信→美→大→圣→神的一个不断提升的过程。王夫之认为以上六者,都需要立志为始。他说:"六者,以正志为入德之门,以存心立诚为所学之实,以中道贯万理为至善之止,圣与神则其熟而驯致者也。故学者以大心正志为本。"③人格美的自我塑造,首在于立志。有正确而坚定的价值取向,持之以恒、不屈不挠且志量宽宏、志向远大,如此才能步入成德之途。因此,立志是正志和持志的统

---

① 萧萐父著:《王夫之人类史观述评》,《吹沙三集》,第99—100页。
② 王夫之著:《周易外传》,《船山全书》第1册,第1005页。
③ 王夫之著:《张子正蒙注》,《船山全书》第12册,第160页。

一。王夫之所谓"大心"即是扩充心之量,"有志者,其量亦远"①,心之量其实就是志之量,故可以志量并称。王夫之强调,"学者以大心正志为本"。

(一)"人苟有志,生死以之,性亦自定"——生命存在的意义

人性在践形的生成中,持志正心而诚意修身;人性在实践的生成中,志气交辅而养成浩然之气。人性的生成本身就是在塑造自我的人格。因此,立志尤为重要。一个人如果没有高远宏大的志向和抱负,他就永远不能理解人何以为人,也无法洞悉自我最本真的需要和人生的意义。② 王夫之对人之心志有着独到的理解,并将存志提升到人之为人、人之所以异于禽兽的高度。

1."心之所期为者,志也"——王夫之对"志"的独到理解

立志是理想人格美塑造的前提,王夫之论"志"凸显了"志"对于人性尊严和自我生命价值的重要意义。"志"的本义是心之所之,"心之所期为者,志也"③。志即是心之志,王夫之对心志有着独到的理解,他创造性地借用佛家唯识学中的第七识(即末那识)论"志"的内涵。夫之说:

> 释氏之所谓六识者,虑也;七识者,志也;八识者,量也;前五识者,小体之官也。呜呼! 小体,人禽共者也;虑者,犹禽之所得分者也。人之所以异于禽者,唯志而已矣。不守其志,不充其量,则人何以异于禽哉?④

---

① 王夫之著:《俟解》,《船山全书》第12册,第495页。
② 对王夫之"志"论,学者已经有较多的论述,涉及其论志与学、志与道、志与气、志与意、志与量、志与识等多层面的关系。陆复初教授尤为深发了王夫之论志与量的关系,他认为王夫之精神境界的巅峰正是"志的此在与量的超越的统一",并具体阐发了王夫之的志量关系由心性深入到历史实践的问题。详见陆复初著:《王夫之沉思录》,云南人民出版社1991年版,第94—126页。胡家祥教授从整个中国哲学论"志"的历史传统出发,认为王夫之"志"论是对儒道两家"志"论的总结和全面阐发,并发掘了大量王夫之道家思想中关于"志"的材料。见胡家祥:《志:中国哲学的重要范畴》,江西师范大学学报(哲学社会科学版)1996年第3期。谢茂松教授认为王夫之是志、量、识三者相连而言,并探讨了志量识与王夫之心性学和政治哲学的关系。见谢茂松:《志、量、识:王夫之经义、史论对心性之学与政治实践之间关系的思考》,《中国哲学史》2011年第1期。萧萐父先生则首次将王夫之的"志"论与理想人格美的塑造联系起来,认为夫之人格美的塑造,首重立志和养志。立志养志则可超越流俗和个人的祸福得失,从而卓立道德自我、纯化精神境界,实现人的真正价值。见萧萐父著:《王夫之人格美颂》,《吹沙二集》,第427页。本小节在借鉴萧萐父先生的观点上,主要从王夫之融通唯识学智慧的角度论述其"志"范畴的内涵,并认为王夫之论"志"在于贞定生命的价值和人生的意义。
③ 王夫之著:《诗广传》,《船山全书》第3册,第325页。
④ 王夫之著:《思问录外篇》,《船山全书》第12册,第451页。

王夫之以"虑""志""量"来说明佛家唯识学中的八识结构。他认为，佛家所谓的前六识其实都是指觉了能知之心，主要指向人心的知觉运动作用，尚属于小体之官或人心；而第七识则是"志"，八识则是"量"，量即是心志之量。按王夫之的观点，第七识最为根本，七、八识统一于本心。而第七末那识"恒审思量为我"的特性正可通于"志"的内涵。

首先，末那识是我执，它将阿赖耶识(八识)执持为常一主宰的自我。王夫之以末那识为志，那就意味着人唯当立志才成之为人，才成为拥有主体意识的自我。"我者，大公之理所凝也。"①有我而非私，非但不能破除我执，更要挺立持有高尚价值志向的主体自我。无志则无所谓人，"人之所以异于禽者，唯志而已矣"；无志更无所谓我，"志者，己之志也"②，完全可以说"我之所异于常人者，唯志而已矣"。立志并持志在心，我才真正意义上成为自己、拥有自我。③ 王夫之呼唤人性的觉醒，高扬独立人格的卓然不群。因此，有志与否就是人与禽兽、我与常人的分界线。有志则脱离了禽兽的茫昧无知而成为有执有持的君子，有志更超越了流俗的意见计较、奴性盲从而凸显了自我价值的坚贞和崇高。佛家认为破我黜志方能解脱生死，王夫之认为此只是"天之天"而言的"人之生死"，唯有立志执我才能真知"人之天"的"我之生死"。他说："释氏以死生为大事。死生，天事也，于人何预？行藏者，吾之生死也。"④"人之生死"固在天而不由人，但"吾之生死"则不在天，亦不在人，而在于己。有我之志，既不是死守教条、顽固不化，也不是自矜妙悟、盲目自大自信，而是面临生死荣辱、祸福是非能够自我选择、自我贞定，知所行藏取舍；"人苟有志，生死以之，性亦自定"⑤，生不辱吾之志而勇于人之生，死以就己之志而安于人之死。

其次，末那识恒定专一、无有间断。一旦立志，志就必然有正确恒定的指向，并且自始至终持守不懈。所以，言人之志必是正志、持志。王夫之说："人之所为，万变不齐，而志则必一，从无一人而两志者。志于彼又志于此，则不可名为志，而直谓之无志。天下之事，无不可行吾志者……志正则无不可用，志不持则无一可用。婷婷然一往必伸者，介然之气也。"⑥人的

---

① 王夫之著：《思问录内篇》，《船山全书》第12册，第418页。
② 王夫之著：《读通鉴论》，《船山全书》第10册，第439页。
③ 王夫之言："所谓自者，心也，欲修其身者所正之心也。盖心之正者，志之持也。"见王夫之著：《读四书大全说》，《船山全书》第6册，第417页。
④ 此是王夫之之子王敔所记夫之生前常道之言，见王夫之著：《大行府君行述》，《船山全书》第16册，第75页。
⑤ 王夫之著：《姜斋六十自定稿·自叙》，《船山全书》第15册，第331页。
⑥ 王夫之著：《俟解》，《船山全书》第12册，第491页。

第七章 "壁立万仞,只争一线"——人性生成的人格美　289

志向必须专一,如果既志于此又志于彼,那就不能称为志,只是三心二意而已;志于气上显现,又称之为志气,但志气不是介然冲动之血气,而是志气交辅可应物贞胜、充塞天地的浩然之气。王夫之所谓的"志"是志于真实无妄之"诚",即是天道人性的至真至善至美。所以,志是"志于道",志又是"性之所自含""志于道而以道正其志,则志有所持也。盖志,初终一揆者也,处乎静以待物。道有一成之则而统乎大,故志可与之相守"①。道是天地庶物各正性命、万国咸宁的天道,又是礼乐化成天下、社会公平正义的王道,更是仁心善性充分扩充流行的人道。道有一成之则,人道的仁义礼智通乎天道的元亨利贞、健顺五常,统乎王道的礼乐行政。因此,正志就是贞定自我本有的善性,它不是外在的强制和命令,而是发自本心地实现自我价值和意义的内在诉求。志于性即是志于道,也是志在天下,当且有志就要初终一致、不疑惑、不动摇,不因时事变迁难料而贬志以就功名,不因世道险阻危亡而易志以保生死。"志立于不易,凡吾之所以折大疑、御大难者,皆此确乎不拔之志以帅气而行者也。"②志定而意坚,更持志帅气以恒充不懈、善始善终,则天下之事无不可以行己之志,遭遇患难、险阻、毁誉、夷狄亦无不有自靖之道。

　　最后,末那识还有审查、思虑、度量的意思。人立志本身就是一个自主选择,而持志是一个人终身都需要自我审思和度量的过程。"志者,人心之主。"③志是心之志,持志在心则人心有权,可以自作主宰、自我权衡;以志存心,则心有所安,人生更有了安身立命的终极归宿。但这一切都需要辗转反复于己求之、审之、度量之。王夫之认同孟子所言"君子之所以异于人者,以其存心也",存心就是以志存心、持志正心。君子不同于常人唯在于有志,"自此以往,未之有异也"④。但是,以志存心不是迷信圣贤权威的训导,也不是随社会风潮而随波逐流,以志存心只能求诸己。王夫之言:"君子之求诸己也,己所存者己所逮,己所逮者己所期。"⑤人不能无所事事地度过一生,但其最为本真的需要、人生意义的寻求、自我命运的选择和筹划、生存于世的疑惑和困苦不能渴求别人为自己解决,而只能拷问自己!唯有通过自我不断地反思审查甚至是自我批判否定才能体悟到自我存在

---

① 王夫之著:《读四书大全说》,《船山全书》第6册,第931页。
② 王夫之著:《四书训义》(下),《船山全书》第8册,第187页。
③ 王夫之著:《张子正蒙注》,《船山全书》第12册,第44页。
④ 王夫之著:《尚书引义》,《船山全书》第2册,第384页。
⑤ 王夫之著:《尚书引义》,《船山全书》第2册,第386页。

的价值和意义,才能有胸中洒落的内心安定,"展传求心以所安,则心存矣"①。王夫之高度赞扬子路对于孔子见南子、欲赴弗扰等事件屡致其疑的做法是有恒志的君子所为。表面上看,子路似乎是不信任老师甚至是不尊重老师,但王夫之认为这恰好是子路求诸己心、志向坚定的表现。子路之志"存诸中者莫之能易,而不能得之于孔子;其信孔子者,不如信其心之弗欺也,斯子路之所养也。而不然者,侈大圣人而以为大异于人,率尔相信而不信以心,将求诸人者重而求诸己者轻,庸愈乎?求诸己则忧,忧则疑,疑则必白其所疑,君子之道也"②。子路有己之志,但看到老师的作为似乎与己之志不合,他不是盲目地信从老师,而是自我反思拷问:到底是自己的志向有问题,还是老师的做法违背了他们的共同志向?子路随时审查己志,有忧虑有疑惑就表达出来,正是在忧思疑惑审查的过程中志向才真正确立起来。王夫之强调,志从来都是己之志,选择和操持权在我而不在人,如果不立足于自我时时处处的亲身体察、反复忧思,而轻信人之志、迷信圣人高明,就成为"求诸人者重而求诸己者轻"的庸人。君子之道,志操在我而朝乾夕惕,忧己志之不恒,疑己志之不笃,必学问思辨以明志、身体力行以见志。

由上可见,立志持志不是一时一刻的事件,不是随意的承诺和意气用事的决心,而是君子的终身之忧、一生都为其奋斗的精神追求和人道伟业,其间更包含无穷的艰难险阻、疑惑痛苦。但是,实现自我志向过程中的所有付出和牺牲都具有至上的价值,因为立志持志既是自我持权的选择和决定,又是本真自我实现的唯一方式。人可以一无所有,丧失了一切能由自我决定的情势,但人仍然拥有选择自我价值取向和人生意义的最高自由,"若其权不自我,势不可回,身可辱,生可捐,国可亡,而志不可夺"③!

2."人之所以异于禽者,唯志而已矣"——"志"与人禽之别

王夫之认为,立志持志贞定了生命存在的价值和意义,他特别凸显当人能够选择并持守自我的志向时,人才真正意义上超越了禽兽,也超越了常人,而成为"能择能执"具有自我选择和决定权的个人。

关于人禽之别,王夫之在不同的语境中有不同的说法。最基本的观点,他认为人禽之别在于人之性在本质上不同于物之性。人所具有的仁义礼智、四端之心的道德理性是禽兽完全所无的。这一点其实是对孟子观点

---

① 王夫之著:《尚书引义》,《船山全书》第2册,第384页。
② 王夫之著:《尚书引义》,《船山全书》第2册,第385页。
③ 王夫之著:《续春秋左氏传博议》,《船山全书》第5册,第618页。

的继承,强调人之所以异于禽兽在于人的道德性。不过,王夫之是从《易传》继善成性的天道论背景说明人所独有的善性。人性不同于物性,在天生人物的时候就决定了。因此,从人所具有道德性而禽兽不得与的层面论人禽之别,本身还是天之事,人的善性是自生而生的被动受命,这样的善性也是从类特性的角度凸显人禽之别。王夫之事实上将此种层面上的人性称之为先天之性,不过他认为仅从先天之性尚不足以真正说明人禽之别。进而王夫之从人性生成的角度,分别从"继""权""习"和"礼"的层面论人禽之别。

从"继""权""习"的层面论人禽之别,王夫之是继承和发展了孔子"性相近,习相远"以及《尚书》中"习与性成"的思想。他认为人在后天的好学、力行、知耻的实践生存活动中,主动承继天命之善、自主持权选择、取精用纯才真正实现人之所以为人的本质。唯有人具有自我的选择权和自主决定权,也唯有人能"知几审位"而获得实践生存智慧,这就从人所独具的自主能动性的角度说明了人禽之别。人禽之别不仅是天之事,更是人之事,人之所以为人的本质本性是在后天"践形"和"实践"的自主自为的活动中生成和展现的。从礼乐的层面凸显人禽之别,当然是吸收了荀子的观点。王夫之强调仁礼并举,人性必然通过外在可见可循的以礼修身和礼乐化成活动方能彰显人类的文明性特质。人不只是生活在一个自然的世界,人一开始就置身于一个自身族群文化的人文世界,既接受历史和社会文化的熏陶,又自身创造着历史文化。礼乐文明不仅是人的世界与物的世界的本质不同,也是文明与野蛮的分界线。从礼乐维度而言人禽之别突出了人之所以为人的族群历史性和社会文化性特征。

而王夫之更从"志"的层面论人禽之别,"志"总是人之"志","志"更是己之"志"。每个人的心志有价值取向、层次高低、涵量大小的不同,人选择什么样的志向就决定他成为什么样的人、愿意过什么样的生活、追求什么样的生命存在意义。因此,从"志"而言人禽之别,不仅是从类特性的角度笼统而言人与物的分别,更是从个体性的角度凸显人与人的区别,独立自主个体与庸人、常人的区别。当人拥有坚定的自我志向,它就赋予了生命以崭新的意义,人就超拔流俗而拥有了具备自身独特价值的生活。

综上,与传统儒学主要从先天道德性论人禽之别不同,王夫之固然注重人的道德理性,但他更主要是从实践生存论的维度,强调人性的生成性和人的主体性,从人所独有的道德性、自主能动性、历史文化性等多个层面说明人禽之别,而"志"上所言的人禽之别更表征了人的个体性、独立人格以及自我生命价值的独特意义。

(二)"有志者,其量亦远"——志存量弘的高远之境

立志确立了生命的价值和人生存在的意义,但更要在生命历程中追求和实现自我的价值和意义,这是一个贯穿生命始终的养志过程。养志,一方面是坚贞不渝地持守自我选择的志向;一方面则是以志正心、帅气而扩充心之量。

王夫之强调立志的至关重要性,而立志总是和养志紧密联系在一起的。立志正是在养志的过程中真正确立和挺拔起来的。自我的志向必须坚定,但所谓"定者,非一旦之定也。志惟求定,未定而不以为忧,将定而不以为喜,所以求之者,持之心者定也"①。志在于有所定,但不是一朝一夕的事情,关键在于持之于心而孜孜不倦地不断追寻和深入探求体会的养志过程。

养志,从个人修养的方法论而言,王夫之主张"持之以静正,养之以和平,需之以从容"②。养志以静正、和平、从容,即是着眼于贞定心志的正性价值取向、持守志向的坚贞不二,以及集义养气涵养过程中所达至的"有道不动心"之从容不迫的生命内在充实状态。因此,对于人心志的存养,王夫之强调仁礼存心、践礼体仁,以超越禽兽野人的生物本能驱动和血腥野蛮的非人状态;强调正利合义、真知实践,以超越庸人俗儒的利欲熏心、骄堕机巧的生活沉沦现状;强调以身体道、生以载义,以超越个人的毁誉祸福、成败得失等个体生命所不得不承受之现实。他说:"明伦、察物、居仁、由义,四者禽兽之所不得与。壁立万仞,止争一线,可弗惧哉!"③别禽兽、远流俗,"志之所存,行则赴之"④,在实践生存活动中"即事以正志,即志以通事"⑤,通过养志的过程而明辨是非、美丑、善恶、公私的界限,挺立"堂堂巍巍,壁立万仞"⑥的人格主体,就自能以澹泊宁静、和平从容之心志应世之浑浊与浮华。这正是王夫之所追求的人之为人、己之为己的真善美统一的崇高精神境界和独立不羁的理想人格美。

养志以坚定志向、持志以修身,养志更能扩充心之量。所谓"量",王夫之对其基本的界定是"函,量也"⑦,在志量联用范畴中,"量"就是指心志可容纳、涵受、承担的量的广度和深度,具体又表现为器量、度量、识量等。

---

① 王夫之著:《读通鉴论》,《船山全书》第10册,第907页。
② 王夫之著:《宋论》,《船山全书》第11册,第138页。
③ 王夫之著:《俟解》,《船山全书》第12册,第478—479页。
④ 王夫之著:《宋论》,《船山全书》第11册,第97页。
⑤ 王夫之著:《张子正蒙注》,《船山全书》第12册,第188页。
⑥ 王夫之著:《俟解》,《船山全书》第12册,第483页。
⑦ 王夫之著:《诗广传》,《船山全书》第3册,第500页。

养志而扩充心之量即是大其心，一方面是指以"包涵四海为量"①、以天下为己任的担当意识，充拓其志量而投身于"官天府地裁成万物"的实践生存活动当中，此即是孟子所言"万物皆备于我"的意思；另一方面，又是指面对他人过失、恶劣社会环境以及个人成败、得失、祸福等不测或消极因素影响而能从容不迫、坦然承受的宽宏精神境界。志量前一层的意思，王夫之称之为"诚于为"，后一层的意思他称之为"诚于忍"。本小节讨论志量的后一层意思，下一小节讨论前一层意思。总而言之，"量"都表现为对于人生志向的追寻、坚守和自我实现。

对于"诚于忍"而言，因为有恒一志向对于生命价值和人生意义的贞定，人活在这个世界上就有了终极的依托，志量"定体于恒"，面对任何处境和形势"皆有量以受之"②，从而，人在精神层面就超越上达到一种志存量弘的高远境界。

王夫之强调持志弘量，其中"持志"说明的是"恒德意志"的问题，"弘量"则是指由此"恒德意志"而上达的一种人生境界的充拓扩大和无限提升。吴根友师认为，"志存量弘"在中国传统哲学中其实表达了一种"恒德"追求与"从吾所好""威武不屈"的价值取向，可以说是中国传统社会中所具有的一种个人意志自由的表现。③ 王夫之对持志弘量的论述，一方面强调志向的坚贞不二和持志的自觉性，这是继承了儒家传统的"恒德意志"观；另一方面他又强调志向总是"己之志"，总是自我自愿地选择和坚守的志向，这又隐约表现出突破儒家传统，开掘出带有现代伦理学中个人自觉自愿的"意志自由"的某些向度。正是从这一角度，笔者认为王夫之的"志存弘量"观，已经蕴含了意志自由的因素。在王夫之看来，人若能够"志存弘量"，就能在面临任何处境和形势时都有能坚定自我选择志向的最高自由。自我选择的志向是个人生命存在的价值意义和理想信念的精神王国，它是超越任何生物学、心理学以及社会环境和政治条件限制的终极自我追求和自我实现，是一种带有意志自由向度的高远境界。王夫之从三个方面具体阐述：

首先，"量"的这种从容涵受一切的高远境界是一种有根基的自由。它既不同于庄子"安时而处顺，哀乐不能入也"的逍遥无待之自由，也不同

---

① 王夫之著：《四书训义》（下），《船山全书》第8册，第101页。
② 王夫之著：《读通鉴论》，《船山全书》第10册，第1108页。
③ 参见吴根友著：《"恒德"追求与自由意志——传统中国人道德自由意志鸟瞰》，《明清哲学与中国现代哲学诸问题》，第289—295页。

于禅宗"如如不动""无所住而生其心"的自性清净心之自由,而且与程明道的"情顺万物而无情"、王阳明的"明莹无滞""一过而化"的情感无执着的精神自由境界亦有区别。王夫之"量"之自由境界的根基在于"志","有志者,其量亦远",从根本上言,这是一种带有意志自由因素的无尚精神境界。夫之言:

> 夫人所就之业,视其器之所堪;器之所堪,视其量之所函;量之所函,视其志之所持。志不能持者,虽志于善而易以动,志易动,则纤芥之得失可否一触其情,而气以勃兴,识以之而不及远,才以之而不及大,苟有可见其功名,即规以为量,事溢于量,则张皇而畏缩,若此者,授之以大,而枵然不给,所必然矣。①

上述材料说明了器、量、志的关系,以及志量对于才、识和情感的影响。按王夫之的观点,志向的坚定与否决定了一个人心量的广度和深度。唯有志向坚定,其心志之量才能充拓以至塞乎天地之间。志量之深厚宽宏,则识远才大,向外则有成就天下之伟业的器量,向内则有承受生死成败、艰难困苦的气量和度量。王夫之强调,"志定而断以成,断成而气以静,气静而量乃可函受天下而不迫。天下皆函受于识量之中,无不可受也,而终不为之摇也"②,能够有从容涵受天下之是是非非、物情顺逆、人情反复的心量而达至出入无碍、气静平和的心灵和精神的自由境界,必赖于持守自我意志的不疑惑、不动摇、坚贞不二而始终如一。因此,在王夫之看来,庄子和禅宗式的自由境界是无根基的,要么是丧失自我、随波逐流的与物同化,要么是泯灭尘世纷扰、逃离残酷现实的虚幻自由。佛老自由之境界与其说是自由,不如说是一种心灵的解脱,事实上是对自我意志的否定、对真实自由的逃避以及对自我责任和社会责任的推卸和放弃。③ 至于程颢、王阳明融佛入儒、以有摄无的自由境界④,虽然他们的自由境界并没有放弃儒家固

---

① 王夫之著:《读通鉴论》,《船山全书》第10册,第811页。
② 王夫之著:《宋论》,《船山全书》第11册,第85页。
③ 笔者是从王夫之的观点批评佛老的自由观是无根基的,或者说是无意志的自由。当然,这并不代表笔者本人的观点,佛老的自由观仍然是有根基的,在道家则是"道",在禅宗则是"自性清净心"。
④ 按陈来先生的观点,宋明理学的一个主流趋向都是从精神性和精神生活方面吸收佛老的智慧,他们不是向往佛老本体层面的空无,而是试图以儒家之"有"融摄佛老精神和心理境界层面的"无"。参见陈来著:《有无之境:王阳明哲学的精神》,北京大学出版社2006年版,第207—208页。

有的立场,但站在王夫之的立场上,仍有偏失。当理学家大讲湛然虚明、心如太虚以及心如镜空衡平之时,王夫之认为这已经偏离儒家的立场。因为,这样的心灵自由境界是无恒体的,至少有将本体与境界分开而论之嫌。① 而且,即使认可理学家融佛入儒、以有摄无的自由境界的合理性,但他们并不是王夫之所说的"恒德意志"的自由境界。理学家强调的是本心对于情感变化的不执着、化而不滞;王夫之强调的则是,坚定自我的心志,就可以承受容纳、坦然面对任何情感变化甚至是忍受无穷苦难,而不是将其随感随化。王夫之是要直面现实的残酷和人生的艰难,在痛苦和悲愤中彰显意志的无比自由。简单而言,王夫之的志量理论,既是有根的自由境界,更是带有意志自由向度的高远精神境界。

其次,正因为王夫之的志量论是"恒德意志"的自由之境,所以他选择了直面悲惨的现实和凄凉的人生。在任何难以忍受的境遇和情势中仍然有选择和坚守自我志向的自由意志,苦难也因此具有了积极的意义。可以"在存在的缺陷中自我充实,在必然的境遇中自我超越"②,人之志向的高尚与否、生命价值与意义的尊贵与否,就在于能否配得上承受自我遭遇的痛苦。"诚于忍者,利不歆而害亦不距",明乎此,行乎富贵、贫贱,历乎夷狄、患难,"志之所至而气以凝",天地之大,无非都是人道之所在。哪怕是痛苦不堪、哪怕是在劫难逃,"天下之险阻荼毒,皆命之所必受""物情之刻核残忍,皆道之所能格";即使有"僇肌肤""戮妻子""受垢污""被攘夺",君子处之而自得,出入险阻而无不有自靖之道。③ 人可以丧失任何重要的东西,但唯独不能失去选择和坚守自我志向的自由意志。存志而弘量,"量"所承受和容纳的一切缺陷和苦难背后是坚贞志向所彰显的无限希望和无穷力量,这就是王夫之以"孤月之明,炳于长夜"④的真实人生写照,也是其笃实而光辉人格之美的永恒价值。

最后,王夫之志量的超越精神境界,使他选择以求死、乞活埋之心而勇敢地活下来。这既是无比高贵而又绝不可剥夺的生命价值和人生意义的召唤,也是他作为文明的华夏族类的一员、作为一个拥有独立人格的个人所选择的义不容辞的责任。王夫之区分了"一人之正义""一时之大义"和

---

① 王夫之对此的批判,可参见王夫之著:《读四书大全说》,《船山全书》第6册,第421—425页。
② 萧萐父著:《王夫之人格美颂》,《吹沙二集》,第428页。
③ 王夫之著:《尚书引义》,《船山全书》第2册,第404页。
④ 王夫之著:《俟解》,《船山全书》第12册,第495页。

"古今之通义"①,即是要强调"民族之大义高于君臣之义,也就是人民的福祉高于统治者的权力"②。这是从政治哲学的角度解释王夫之"义"的三个层次的内涵。笔者认为,王夫之的这种区分在人性哲学上也有着重要的意义。按照俗儒之论,无论此"义"中的哪一个层次王夫之都应该选择一死了之。既可以为朱氏一姓的明王朝之覆灭而死,也可以为报答南明永历帝的知遇而死,当然也应该为满人入主中原毁夷夏之别而死。但是,王夫之最终选择的是抗争,既有前期投笔从戎的现实政治和军事抗争,又有后期"退伏幽栖,俟曙而鸣"③的化孤愤为笔底波涛的文化抗争。虽然,王夫之也认为他应该死去,不过,他又必须活下来。因为有六经开生面的责任在己,因为有重建他心目中正学的希望难灭。而所谓开生面、建正学,无非就是要实现古今之通义。古今之通义表面上只是民族之义,但事实上它所揭示的却是人与禽兽、文明与野蛮、有崇高价值和意义的生命与庸俗生活之间的区别。面对落后民族对于中华大地惨无人道、灭绝人寰的野蛮暴行、血腥杀戮,王夫之的活着正体现人道的不可侵犯、人类文明的无比尊贵和无上尊严,面对华夏文明沉沦、流俗之人庸庸碌碌的生活,他的活着更彪炳独立人格的光辉、彰显生命价值和人生意义的崇高意志自由的境界。

二、"身任天下"的豪杰精神——追寻生命存在的意义

立志和养志贞定了生命存在的意义,但是,生命意义的追寻主要不是在静坐体验或收敛身心的内心修炼中获得终极价值而实现的。王夫之认为,存志弘量的生命意义追寻必须是在个人置身于天地之间的"诚于为""身任天下"的实践生存活动中实现。当然,这种实践生存活动的形式是多样的,既可以是道德实践、政治实践,也可以是实事实地的认知实践、艺术审美实践等。总之,追寻生命的意义必须回归到生活世界的实践活动和生命历程中的生存体验中来,也只有在这种生存活动的过程中才能真正塑造理想的人格美。因此,王夫之强力呼唤"身任天下"的豪杰精神。④

---

① 详见王夫之著:《读通鉴论》,《船山全书》第10册,第535—536页。
② 参见萧萐父、许苏民著:《王夫之评传》,第365—367页。此处不在于分析王夫之对"义"三个层次区分的具体内涵,萧萐父先生和许苏民老师已经有详论,本书在此着眼于王夫之对"义"的区分所彰显的对人类文明价值、人性尊严以及生命意义的肯定。
③ 王夫之著:《姜斋文集》,《船山全书》第15册,第195页。
④ 对于王夫之"身任天下"的豪杰精神,萧萐父先生、许苏民和吴根友两位老师已经做了详细的分析和论述。详见萧萐父、许苏民著:《王夫之评传》,第368—378页。吴根友著:《中国现代价值观的初生历程》,第191—193页。笔者本节论述,主要参照了萧先生和许、吴二位老师的观点,不过,立足点是从王夫之自我的生命历程中彰显其本人的豪杰之气和英雄气概。

(一) 从"静中体验"到"诚于为"——时代风潮呼唤豪杰精神

王夫之是一位名副其实的真儒,但是在其儒雅温恭的君子或文人身份背后,骨子里却涌动着一股豪杰之气。王夫之的家世"以武功显"①,后改武从文、崇尚儒学。虽然到王夫之出生的时候,王氏家庭已经是一个以耕读传家的普通儒家知识分子家庭,但是在王夫之的血液里始终流淌着先祖文治武功的豪情与霸气。他未到弱冠之年便赋诗云:"仙踪疑费吕,霸气想孙刘。"②诗歌透露出强烈的经世情怀,王夫之不向往神仙的逍遥生活,而是期待力挽狂澜,成就经天纬地的宏图大业。可以说,王夫之自身的个性就昭示出他不是一个循规蹈矩的文弱书生,甚至不只是一个文质彬彬的儒家君子,而是其整个生命中都驰骋纵横着一股英雄气概和狂者胸次。而从时代背景上言,明清之际的时代变局,使晚明以来开始的个性解放精神又转化为在民族救亡过程中呼唤"身任天下"的豪杰精神。③因此,从人性哲学的角度出发,王夫之认为,彰显人性的高贵和尊严、追寻生命的价值和意义,就必须有"以匹夫而任天下之大"④"诚于为"的英雄胆略和豪杰风范。

先秦儒学的传统,"立论朴实,旨在重视人伦和人的实践智慧,追求理想的社会和谐秩序"⑤。因此,在个人成德方面,孔孟荀都无不强调在"能近取譬"的人伦道德实践活动和诗礼乐的艺术化生存中成就德才兼备、文质彬彬的君子。可以说,君子人格是早期儒学对于个人生命价值和意义的基本界定。而对于"圣与仁"的境界,连孔子也不敢自居;不过,如果"不得中行而与之",孔子则更欣赏勇于进取的狂士。这是原始儒家质朴可爱,具有朝气和血性的表现。发展至宋明理学,道学家的主流更希求圣贤人格和达至与物同体的天人合一境界。不过,他们追寻这一道德价值理想和生命境界的实现方式或者工夫,受到佛老思想的影响而转入以内心的主静和持

---

① 王夫之著:《姜斋文集》,《船山全书》第15册,第109页。
② 王夫之著:《忆得》,《船山全书》第15册,第109页。此句出于王夫之丙子年所写的《黄鹄矶》诗,是年王夫之18岁。
③ 吴根友师指出,晚明以来的个性解放意识,在明清之际就"主要表现为传统的君子人格向现代式的英雄人格过渡,本来就带有浓烈的道德自救色彩,在此时因为民族矛盾激化的缘故而染上了更为浓厚的人格主义色彩,增加了更多的道德理性与道德承担精神,使'各从所好,各骋所长'带有激进自由主义气息的个性解放思想转变为'天下兴亡,匹夫有责'的历史承担意识,个人的精神独立变成了在拯救社会中实现自我价值的历史自觉"。详见吴根友著:《中国现代价值观的初生历程》,第173页。
④ 王夫之著:《四书训义》(下),《船山全书》第8册,第339—340页。
⑤ 萧萐父著:《传统·儒家·伦理异化》,《吹沙集》,第136页。

敬的直觉体验或道德修养上。① 应该说理学家追求圣贤人格和体证天人合一的境界本身没有错，但他们偏重以主静、收敛身心的内心修炼或直觉反省的追寻途径进入人生根源和生命价值的做法无疑偏离了早期儒学立足现实世界、敦尚践履的为学之风。宋明儒性命之学一兴，在明末，却导致整个天下成一种士风萎靡、畏葸偷惰、空谈心性的局面。王夫之认为，一些理学家脱离历史性和社会性而高谈性命之理，看似高明、实则空虚，虽然发展了儒学道德形上学的内容却也出现了"遮蔽却无穷之理"②的流弊。他面对其时代风潮，在儒家君子和圣贤人格之间，倡导健动有为、英尤特立、身任天下的豪杰精神。王夫之说：

> 有豪杰而不圣贤者矣，未有圣贤而不豪杰者也。能兴即谓之豪杰。兴者，性之生乎气者也。拖沓委顺当世之然而然，不然而不然，终日劳而不能度越于禄位田宅妻子之中，数米计薪，日以挫其志气，仰视天而不知其高，俯视地而不知其厚，虽觉如梦，虽视如盲，虽勤动其四体而心不灵，惟不兴故也。圣人以诗教以荡涤其浊心，震其暮气，纳之于豪杰而后期之以圣贤，此救人道于乱世之大权也。③

以上材料中，王夫之说明了豪杰与圣贤的关系，精炼概括出了豪杰之士志气高昂、生机勃发而又超拔流俗、特立果敢、勇于身任天下的人格特质，并认为诗歌等艺术形式是兴发豪杰精神的有效途径。王夫之认为，虽然圣贤高于豪杰之士，但是豪杰是成为圣贤的必要条件。因此，对于有价值信仰和理想追求的个人而言，并不是终日静坐体悟就能一朝顿悟为圣

---

① 萧萐父先生和许苏民老师指出，自理学的开创者周敦颐开始，一些理学家提出"主静"为宗旨，而且"主静"说有其本体论的依据。如朱熹所谓的"天理"就是寂然不动的本体，他认为静为主、动为客是天地阴阳自然之理。见萧萐父、许苏民著：《王夫之评传》，第129—130页。陈来教授认为宋明理学追求的与物同体的天地境界是在主静状态中由直觉所产生的一种神秘体验，如所谓道南指诀即是在终日相对静坐中由"静中体验未发"，陆王心学更主张"安坐瞑目"以体证本心道体，"静中养出个端倪来"。不过，他认为朱熹则将"追求未发体验的直觉主义转为主敬穷理的理性主义"，即将主静的直觉体验改造为通过主静、用敬以收敛身心的道德涵养工夫。详见陈来著：《中国近世思想史研究》，北京：商务印书馆2003年版，第307—337页。以及陈来著：《朱子哲学研究》，第158—193页。海外学者刘子健认为宋明理学"倾向于强调儒家道德思想中内向的一面，强调内省的训练，强调深植于个体人心当中的内在化的道德观念，而非社会模式的或政治秩序架构当中的道德观念"。见[美]刘子健著：《中国转向内在：两宋之际的文化转向》，赵冬梅译，南京：江苏人民出版社2002年1版，第141页。
② 王夫之著：《读四书大全说》，《船山全书》第6册，第894页。
③ 王夫之著：《俟解》，《船山全书》第12册，第479页。

贤,而必须首先兴发豪杰之气,投身于社会现实以尽显个性与才情、磨炼性情与心志,甚至是在苦难、灾难的处境中接受血与痛、生与死、成与败的洗礼而仍然不屈不挠、奋勇直前,如此才可进而期求圣与贤。

(二)"能兴即谓之豪杰"——豪杰精神的基本内涵

何为豪杰精神?王夫之概括为有"生人之气"。然"生而为人,则有生人之气"[①],但是,唯有豪杰之士方能兴发并充分展现自我的生人之气。王夫之试图将儒家的圣贤人格置之于平民化的豪杰人格基础上。相对于圣贤的高标准要求而言,成为豪杰是每个人可能可及之事,关键在于能否兴发而已。王夫之正是在自我的生命历程中,充分挖掘自身潜力,兴发其豪杰之气和英雄气概。

王夫之认为,豪杰精神首先是指人的才识胆略和血性真情。他本人就是一个情深义重、智勇双全而又胆识过人的真性情豪杰男儿。为救父亲,王夫之不惧亲赴张献忠虎穴,更"自刺身作重创,傅以毒药"[②],以示其不堪任用,既救出父亲又保全了性命。这是何等感人的至孝真情,又是何等过人的胆识和才略!豪杰之士"义有尤重,则情有尤挚"[③]。夫之为国事糜烂而忧心火急,血性男儿"颈血如泉欲迸出"[④],恨不得"剑跃双龙,笔摇五岳"[⑤]。他不惜身家性命,"弃坟墓,捐妻子,从王于刀剑之下"[⑥],为民族大义奔走。最后,虽国破家亡、孤老山林,但王夫之豪情依旧,面对自身画像中的满头白发,仍然壮言"凭君写取千茎雪,犹是先朝未老人"[⑦],他始终认为自己还是那个意气风发、踌躇满志的铁血男儿。王夫之至死不向清政权妥协投降,保全发入坟土,留清白于人间,这又是何等的激烈血性、浩然忠义!王夫之有胆略、有血性,更有男儿的率直真情。他对妻子情深意浓,当要离家避难出逃,临别娇妻,感怀不知何日再能相逢,也许就此黄泉相见,不禁凄然伤痛,离别后竟废食两日而病。他一生不知流下多少泪,为国家、为民族、为亲人、也为挚友。当王夫之惊闻同志好友方以智噩耗,悲痛万

---

① 王夫之著:《四书训义》(下),《船山全书》第8册,第153页。
② 王夫之著:《大行府君行述》,《船山全书》第16册,第71页。
③ 王夫之著:《春秋左氏传博议》,《船山全书》第5册,第607页。
④ 王夫之著:《姜斋诗集》,《船山全书》第15册,第705页。
⑤ 王夫之著:《姜斋词集》,《船山全书》第15册,第724页。
⑥ 王夫之著:《大行府君行述》,《船山全书》第16册,第72页。
⑦ 王夫之著:《姜斋诗集》,《船山全书》第15册,第368页。

分,至于放声狂哭。① 亲人兄弟、同志朋友相继而去,王夫之孤鸿长鸣于石船山,虽"泪如江水"却是"亦乾流"之浩荡②,他仍然在期盼着"他生杜宇唤春归"③,豪气和胆识永远唤起他无穷的希望和力量。王夫之忍常人不可忍受之苦难和剧痛,以其豪情壮志、血性真情将毕生的心血和最为诚挚的爱都献给了他的亲人朋友,献给了生他养他的民族和文化。

其次,豪杰之士具有独立自主的人格和大无畏的英雄气概。他们不守成规教条、不依傍他人,而信之于自我的权衡选择。夫之言"唯豪杰以心为师,而断之于事"④"尽己而不忧天下之我胜,君子之道,而英雄由之"⑤。他年轻时便与同志友人,尽豪爽之情而酌酒、吟诗、论道;感世人之萎靡不振、时局之危急艰难,先后组织行社和匡社,以倡导力行实践、纵论匡救天下之道。遭遇国变后,夫之又愤起抗清,以一介书生于衡山发动起义,然举事尚未成功就被清兵瓦解,还导致相与谋划起义的好友管嗣裘一家老少被株连致死。王夫之对此伤痛悲愤,流俗也诟病其所为,但英雄豪杰既以身任天下,则身之存亡、名之荣辱、世之毁誉、事之成败早已置身度外。"拔流俗以奋出"⑥、以非常之勇行非常之事,事不成虽不为荣,然败亦非辱,唯存坚贞不动、慷慨浩然之志量而俟机于未来。凡民、俗儒唯君父之命为命,墨守成规,英雄豪杰之士则唯在求己尽己、敢作敢为。他在永历政权期间,见朝廷昏庸腐败,而"群奸畏死贪赇"排挤陷害忠贞正义之士,夫之自言"众人之愦愦,固不能欺余心之炯炯矣"。⑦ 他为了伸张正义,不畏孤立无援、身微言轻,越级进谏"死诤"而不惧触怒圣颜,还险些命丧朝廷。对此,王夫之都无怨无悔,如他说"信诸心者非逆于理,成乎事者不疚于心,则君父虽加以尤而不避"⑧,更不必言俗儒之清议"纠其后"、流俗之议论讥其非,

---

① 王夫之闻方以智死讯,作《闻极丸翁凶问不禁狂哭痛定辄吟二章》,诗题下作注:"传闻毙于泰和萧氏春浮园。"见王夫之著:《姜斋诗集》,《船山全书》第15册,第357页。王夫之对方以智的具体死因并不清楚,按罗炽、蒋国保老师的研究,方以智是被清廷抓获,病死于押解途中,余英时则认为方以智是在押解途中自沉于惶恐滩。具体参见罗炽著:《方以智评传》,南京:南京大学出版社2009年版,第80页。蒋国保著:《方以智哲学思想研究》,合肥:安徽人民出版社1987年版,第79页。余英时著:《方以智晚节考》(增订版),北京:生活·读书·新知三联书店2004年版,第150页。
② 语出王夫之《初度口占》诗中"十载每添新鬼哭,泪如江水亦乾流。"见王夫之著:《姜斋诗集》,《船山全书》第15册,第315页。
③ 王夫之著:《诗文拾遗》,《船山全书》第15册,第924页。
④ 王夫之著:《读通鉴论》,《船山全书》第10册,第820页。
⑤ 王夫之著:《读通鉴论》,《船山全书》第10册,第354页。
⑥ 王夫之著:《周易内传》,《船山全书》第1册,第471页。
⑦ 王夫之著:《姜斋文集》,《船山全书》第15册,第319页。
⑧ 王夫之著:《读通鉴论》,《船山全书》第10册,第820页。

夫之坦然受之,只谓"龌龊而不足道也"。① 自此后,王夫之"屏迹居幽","秉清虚之志,以内决于心",他常自叹"余之所好""余之所甫"非是"悠悠纷纷"之流俗所可得而知矣。② 英雄豪杰往往是孤独的,但正因为如此,他们对于任何自然条件和社会环境都具有相对的独立性,在孤独中更可以独立地思考和深刻地反思。特立独行的英雄豪杰都是自己做自己的主人,对自我的选择和命运负责。王夫之选择了遗世特立、独处荒凉深山的孤独豪杰之路,留发终生、不惧清廷威胁利诱、拒见大清官员,"超然于举世沈湎之中,以之藐王侯而伸士节"③。他正是在这种超然独立中将其英雄豪气转化为"破块启蒙"的哲学思考,饱含激情和血泪写下了不朽的文字。

　　最后,豪杰精神更具有健动不息的无限生命活力、创造力以及敢于担当历史重任、具有强烈现实关怀的人格特质。王夫之说:"天下日动而君子日生,天下日生而君子日动。动者,道之枢,德之牖也。"④天道气化流行、日新富有,生活的世界和人生的境遇更是变动不居、随势流转,而英雄豪杰之士则是"与时偕行"、审几度势的积极行动者。王夫之一生都充满健动的生命力和创造活力。他年少时受长兄教导,"夏楚无虚旬,面命无虚日"⑤。由此,夫之"自少喜从人间问四方事,至于江山险要,士马食货,典制沿革,皆极意研究。读史读注疏,于书志年表,考驳同异,人之所忽,必详慎搜阅之,而更以闻见证之,以是参驳古今"⑥,他对天下事都充满着敏锐性和好奇心,他鄙视那些因循守旧、迷信权威书本的庸人和俗儒,而强调必在与天下事物亲身打交道的过程中思考学习。这些经历不仅让王夫之崇尚力行实践,而且还培养出了实事求是的知性精神。当面临民族危亡,他更以实际行动只身赴国难、历尽艰难险阻,"处贫贱患难而不易其官天地、府万物之心"⑦。在王夫之的心目中,儒家知识分子绝不是单纯书斋里的学者,他们有强烈的历史使命感和时代责任感。因此,兴发豪杰之气而身任天下,从来就是一个真儒的天职所在。孟子言"万物皆备于我""塞乎天地之间",王夫之认为,无非就是说在天下万事万物面前,都需要挺立主体之自我,"人之欲大有为也,在己而已矣"⑧"尽天下之人,尽天下之物,尽

---

① 王夫之著:《春秋左氏传博议》,《船山全书》第5册,第607页。
② 王夫之著:《姜斋文集》,《船山全书》第15册,第189页。
③ 王夫之著:《四书训义》(下),《船山全书》第8册,第876页。
④ 王夫之著:《周易外传》,《船山全书》第1册,第1033页。
⑤ 王夫之著:《姜斋文集》,《船山全书》第15册,第101页。
⑥ 王夫之著:《大行府君行述》,《船山全书》第16册,第73页。
⑦ 王夫之著:《思问录内篇》,《船山全书》第12册,第410页。
⑧ 王夫之著:《读通鉴论》,《船山全书》第10册,第354页。

天下之事,要担当便与担当,要宰制便与宰制,险者使之易,阻者使之简,无有畏难而葸怯者"①。英雄豪杰之士都是在无所畏惧、砥砺力行、身任天下的积极行动中成就可大可久之德业,获得喜悦和幸福、鼓舞与力量,并最终实现生命的价值和人生的意义。虽然,王夫之身任天下的雄心壮志最终在政治和军事领域失败了,但他并不因此灰心丧气、自甘消沉堕落甚至一死了之,而是将其生命力和创造力投入到熔铸民族历史文化的另一种身任天下的行动中去。据其子王敔记载,夫之晚年"自入山以来,启瓮牖,秉孤灯,读十三经、二十一史及朱、张遗书,玩索研究,虽饥寒交迫、生死当前而不变。迄于暮年,体羸多病,腕不胜砚,指不胜笔,犹时置楮墨于卧榻之旁,力疾而纂注"②。夫之将其英气勃发、血性涌动的生命力、创造力和行动力持续到生命的最后一刻,虽然最终不免人死身朽,但"与灰俱寒,不灭其星星之火;与烟俱散,不荡其馥馥之馨"③;纵然天地变色、乾坤倒转,却仍有那一股豪杰之气始终驰骋纵横在天地之间。

王夫之呼唤豪杰精神,他自身就是英雄豪杰的典范,但他更期待在非常之时有更多的豪杰之士出现,"然则当今之世,夫岂无豪杰哉? 吾愿与之存人道于将亡之日也,吾待之矣!"④王夫之将社会治乱、国家兴亡的重任完全寄托于英尤特立的豪杰之士上,并高歌英雄豪杰的不屈战斗精神,"诚于为,则天下之亶亶者皆能生吾之心"⑤"天之所死,犹将生之;天之所愚,犹将哲之;天之所无,犹将有之;天之所乱,犹将治之"⑥。这是一种典型的成就"大我"的英雄主义立场,也具有明显的理想主义色彩。其实,任何一个时代都需要英雄豪杰的出现,以使人在平庸日常甚至是麻木不仁的生活当中感受到伟大心灵、崇高人格的震撼和启迪;只要人对于自我的生命价值和人生意义还有所向往追求,豪杰精神就永远不会成为过时的英雄童话和历史的陈迹。

王夫之倡导身任天下的豪杰精神,其基本立足点虽然主要还在于民族救亡的社会担当意识上,但同时也是对晚明以来个性解放思想在新的时代要求下的一种承继和发展。真正的豪杰精神,绝不是少数英才的个人行为,也绝不仅仅只有一种空泛的社会意义,它对于每一个人的人格塑造、生

---

① 王夫之著:《读四书大全说》,《船山全书》第6册,第930—931页。
② 王夫之著:《大行府君行述》,《船山全书》第16册,第73页。
③ 王夫之著:《春秋左氏传博议》,《船山全书》第5册,第616页。
④ 王夫之著:《四书训义》(下),《船山全书》第8册,第839页。
⑤ 王夫之著:《思问录内篇》,《船山全书》第12册,第423页。
⑥ 王夫之著:《春秋左氏传博议》,《船山全书》第5册,第617页。

命提升都具有积极的感召意义。王夫之认为人人都拥有豪杰的生人之气，正是肯定对于意志自由、人格独立和生命尊严的追求是每一个人切身的本真需要。相较于圣贤人格的精英主义，笔者认为，王夫之所谓的豪杰精神已经开启了一种追求平民化独立人格的先河，可以说是近代个性启蒙思想在中国传统文化中的特殊表现。而且，王夫之更将中国传统的诗教精神与豪杰人格的塑造联系起来，认为通过"诗教以荡涤其浊心，震其暮气"，从而兴发个人的豪杰之气并进而能够希贤希圣。因此，对于理想人格美的追求，王夫之从根本上认定必须置身于人的艺术化生存当中，这无疑又是中国哲学所特有的诗性特色的充分展现。

第三节 "内极才情，外周物理"
——艺境诗心的人格美境界

萧萐父先生认为，中国哲学有别于西方哲学的一大特色是诗性特质。如果说西方文化无处不在的是宗教情怀和科学精神，那么，中国文化无处不在的则是诗歌。萧先生认为，诗歌渗透在中国人生活的方方面面，在文化层面上则突出表现在两个方面：一方面是诗"在对现实政治的参与中，实现着人类理想的美和善的统一"；另一方面，则是"诗心对哲学文化的渗入"，在哲理与诗心、情与理、形象思维与逻辑思维的交融和生成中实现美与真的合一，即是"哲学的诗化与诗的哲学化"。由此，萧先生认为"中国哲学走上一条独特的追求最高价值理想的形而上学思维的道路，既避免把哲学最后引向宗教迷狂，又超越了使哲学最后仅局限于科学实证，而是把哲学所追求的终极目标归结为诗化的人生境界"。简单而言，这一诗化的人生境界即是立足于人的生存和历史性存在，将哲理、诗心、史感融为一体，从而达至成善、契真和审美合而为一的境界。诗化哲学的形态繁多，可表现为哲人、诗人的哲理诗和诗意文字，以及哲人、诗人的诗哲学或诗化的哲学评论等。[①] 萧先生晚年更将诗化哲学的形态精炼概括为"双L情结"，即体现为逻辑（Logic）与抒情（Lyric）的交融，亦是史、诗、思的统一。在广泛意义上，即是理性与情感、历史与现实、生命与艺术的一体融通。因此，笔者认为萧先生所谓的诗化哲学，本质上是一种艺术化生存哲学。

[①] 以上详见萧萐父著：《吹沙二集》，第507—512页。另可参见吴根友师两篇论文中的评述，吴根友：《论中国哲学精神》，江西社会科学2008年第2期。吴根友：《试论"世界历史"时代里的"世界哲学"与哲学的中国性》，《华中科技大学学报（社会科学版）》2011年第1期。

王夫之的哲学可谓中国古代诗化哲学的典范。他既有丰富的融真契美、情景交融的哲理诗和诗意文字，又有大量见解独到、思想深邃的诗化哲学评论。当代学者已经从诗学理论和文艺美学思想等角度对其进行了深入广泛的研究。① 笔者将王夫之人性生成哲学归于理想人格美的追求，则主要从王夫之自身的诗词文赋和诗意文字入手探讨其艺术人生和诗化的人格美境界。当然王夫之的诗作很多，本论文不可能一一涉及，而只是从人格美的角度选择其中的诗作进行分析。

　　王夫之自道："十六岁而学韵语，阅古今人所作诗不下十万。"②自此以后，诗词文赋就融入了王夫之波澜壮阔的生命历程当中。可以说，诗歌就是王夫之生命体验、生存实践的艺术化表达。诗既是其才情神思、家国情怀的真情流露，更是其傲然风骨、独立不羁人格美的真实写照。王夫之的心志和寄怀、理想与抱负，在其艺术生命中获得了永生！

一、"以追光蹑景之笔，写通天尽人之怀"——诗歌艺术中生成的人格美

　　王夫之认为，诗是在诗人与生活世界之景物的猝然相遇中，通过及时把握情景交融的兴会状态，所抒发的一种审美情怀之言。也就是说，诗是对诗人无矫揉、无造作、超越任何功利和企图的真实审美情感的表达。对王夫之而言，这正是诗歌的本质和特殊性所在。诗歌作为形象思维的审美艺术，抒发和陶冶人之性情，感通天道物理，"别有风旨，不可以典册、简牍、训诂之学与焉也"③。王夫之区别诗歌艺术与其他传统学问的区别，从而突出诗歌的美学特征。诗"函美以生"④，它是人之心志才情、文章之色与天地万物、休嘉之气交融相通的本原"两间之美"的整体呈现和持续生成。人透过诗歌艺术而彰显天地之美，而诗歌艺术也成就了人所独有的人格之美。

---

① 可参见萧萐父、许苏民著：《王夫之评传》，第554—602页。另外，熊考核、谭承耕、陶水平、叶朗、萧驰等学者亦有专著论述王夫之的诗学和美学思想。具体涉及王夫之诗歌美学思想中的诗道性情论、情景交融论、现量论、诗兴论、兴观群怨论等。从目前研究现状看，学者们主要还是着眼于王夫之的诗学评论而论其美学思想，对王夫之诗歌本身的研究相对较少。笔者本节主要探讨王夫之艺境诗心的人格美境界，因此，对于王夫之的文艺美学思想只是做一铺陈和背景式的简单介绍，重在从王夫之自身的一部分诗词文赋中彰显其艺术人生和人格美。

② 王夫之著：《夕堂永日续论序》，《船山全书》第15册，第817页。

③ 王夫之著：《诗译》，《船山全书》第15册，第807页。

④ 王夫之著：《诗广传》，《船山全书》第3册，第513页。

(一)诗"函美以生"——诗歌艺术的本质

王夫之言"自性生情,自情生文"①,又言"文以用情"②。可见,"文"是直接根源于人之情而生的。诗本身也是一种"文",它自然是人之情感的表达。不过,王夫之认为,诗之文是诗人触景刹那而兴,处在有意无意之间,用于表达人的真情实感,而富有节奏和韵律的语言文辞。因此,诗文之情或直接称之为诗情,既不是一般的自然情绪和心理情感体验,也不是单纯的道德情感。在王夫之看来,诗情是"性""情""景""文"四者之间的交织和融通,本质上是一种"通天尽人"或天人合一的审美情怀或审美情感。他说:

> 唯此窅窅摇摇之中,有一切真情在内,可兴,可观,可群,可怨,是以有取于诗。然因此而诗,则又往往缘景,缘事,缘已往,缘未来,终年苦吟而不能自道。以追光蹑景之笔,写通天尽人之怀,是诗家正法眼藏。③

王夫之的上述言论,很好地说明了他对诗歌艺术本质的理解。他表达了三层意思:第一,诗文虽短小精干,却容纳了"一切真情在内",诗的本质在于情,而且是真情。所谓真情即是"贞""正"的审美之情。真情"为正、为实、为诚、为常、为不妄"④,而与荡淫、虚妄、鄙陋、浮华之情无关,诗情是真实无妄的审美情感。第二,诗歌是"追光蹑景"之言,遇景猝生、即兴而发,它并不直接明确地表达某种固定的意蕴,即使"终年苦吟"也"不能自道",而是在"窅窅摇摇之中"打开并维持住一种意义蓄势待发、正在生成中的审美意境。第三,诗歌虽然是个人的创作,但是诗所外显和内隐的诗情、诗意却有无穷的艺术感染力、想象力和穿透力,所以,诗歌能够超越时空、天人、己物、人我的界限而可以兴观群怨。王夫之认为,这是诗歌的"尽"性和"通"性。诗,尽己之心志才情而又通于天道、人情、物理,即情而又融景缘事,当下之感怀又涵摄过去与未来。总之,在诗歌表达的审美情怀中,自我的心性与才情、身与心达到了有机的统一,此所谓"尽人";而天人物我、情与景、主观与客观也回归到了本原的交融和相通,此所谓"通天"。

诗歌抒发了诗人的通天尽人之怀,换句话说,诗构成了人与世界之间

---

① 王夫之著:《读四书大全说》,《船山全书》第6册,第616页。
② 王夫之著:《诗广传》,《船山全书》第3册,第299页。
③ 王夫之著:《古诗评选》,《船山全书》第14册,第681页。
④ 王夫之著:《说文广义》,《船山全书》第9册,第329页。

沟通融合的桥梁,人与世界、情与景正是在诗歌艺术中相互生成。一方面,诗人的心志才情透过诗歌表现于天地万物、人情事理,诗歌将人的审美情感世界化;另一方面,诗歌所表达的人之审美情感是触景而生的,景是世界中的景物、境遇或环境,既是自然的、也是人文的(具有历史、社会和文化的性质),如此,诗人透过诗歌就艺术化地再现了世界和天道、敞开了人道的生活境域。诗就是对天道心性、人情物理的言说,诗的意境生成和维持着人与世界、情与景之间真善美的交感和融通。王夫之认为,诗歌艺术的本质是对人之通天尽人的审美情感的表达,而这一审美情感的表达又是以情景交融的形式在诗中充分显现出来。

(二)"诗以道性情,道性之情也"——诗情彰显的人格美

王夫之赋予诗情以"通天尽人"的至高地位,而在中国传统诗学中一直有"诗言志"与"诗缘情"的冲突,在诗化哲学上则表现为"性其情"与"情其性"的冲突。① 王夫之则明确主张"诗以道性情,道性之情也",他说:

> 诗以道性情,道性之情也。性中尽有天德、王道、事功、节义、礼乐、文章,却分派与《易》《书》《礼》《春秋》去,彼不能代诗而言性之情,诗亦不能代彼也。②

王夫之反复申明诗歌是抒发人的审美情感,此情是由作为生命存有之性而生发出来的。"诗以道性情"并不是王夫之的首创,王夫之以前已经有很多学者提出这一命题。但是,夫之的落脚点却是在"情"字上,所谓"道性之情"。因此,王夫之反复言"诗达情"③"诗以言情"④"诗以道情,道之为言路也。情之所至,诗无不至;诗之所至,情以之至"⑤。可以看出,

---

① 对诗学中情志或性情问题的争论以及王夫之诗歌美学的特点,学界研究颇多,笔者不再赘述。简单而言,王夫之扬弃了儒家诗学中的"诗言志"传统,主张"诗无达志","诗言志"而"非志即为诗",对"诗道性情"也从美学的角度(而首先不是道德教化角度)给了新的阐释,强调诗歌的抒情性和审美情感的独特体验性。陶水平教授认为"王夫之诗学既是中国古典儒家诗学的审美化的完成;同时又是中国古典诗学的终结"。具体可参见陶水平著:《王夫之诗学研究》,北京:中国社会科学出版社2001年版,第22—29,426—432页。萧萐父先生、许苏民老师更指出"王夫之的文艺美学思想,与其说它具有总结中国古典美学的性质,不如说它具有开创风气或近代启蒙的意义",具体表现在以人格的完善作为文艺的最高目标,摆脱传统诗学作为政治教化工具的弊端,强调诗歌对个人情感和自由精神的抒发,吸收佛家唯识学思想资源建构其美学体系等。参见萧萐父、许苏民:《王夫之评传》,第600—602页。
② 王夫之著:《明诗评选》,《船山全书》第14册,第1440—1441页。
③ 王夫之著:《诗广传》,《船山全书》第3册,第325页。
④ 王夫之著:《诗广传》,《船山全书》第3册,第341页。
⑤ 王夫之著:《古诗评选》,《船山全书》第14册,第654页。

"诗以道性情"中的"性情"是一个偏正结构,"性"是修饰"情"的。而所谓"性之情"与"性其情"①亦有所区别,"性其情"中"性"作动词用,表达"性"对于情感的规范和导引,而"性之情"则是说明"情"是由"性"所生发的。所以,一方面,王夫之强调诗歌的本原和生命力在于"情",若无情的抒发则没有诗的产生,另一方面,诗歌所言之情是源于性显发于外之情。

这里需要特别说明,与道学家的观点不同,"性之情"在正统理学其实是指道德意义上的情感;而王夫之的"性之情"则是强调诗情是发于自我内心的真情实感或情实,即"心之元声"②,它首先不是一种道德情感,而是能够涵摄道德情感的一种审美情感。

这种"性之情"的审美情感不是一般意义上的流俗风情,王夫之明确言"浪子之情,无当诗情"③;同时,它又与人的道德理性认识有关,但却不能直接等同于道德情感,而是具有更为广泛、深刻的生命体验和社会历史内涵的诗情。④

王夫之所谓的人性是立足于人的生存而言,性只能落实在感性的身体上言,所谓"性之情"其实是指诗人投入整个身体、生命以至人生阅历的真切感受和审美情感,这样的审美情感融入了个人生命存在的全部感受,诗人的心志、才情、意向和追求都包含在内。所以,诗歌所道之性情绝不是伦理道德的说教和箴言,而是在诗所生发的审美意境中充分彰显和生成着的个人之生命感受力和才情创造力。王夫之认为,诗词文赋等艺术表现形式是个人对于自我审美情感的终极追求,在诗歌之美的意境中体验到的是心灵的自由和个性的解放,彰显的是独立而又崇高人格的魅力。因此,诗歌作为情感、情景的原初展开,不同于而且先于任何理性的思辨、道德的教化、建功立业的追求等,诗就是抒发性之情,这是诗歌艺术的独特性所在。

以上说明了王夫之诗情的内涵,他的诗词文赋以及诗意文字无不渗透着自我生命的独特感受、自得之情,皆是"身心中独喻之微"⑤,既融真契美、情中涵理,又情景交融、天人合一,自然与人文、天化与人心妙合于"元

---

① 关于"性其情"与"情其性"的问题,本书第三章第三节论性情关系问题时已经论及,可参考前文。
② 王夫之著:《夕堂永日续论序》,《船山全书》第15册,第817页。
③ 王夫之著:《古诗评选》,《船山全书》第14册,第753页。
④ 吴根友师即指出,王夫之"所谓的'性之情',即是与人的道德理性认识有关,具有广泛而深刻的社会、历史内涵的感情"。见吴根友著:《中国现代价值观的初生历程:从李贽到戴震》,第190页。
⑤ 王夫之著:《夕堂永日续论》,《船山全书》第15册,第829页。

韵之机",任己情之喜怒哀乐"流连泆宕"而出。① 夫之言"诗者,象其心而已矣"②,诗美之情就是王夫之不屈的生命精神、高尚心灵和崇高人格美的集中展现。在王夫之的诗词文赋中,诗情之美有哲思、史感,更有爱、梦与希望。

1. "六经总在虚无里,始信虚无不是无"——哲思、史感与诗情

王夫之是诗人哲学家,其诗作可谓是哲人之诗。清人邓显鹤为王夫之所写的传记中称赞王夫之"精研六经,诗其余事"③。将"六经"与"诗"并举评价王夫之,可谓精当。不过,"诗"绝不是"六经"之外的"余事","六经"即寓于诗中,哲理与诗情、思与诗、真与美是统一的。王夫之在《柳岸吟》一组诗集中,收录了唱和宋明儒的系列诗歌,可归为哲理诗一类。其中,唱和陈献章之诗,别有理趣和风味。

陈献章在《与湛民泽》诗中写道:"六经总在虚无里,万理都归感应中。若向此边参得透,始知吾学是中庸。"④白沙此诗全是自家理语,意在说明学问之道但求之于静心体悟感应而已,若求之于六经之书终不过是玩物丧志。陈白沙是心学的立场,先验的本心是超越感性世界和历史时空的,"道"或"万理"都有赖于静坐的心灵体悟。王夫之和此诗云:"晓日上窗红影转,暝烟透岭碧烟孤。六经总在虚无里,始信虚无不是无。"⑤诗的整个意境和白沙迥然不同,前两句言"景"而景中涵情,后两句对白沙之"理"而情涵理中。王夫之坚决反对将诗歌当作阐发义理的工具,白沙此诗虚情无景,只是理语,夫之是不认同的。但并不是说他拒绝诗中涵理,王夫之主张情理交融、在诗情中自然生发哲理。诗情中之"理"是神来之笔、自然而然的"神理"之生成和显现,而不是纯粹的哲理阐发或经生之理。他说"经生之理,不关诗理"⑥,又说"诗源情,理源性,斯二者岂分辕反驾者哉"⑦?在王夫之看来,真正的诗是诗情与神理的自然际会,在诗的审美动态意境中意义或神理才生成出来。

王夫之此唱和之诗由当下之景而兴发,诗的第一句"晓日上窗红影转",清晨第一缕明媚的阳光照耀在窗前,人首先看到的是窗户上红色光影

---

① 王夫之言:"元韵之机,兆在人心,流连泆宕,一出一入,均此情之哀乐,必永于言者也。"见王夫之著:《诗译》,《船山全书》第15册,第807页。
② 王夫之著:《诗广传》,《船山全书》第3册,第485页。
③ 王夫之著:《传记之部》,《船山全书》第16册,第107页。
④ 陈献章著:《陈献章集》,孙海通点校,北京:中华书局1987年版,第644页。
⑤ 王夫之著:《姜斋诗集》,《船山全书》第15册,第446页。
⑥ 王夫之著:《古诗评选》,《船山全书》第14册,第753页。
⑦ 王夫之著:《古诗评选》,《船山全书》第14册,第588页。

的闪烁、跳动、流转,这是一个多么美好又充满生机的天地啊!一个"转"字将整个诗句都写活了,当下即可感受到无限的动感和生机,活脱脱的就是孔子所谓的"四时行焉,百物生焉"的不言之"天",就是《易传》生生不息、健动趋时的天道,而天行健正是激励人当自强不息、有所作为。紧接第二句"暝烟透岭碧烟孤","暝烟"本意是指傍晚阴沉的烟雾,"碧烟"是指深山住家生火做饭时屋顶冒出的一股青烟。王夫之描述自己所住的整个山岭都被昏暗的烟雾所笼罩了,但却衬托出一支碧烟的孤洁青美。此表面在写景,其实是表达诗人孤高忠贞的"抱独之情"。《柳岸吟》诗集具体的创作时间未明,但可以肯定是在王夫之五十岁以后所写。① 按这个时段,永历南明小朝廷早已败亡,清朝入主中原大势已定。然王夫之寸心孤往、明志山林,"暝烟透岭"之景其实是当时天下不堪之情势,"碧烟孤"之景则是王夫之自身情志的写照。可见,第二句之景其实是景事相缘、情景相融。暝烟一片难掩孤烟青碧,正凸显夫之"不为世所颠倒"②、高洁贞固的独立人格。此种情景又何尝不是六经圣言所褒扬的大丈夫气节。前两句描述的景色背后都隐藏着人的身影,自然景观中彰显出人的心志情怀。如果说,第一句诗是天下有道之时,第二句是天下无道之时,但无论何时何地,君子无不有自尽之道,因为在所有的一切背后无处不是民族文化的涵养、历史慧命的相续,这就是六经的价值。六经不是单纯的文本、谋取功名的途径,六经是民族精神和民族文化的象征。

当夫之言"六经总在虚无里,始信虚无不是无"的时候,所谓"虚无"其实是说民族精神和历史文化的绵延不息、无处不在,不因夷狄患难就熄灭衰绝。③ 人作为历史性的存在,他人生的全部、整个生活世界无不浸透在自身族群的历史文化当中。而作为华夏民族之一员的王夫之,更深切地意识到自身承载的悠久而灿烂的历史文明。祖国山河大地之秀美、经史子集流淌的民族精神、诗书礼乐的修身实践等无不唤起和培养了王夫之巨大的历史感。这股强大的历史感充塞乎天地之间,无论其人在何时、身在何方、心在何处,面临何种处境、苦难、灾难甚至是天崩地裂、海徙山移,他都能以

---

① 王夫之在《姜斋六十自定稿·自叙》中言:"此十年中,别有柳岸吟。"见王夫之著:《姜斋诗集》,《船山全书》第15册,第331页。
② 王夫之著:《俟解》,《船山全书》第12册,第486页。
③ 王夫之反对佛老的虚无之说,他认为"虚无"只是幽隐而已。"虚"是气之"量",表明气无所不在地充实于整个宇宙;"无"表明气的存有不为人的感官所见。事实上,"虚无"都是实有之气所充实,人自始至终都生活在"气"的实有世界中。此句诗文中所言"虚无"同样是"实有"的意思,只是此实有之气重在凸显民族文化和历史慧命的精神之气的无处不在,人总是生活在自身的历史文化当中,为其熏陶涵养。

此历史感所熏陶涵化的浩然正气巍然挺立于其间。王夫之不是孤独的,他身后闪耀着屈原、辛弃疾、文天祥等历史伟人的民族魂;六经不是空虚的,它所显发的民族精神和历史慧命亘古长存、生生不息!

王夫之在这首小诗里,将哲理、史感融通于诗情,情感的审美体验承载着历史的厚重感、跃动着理性的穿透力,情、理、史交融生成的诗美意境、彰显的崇高人格美境界远远超越了陈白沙单纯理语诗所达至的自得之境。

2."残帷断帐空留得,四海无家一腐儒"——爱

王夫之对于自己的民族、文化、亲人、师友、普通的下层民众,以至于整个祖国的山河大地、品物庶类都有着强烈的认同、同情和深切至诚的爱之情感。儒家将仁爱作为人生存于天地之间的人之为人的最根本的规定。王夫之认为从"吾生所固有之真"[①]的"天性之爱"[②]出发,在人伦实践的爱之行动中,充拓培养、彰显流溢自我爱的能力。正是在爱中,个人发现了自己,体认了自我的人性,同时发现了他人、爱人与朋友,发现了人类,发现了整个世界。天性自然之爱在人的生存和历史性存在中获得了社会性和艺术性的升华。在王夫之诗文中,"爱"是表达得最为酣畅淋漓而又凄婉悲壮的诗情之一,而其中对妻子之爱则尤为真挚动人。他甚至认为,一个连爱人都无法充分呵护、关爱的儒者,只是一个腐儒而已。

王夫之原配陶孺人与夫之十年夫妻,贫贱相依、不怨不弃,后因父兄等亲人死于战乱而悲痛致死。夫之书墓碑铭曰:"蒸水深深,潇水淳淳。有美一人,琼质冰心。"[③]深静碧雅之水与琼质冰心之美人比兴,一个亭亭玉立的窈窕淑女形象跃然纸上。夫之有悼亡陶孺人诗四首,第一首云:"十年前此晓霜天,惊破晨钟梦亦仙。一断藕丝无续处,寒风落叶洒新阡。"[④]诗歌在时空交错、情景交融、梦与现实的交集中展开。王夫之认为本真的诗歌是"情不虚情,情皆可景;景非滞景,景总含情"[⑤]。当他面对妻子的新坟,寒风萧萧、落叶漫天之景尽是夫之哀痛不已的伤感之情,这样景就是活景;同时,当人全身心的感受都投入到世界的景色中时,这样的情就是真情。当下的情景感怀又一下子将夫之带回到十年前刚与妻子相会相知的"晓霜天"场景,过去的比翼双飞与现在的形单影只形成强烈的反差和对比。藕丝断而无续,过去的恩爱情景只能在梦中出现,却又被无情的晨钟惊破。

---

① 王夫之著:《四书训义》(下),《船山全书》第8册,第478页。
② 王夫之著:《读四书大全说》,《船山全书》第6册,第1010页。
③ 详见王夫之著:《年谱之部》,《船山全书》第16册,第308页。
④ 王夫之著:《姜斋诗集》,《船山全书》第15册,第563页。
⑤ 王夫之著:《古诗评选》,《船山全书》第14册,第736页。

不过,即使只是梦中短暂相会,也胜过仙境了。

仅此四句小诗,王夫之从有形有象的感性景观进入一个情景交融的审美意象,而此意象又往返于过去和当下、梦与现实,从而将有形的表现于外的情景世界和无形的内在深层次的情感生命世界有机统一起来,表达了他对亡妻发自生命和内心深处的难以掩饰之真爱和无限哀思。悼亡诗第四首最后两句"残帷断帐空留得,四海无家一腐儒"①,物是人非、伊人已去,夫之孤对残帷断帐,却无佳人可倾诉情怀,他感到自己不过是一个无家可归的腐儒而已。可以看出,王夫之对妻子是充满愧疚和悔恨的,他认为一个男子汉大丈夫纵使以天下为己任、建功立业,但却没有充分关爱到自己的妻子家人,就不算是一个真正的儒者。

王夫之一生都献给了民族大业,如果说他有愧对之人,爱人贤妻便在其中之列而且占有重要的位置。他后来续配的郑孺人更是与夫之志同道合、患难与共,颠沛流离,奔走国难之中。夫之曾有诗道:"泥浊水深天险道,北罗南鸟地危机。同心双骨埋荒草,有约三春就夕晖。"②诗中描述他和郑孺人离桂南奔途中,既为霪雨天险所困,又遭清兵四处追捕,危难困苦之际,夫妻二人本已经"双影瘦,征衣薄"③,更"卧而绝食者四日",甚至"旦夕作同死计";夫之因景生怀,想到自己怀忠却被奸臣陷害,不禁悲愤郁闷不已,郑孺人则"破涕相勉"。④ 这段艰难困苦、几近生死的岁月都是郑孺人陪夫之共同度过的,患难中见真情,他们之间的至深夫妻感情正是在战乱中经受生与死的洗礼而建立起来的。相较于陶孺人作为古代贤妻良母的典范,郑孺人不仅是王夫之的爱妻,更是其知音。因此,王夫之对郑孺人有着更深的感情。郑孺人之死,让夫之悲痛欲绝,写下了多首情真意切、感人肺腑的悼亡诗。诗中有云:"到来犹自喜,仿佛近檐除。小圃忙挑菜,闲窗笑读书。勿惊身尚存,莫是客凌虚。"⑤屋檐台阶、菜园小圃、书房窗前均不是单纯的景物,它们流荡萦绕着郑孺人的身影、笑声、一言一行、一举一动,檐除、小圃、闲窗在诗意中将在场与不在场统一起来,它们其实是在道说夫妻二人生活的甜蜜安逸。因此,夫之置身于此"实"景才会有"虚"景的浮现,但这不能简单视为是幻觉而已,虚实、隐显、在场与不在场的统一本身就是艺术和审美的真实。

---

① 王夫之著:《姜斋诗集》,《船山全书》第15册,第564页。
② 王夫之著:《姜斋诗集》,《船山全书》第15册,第300页。
③ 王夫之著:《姜斋词集》,《船山全书》第15册,第736页。
④ 王夫之著:《姜斋诗集》,《船山全书》第15册,第300页。
⑤ 王夫之著:《姜斋诗集》,《船山全书》第15册,第285页。

王夫之不讳言自我的儿女情长,这是他人格美的独特魅力所在。真实的人格之美是饱满和丰富的,绝不是单纯可以用道德高尚、忠肝义胆就能概而论之。王夫之的人格美蕴藏着无限爱的能力,无论是对家国天下、民族文化,还是对妻子朋友,以至于对自我的生命价值和人生理想,他都一往情深、激情澎湃,这当然是责任与奉献,但更是人性至善至美的真情、生命永恒不息的动力。"爱"作为一种发自内心深处的情感能力,它本身又是一种强大的感性动力,它内在地驱使人为其倾情之事、所爱之人、追求之梦而不惜赴汤蹈火、奋斗终生。简而言之,"爱"点燃了内心的希望之火,王夫之的诗情更蕴发了他永恒的希望和梦想。①

3."龟于朽后随人卜,梦未圆时莫浪猜"——梦与希望

王夫之的同乡刘思肯②是当时著名的画家,他曾经两次为夫之画像。第一次是在长沙水绿洲的一条船上③,当时夫之57岁。第二次是14年后,刘思肯到夫之定居石船山下的草堂探望,再次为夫之画像。④ 这年王夫之已经71岁,看着自己的画像,感慨万千,作《鹧鸪天》一首:"把镜相看认不来,问人云此是姜斋。龟于朽后随人卜,梦未圆时莫浪猜。谁笔仗,此形骸,闲愁输汝两眉开,铅华未落君还在,我自从天乞活埋。"⑤

王夫之此词写于清康熙二十八年(1689)冬。励精图治的康熙皇帝平三藩之乱、收复台湾、击败沙俄侵略,清朝的统治已经相当稳固。王夫之一定意识到反清复明的梦想破灭了,但他在词中仍言"梦未圆时莫浪猜",那么,夫之欲圆之梦究竟是何梦耶?"梦"屡屡出现于王夫之的诗词当中,它既是夫之诗中的梦景,更是夫之所寄托的梦想和希望。⑥

王夫之的希望和梦想植根于他对人性的理解、自我的志向、对于亲人朋友、家国天下、民族文化深沉而厚重的真爱。他的诗词中有"蝶梦""蚁

---

① 情感作为原动力,本书第三章第三节论情感时已经有详论,可参前文。吴根友师即指出,儒家的仁爱思想所包含的对自己、他人、同类以至最高理想的内在的爱,是人之希望不可或缺的感性动力。详见吴根友:《当代中国"主体性哲学"的出场》,《华中科技大学学报(社会科学版)》2010年第4期。
② 罗正钧说:"盖思肯为衡阳人,以技出游。"见罗正钧纂:《王夫之师友记》,长沙:岳麓书社1982年版,第148页。
③ 据刘毓崧撰《王夫之先生年谱》记载,公元1675年(清康熙十四年),夫之至长沙,"泊水绿洲,晤刘思肯,为写小照。"参见王夫之著:《年谱之部》,《船山全书》第16册,第235—236页。
④ 刘毓崧撰《王夫之先生年谱》中云:"冬,刘思肯来访,重写小照。"参见王夫之著:《年谱之部》,《船山全书》第16册,第268页。
⑤ 王夫之著:《姜斋词集》,《船山全书》第15册,第717页。
⑥ 据康和声的研究,王夫之诗词中言"梦"一般都不是寻常所说的梦境,而主要表达其梦想和愿望。见康和声著:《王夫之先生南岳诗文事略》,第157—158页。

梦""邯郸梦""修罗之梦"等梦境,①但主要的还是"旧梦"与"新梦"的区别。夫之的前半生主要生活在"旧梦"中,诗中梦境和希望主要寄托其家国情怀、对明王朝的眷恋和忠心以及反清复明、恢复华夏的豪情壮志。但这些梦想最终都成为无法实现的泡影,"残梦京华难再续,空山雪子埋牛目"②"旧梦已难续,无如新梦惊"③,夫之又总在旧梦中寻觅新梦。这个新梦正是王夫之在镕铸历史文化中所开启的"'破块启蒙''推故致新'之梦"④。

王夫之的"新梦"是对"旧梦"的超越。"新梦"在政治哲学的层面,主要表现为对建构一个充满仁爱和人文关怀的礼乐文明世界的向往;在人性哲学的层面,王夫之则透过哲理诗文表达其塑造独立自主人格的人文主义理想和希望。他有诗言道:"天道不可见,往来孰令亲。求仁信由己,循我得其真。"⑤夫之认为人生的价值必须是由自我创造出来的,妄求于天道、迷信于权威、沉迷于流俗,都丧失了个人的主体性和自主能动性。上别于天、下别于物,求之在我,信之由己,在亲身的实践生存活动中,充分发挥自我的自由意志,追求真善美统一的生活。有了独立自主的人格,进一步需要追寻自我生命的意义。这一追寻过程可能是极其痛苦和艰辛的,因为个人的生命意义是独特和具体的,并且只能由自己来完成和实现。别人可能无法理解,甚至可能违背一时既有的社会规范,这需要个人的勇气和胆识,甚至注定了将是一个人的孤独之旅,唯有与自我的人生理想为伴。夫之在《章灵赋》中写道:"人不可谋,天不可问,寸心孤往,且以永怀。思主则怆悦而烦心,仁求则坚贞而不怨。"⑥王夫之在经历了南明永历政权的极度腐败后,选择了"寸心孤往"的生命道路。这一选择天人不相为谋,是自己的选择,虽然违背了尽忠事主、报君恩的传统儒家伦理。但王夫之认为,唯有这种选择才是成为自己,成就了自我的坚贞志向。他永远记住父亲的教诲,与其"以身殉他人之道,何似以身殉己之道"⑦,如此可以无怨无悔。生

---

① 萧萐父先生对王夫之诗化之梦境已经有精彩的论述。他说王夫之"诗中梦境,凝聚着他的理想追求和内蕴情结",而这个情结就是"抱刘越石之孤愤"而又"思芳春兮迢遥",即孤愤中孕育的是希望和力量;王夫之诗化之梦,是其人格美的艺术升华。详见萧萐父著:《王夫之人格美颂》,《吹沙二集》,第425—426页。
② 王夫之著:《姜斋词集》,《船山全书》第15册,第783页。
③ 王夫之著:《姜斋诗集》,《船山全书》第15册,第341页。
④ 萧萐父著:《船山哲学引论》,第248页。
⑤ 王夫之著:《姜斋诗集》,《船山全书》第15册,第319页。
⑥ 王夫之著:《姜斋文集》,《船山全书》第15册,第195页。
⑦ 王夫之著:《姜斋文集》,《船山全书》第15册,第219页。

命理想和价值的追求,在中国传统哲学术语中属于"志"的范畴。"志"照亮了生命的征程,让平凡的生命充满了意义和活力。既有自我选择、自我决定的独立自主之人格,又拥有坚定的志向,就能追求理想的人格美。夫之以诗意的语言赞颂和评价这一光辉不朽的人格美境界,他说:

> 立志之始,在脱习气……潇洒安康,天君无系。亭亭鼎鼎,风光月霁。以之读书,得古人意。以之立身,踽豪杰地。以之事亲,所养惟志。以之交友,所合惟义。惟其超越,是以和易。光芒烛天,芳菲匝地。深潭映碧,春山凝翠。寿考维祺,念之不昧。①

中国人的至高境界不是在来生或彼岸世界实现的,而就是在有限的生命和世俗的生活中、在审美和艺术化生存中达到一种超越之境。王夫之的新梦是他无悔追随的方向,纵然当世之人无以理解,"问君去日,有人还似君否"②?不过,夫之仍然充满信心并寄希望于未来,"抱涓子于穷年,俟知音于来者"③!他与石船山之顽石为伴,共同等待和期盼着那个梦想春天的来临。

二、"船山者即吾山也"——"赏心""遥感"的顽石之美

公元1691年,正是清康熙三十年,清朝入主中原的大势已定。这年王夫之73岁,虽"久病喘嗽",却"吟咏不辍"④。他仍然在思、在问,家国已亡、回天无望,至亲挚友已相继而去,只剩下他亡国一孤臣,却也是风烛残年。王夫之意识到自己的时间已经不多了,以求死、乞活埋之心而不得,然寸心孤往、明志山林,他生命最后的倾诉将与谁说、将俟谁解?是年深秋,夫之履芒鞋、扶竹杖,步出自家草堂。落叶败絮、荒野凄清,夫之凭一身瘦骨嶙峋孤临秋风萧瑟之中,而独望不远处石船山上的一块光秃孤零的顽石,心潮澎湃、思绪万千。回草堂后,他奋笔疾书写下了其生命的绝笔之作《船山记》。

(一)孤入蛮荒的石船山——文明凋零时代的哲人之思

《船山记》中王夫之着力描写了石船山的蛮荒凄凉之景,而他却毅然选择将自己的余生留在这个荒芜野性、阴沉晦暗的石山之中。记中云:

---

① 王夫之著:《姜斋文集》,《船山全书》第15册,第145—146页。
② 王夫之著:《姜斋词集》,《船山全书》第15册,第772页。
③ 王夫之著:《姜斋文集》,《船山全书》第15册,第178页。
④ 王夫之著:《大行府君行述》,《船山全书》第16册,第76页。

第七章 "壁立万仞,只争一线"——人性生成的人格美

船山,山之岑有石如船,顽石也,而以之名。其冈童,其溪渴,其靳有之木不给于荣,其草癯靡纷披而恒若涸,其田纵横相错而陇首不立,其沼凝浊以停而屡竭其濒,其前交蔽以絿送远之目,其右迤于平芜而不足以幽,其良禽过而不栖,其内趾之狩者与人肩摩而不忌,其农习视其塍坿之坍谬而不修,其俗旷百世而不知琴书之号。然而予之历溪山者十百,其足以栖神怡虑者往往不乏,顾于此阅寒暑者十有七,而将毕命焉,因曰:"此吾山也"。①

此是王夫之描述石船山的荒凉凄清、傲然卓立之景。石船山因其山之坡有似船一样的顽石,因以得名。在夫之看来,石船山本身就是一座顽石之山,"顽石"是石船山之本性,而石船山如其所是地让"顽石"之性本然地显现出来。石船山巍然独立,无甘泉之流,无荣木之盛,纵有野草也是凋靡不堪,徒有农田塘池亦是杂乱枯竭。此山还顽石一个光秃秃的本色,不为灵秀丽景,不为良田美舍,只是凝重自立、冥顽不化。石船山处处彰显着蛮荒、死寂和野性,它本身是不适合人居住的地方,常人不会选择此山以栖身,即使置身于其中也会逃避或者漠视它的荒凉和晦暗。但是,王夫之则义无反顾地孤入石船山中,他坦然承受、勇敢面对这一不堪处境。

古来文人雅士终老山林之地,都是名山秀水,如"严之濑、司空之谷、林之湖山,天与之清美之风日,地与之丰洁之林泉,人与之流连之追暮"②。夫之认为,一个"仰而无憾""俯而无愁"的逍遥无待之人,可以居住在天赐神秀的美荫林峦宝地,涵天地之美而不朽于万世,为后人所思怀和仰慕。但夫之自己却是一个有憾、有愁、有待之人。天之清美不足以照亮其生命的价值,地之丰洁不足以砥砺其执着的事业,他不是为栖神怡虑而生,也不是为流芳百世而死。世俗中追求的良辰美景、风花雪月以至一切所谓美好的东西,对夫之而言都形同虚设。哪怕是让其在"梊以丛棘,履以繁霜"③的恶劣环境中以终生,夫之认为都超出了其本分。他宁可选择那野性萎靡的石船山相与为伴,因为蛮荒的石船山就是他所处时代的真实写照。异族

---

① 王夫之著:《姜斋文集》,《船山全书》第15册,第128页。《王夫之记》中说:"王夫之,山之岑有石如船,顽石也,而以之名。"但据康和声文字考证和实地考察,"山之岑"当为"山之岭",言山之坡有石如船。详见康和声著:《王夫之先生南岳诗文事略》,彭崇伟编,长沙:湖南人民出版社2009年版,第302页。
② 王夫之著:《姜斋文集》,《船山全书》第15册,第129页。
③ 王夫之著:《姜斋文集》,《船山全书》第15册,第128页。

入侵的血腥杀戮，文明凋零的步步惊心，大批士人降清，时代屈从于武力与暴力。王夫之在这样的时代中经历了所有的奋力抗争、痛彻心扉，但他仍然不得不面对自我无法改变的残酷现实，明王朝败亡了，华夏文明正步入深渊和黑暗当中。他本可以选择一死去逃避这一现实，也可以选择屈服于野蛮暴力的威耀，甚至可以选择人物两忘而栖神于名山秀水的逍遥。但是作为一个有历史担当意识的哲人，王夫之选择孤入这无穷的深渊和黑暗当中，他选择独自承受不可胜数、形形色色的痛苦煎熬，而要在蛮荒凄凉中去体验生命的价值，昭示文明的不可磨灭之光。

因此，在王夫之诗意的语言中，蛮荒野性的石船山总是迸发和敞开着另一个世界。山高阻目，山外的境界才如此让人期盼；野山趾狞，才凸显良禽飞过之可贵；旷世蛮荒，方知琴书文明求之不易。顽石之山是混沌野蛮的，却昭示出开化与文明，孕育着希望与未来，呼唤着惊雷的破块启蒙。这正是文明凋零时代的哲人之思所彰显的无限光芒。当王夫之步入石船山，他就用其人性的坚贞、灵魂的崇高、哲思的深邃去担负一切苦与痛、悲与泪、残酷与失望、鲜血与屠刀无休止的侵扰与威胁。而正是在直面蛮荒、担负凄凉当中，王夫之将所有沉积的无奈和痛楚升华为一种前所未有的在内心中冉冉升起、永不枯竭的力与爱、梦与希望。这是一个深刻哲人所独有的在人格和思想上的星星之火、璀璨之光，唯有在荒凉野蛮的石船山，唯有在文明凋零的黑暗时代，这样的星火和光芒才被衬托得异常耀眼夺目，它足以照亮人生所遭遇的任何坎坷艰难、痛不欲生、爱恨情仇，足以启明蛮荒野性、晦暗深渊时代的无限希望和未来走向。王夫之在荒凉凄清的石船山、在文明遁隐的时代中诗意地道出了人性的神圣、礼乐文明的再次重光和新生。

（二）"老且死，而船山者仍还其顽石"——顽石彰显的人格美之升华

王夫之选择任凭风吹雨打、电闪雷鸣却仍然岿然不动、顽固不化的石船山相与为伴。石船山是蛮荒的，但它又是巍然挺立、无所动摇的。只有顽石自封、光秃无有的石船山与风骨嶙峋、坚贞不二的王夫之相望相守，一起送走了十七年的黑夜、霜冻和寒暑，却总是迎来明日和煦的朝阳、岁岁明媚的春光。王夫之记中感言：

  赏心有侣，咏志有知，望道而有与谋，怀贞而有与辅，相遥感者，必其可以步影沿流，长歌互答者也……夫如是，船山者即吾山也，奚为而不可也！无可名之于四远，无可名之于末世，偶然谓之，欻然忘之，老且死,而船山者仍还其顽石。①

王夫之以顽石明其至死不渝之志,石船山顽秃挺立之景与王夫之贞固抱独之情相得益彰、互为遥感,情与景水乳交融,夫之耿介坚韧而又气壮山河的人格美形象跃然纸上。万象凋零、蛮荒野性而又顽秃傲立的石船山,正是夫之晚年悲凉凄绝、血性涌动、孤愤怀贞心境的真实写照。王夫之在孤寂顽立的石船山中寻觅到了自我的"抱独之情",看到了生命的无比坚韧和生命力的蓄势待发。虽然是一片肃杀沉寂的石船山,却无数次被夫之壮志未酬的哀号、悲痛酸楚的泪水所打破,顽石呼应着夫之的悲鸣在南岳的天空萦绕回响,如暴雨惊雷般打破这死一般的沉寂。夫之的坚贞悲鸣在顽石中得到了感通和回应,光秃秃的石山不再是无生命的物质存在,而是蕴藏着生机和气息、可以感通生命情感的灵性之物。夫之与石船山,互为遥感、相与对视、彼此交流,赏心、咏志、望道、怀贞,长歌互答而神契交融为一体。"相看两不厌,唯有石船山"②,夫之与石船山之间生成了一个天人物我交映成辉、迸发着生命火光、闪耀着人格光芒的审美意境。

王夫之在与顽石的"赏心""遥感"当中,生命与自然融通,顽石与夫之相互敞开。石船山亲身经历了夫之的生命世界并记录了每一个真实的故事;夫之则让石船山真正成其为石船山,让它的"顽"性、"石"性涌现出来。当夫之寄身石船山中,顽石和夫之就成为最亲切的精神伴侣,寒暑昼夜、饥寒交迫、狂风暴雨、生死存亡当前而仍旧岿然不动。石船山的蛮荒野性,肆意凛冽的寒风、山顶暗沉的阴云、四下的枯枝败叶;夫之的血性真情,国仇家恨的悲愤难平,身世飘零的孤鸿长鸣……在这一切悲凉阴冷的背后凸显出的是坚贞,始终涌动着的是激情和希望。顽石的亘古耸立凸显出夫之坚贞的恒德意志和对未来美好世界的无比信心,它们期待时间能证明仁义礼智的文明之光将重新照耀大地,一时的成亡、败辱不足以动摇文明的理想。这与黄宗羲"明夷待访"的文化理想交相辉映。王夫之在《袯襫赋》中问道:"思芳春兮迢遥,谁与娱兮今朝。意不属兮情不生,予踌躇兮倚空山而萧清。阒山中兮无人,謇谁将兮望春?"③"望春"的梦想和希望是王夫之

---

① 王夫之著:《姜斋文集》,《船山全书》第15册,第128—129页。引文中"无可名之于末世",家谱本"末世"作"来世"。康和声认为"四远"当与"来世"对文为佳,若作"末世"文义则不畅。详见康和声:《王夫之先生南岳诗文事略》,第302页。
② 此句是借用李白诗句而成,李白《独坐敬亭山》诗云:"众鸟高飞尽,孤云独去闲。相看两不厌,只有敬亭山。"王夫之的《船山记》和李白此诗实有异曲同工之妙。
③ 王夫之著:《姜斋文集》,《船山全书》第15册,第182页。

的新梦,是对未来礼乐文明世界和独立自主人格的人文主义理想的向往。无人可期,无人可待,唯有这顽傲的石船山可与夫之望春,他们在共同期盼并呼唤着这一美好春天的来临!

"船山者即吾山也",王夫之将所有的真情真言以及所有的"不欲言""不忍言""不能言"[1]都化归到石船山孤顽挺立的景象当中,"老且死,而船山者仍还其顽石"!王夫之以顽石自喻,在顽石上他看到了自我人生价值的终极意义和最后归宿,亘古耸立、冥顽不化的有形可见之石船山背后衬托出的是一个无形伟岸的崇高灵魂。夫之其船山乎!船山其夫之乎!王夫之的人格美"是以笃实之光辉,如泰山乔岳屹立群峰之表,当世之是非、毁誉、去就、恩怨漠然于己无与,而后俯临乎流俗污世而物莫能撄"[2],这是生命价值和人生意义的深刻化和人性的至上升华。石船山不再是一座地理或自然意义上的山峰,面对石船山,我们看到一种巍然独立的人格美,看到一种不屈精神,更听到一个历史强音的呼唤,这座顽石之山在沉寂二百年后终于化为破天的一声惊雷,雷声的震撼和回响至今仍在耳前!

本章小结

王夫之人性生成哲学的最终旨归,指向了追寻自我生命价值和人生意义、实现真善美统一的理想人格美境界。本书第七章即探讨王夫之"壁立万仞,只争一线"的理想人格美。首先,王夫之明确提出"以人为依""依人建极"思想,人生天地之间,不是外在的天理和天命、先验的本心和良知为人和世界立法,而是人为世界立法,为天地古今立法,亦是为人为自身的生命、生活和生存立法。"依人建极"的思想将人提升到天道与自然、人类社会与历史文化的主体和"主持者"地位,这就为其理想人格美的追求提供了坚实的理论基础。

其次,理想人格美的自我塑造,王夫之重在立志、养志而持志弘量。立志贞定了自我生命的价值和人生存在的意义,人活在这个世界上就有了终极的依托。坚定自我选择的志向、充分扩充其容纳涵受之量,在面对任何恶劣社会环境以及个人成败、得失、祸福等不测或消极因素影响时都能从容不迫、坦然承受,人在精神层面就超越上达到一种志存量弘的高远境界。

---

[1] 王夫之在《石崖先生传略》中诉其兄弟俩的"不欲言""不忍言""不能言",详见王夫之著:《姜斋文集》,《船山全书》第15册,第104页。

[2] 王夫之著:《俟解》,《船山全书》12册,第481页。

立志和养志贞定了生命存在的意义,但是,生命价值和意义的追寻不是在静坐体验或收敛身心的内心修炼中获得终极价值而实现的。王夫之强调,存志弘量的生命意义追寻必须是在个人置身于天地之间的"诚于为""身任天下"的实践生存活动中实现。因此,他倡导身任天下的豪杰精神,这是对晚明以来个性解放思想在新的时代要求下的一种承继和发展。王夫之认为,人人都能兴发豪杰的生人之气,从而肯定对于意志自由、人格独立和生命尊严的追求是每一个人切身的本真需要。相较于圣贤人格的精英主义,王夫之所谓的豪杰精神已经开启了一种追求平民化独立人格的先河,可以说是近代个性启蒙思想在中国传统文化中的特殊表现。

最后,王夫之将中国传统的诗教精神与豪杰人格的塑造联系起来,认为通过"诗教以荡涤其浊心,震其暮气",从而兴发个人的豪杰之气并进而能够希贤希圣。理想人格美的追求,既是志于人间正道善业的坚贞,又是追求真理的执着,更需要置身于人的艺术化生存当中实现真善美的有机统一。王夫之是诗人哲学家,诗词文赋一开始就融入他坎坷艰难、波澜壮阔的生命历程当中。可以说,诗就是王夫之生命体验、生存实践的艺术化表达。诗既是其才情神思、家国情怀的真情流露,更是其傲然风骨、独立不羁人格美的真实写照。王夫之的心志和寄怀、理想与抱负,在其"通天尽人"的艺境诗心和"赏心""遥感"的顽石之美所彰显的艺术生命中获得了永生!因此,王夫之的人格美,是成善、契真和审美的高度统一而又上升为一种精神之美的超越境界,是无形与有形的有机统一,是人性生成在历史和艺术中的升华!

第八章　王夫之与明清之际的人性生成论转向

明清之际的人性论思想流变,前辈学者研究最多的一条线索是明清之际气质人性一元论的发展。张岱年先生指出明清之际人性论思想流变的总体特征是反对程朱理学的性二元论,主张义理之性即气质之性的性一元论。① 陈来教授阐释了自朱子的"气异理异"说所导致的明中期以来对"理"的"去实体化"理解,从而发展出从元明至清代的气质之性一元论的内在逻辑。② 侯外庐、萧萐父、冯契、许苏民等先生则引入马克思的历史唯物论,深入阐发了明清之际思想家人性论思想的启蒙特色和近代人文主义特质。③ 日本学者沟口雄三以"恶归人习"这一线索,认为明清之际的思想家以"气质整正"的人性论完成了对宋明理学"气质变化"人性论的一次转折。④ 马渊昌也则以"本来圣人——性善说"到"非本来圣人——性善说"的转变梳理明清之际人性论思想的发展。⑤

吴根友师注意到明清之际人性论思想发展的多样性和复杂性,既有顾炎武为代表的自然人性论,又有王夫之的辩证发展人性论以及颜元为代表的气质之性一元论。他特别指出王夫之的人性论思想将人性看作一个不断生成的动态开放过程,"既肯定了人性有朝向更丰富内涵方向发展的可能性,也强调了作为道德主体的人在世俗生活中的主动性和自我负责的意义"。⑥

基于对明清之际人性论研究现状的上述认识,本章以王夫之的人性论思想作为参照对象,通过考察陈确、黄宗羲的人性论思想来揭示明清之际

---

① 张岱年著:《中国哲学大纲》,北京:中国社会科学出版社1982年,第222—228页。
② 陈来著:《诠释与重建:王船山的哲学精神》,北京:北京大学出版社2004年,第414—419页。
③ 萧萐父,许苏民著:《王夫之评传》,南京:南京大学出版社2002年,第325—330页。冯契著:《中国古代哲学的逻辑发展》下册,上海:上海人民出版社1985年,第1007—1011页。
④ [日]沟口雄三著:《明清时期的人性论》,《日本学者研究中国史论著选译》第七卷,北京:中华书局1993年,第156—175页。
⑤ [日]马渊昌也著:《明代后期"气的哲学"之三种类型与陈确的新思想》,《儒学的气论与工夫论》,上海:华东师范大学出版社2008年,第111—140页。
⑥ 吴根友著:《明清哲学与中国现代哲学诸问题》,北京:中华书局2008年,第175—178页。

人性论思想多样性发展中的一条线索,即相对于宋明理学中的人性现成论,发生了人性生成论的转向。

第一节 "自家元是天然完全自足之物"
——宋明理学中的人性现成论

宋明理学的人性论思想是纷繁而复杂的,但其中存在一种现成人性论的倾向,具体又有两种表现形式:一种是先天人性具足论,即认为每个人初生都拥有了上天所赋予的先天完满的人性,现实中人性有缺陷、有不足,并不妨碍其先天人性的完足性,尽性的过程就是发现和回归自身先天人性本来面目的过程;另一种不仅肯定先天人性具足论,而且肯定人性在现实状态中的已然完成性和完满性,不需任何人力安排,人性自然呈现的当下就是具足的。

先天人性具足论,可以说是宋明理学的一个共同价值信仰。宋明理学正是通过沟通"性与天道"而为人性确立了形上学的根据,人性就是天道、天德在人身上的体现。理学的开创者程颢曾说:

> 道即性也。若道外寻性,性外寻道,便不是。圣贤论天德,盖谓自家元是天然完全自足之物,若无所污坏,即当直而行之;若小有污坏,即敬以治之,使复如旧。所以能使如旧者,盖谓自家本质元是完足之物。[1]

这段话可以看作是对先天人性现成论的最好注脚。在二程,天道、天理或天德本身是现成完满的,没有"存亡加减""元无少欠,百理具备"[2];而天道与人性又是同一的,"道即性也",人一出生就被赋予了与天理一样完满的人性,"生则一时生,皆完此理"[3]。这样,人在初生一刻都拥有了完满现成的人性。但对于后天的经验生活而言,这个先天完满现成的人性还没有充分显现出来成为现实的人性,仍然需要"成性"。如果没有"污坏",就"率性而成";如果有"污坏",就"复性而成"。不过,"率性""复性"式的"成性"都没有"生生而成"的意思,只是循其本来面目或"复如旧"而已,因

---

[1] 程颢,程颐著:《二程集》,王孝鱼点校,北京:中华书局1981年,第1页。
[2] 程颢,程颐著:《二程集》,第31页。
[3] 程颢,程颐著:《二程集》,第33页。

为"自家本质元是完足之物"。后来，无论程朱理学还是陆王心学，都秉持了这种人性先天具足的现成论。

程朱理学主张"万物皆只是一个天理"①的天理本体论，在天人性命关系上提出"性即理"的命题，即认为人之生都禀赋同一个天理以为人之性，此即是天命之性。"(天命之)性即太极之全体，但论气质之性，则此全体堕在气质之中耳。"②天命之性本身就是完足的"太极之全体"，落实到人身上虽然为气质所障蔽，但在初生就已经"全体堕在气质之中"，气质是可能变化的，但其中的天命之性是具足完备的，无所谓损益变化。这样的人性仿佛就如某一物，人在初生就获得，终身不失、一生不变，而人所需要做的工夫，要么在敬中涵养此"物"，要么通过变化气质来复归和显明此"物"，要么通过格物穷理以反证此"物"。但人的天命之性本身是没有变化的，变化的只是障蔽此性的气质。朱熹如珠在水、如灯在笼的比喻，形象地说明了这种观点。作为"性"的灯、珠是不变的，它只是随着水的清浊、纸的厚薄的变化而显明不同而已。如此，程朱理学所谓的人性也最终成为一种异质和他律的绝对不变的超越存在之理。

与此不同，陆王心学讲"心即理""发明本心""致良知"，将程朱理学异质和他律的性理拉回到每个活生生个体的内心，强调主体即是本体，凸显了性理的内在性和自主能动性。但是细细分析起来，陆王心学"心即理"的"本心""良知"和程朱理学的"性即理"之"理"，其实有异曲同工之处。因为，作为"吾性自足"的"本心""良知"仍然是先天完满具足的。

无论是"心即理"还是"性即理"，都是用一种形上学意义的、永恒不变的先验本体或绝对实体的"理"来界定人性。当用这样的"理"来表征"心"或"性"时，心与性也被形上实体化和现成化，理学家所谓的"人性"或"心性"都是圆满自足的，至于现实中的人能够体证、感通、显现多少，并不妨碍心性本体的完满无缺。

发展到阳明后学，特别是泰州学派，他们时时不满师说，强调人人都具有的"现成良知"。"现成良知"不仅肯定性理的先天具足性，而且认为良知在现实经验中当下就是完满具足的，所谓"百姓日用即道"。王艮言："中也，良知也，性也，一也，识得此理则现现成成，自自在在……真体不须防检。"③良知以已然完成的状态存在于个体之中并在当下完满地呈现，个

---

① 程颢，程颐著：《二程集》，第30页。
② 朱熹著：《朱子全书》第23册，上海：上海古籍出版社；合肥：安徽教育出版社2002年，第2960页。
③ 王艮著：《王心斋全集》，陈祝生等校点，南京：江苏教育出版社2001年，第38页。

体只需要率良知、任自然而行即可，不需要任何的人力安排或防检。"现成良知"的人性现成论其实是先天人性具足现成论的极端化发展，它进而消解了理学家所强调的"变化气质"或"致良知"的"复性"工夫。

以上，简单梳理了宋明理学中的人性现成论倾向。他们事实上区分了人性的本然状态和人性的现实状态。人性本然状态主要是在名词意义上将"性"作为超越时空和现象界的先验本体或绝对实体（"理""本心"或"良知"），它是否完满现成地显现成就于现实的人性并不妨碍其天生的完满具足；发展至阳明后学则由"见在良知"而"现成良知"①，最终，直接将二者同一，人性当下的现实状态就是现成完满的。

阳明后学的良知现成论作为宋明理学人性现成论的最终理论形态，在明末的社会实践中产生了很多的弊端。晚明刘宗周曾批评说："今天下争言良知矣，及其弊也，猖狂者参之以情识，而一是皆良；超洁者荡之以玄虚，而夷良于贼。"②"情识而肆"指的是"现成良知"派的任自然倾向，"玄虚而荡"则是批评离弃现实人伦世界而空谈先天完满心性的倾向。明清之际思想家在反思明亡的教训中，理论上的反思之一即是批判泰州学派"现成良知"说的弊端，进而对整个宋明理学的人性论进行反思，发展出了人性生成论的思想。除王夫之的人性"日生日成"论外，陈确、黄宗羲等思想家也发展出各具特色的人性生成论思想。

第二节 "尽心于善，自知性善"——陈确的工夫成性论

关于陈确的人性论思想，学界研究颇多。一种视野从理学的道德形上学架构来解释和批评陈确的人性论，或认为陈确的人性论缺乏形上学建构，而走上了经验主义人性观的路子，衷尔钜、张学智、郑宗义等学者大体持此观点；或认为陈确的人性论既强调人性的先验超越性，又重视人性在实践经验中的展现和完成，王瑞昌、詹海云、邓立光、蔡家和、汤建荣等学者大体认同此观点。但陈畅教授的研究，认为不能用先验/经验范畴的认知性哲学来诠释性善论，从而界定陈确的人性论思想是价值指引的引导性哲学。③ 另一种视野认为陈确的人性论从宋明儒形上玄远的性理之学走向

---

① 阳明后学"见在良知"和"现成良知"不是本书重点讨论的内容，具体分析可参考彭国翔著：《良知学的展开：王龙溪与中晚明阳明学》，上海：三联书店2005年，第385页。
② 刘宗周著：《刘宗周全集》第2册，吴光主编，杭州：杭州古籍出版社2007年，第278页。
③ 陈畅著：《性善：指引抑或实体？——陈确思想略论》，《经典与诠释：荷尔德林的新神话》（4），北京：华夏出版社2004年，第312—335页。

了重视日用伦常力行实践的人性论,蒙文通、王汎森、张丽珠、申淑华等学者或多或少持此种看法。蒙文通先生还特别指出陈确开启了人性发展论思想,足以救宋明儒先天论之偏。① 日本学者马渊昌也认为陈确的人性论属于"非本来圣人——性善说"的发展论思想。② 汪学群教授指出陈确强调人性发展的可能性,这种人性发展既存在量的变化,也存在质的变化。③

上述两种研究视野其实都隐含有宋明儒道德形上学"本体—工夫""天—人"二分的架构,而陈确从根本上就反对这种形上学区分的思维模式。值得注意的是,萧萐父先生在解读蒙文通先生的理学思想时,认为陈确等人的人性论思想"在保留性善论的传统观念前提下,力图摆脱先验论的困境,把扩充论作为出路,而强调了'学'和'知'对发展扩充人性中的善端的绝对必要",就或多或少否定了"复性即善的形而上学",从而走上了实践锻炼日益完善人性的发展论思想。④ 萧萐父先生已提出不能用理学形上学的思维来理解陈确的人性论,在这一前提下,陈确是如何处理人性论中本体与工夫、先天与后天的关系构成了本文的出发点。笔者认为,陈确的人性论思想既不是先天形上学的预成论(包括后天工夫复性论),也不是经验主义的后天发展论,而是以"天人交相用"⑤的身心工夫域为中心的人性生成论。⑥

一、"自其诱于人而言谓之教"——"道性善"之"教"

陈确认同并坚持孟子的性善论。他认为孟子性善说秉承孔子"性相近"之说而来,"子言相近,本从善边说,即孟子道性善之意"⑦。孔子所言"性相近",其实就是说人性相近于善。⑧ 这样,陈确认为孟子"道性善"是"本孔子之意言之耳"⑨,孔、孟都以人性为善。同时,他强调孟子"道性善"

---

① 蒙文通著:《古学甄微》,成都:巴蜀书社1987年,第146页。
② [日]马渊昌也著:《明代后期"气的哲学"之三种类型与陈确的新思想》,《儒学的气论与工夫论》,上海:华东师范大学出版社2008年,第111—140页。
③ 汪学群著:《明代遗民思想研究》,北京:中国社会科学出版社2012年,第83—123页。
④ 萧萐父著:《萧萐父文选》(上),武汉:武汉大学出版社2007年,第203页。
⑤ 陈确著:《陈确集》,北京:中华书局1979年,第549页。
⑥ 从生成的角度阐述陈确的人性论思想,主要受到了张祥龙教授系列观点的启发。详见张祥龙著:《从现象学到孔夫子》,北京:商务印书馆2011年。
⑦ 陈确著:《陈确集》,第447页。
⑧ 认为孔子"性相近"即是说人性善,陈确之师刘宗周就有言"'性相近'犹云相同,言性善也。"将"性相近"解释为"相近于善"也是明清诸大家如顾炎武、黄宗羲、王夫之等人的共同观点。
⑨ 陈确著:《陈确集》,第447页。

又是"大有关民彝物教"①的立言。于是,陈确首先从圣人"立言布教"的角度,以圣学一以贯之"道性善"之"教"的意义来论证性善论的合理性。他说:

> 告子之说似中正,然大有便于愚不肖;孟子之言似偏执,然不便于愚不肖。此圣学异学之别也。然孟子之说,实至正无偏,与孔子之旨吻合。②

无论从历史还是从现实而言,既有善人,也有恶人。因此,告子等人提出的人性观更"似中正",而孟子认为"善人之性固善,虽恶人之性,亦无不善"③的人性皆善观就显得"偏执"了。但陈确认为,孟子性善之说"实至正无偏",正体现出圣学与异学的差别所在。从消极的层面看,"道性善"之"教"堵住了人"不为善"而归咎于"不能善"(非不为也,是不能也)的借口和托词,避免了"使天下之为不善皆得诿之于性"④的逃避本己责任情况;从积极的层面,此"教"不仅肯定了每个人为善成圣的根据和可能,"教"的意义更在于引导天下人"为善",在"为善"中显现和成就本己的"能善",并将"成性"的责任归于人本身。陈确言:

> 孟子兢兢不敢言性有不善,并不敢言气、情、才有不善,非有他意,直欲四路把截,使自暴自弃一辈无可藉口,所谓功不在禹下者。⑤
> 君子立言,务使贤者益勤于善,而不肖者咸悔其恶,斯可耳。胡乃旁引曲证,以深锢不肖之路?若曰"皆天之所限,人何与焉",不亦冤甚矣哉!孟子道性善,正为象、虎一辈言之,直是大不得已。向使普天下无一不善人,孟子何故又道性善,何不晓人意也!⑥
> 孟子道性善,是欲人为善,若但知性善而不能为善,虽知性善何益?⑦

---

① 陈确著:《陈确集》,第442页。
② 陈确著:《陈确集》,第452页。
③ 陈确著:《陈确集》,第451页。
④ 陈确著:《陈确集》,第442页。
⑤ 陈确著:《陈确集》,第452页。
⑥ 陈确著:《陈确集》,第451页。
⑦ 陈确著:《陈确集》,第456页。

上引第一段材料中,陈确认为孟子一再地强调原本于天的人之性、情、才、气皆善,正是要"四路"截住自暴自弃之徒"不能为善"的借口,人身中没有恶的根源和依据,天生人的一切即在"善"之中,从而说明"能善"而不是"能恶"才是人最本己的可能性。第二段材料通过展现"性善"和"性恶"两种"立言"的巨大差异,说明"君子立言"的宗旨和意义。如果仅以现成的"形据"①立言性恶,不仅"大有便于愚不肖",使其"不责心而责性,不罪己而罪天"②,为其恶行推脱自我的责任;更为严重的是"深锢不肖之路"。"人性恶"之"教"就是说人性最本己的可能性是"能恶",故对于不肖之恶人而言,"为恶"是不可避免且无法改变的,而"为善"则是无根据的,也是不可能的,此"皆天之所限,人何与焉"。而孟子"道性善"之"教",非但不是对现实中恶人的存在视而不见,恰好是"为自暴自弃一辈而发"③,"正为天下多不善人,故为此言唤醒之,俾亟反于善耳"④。陈确认为,孟子立言"性善",既"不便于愚不肖""使自暴自弃一辈更无处躲闪"⑤,又能唤起每个人内在的责任感和主动性,使善人益勤于善,而恶人改过迁善。这方面,孔孟是完全一致的,"孔子言'性相近',亦正为善不善之相远者而言,即孟子道性善之意"。⑥ 第三段材料则进一步说明"道性善"之教的积极意蕴,"教"不仅要教育使人知晓、感化触动人的灵魂,更要诱导勉励世人由触动成意志、化知识为行动,立言"性善"的知识层面最终是要落实到"为善"的实践层面。"教"不虚言,"道性善"就是要教化引导天下人在孜孜不倦地力行中去成就善,从而成己成物、参赞天地的化育。可见,立性善之教,能匡扶世道人心,这正是圣学的根本特征。

　　一言兴邦、一言丧邦,立言可不慎乎?"古圣贤不苟立言,必大有关民彝物教,然后不得已有言"⑦,故孟子立言性善,绝不是单纯的理论思辨或经验归纳问题,而是关乎世道人心、关乎民彝物教。由此,陈确认为,孟子"道性善"之"教"本是不得已之为言,正因应他所处的那个人心沦丧、邪说泛滥、霸道横行的时代风潮,而成为具有强烈责任担当、价值关怀、王道诉求和实践指向的立言。不清楚孟子立言的深意,"与孟子争性善,直是醉人

---

① 陈确言:"告子固云'以尧为君而有象',凡此形据,孟子岂不知之!" 陈确著:《陈确集》,第450页。
② 陈确著:《陈确集》,第451页。
③ 陈确著:《陈确集》,第591页。
④ 陈确著:《陈确集》,第456页。
⑤ 陈确著:《陈确集》,第447页。
⑥ 陈确著:《陈确集》,第451页。
⑦ 陈确著:《陈确集》,第442页。

言事,喃喃不了,自谓无一错,却何止于错也"①! 言"性"只能是性善之"性",而没有其他意义上的"性",否则,败坏世道人心。这样,陈确就从"教"的意义上论证了孟子性善说的正当性和必要性。

但仅从"教"的角度论证性善是不够的,即使能理解孟子立言之意,也会怀疑孟子道性善是"姑诱人于为善而无其实者"②。此"教"毕竟是关于"性"的,"道性善"之"教"除了诱导人改过迁善、积极为善、大有益于世道人心外,它是否道出了人性的真实呢? 陈确已经明言,性善之教既是"物教",又关"民彝","教"本身就显现了"性"。他说:

> 自其得于天而言谓之性,自其诱于人而言谓之教。要之,性不合于教,则性鲜不失矣;教不本于性,则教鲜不伪矣。③

此段材料,陈确意在说明"性"与"教"的统一关系。人性原自天,教则诱人去成性。如果人性不合于"教",即不能促使引导人去实现"性"本身,那么人性终将丧失;而"教"如果不能揭示人性的真实,让"性"如其所是地展现出来,那么"教"就是外在于"性"而成为戕贼"性"的"伪"。圣贤之"教"本原于"性"而彰显成就"性","性"则实现于"教"而使"教"成其为可能。陈确认为,"性"以生"教","教"以成"性","性—教"之间就是本原地互生互成关系。那么,性善之教就不是姑诱人为善的虚言,它在言说人性本身,自然开示了"道性善"之"实"。

二、"性岂有本体、气质之殊"——对两种人性观的批评

"道性善"之"实",简单而言,是要说明人性或性善到底意味着什么? 这就涉及陈确对孟子性善论的理解和阐释。他认为,至少有两种关于人性的看法阻碍了我们对于真实人性的理解:一种是混淆性与习,以"习"为"性"论;一种是天命之性与气质之性二分的人性二元论。"道性善"之"实",就必须首先打破这两种人性观的束缚,才能回到真实的人性中去。

关于人性的观点,一种是从现实经验的、已然成形的结果来推论人性。从现实和历史经验出发,"以尧为君而有象",圣人之世,同父母所生的兄弟之间,舜为善人,象却是恶人,于是推出人性"善恶之不齐,判然婴孺";

---

① 陈确著:《陈确集》,第451页。
② 陈确著:《陈确集》,第456页。
③ 陈确著:《陈确集》,第548页。

从史书记载的丹朱、叔虎等人的恶行,就认为"性有不善,昭于前册"。① 从行为的结果推论,"敬肆殊功,而曰生民之性之有美恶",②以人们不同行为选择所造成的或好或坏的结果,就认为人性不只有善,也存在已然而不可变的恶。陈确认为,凡此种种,都是以现成的"形据"论性,从而就会得出性恶或性有恶的观点。但是,人性是不能从经验现成的"形据"而言的,由"形据"而言的"恶",恰好不是"性"使然,而是"习"导致的结果。陈确秉承孔子"性相近,习相远"的观点,认为"人之性,一而已,本相近也,皆善者也"③,人性皆善,至于现实经验中人之善恶相差甚远的原因则在于"习"而无关于"性","善恶之分,习使然也,于性何有哉";人性中没有恶的可能或根源,"有不善,乃是习耳","恶"只是"习恶"而不是"性恶"。④ 陈确主要是从"习惯、习染"的意义上论"习",即"习"是一个经验的概念,"习恶"既意味着染于恶、习惯于恶,也意指"习"所导致的现成恶的状态,所谓"形据"。从经验现成的角度,存在"恶人",存在"下位之士""一节之士",由此而论定人的性命即"止于此",⑤恰好是混淆了"性"与"习"。因此,告子、荀子、杨雄等人认为人性恶或有恶的看法,都是从经验现成的"形据"出发,犯了以"习"为"性"的错误。陈确意在表明,人性不是一个经验的、现成的概念,"恶"只能从"习"上言,而经验现成意义上的习于恶、甚至习于善都还没有触及"性善"的真实意蕴。

另一种将人性区分为天命之性与气质之性的观点,陈确认为更加偏离孔孟的人性论。孔、孟皆未有"天命之性"(陈确也称作本体之性、本然之性、义理之性)与"气质之性"的说法,当然也不存在这种区分。按照陈确的观点,孔孟言性只有一个,即是性善之性,二性之说始自宋儒。他说:

> 人岂有二性乎! 二之,自宋儒始。既分本体与气质为二,又分气质之性与义理之性为二,不惟二之,且三之矣。若谓孔、孟皆见其偏,而张、程氏独见其全,尤极狂悖。⑥

陈确这段话主要批评的是程朱理学的观点。理学中本体、气质的二

---

① 陈确著:《陈确集》,第450—451页。
② 陈确著:《陈确集》,第448页。
③ 陈确著:《陈确集》,第458页。
④ 陈确著:《陈确集》,第455页。
⑤ 陈确著:《陈确集》,第448页。
⑥ 陈确著:《陈确集》,第458页。

分,其实是理、气二分的必然结果,也自然就有义理之性与气质之性的二分。引文中的"三之"是指本体、气质、义理的三分,陈确认为理学家的人性二元论实质上导致了"性""身""理"的分离,"性"和"理"仿佛都是不同于"身"的两"物",并将三者都"对象"化或"物"化。下文将论及,陈确则主张"身即性""身即理"(或者说气质即性、气质即义理)。按照理学家的观点,孟子"道性善",只在"理"上言性,故只看到本然之性,本然之性自然无不善;告子"生之谓性"专指气质之性,气质之性则有善有恶。只有如张载、程颐那样,调和孟子和告子,既言本然之性,又论气质之性,才能看到人性的全部,才能正确地解释人性的善与恶。至于孔子所言"性相近"亦不过只论及气质之性,不涉及本然之性。所以,程颐才说"论性不论气不备,论气不论性不明",这种观点经朱子阐发后,为大多数理学家所接受。在朱子的理论系统中,"天命之性"与"气质之性"的区分其实是强调理、气的不离不杂,而且理—气、理—事、本体—工夫、本体—气质、天命之性—气质之性之间的关系是不平等的,大致都是一种体用关系①,理、本体、天命之性相对于后者都具有绝对的优先性和本真性,代表在逻辑上可以独立存有的终极实在。如此而言,孟子"论性不论气"还只是言性不完备,而孔子"论气不论性"则尚未明晰人性的真谛了。所以,陈确批评上述观点"尤极狂悖",痛心疾首地指出"惟是世儒习气,敢于诬孔、孟,必不敢背程、朱"②。那么,程朱理学人性二元论的问题何在?陈确认为,"诸儒言气质之性,既本荀、告,论本体之性,全堕佛、老"③。理学家的"气质之性"说本自荀子、告子,按照上文的分析,宋儒所谓的"气质之性"实际指的就是"习气"而不是人性;至于他们所言的本体、本然或天命之性,则完全落入佛老的"空""无"学说之中。陈确说:

  性岂有本体、气质之殊耶?孟子明言气情才皆善,以证性无不善。诸子反之,昌言气情才皆有不善,而另悬静虚一境莫可名言者于形质未具之前,谓是性之本体,为孟子道性善所自本。孟子能受否?援儒入释,实自宋儒,圣学遂大泯丧。④

---

① 理学家论体用关系,"体"都是第一位的、更根本的,"用"是不可缺的、但是第二位的。王夫之则强调"体""用"互相为体,所谓"形色与道互相为体""理气互相为体"等,凸显"用"的重要性。后文将论及,陈确则直接颠倒了理学家的体用关系,将"用"提到了"体"的地位,"用"才是最根本最真实的,"体"只能在"用"中生成和维持。
② 陈确著:《陈确集》,第147页。
③ 陈确著:《陈确集》,第442页。
④ 陈确著:《陈确集》,第442页。

盖孟子言性必言工夫,而宋儒必欲先求本体,不知非工夫则本体何由见?孟子即言性体,必指其切实可据者,而宋儒辄求之恍惚无何有之乡。如所云平旦之气,行道乞人之心,与夫孩少赤子之心,四端之心,是皆切实可据者。即欲本体,体莫著于斯矣。①

宋儒分本体、气质以言性,何得不支离决裂乎?性即是本体,又欲于性中觅本体,那得不禅……不知家庭日用,处处有尽心功夫,即处处是尽性功夫,吾辈只是当前错过耳。今学者言道,并极精微,及考其日用,却全不照管,可谓之道乎?②

上述三段材料,说明了宋儒人性论的症结所在。一是在人的形质未具之先、气情才之外寻性善本体;二是抛开切实可据的工夫而抽象谈论性体;三是脱离家庭日用而虚悬论道。这样的观点,或将"本体"或"本体之性"视为"未生之前""人生而静以上"的不可形、不可言的先天之"物";或将其看作抽离于日用伦常、不经由身心事为的过程,就已然存在的超越之体。陈确认为,这恰好是佛老那种脱离人的现世实际生活而在先天、超越的形上学意义上论人性的观点。他进一步考证,"'本体'一词,不见经传,此宋儒从佛氏脱胎来者"③,质疑"本体"一词本来就不是儒学传统的说法,而恰是宋儒"援儒入释"。儒家即使言天道、本体、性善之体,也只能植根于人真实的生命和生活之中,"即欲本体,体莫著于斯矣"。没有在"气情才""工夫""家庭日用"之先、之上、之外而已然存在的性善之体、本体或天道。因此,陈确坚决反对本体与气质之性的二分,反对在先天超越的形上学意义上论人性。④

综上,陈确认为,人性或人的善性既不是现成经验意义上的"习性",也不是脱离身心日用而超越存在的"本体之性"或"天命之性"。这两种人性观都将人性对象化、现成化,漏过了人的善性得以显现、生成和维持住的真实鲜活的生命和生活体验。因此,按照陈确的理解,孟子"道性善"之"实",不是说人性是先天化、对象化、现成化的性善"实"体,而是说人性即

---

① 陈确著:《陈确集》,第457页。
② 陈确著:《陈确集》,第620—621页。
③ 陈确著:《陈确集》,第466页。
④ 陈确反对形上学人性论思想,从他批评程颐仁为体、孝弟为用的观点中也可明显看出。他说:"程子曰'论性则以仁为孝弟之本',而谓'仁是性,孝弟是用,性中止有仁义礼智,何尝有孝弟',甚误。孝弟而非性,将悖逆反是性乎?孩提之爱,少长之敬,不学虑之知能反不是性,更指何者为性?此等皆是程子言性大错处也。孟子曰'仁之实,事亲是也,义之实,从兄是也',分明是孝弟为仁义礼智之本矣。"详见陈确著:《陈确集》,第539页。

是投身于"实"际生活的"实"行中所显现成就的善性。下文分别从即身言性言善和即工夫言性言善展开论述。

三、"天命之性即不越才、情、气质而是"——"道性善"于"气情才"

陈确认为,孟子性善论"说得有根据,非脱空杜撰者"①,这个"道性善"之"实"就体现在切实可据的身体、工夫、家庭日用之中。但"身体"不是指生物学意义上的"躯体",而是自身即具有价值和意义,通过切身"工夫"本然融入"家庭日用"的身体活动。

"道性善"之"实",首先"实"在从身体活动言性言善。陈确认为,"孟子言心言情言才言气,皆是言性,分之不可分"②,人性不是某个现成"物"、寄居于身体之中、与身体形成外在的关系,而是内在于心、情、才、气的身体活动而生成。所以,气质性生命之外是不可以言性的,心、情、才、气就是人性原本的体现。但儒家经典讲"维皇降衷""天命之性",皇降、天命与人性、与气情才是何种关系呢?陈确认为,理学家没有正确理解这种关系。周敦颐"性通极于无",程颢依据《乐记》而言"人生而静以上不容说,才说性,便已不是性"等说,恰好割裂了天命与气质的内在联系,贱身孤性,将人性从气情才的生命活动中抽象出来,成为绝对超越、独立恒存的"天性"。如此,导致两个结果:一是"气、情、才而云非性,则所谓性,竟是何物?非老之所谓无,即佛之所谓空矣"③,不即身言性,至少在思维方式上类同于佛老的空无之说;更为严重的后果是,裂天命与气质"已将天与人判然分作两橛"④,背离了儒家的天人不二之说。陈确言:

> 一性也,推本言之曰天命,推广言之曰气、情、才,岂有二哉!由性之流露而言谓之情,由性之运用而言谓之才,由性之充周而言谓之气,一而已矣。⑤
>
> 知才、情、气之本于天,则知所谓天命之性,即不越才、情、气质而是,而无俟深求指玄穆之乡矣。⑥

---

① 陈确著:《陈确集》,第447页。
② 陈确著:《陈确集》,第466页。
③ 陈确著:《陈确集》,第454页。
④ 陈确著:《陈确集》,第473页。
⑤ 陈确著:《陈确集》,第451—452页。
⑥ 陈确著:《陈确集》,第472页。

上述材料中,陈确认为"天命之性""维皇降衷"是一种推本溯源的说法,仅是表明人性原"本"于天,并不是说人性"远"于身而成为另外一物,"盖推本言之则可,推而远之则不可"。①由此可知,本于天的人性是不能从身体整体分离出去而独立持存或显现出来的。从天生人的角度,人的身体、气情才都源于天,性又体现于身,故无论何时何地天命之性被体验到,它都必须是在气之充周、情之流露、才之运用的身体活动中实存,"所谓天命之性,即不越才、情、气质而是"。当我们抽象谈论"人性"或"天命之性"时,就会把人性当作可以离开身体基础而独存、显现和理解的某种实"体",甚至是先于身体而存在的超越"物"。于是,就产生理与气、本体与气质、天命与身体、性与气情才之间如何"凑泊"的伪问题。因为,从一开始我们就绝不应该把性与实际的身体活动分开,把"性"视作在时间上或逻辑上可先于身体而独存的"本体"。按照陈确的观点,"性"体现了天命、气情才在身体上的统一性。只有同一个奠基于身体之"性",从不同的着眼点可以称作天命之性或气质之性。事实上,所谓气质之性即是天命之性,我们甚至可以直言"身即性""气情才即性"。不过,需要澄清的是,这样的说法并不意味着"性"无差别地等同于或者可还原于身体或气情才,而是说"性"不是一个已然现成之"物",它只有在身体气情才的活动中当场被构成、被呈现。前文论及陈确将恶归入"习",认为人性只是善,此又即身言性,于是可合理推出"性善即身善"。他说:

> 性之善不可见,分见于气、情、才。情、才与气,皆性之良能也。天命有善而无恶,故人性有善而无恶;人性有善而无恶,故气、情、才亦有善而无恶。②

上引材料中,陈确从"天命""人性""气情才"统一于身体的角度,说明天命之善、人性之善并不是指形质未具之前的先天超越的性善本体,性善只能表现为身善,性善即是指气、情、才皆善。宋儒割裂天命与气质,将"恶"归罪于气情才的观点,陈确是坚决反对的。一方面,人性不是一个现成的"善体",性善不可见,"分见于气、情、才";性善无可指,"恒指情、才、气言之"③。另一方面,"性"体现于"身","恶"的"身"如何能生成"善"的

---

① 陈确著:《陈确集》,第473页。
② 陈确著:《陈确集》,第452页。
③ 陈确著:《陈确集》,第546页。

第八章 王夫之与明清之际的人性生成论转向

"性"呢？"情、才、气有不善,则性之有不善,不待言矣"①,身恶则性有恶,性善论将不复成立。至于刘汋等人质疑"止就气质言,便万有不齐,安得遽谓之善"②,陈确认为,气质的不齐是指人生气禀清浊的不同,只是表现为"聪明材辨"或"迟钝拙呐"的才质差异,而无所谓善恶的差异,"以清浊分善恶,不通甚矣"③。事实上,无论何种气禀或才质都本于天,皆体现性,都能在"尽其才"中成就善,所以,"气清者无不善,气浊者亦无不善"④。宋儒从气质言善恶区分的观点,根本上是将"气质"等同于"习气",即孔子所谓的"习相远"。气禀或清或浊皆有可能习染成恶,但此习成之恶"却与性何预？且与才何预？"⑤按陈确的观点,气以显性,说气质有恶就是说性有恶,"诬气即是诬性"⑥。故理学家"变化气质"之说是"变化吾性也,是杞柳之说也",极为不妥,而只能言"变化习气"。⑦ 陈确感言"大抵孔、孟之后,鲜不以习为性者"。⑧ 宋儒既裂天命与气质言性,又混"习气"于"气质",且以"习"为"性",便有了人性二分、气情才有恶、气质之性有恶的观点。陈确即身言性,天命之性即是气质之性;性又只是性善之性,恶仅在于习而无关性与身,故气质之性无不善、气情才皆善、气质即义理。⑨

以上,陈确论证了"道性善"之"实"就在于即身言性言善。不过,他做了进一步的分梳,将"身之善"界定为"情、才与气,皆性之良能也",气情才是体现性善的本原能力,或者说人性最本己的可能性就是"能善"。陈确引用孔子"我欲仁,斯仁至矣""有能一日用其力于仁矣乎？我未见力不足者"两句话,认为作为"心德之全""圣功之极粹"的"仁",孔子却"恒易言之",只能说明"人性无不仁",是"孔子之言性善更有直捷痛快于孟子者";⑩而其中"欲"是"兼情才言","力"指"才"。⑪ 由此说明,"仁"或"善"对于人的切身性和属己性(欲仁得仁、为仁由己),每个人都有成仁的

---

① 陈确著:《陈确集》,第452页。
② 陈确著:《陈确集》,第465页。
③ 陈确著:《陈确集》,第455页。
④ 陈确著:《陈确集》,第455页。
⑤ 陈确著:《陈确集》,第453页。
⑥ 陈确著:《陈确集》,第466页。
⑦ 陈确著:《陈确集》,第454页。
⑧ 陈确著:《陈确集》,第458页。
⑨ 日本学者沟口雄三以"恶归入习"这一线索,认为明清之际的思想家以"气质整正"的人性论完成了对宋明理学"气质变化"人性论的一次转折。详见[日]沟口雄三著:《明清时期的人性论》,《日本学者研究中国史论著选译》第七卷,北京:中华书局1993年,第156—175页。
⑩ 陈确著:《陈确集》,第457页。
⑪ 陈确著:《陈确集》,第453页。

本原能力(未见力不足者),气情才体现的"能善"就构成"性善"的必要维度。但为何人的人气情才皆善,即都具有能善的本原能力,而仍然有人习染于恶?原因在于"不为也,非不能也",人性只有"能善"的维度是不够的,还必须"为善"。气情才当然是"能善",但必须在"力于仁""尽其才"的"为善"过程中才能真正实现"善"。陈确认为,孟子"道性善"之"实"是表明人性具有即身而言的"能善—为善"互成一体的结构。他说:

> 性善自是实理,毫无可疑。今人只是不肯为善,未有为善而不能者。惟其为善而无不能,此以知其性之无不善也。"夫徐行者,岂人所不能哉,所不为也。"旨哉!孟子之言。故凡人之为善,皆徐行之类也……今之为不善者,皆自弃其所可能,而强为其不可能,以自诬而诬天下。①

这段材料中,陈确引孟子"徐行"之例,从"能"与"为"论性善。性善是真实无疑的,"善"是人性本有的"可能",可体现为身体能为善的本原能力(良能),而"恶"无关乎性与身、是人性的"不可能"。"能善"是"为善"得以可能的根据,所以,"未有为善而不能者";这样的"为善"也就不是"义袭"或"伪善",而是让"能善"自身生发出来。"为善"方能显现并成就"能善",正因为人总能"为善"便可知人性本是"能善","惟其为善而无不能,此以知其性之无不善也"。陈确举例说"不能孝弟,将能不孝弟乎?"世人似乎可以说"不能孝弟",事实上是每个人都"能孝弟",只是"不为孝弟"而已;但绝不可以说"能不孝弟","不孝弟"之"恶"是人性的"不可能"。人性本原的是"能善"(能孝弟)而不是"能恶"(能不孝弟),之所以不能善,原因只是在于人性虽是"能善"却不"为善"(为孝弟)。故"今之为不善者,皆自弃其所可能,而强为其不可能","为善"顺应了人性本原的"可能"(能善),"为恶"则戕贼人性习成"不可能"(能恶)。人性自是"能善",其本原的"可能"是通过"为善"而实现"能善",但也会"不为善"而背弃人性的"能善",但无论为善与否,并不妨碍人性具有能善的本原能力,只是"不为善"则"能善"无以显现。如此看来,"为善"是"能善"所牵动指引的"为善",而"能善"一定是生成维持于"为善"之中的"能善","能善"与"为善"就构成人性中互生互成的两个维度,缺一不可,它们共同作用才实现了真

---

① 陈确著:《陈确集》,第456—457页。

正的"性善"。①

身即性、气情才是"性之良能"或"能善",但唯有在"尽其才"(才)、"欲于仁"(情)、"直养无害"(气)的"为善"中实现"能善","为善"其实就是投身于天地之间、家庭日用的"工夫",身体"能善—为善"的结构就将人性置于"工夫"的动态生成过程之中。

四、"天、命、性皆不越吾身吾心之外"——"道性善"于"尽心"

"道性善"之"实",在陈确的视野里,"实"在投"身"于"家庭日用"的"工夫"中,换句话说,"性善"只能在人的身心力行、日用事为中构成、显现并维持住"性善"本身。陈确认为,儒家的立场就在于以"现世的工夫"作为人最根本、最真实的存在方式。"佛氏喜言未生之前、既死之后的道理,吾儒只晓得有生之后、未死之前的工夫。"②与佛家在现世人生之外(未生之前、既死之后)抽象探讨宇宙和人生的真谛不同,儒家所追求的"道""理"或者"天命"一定生成于现世人生(有生之后、未死之前)的"工夫"当中。天道、性命、本体与人的生命和生活密切相关、不可分离,它们绝不是在人的日用伦常生活之外、可以"非工夫"地被把握的现成对象物,而是必须在身心力行、日用事为的"工夫"中被鲜活地构成和显现。他说:

> 存养不二,尽心之全功也,而天、命、性在其中……穹然而高者,非吾之所为天也,之吾心与性,而天在矣。皇然而对者,非吾之所为事天也,密之存心养性,而事至矣。③

上述材料中,表明"知天""事天""天命"之"天"既不是指自然意义上高远的上天,也不是指需要侍奉崇拜的对象化之天,天、命、性不是现成地摆在某处的一物,而是生成并维持于人道的尽心、存养工夫中的终极价值和意义。由此,陈确才言"孔、孟之言性,本天而责人;诸家之言性,离人而尊天。离人尊天,不惟诬人,并诬天矣,盖非人而天亦无由见也"。④ 正是

---

① 黄宗羲曾比照陈确的逻辑说"惟其为不善而无不能,此以知其性之有不善也",以质疑陈确的观点。事实上,黄宗羲一方面没有理解陈确论人性"能善—为善"互成一体的结构,单论一方都没有完整理解性善论;另一方面,陈确认为"恶"是人性的"不可能","为恶"不能推出"能恶","恶"归于习成。
② 陈确著:《陈确集》,第467页。
③ 陈确著:《陈确集》,第550—551页。
④ 陈确著:《陈确集》,第448页。

尽心尽才的"工夫"沟通了天人,使天成其为天、性成其为性、人成其为人,故"天、命、性皆不越吾身吾心之外"①。在陈确的哲学视野里,"工夫"就不仅仅是手段和途径,"工夫"即是本体,"盖工夫即本体也,无工夫亦无本体矣"②。"工夫"具有了本原的地位,它构成了天人互生互成的意义生成域。陈确言:"自其自然者而言谓之天,自其勉然者而言谓之人。究之,自然者不可不勉,而勉然者卒归自然……是故择执之中必有从容,从容之中不废择执,天与人交相用之谓道。"③"工夫"本然具有"天人交相用"的两个维度(即诚者与诚之者),具体表现在"自然—勉然"之间、"从容—择执"之间、"学问思辨—笃行"之间、"性—教"之间、"能—为"之间、"诚—明"之间。"言诚而明在其中,言明而诚在其中"④,工夫表征的诚明、天人两个维度对生互成、先后无端、缺一不可,它们构成最本原的意义域,性、道、天命、本体都生成并维持于其中。

对于性或性善而言,天命之"性"即是在人道身心工夫中生成的"性"。"工夫"在孟子的话语系统即是"尽心"。"孟子本知性于尽心……尽心于善,自知性善"⑤,"知性"首先不是一个认识性善的知识论问题,而是性善如何得以呈现的工夫论问题,即性善只能在没有穷尽的尽心工夫中构成性善本身。⑥ 因此,陈确言"'尽心'二字,是合知行、彻始终工夫"。⑦尽心是贯穿终生的知行合一工夫,知、行亦即是工夫中对生互成的两个维度,"道性善"之"实"就意味着人性始终处在"知—行"一体的工夫域中成性成善。他说:

> 孟子非空空道个性善,实欲胥天下皆为善耳。若但知性善,而又不力于善,即是未知性善。故阳明子亟合知行而一之,真孟子后一人……言性善,则天下将无弃人;言知行合一,则天下始有实学。然孟子、阳明非姑为是言以诱人为善者,要之,性体与知行之体原自如此,

---

① 陈确著:《陈确集》,第 584 页。
② 陈确著:《陈确集》,第 467 页。
③ 陈确著:《陈确集》,第 548—549 页。
④ 陈确著:《陈确集》,第 584 页。
⑤ 陈确著:《陈确集》,第 443 页。
⑥ 关于"知性"与"尽心"之间关系问题,朱子以知性先于尽心,先"知"得性、才"见"的性尽,从"知见"的角度将"尽心"理解为尽知得心中的性理。陈确对此甚为质疑,他说:"朱子解《尽心章》,以尽心由于知性,故尝以物格即是知性,知致即是尽心为说。以弟观之,则未有不尽心而能知其性者。"见陈确著:《陈确集》,第 583 页。朱子的解释既有割裂知行的问题,更是将尽心的工夫论问题当作认识论问题来处理。
⑦ 陈确著:《陈确集》,第 551 页。

圣人复起,不能易也。非然,则性非性,知行非知行矣。①

陈确这段话,将孟子"道性善"与阳明"知行合一"统一起来,赋予了性善论新的意蕴。他所谓的性善论,在"教"的意义上是性教统一、在"身体"活动意义上是能善与为善统一,"道性善"则"天下将无弃人",肯定人人皆有为善的本原能力,"欲人为善"则非"空空道个性善";在尽心"工夫"意义上则是知行统一,如此"天下始有实学"。究其实,修道之教、尽才、尽心都是指投身于家庭日用中的成性工夫,陈确强调的是成性成善的尽心工夫原本具有知、行一体的结构,"性体与知行之体原自如此",性善本原地成就于知行合一的动态生成工夫域中。工夫中的"行"是"身心力行",身心即良知良能,身"行"中总已经有"知"的引导;这个身"知"不是工夫外现成的"天理"或"命令",而正是在"行"中使"知"成其为"知"。工夫中的"知"是"身知","知"本来就生成并维持在"行"之中;这个身"行"不是生物学、心理学上的肢体运动或行为,而是自身就具有价值和意义、由良知良能所引发构成的"行"。知行"先后之间,如环无端"②,所以,"不知必不可为行,而不行必不可为知,知行何能分得"。③ 陈确进而认为,"'由仁义行'是倒句法,精神全在上'明察'二句内","由仁义行"与"行仁义"是知行之间不可分,统一于明物察伦的"兢业"工夫中,④"行"是"仁义"所自然导向的"行","仁义"是"行"中所成就的"仁义"。知行都是在身心工夫中的知行,所谓知行合一、"知行之体",就是表明工夫具有"知—行"对生互成的结构,这种对生互成的结构活生生地构成了性善,构成了终极体验的天道或本体。

由上可知,所谓的知性、知善,都必须置于知行对生互成的日用工夫域中才能获得真切的理解。陈确认为,世儒的错误一在于脱离日用工夫言性命,"学者惟不肯切实体验于日用事为之间,薄素位而高谈性命"⑤,他提倡素位诚身之学,投身于实际生活境遇(无论富贵、贫贱、患难、疾病等)的切实工夫,则"吾素位之学尽,而吾性亦无不尽矣"⑥。错误二在于,即使重视

---

① 陈确著:《陈确集》,第442页。
② 陈确著:《陈确集》,第560页。
③ 陈确著:《陈确集》,第592页。
④ 陈确著:《陈确集》,第547—548页。
⑤ 陈确著:《陈确集》,第470页。
⑥ 陈确著:《陈确集》,第429页。

工夫,然"犹未离语言文字间"①,工夫没有落到身心实处。"即灼见得性无不善,气情才无不善,知行合一,知行并进,知行无先后,言甚凿凿,顾不知自反之身心力行,果何如也!"②这些错误的根源仍在于割裂知行、从而废弃切实工夫,学问仅仅停留在"徒知解及之"③,而真正的学问"毋徒以口讲,而以心讲,亦毋徒以心讲,而以身讲,乃得是"④。"身讲"正是指在日用事为、身心力行的工夫,在生命和生活实践的"尽心""力行"工夫中才有真正意义上的知行合一,真正意义上的知行合一才能成性成善。

"尽心"工夫不仅"合知行",还是"彻始终",这意味着工夫成性的过程不是一次性的,而是需要在无止境的工夫实践中不断地构成性善,人性就展开为一个生成和发展的意义空间。于此而言,"所谓尽心,扩而充之是也"⑤,尽心工夫就是指扩充四端以"成性"的过程。陈确说:

> 无论人生而静之时,黝然穆然,吾心之灵明毫末间发,未可言性;即所谓赤子之心,孩提之爱,稍长之敬,亦萌而未达,偏而未全,未可语性之全体。必自知学后,实以吾心密体之日用,极扩充尽才之功,仁无不仁,义无不义,而后可语性之全体。故曰"成之者性也",曰"尽其心者,知其性也"。⑥

以上材料中,陈确认为,"灵明毫末间发"的生命和身心活动之外是不可以言性的,没有一个"人生而静之时"就完满现成的人性本体;同时,人初生时也没有完备的善性,即没有当下已经完成的现成人性。孟子所说的"赤子之心,孩提之爱,稍长之敬",只是人性善的萌芽或开端,初生之性"萌而未达,偏而未全",它不仅是未完成的,也是未完备的。"然爱亲敬长,犹性而未全,必须学问;恻隐、羞恶、辞让、是非之心,亦性而未至,必须扩充"⑦,良知良能、四端之心表明人性既不是"不善",也不是已经"全善"的现成状态,而是处在一种原初的"善而未全善"的居间生发状态。这种居间生发状态使人的"学问""扩充"等工夫实践成为可能和必须,每个人

---

① 陈确著:《陈确集》,第465页。
② 陈确著:《陈确集》,第460页。
③ 陈确著:《陈确集》,第594页。
④ 陈确著:《陈确集》,第592页。
⑤ 陈确著:《陈确集》,第443页。
⑥ 陈确著:《陈确集》,第467页。
⑦ 陈确著:《陈确集》,第473页。

正是通过"体之日用"的学习、"教养成就""扩充尽才"的工夫来成就自我的人性之"善"。这种人性之"善"不是一种简单的现成知识的学习,某种既有道德规范的践履,或对所谓先验本体的回归、证成和体悟,而是让"尽心"工夫本身构成它当场鲜活的性善,并因无止境的"力行"工夫不断地维持住性善,更通过"极扩充尽才之功"来充实和发展性善。在工夫中生成、维持和发展充实性善,即陈确所谓的"成之者性也"。人性是生成的,故"一端之心,不足以明大备;底乎躬修之粹,而后知天地民物之所由赅"①,"尽""极""至""底"都是强调工夫的彻底性和终身性,"实以身尽之至之"②"终身焉而已"③,随切身工夫的不断深入和精熟,人性的善也就不断充实和发展;工夫必至仁至义尽、成己成物、位育天地万物,方可"语性之全体"、方可语"至善"。因此,人性的"善"是一个原本地置身于工夫中的生成过程,在这个过程自身当中不断地构成维持着"善"、不断地发展创造着"善"。这里,需要指出两点:一是正确理解工夫和人性的关系,陈确明言"非教养成就能有加于生民之性,而非教养成就则生民之性不全"④"虽仁至义尽,岂于天命之性有加毫末耶"⑤,所要强调的是工夫作为人性意义生成和发展的构成域,人性不能"非工夫"地抽象把握,但工夫不能等同于其构成的人性意义本身。⑥ 二是"全性""至善"都是工夫所致的理想境界,事实上"道体本无穷尽"⑦"至善之中又有至善焉"⑧,工夫无止境,人性也永远处在善的生成途中。

综上,陈确的人性论扬弃了宋明儒的道德形上学,强调投身于日用事为的工夫中成性。他认为终极实在(无论天道、本体,还是性理、善体)并不是先天的某种现成对象"物",可以脱离现世鲜活的家庭日用、非身心工夫式地把握。天道、本体、性理即是"能—为""知—行""诚—明"等对生互成身心力行工夫域中生成的天道、本体、性理。"涵养熟而后君子之性

---

① 陈确著:《陈确集》,第550—551页。
② 陈确著:《陈确集》,第473页。
③ 陈确著:《陈确集》,第554页。
④ 陈确著:《陈确集》,第450页。
⑤ 陈确著:《陈确集》,第473页。
⑥ 黄宗羲曾批评陈确的人性生成论,认为"夫性之善,在孩提少长之时,已弥纶天地,不待后来。后来仁至义尽,亦只是孩提少长分量。故后来尽不尽,在人不在性也"。详见黄宗羲著:《黄宗羲全集》第10册,杭州:浙江古籍出版社2005年,第366页。这种批评是因其持先天人性完满论的立场,而没有理解陈确工夫成性的思想。
⑦ 陈确著:《陈确集》,第576页。
⑧ 陈确著:《陈确集》,第554页。

全"①,人唯有投身于实际生命体验中,投身于力行实践中,才能活生生地生成至真至善至美的终极体验,即所谓全性。陈确的这种人性论思想,可称为人性生成论,他所理解的孟子"道性善",无非是说"性善"即是在人道日用工夫中去生成的"性善";在方法论上可称作"形"("身")而中—"学"和"行"而中—"学",它代表了明清之际儒学回归日常生活世界,向"即身、行以明道"方向的一个典型发展。

第三节 从"本质先天"到"工夫先天"
——黄宗羲与陈确的性善论之辩

黄宗羲和陈确的性善论之辩是明清之际学术思想史上的一段公案,它更根本地涉及儒学史上对孟子"道性善"的理解和诠释。关于二人人性论思想争辩的核心,一种观点认为是道德形上学人性论与经验发展人性论的区别,蒙文通先生将其分别概括为"先天预成论"与"后天发展论"②,王汎森先生称之为人性的"宝珠"说和人性的"种子"说③,日本学者马渊昌也将其区分为"性善——本来圣人"说和"性善——非本来圣人"说④,区分的关键在于,是从形上本体处言"性",还是在形下经验处言"性",前一种代表了黄宗羲的人性论观点,后一种代表了陈确的人性论观点。郑宗义教授承继刘述先生的观点,进一步认为陈确已经走向以"欲"为首出的自然主义人性论。⑤另一种观点认为,儒家的性善论其实包括两个层面,第一个层面是强调性善的形上学本体义,第二个层面则是强调性善本体必须要通过工夫实践来实现,蔡家和教授将其总结为"性善的本源义"与"责成实践完成义"⑥;事实上,黄宗羲与陈确都坚持人性的先天本体性,只是黄宗羲更注重性善的本源义,而陈确更注重性善的责成实践完成义。

上述两种观点从先天/后天、本体/工夫的视野解读二人性善论思想的异同,但进一步分析,从陈确肯定不学不虑的良知良能("良知良能,不待

---

① 陈确著:《陈确集》,第448页。
② 蒙文通著:《古学甄微》,成都:巴蜀书社1987年,第146页。
③ 王汎森著:《清初思想中形上玄远之学的没落》,《权力的毛细管作用:清代的思想、学术与心态》,北京:北京大学出版社2015年,第3页。
④ [日]马渊昌也著:《明代后期"气的哲学"之三种类型与陈确的新思想》,《儒学的气论与工夫论》,上海:华东师范大学出版社2008年,第111—140页。
⑤ 郑宗义著:《明清儒学转型探析:从刘蕺山到戴东原》(增订版),香港:中文大学出版社2009,第76—78页。
⑥ 蔡家和著:《黄宗羲与陈确的论辩之研究》,《台湾大学哲学评论》,1997(35):1—36页。

学习"①)而言,他并不否认人性具有的先天性;而从黄宗羲强调即气以求心性("必须工夫,才还本体"②)而言,他同样重视性善本体在工夫中的实践完成义。因此,在前辈学者研究的基础上,笔者认为黄宗羲与陈确争辩的实质在于人性是本质现成的,还是在工夫中生成的,由此产生了两种人性论思想的碰撞,即性善的本质先天论和性善的工夫先天论。

一、黄宗羲与陈确性善论之辩的关键问题

黄宗羲和陈确都坚持孟子的性善论,但在具体的理解上存在明显的差异。我们可以从黄宗羲在《与陈乾初论学书》(1676)以及《陈乾初先生墓志铭》二稿(1680)和三稿(1688)针对陈确人性论思想的批评中,了解二人关于性善论思想的分歧所在。他说:

> 老兄云:"盖人性无不善,于扩充尽才后见之,如五谷之性,不艺植,不耘耔,何以知其种之美?恻隐之心,仁之端也,虽然,未可以为善也,从而继之,有恻隐,随有羞恶、有辞让、有是非之心焉,且无念非恻隐,无念非羞恶、辞让、是非,而时出靡穷焉,斯善矣。"夫性之为善,合下如是,到底如是,扩充尽才非有所增也,即不加扩充尽才而非有所减也。不为尧存,不为桀亡。到得牿亡之后,石火电光未尝不露,才见其善确不可移,故孟子以孺子入井呼尔蹴尔明之,正为是也。若必扩充尽才,始见其善,不扩充尽才,未可为善,焉知不是荀子之性恶,全凭矫揉之力,而后至于善乎?老兄虽言惟其为善而无不能,此以知其性之无不善也;然亦可曰惟其为不善而无不能,此以知其性之有不善也。是老兄之言性善,反得半而失半矣。③

> 夫性之善,在孩提少长之时,已自弥纶天地,不待后来。后来仁至义尽,亦只是孩提少长分量。故后来尽不尽,在人不在性也。乾初必欲扩充到底言性善,此如言黄钟者,或言三寸九分,或言八十一分。夫三寸九分非少,八十一分非多。原始要终,互见相宜,皆黄钟之本色也。④

---

① 陈确著:《陈确集》,第539页。
② 黄宗羲著:《黄宗羲全集》第1册,浙江古籍出版社2012年版,第139页。
③ 黄宗羲著:《黄宗羲全集》第10册,第158—160页。
④ 黄宗羲著:《黄宗羲全集》第10册,第366,371—372页。

上述第一段材料出自《与陈乾初论学书》,黄宗羲先列出陈确性善论观点,几乎全文取自陈确《性解》一文中的两段文字,他在《陈乾初先生墓志铭》的二稿和三稿中(上述第二段材料)将陈确的此种观点总结为"必欲扩充到底言性善"。黄宗羲的批评在于,陈确由工夫成性成善的观点,是混淆了本体与工夫的关系,而不明性善本体的先天性、完满性、超越性和根本性,最终会落入荀子性恶善伪的窠臼。

陈确言"人性无不善,于扩充尽才后见之"。可以看出,他完全认同性善论,但陈确所理解的"性善"却不是当下现成并已然完成的,所谓"性善"即是在扩充尽才工夫中生成的性善,离却工夫也无所谓性善;而且"性善"有一个生成发展的过程,当下一念的"恻隐之心"只是"仁之端",还不能构成真正意义上的"性善",必经由尽心工夫而至"无念非羞恶、辞让、是非,而时出靡穷"时才是"全性"意义上的"性善"。

黄宗羲则认为人性之善是不待工夫、超越生成变化的先天具足。当其言"夫性之善,在孩提少长之时,已自弥纶天地,不待后来。后来仁至义尽,亦只是孩提少长分量。故后来尽不尽,在人不在性也"时,意味着人本然的善性是先天完满的,而且在"孩提少长"时就被赋予了"弥纶天地"的极致;工夫的作用只是呈现性善本有的分量,呈现的多少并不妨碍先天人性的完满性。性善"不待后来"、尽性"在人不在性"都表明性善是不依赖于后天、不依赖于人道工夫的超越本体。若不当下肯认此性善本体,工夫将无从做起,人也将丧失成德的先天根据。至于现实中"性善"似乎存在牯亡的情况,似乎存在一个生成的过程,但那只不过是"性理"为情欲习染所蒙蔽而没有充分实现或显露出来而已。"夫性之为善,合下如是,到底如是,扩充尽才非有所增也,即不加扩充尽才而非有所减也。"作为先天具足的性善是始终现成、万古不变和已然完成的,无所谓生成变化;而"黄钟"之喻正说明"性善"是本质,它表明的是"成色"之足,而不能用"分两"上的变化来界定"性善"。

黄宗羲和陈确的观点是针锋相对的,两人的分歧在理论上至少涉及两个问题:第一,性善意味着存在一个先天具足的本体吗?也即是说,性善"本体"是现成的,还是生成的?第二,性善"本体"和人道"工夫"是什么样的关系呢?工夫只是实现本体的工具或手段,还是本体只能是在工夫中当场生成的本体?这两个问题在根本上,关乎二人对于"先天""本体"和"工夫"的不同理解,从黄宗羲到陈确,对于孟子的性善论,实现了从"性善的本质先天论"到"性善的工夫先天论"的转变。

二、"贞一而不变者"——性善的本质先天论

在宋明理学传统中,天赋予人的善性即是本体,它在内容上和天理是等同的。性善本体既是人的价值本原,又是人成德的根据。无论程朱理学、还是陆王心学,在其主流的观点中,人的善性都是道德形上学的范畴,港台新儒家将其界定为"内在而超越"的本体。因此,性善本体不仅是先天的,而且是完满具足的,可称作先天人性具足论。从前面的论述中可知,黄宗羲的人性论可归入先天人性具足论。那么,他是如何界定人性的"先天具足"呢?因为宋明儒的共识是"性即理",要理清这个问题,就必须回到黄宗羲的理气论思想。

黄宗羲认为罗钦顺论理气最为精确[1],天地古今只是一气,气虽"千条万绪、纷纭胶葛"而"卒不克乱",在其自身流动变化中呈现出来的"莫知其所以然而然"的不变规则、规律或条理被称作"理"。因此,"理"只是对"气"自身固有的运动规律或条理的一种指称,而不是气之先、之外有一实存物"依于气而立,附于气以行也"[2]。在理气关系上,黄宗羲认为,"天地之间,只有气,更无理。所谓理者,以气自有条理,故立此名耳"[3],"天地间只有一气充周……若有界限于间,流行而不失其序,是即理也"[4]。天地万物统一于"气","气"在流行变化中显现为有规律的运动("不失其序"),似乎被某种秩序规范("若有界限于间"),但其实是"气"自身本有的规则、秩序和条理("气自有条理"),此即被命名为"理"。故"气"是自身规范自己,而不是由外物来规范,"理"只是"气之理"。黄宗羲明言"理为气之理,无气则无理"[5],"理"不是和"气"并列的两物结合在一起,所谓"两物而一体"[6]的关系,这是明确地反对朱子理气不离不杂的二元论思想而主张气本原论。

其次,"理"表征"气"本然的、不过不及的合规律运动状态,黄宗羲将其称之为"万古常存之中气",以说明天地之气的本然至善性。"盖天地之气,有过有不及,而有愆阳伏阴,岂可遂疑天地之气有不善乎?夫其一时虽

---

[1] 黄宗羲及其师刘宗周的理气观都可能受到罗钦顺的影响,很多学者已经指出此点。详见高海波著:《慎独与诚意:刘蕺山哲学思想研究》,北京:生活·读书·新知三联书店,2016年版,第106页。黄宗羲的理气论不仅承继其师的观点,而且明确说罗钦顺论理气最为精确。
[2] 黄宗羲著:《黄宗羲全集》第8册,第408页。
[3] 黄宗羲著:《黄宗羲全集》第8册,第487页。
[4] 黄宗羲著:《黄宗羲全集》第1册,第60页。
[5] 黄宗羲著:《黄宗羲全集》第7册,第120页。
[6] 黄宗羲著:《黄宗羲全集》第8册,第356页。

有过不及,而万古之中气自如也,此即理之不易者。"①可见,气虽然变化万千、存在过与不及的状态,如会出现冬暑夏寒的愆阳伏阴,但不能因此怀疑天地之气有不善,因为"万古此冬寒夏暑之常道,则一定之理也"②,天地之气的运动变化终归要回到秩序井然的本然状态,"虽过不及,而盈虚消息,卒归于太和"③。从这个意义上讲,气也总是有理之气,故气本原论也即是气本善论。黄宗羲认为,理都是气之理,同时,气也是有理之气。但从天道统体而言,并不意味着气异则理异,他批评"气万理万"说毕竟"视理若一物","气虽不同,而理则一也。故气有万气,理只一理,以理本无物也"。④"气异理异说"的实质仍然是将"理"视作不同气化对象背后的实在物,而黄宗羲所谓的"气之理"则是指"气"运动变化自身内在的本质规律,这个本质规律恰是气在纷繁变化中自有的不易之则,体现为四时温凉寒暑、万物生长收藏、生民日用彝伦的"历然不能昧"的天道人道有规律、有秩序的状态。所以,从大德敦化的天地之气而言,气万而理一,"气之理"是一定之理、不易之理、本质之理,表征"气"本然的运动。

最后,"气"与"理"是流行与主宰、变与不变的"一物而两名"的关系。"盖气之往来屈伸,虽有过不及,而终归于条理者,则是气中之主宰,故雨旸寒燠,恒者暂而时者常也"⑤,黄宗羲认为气化流行终究是有秩序、有规律的状态,正因为"气中之主宰",但这个主宰不是"气"之外的主宰,而是"气"自身内在的主宰。"皆气之自为主宰也。以其能主宰,故名之曰理。"⑥这是明确以"主宰"言"理",凸显了"气"的能动性,"气"是自身主宰规范自己;而且这个"主宰"是一定之理,"流行虽是不齐,而主宰一定"⑦。因此,从"气"流行变化中"自有条理"且是"一定之理"并"自为主宰"而言,就产生了"理"之名。天地之间只是一气流行,语其流行变化则名为"气",语其流行变化中自有的主宰和不变的规则条理则名为"理"。黄宗羲说:

> 理气之名,由人而造,自其浮沉升降者而言,则谓之气;自其浮沉

---

① 黄宗羲著:《黄宗羲全集》第8册,第487页。
② 黄宗羲著:《黄宗羲全集》第7册,第756页。
③ 黄宗羲著:《黄宗羲全集》第8册,第182页。
④ 黄宗羲著:《黄宗羲全集》第8册,第487页。
⑤ 黄宗羲著:《黄宗羲全集》第7册,第700页。
⑥ 黄宗羲著:《黄宗羲全集》第7册,第42页。
⑦ 黄宗羲著:《黄宗羲全集》第1册,第124页。

第八章 王夫之与明清之际的人性生成论转向 　　345

升降不失其则者而言,则谓之理。盖一物而两名,非两物而一体也。①

人身虽一气流行,流行之中,必有主宰。主宰不在流行之外,即流行之有条理者。自其变者观之谓之流行,自其不变者而观之谓之主宰。②

大化流行,不舍昼夜,无有止息。此自其变者而观之,气也;消息盈虚,春之后必夏,秋之后必冬,人不转而为物,物不转而为人,草不移而为木,木不移而为草,万古如斯,此自其不变者而观之,理也。③

上述材料中,黄宗羲从气本原论的角度,说明"气"与"理"之间变与不变、流行与主宰的内在统一关系。只是一气,从气之条理而言,"理"是气流行变化中自身内在的、万古不变的规律或主宰,"主宰不在流行之外";从气的流行而言,"气"是有规律有主宰的流行变化,或者说是自作主宰的流行,"流行之中,必有主宰"。

从以上分析可以看出:其一,"天地之间,只有气,更无理""理本无物"。在黄宗羲的视野里,实在领域(即黄宗羲称之为"物"的领域)只是气的世界;④"理"并不对应某一实在对象、指称"气"之外的某一实存物,它只是对气自身流行规律或条理的立名指称,这和理学中的理气二元论是截然不同的。⑤ "理"不是先于或超越于"气"之外的某物,就在理论上杜绝了在气化世界之外、之先设立形上本体的观点,否认作为独立实在领域的"理世界"的存在。明末清初由"虚"返"实"的学风转变,"实"(实在领域或实在物)在儒家学者眼中就是要肯定这个气化流行的世界,如果在天地之先、气化世界之外再设一个主宰之"理",不仅把"理"实物化("理"成为和"气"并列存在的另一"物"),也使"理"托于"虚"了,所以黄宗羲批评这种将"理"实物化的观点是"悬空求一物以主之",落入佛老"有物先天地"的思想中去了。⑥

其二,"理只一理""理之不易""万古之中气","理"是"气"多样性运

---

① 黄宗羲著:《黄宗羲全集》第8册,第356页。
② 黄宗羲著:《黄宗羲全集》第1册,第61页。
③ 黄宗羲著:《黄宗羲全集》第7册,第22页。
④ 黄宗羲将"气""心"视为感性的"可见",而"理""性"则是非感性的"不可见"。"可见"即是黄宗羲所界定的实在领域或实在"物",这个意义上"理"就不能称作"物"。黄宗羲说:"理不可见,见之于气;性不可见,见之于心;心即气也。"见黄宗羲著:《黄宗羲全集》第1册,第60页。
⑤ 黄宗羲曾言:"宋儒言理能生气,亦只误认理为一物。"黄宗羲著:《黄宗羲全集》第8册,第487页。
⑥ 黄宗羲著:《黄宗羲全集》第1册,第69页。

动变化中呈现出来的、不过不及的本质规律,表征了气的本然运动状态。"气之流行,不能无过不及,而往而必返,其中体未尝不在。"①"往而必返"表明本质规律的必然性,由此"理"就成为不依赖于气的不同变化形态而始终如一、万古恒存的"中体",所谓"至变中之不变者"②。那么,黄宗羲虽然否定了"理"的实物性存在(理不是气外的一物),但肯定了"理"的观念性本质存在(理是气的"一定之理"或本质规律)。③"气"虽然是唯一的实存、理只是气之理,但更为根本的却是作为本质的主宰之"理","一阴一阳之流行往来,必有过有不及,宁有可齐之理?然全是一团生气,其生气所聚,自然福善祸淫,一息如是,终古如是,不然,则生灭息矣。此万有不齐中,一点真主宰,谓之'至善'"④,"理"才是大化如此流行最终的本原、根据和主宰,当黄宗羲以万古恒存的"中体""不变者""至善""真主宰"称"理",就强调了"理"的"本体"地位。

在黄宗羲看来,人的心性关系和天道的理气关系是相通的。"在天为气者,在人为心,在天为理者,在人为性。"⑤"气"表现在人身上就是"心","天理"在人则为仁义礼智之"性"。人受天之气而生只是一心之流行,"心"流行变化本有的规则或条理即是"性","初非别有一物立于心之先,附于心之中也"⑥,这是强调"理"是"气之理"、"性"就是"心之性",而不能把"性"视为"心"之先、之外的另一实在物,"人生而静以上"或一心流行之外不存在所谓"生气之本""本来面目"的性善本体。

因"性原于天"⑦,可以说人性是先天的,但在人性的先天意义上,黄宗羲依据其理气观,坚决反对实在物之间的派生或产生序列意义上的"先天"。实在物派生序列的先天,即是将"理"或"性"视为在"气"或"心"之先、之外的一个实在物。黄宗羲言:

---

① 黄宗羲著:《黄宗羲全集》第7册,第721页。
② 黄宗羲著:《黄宗羲全集》第7册,第23页。
③ 陈来先生在分析元明理学思想流变时,指出其中一个显著地转向即是"理"的"去实体化"。详见陈来:《元明理学的"去实体化"转向及其理论后果——重回"哲学史"诠释的一个例子》,《中国文化研究》2003(2):1—17。对照黄宗羲的思想,笔者认为称之为"理"的"去实物化"可能妥当一些,这一时期学者确实不把"理"视为与"气"并列存在的实在物,但将"理"视为气之条理或本质时,根本上仍然将"理"视作观念物。后文将揭示,黄宗羲一方面认为"理本无物",一方面又将性理描述为"性则通天彻地,只此一物",事实上将性理当作观念意义上的价值实体。
④ 黄宗羲著:《黄宗羲全集》第1册,第77页。
⑤ 黄宗羲著:《黄宗羲全集》第8册,第408页。
⑥ 黄宗羲著:《黄宗羲全集》第8册,第408—409页。这句话是完全针对朱子的气质人性论思想的。
⑦ 黄宗羲著:《黄宗羲全集》第1册,第77页。

造化只有一气流行,流行之不失其则者,即为主宰。非有一物主宰乎流行。①

即气之自为纲维,因而名之曰性也。若别有一物以为纲维,则理气二也。②

上述两段材料,黄宗羲批评了将"理""性"的主宰义、纲维义形上实物化的观点。这种观点的实质就是将性理的先天性理解为实在物派生序列的先天性,从而产生理气二分、心性二分的问题,更为严重的是如此"则性是一件悬空之物",无论儒家的"理生气""人生而静以上",还是佛老的"父母未生前""有物先天地"都落入了此窠臼。③ 而黄宗羲所谓的人性"先天性","先天"即是指作为一心流行变化中不变的本质规律,"气自流行变化,而变化之中,有贞一而不变者,是则所谓理也性也"④。区别于实物派生序列的人性先天性(性作为一"物",立于心之先而附于心之中),黄宗羲界定的人性先天性可称作本质先天性("性不可见,见之于心",性不是一"物",人性是心体流行"不失其序"的规则条理、不变本质和内在主宰)。⑤ 所以,人生而后方可言"性",但"性"与身心气质非二,"道心即人心之本心"⑥"气质之外无性,气质即性也,第气质之本然是性"⑦,此"性"即是身心气质自有的本质。

"性以理言,理无不善。"⑧作为本质先天意义上的人性,同黄宗羲对"理"的界定是一致的,首先表明人性是完满至善的恒存。由于"理"是"气"万千变化中自有的本然规则,那么"性"就是人的身心气质中自有的本然善性。黄宗羲言:

气之流行,不能无过不及,故人之所禀,不能无偏。气质虽偏,而中正者未尝不在也。⑨

人之气禀,虽有清浊厚薄之不齐,而满腔恻隐之心,触之发露者,

---

① 黄宗羲著:《黄宗羲全集》第7册,第505—506页。
② 黄宗羲著:《黄宗羲全集》第8册,第624页。
③ 黄宗羲著:《黄宗羲全集》第1册,第61、136页。
④ 黄宗羲著:《黄宗羲全集》第1册,第133页。
⑤ 黄宗羲著:《黄宗羲全集》第1册,第60页。
⑥ 黄宗羲著:《黄宗羲全集》第1册,第141页。
⑦ 黄宗羲著:《黄宗羲全集》第7册,第756页。
⑧ 黄宗羲著:《黄宗羲全集》第8册,第843页。
⑨ 黄宗羲著:《黄宗羲全集》第8册,第182页。

则人人所同也。此所谓性,即在清浊强弱之中,岂可谓不善乎?若执清浊强弱遂谓性有善有不善,是但见一时之惩阳伏阴,不识万古常存之中气也。①

善固理矣,即过不及而为恶,亦是欲动情胜,此理未尝不在其间,故曰"不为尧存,不为桀亡",以明气之不能离于理也。②

理者,纯粹至善者也,安得有偏全!人虽桀纣之穷凶极恶,未尝不知此事是恶,是陷溺之中,其理亦全。③

上述四段材料说明,人之气固有的本质就是仁义礼智的善性,无论人之气处于何种过与不及的状态,可能是禀赋气质清浊厚薄的不齐,可能是后天欲动情胜而为恶,但人之气本然固有的条理(即人的善性)是"常存"的。只要是人(无论尧舜、桀纣),只要是人的身心气质(无论气禀、情欲),其人性就是善的。黄宗羲认为,一方面理是气之理、性就是身心气质之性,故不能"舍明觉自然、自有条理之心,而别求所谓性"④,人的善性必须在人的身心事为活动中实现出来。另一方面气又是有理之气、身心气质总是有固然的条理,此本然的条理(人的善性)即使在现实中没有呈现出来,人甚至表现为"穷凶极恶",但并不代表人无此善性或是性恶,因为作为人身固有条理的本然善性是"常存"的("气之不能离于理也")。黄宗羲言"善源于性,是有根者也,故虽戕贼之久,而忽然发露。恶生于染,是无根者也,故虽动胜之时,而忽然销损"⑤,人性只是善,其中没有恶的根源,恶源于后天的习染而与性无关。所以,作为本质的人性,无论个体实现与否、实现多少,都是纯粹的善,而且是完满无缺的至善("理者,纯粹至善者也,安得有偏全");即使个体处在极端的"陷溺之中","其理亦全",这是由人性的本质先天性所决定的。人性的本质先天,意味着人性是天然存在的本质——"自然的条理"⑥,意味着每个人的人性都是本然完满的至善——"人人如此,个个圆成"⑦;虽然要通过后天的人道努力来实现它,那不过是一种回

---

① 黄宗羲著:《黄宗羲全集》第8册,第487页。
② 黄宗羲著:《黄宗羲全集》第7册,第42页。
③ 黄宗羲著:《黄宗羲全集》第1册,第135页。
④ 黄宗羲著:《黄宗羲全集》第8册,第409页。
⑤ 黄宗羲著:《黄宗羲全集》第8册,第113页。
⑥ 黄宗羲著:《黄宗羲全集》第7册,第239页。
⑦ 黄宗羲著:《黄宗羲全集》第1册,第150页。"圆成"本是佛教语,有圆满现成之意。王阳明已用"人人自有,个个圆成"的说法,黄宗羲在《孟子师说》中也引用了邹元标"人人本有,个个圆成"的观点。见黄宗羲著:《黄宗羲全集》第1册,第71页。

归和实现(所谓"复性"),作为"气之本然"的性理是恒存不灭的——"此心常在,无有灭熄"①,不因现实中人的任何过与不及(气质之偏、欲动情胜、蔽锢、陷溺、习染等)而消失或残缺,"虽至浊之中,一点真心埋没不得"②"梏之反复,萌蘖发见者,性也"③。

其次,人性不仅是完满、至善、万古常存,而且是不变和不动的现成者。黄宗羲认为"心体即天体",性理就是心体流行中不变不动的天枢,"天无一息不运,至其枢纽处,实万古常止……心体原是流行,而流行不失其则者,则终古如斯"④。"万古常止""终古如斯"强调性理是心体流行变化中的"贞一而不变者"。黄宗羲说:

> 夫性为自然之生理,人力丝毫不得而与,故但有知性,而无为性。圣不能成,愚不能亏,以成亏论性,失之矣。⑤
>
> 夫性不可以动静言……一真一切,真无昼夜,无古今,无寂感,方可言性也。⑥

上述材料中,黄宗羲批评钱一本"性固天生,亦由人成"的观点,将人性界定为"自然之生理"。所谓"自然之生理"即是表征心体一气流行"不待安排品节,自能不过其则"⑦的中和状态。他在解释孟子"天下之言性也,则故而已矣"时,也将"性之为故"解释为"不待勉强,自然流行"而"万古不变"的已然之迹,⑧其实这些都是强调人性的本质先天性。性理"合下具足""见在具足,不假修为"⑨,"合下"即"当下","见在"即"现成"的意思,所以凡论"性"本身,由于是本质先天,其现时、当下即是完满现成的"善",人道工夫只能去发现或实现它而不能去创生、改变或损益它("人力丝毫不得而与""但有知性,而无为性")。如此,作为"自然之生理""本然之德性"⑩的性理,就无所谓经验层面的动静、昼夜、古今、寂感、盈亏的变

---

① 黄宗羲著:《黄宗羲全集》第1册,第163页。
② 黄宗羲著:《黄宗羲全集》第1册,第77页。
③ 黄宗羲著:《黄宗羲全集》第7册,第22页。
④ 黄宗羲著:《黄宗羲全集》第7册,第427—428页。
⑤ 黄宗羲著:《黄宗羲全集》第8册,第799页。
⑥ 黄宗羲著:《黄宗羲全集》第8册,第610页。
⑦ 黄宗羲著:《黄宗羲全集》第8册,第890页。
⑧ 黄宗羲著:《黄宗羲全集》第1册,第117页。
⑨ 黄宗羲著:《黄宗羲全集》第1册,第109、111页。
⑩ 黄宗羲著:《黄宗羲全集》第1册,第112页。

化。人性既是天然具足、万古不变的至善，又是超越时间空间、超越生成变化、"不假修为"的现成者。

最后，"理"是大化流行的本原、根据和主宰，当其成之为人之善性，性理也即是最终的本原、先天的主宰和根据。黄宗羲认为，儒家区别于佛家的根本特征就在于儒者"知性"，发现了流行之中的"真常"，他说：

> 盖生生之机，洋溢天地间，是其流行之体也。自流行而至画一，有川流便有敦化，故儒者于流行见其画一，方谓之知性……此流行之体，儒者悟得，释氏亦悟得。然悟此之后，复有大事，始究竟得流行。今观流行之中，何以不散漫无纪？何以万殊而一本？主宰历然。①

此段材料中，黄宗羲表明人生天地间即是一个气化流行、生生不息之体，"儒、释同此不息之体"，不同在于，"释氏但见其流行，儒者独见其真常耳"②。所谓"真常"，无非是发现流行中何以秩序井然的条理或主宰，它是流行中的"画一"、川流中的"敦化"、万殊中的"一本"、至变中的"不变"，此即是"性理"。当面对流行之体，黄宗羲言"始究竟得流行"时，"究竟"二字表明③，虽然"离流行亦无所谓主宰"，但作为主宰的性理才是最终的本原或根本，"性则通天彻地，只此一物"④。按照黄宗羲一贯的观点，"气"才能称作"物"，"理"或"性"作为"气"或"心"内在的条理或本质是不能称作"物"的，但此处却言通天彻地只有性理一"物"？事实上，此"物"非彼"物"，黄宗羲视人性为"本质先天"而不是"实在物派生序列的先天"，所以，"性理"虽然不是与"身心"并列的现成实在物，但却是"身心"之究竟或本质的现成观念物。作为本质的性理是通贯天人和独一无二的（"通天彻地，只此一物"），具有至高无上的本体地位。那么，人的善性就是究竟的、本原的根据和主宰，它既是成己成物的根据，更是成己成物的目标，"儒者之道，从至变之中以得其不变者，而后心与理一"⑤。

可以看出，黄宗羲的人性论思想承继了宋明儒道德形上学的路径，性理指向了人之所以为人的本质，指向了人所固有的超越性价值本体，故可

---

① 黄宗羲著：《黄宗羲全集》第8册，第4页。
② 黄宗羲著：《黄宗羲全集》第7册，第359页。
③ 罗钦顺曾批评程颐"所以阴阳者道"中"所以"二字仍"未免有二物之嫌"。黄宗羲以"究竟"言"理"其实也有此问题，只是他不把"性理"作为实在物而是当作观念物。
④ 黄宗羲著：《黄宗羲全集》第8册，第678页。
⑤ 黄宗羲著：《黄宗羲全集》第7册，第22页。

称之为本质先天人性论。作为本质先天的人性,它是先天具足、万古常存、超越生成变化而始终现成的本体、本原或本根。正是基于对人性的此种理解,黄宗羲批评了其同门陈确的性善论观点。而事实上,二人之间关于性善论争辩的实质在于,黄宗羲将人之善性视为始终现成的本质或本体,而陈确将人之善性视为在切身工夫中无限地生成;黄宗羲将性理或本体理解为名词意义上的观念"物",陈确则将性理或本体理解为动词意义上的工夫构成域。我们将通过厘清二人对"先天"、对"本体"和"工夫"的不同理解,阐释陈确发展出的工夫先天性善论。

三、"人性无不善,于扩充尽才后见之"——性善的工夫先天论

黄宗羲通过"理"的去实"物"化,将"理"界定为"气"内在的不变规则或条理,从而将人性界定为心体流行自然之条理、不变之本质,坚持性善的本质先天论。那么,在本质先天的意义上,一方面,"性"就不是实物派生序列上的先天,性理不是"人生而静以上"或"父母未生前"、在身心气质和人伦日用之外之先的独立实在"物";另一方面,"性"也不是经验习成意义上的善性,"善者既从习来,亦是导其性之固有耳"①,习成之善不过是呈现了先天本然的善性。从反对实物派生序列的人性先天论上,陈确与黄宗羲是高度一致的。他们都强调即心言性、即气情才言性、即孝弟言性②,也明确区分"性"与"习",既反对实在物派生序列的先天人性论(把性理视为"气"之先、之外的实在"物"),也反对经验主义人性论(把人性视为"习性")。二人在性善论上的不同在于,陈确不仅反对将人性实"物"化(无论将性理视为立于心之先又附于心之中的形上实在物,还是将性理视为经验习成的实在物),而且进一步反对将人性观念化的本质先天人性论(性理是心体流行已然现成的条理或本质)。对陈确而言,人性的先天性不在于人性是现成的本质,而在于人性是一种工夫生成中的先天性。由此,就涉及二人对于性善本体与人道工夫关系的不同理解。

黄宗羲坚持本质先天人性论,那么性善本体就是先天具足且现成不变的本质,而工夫则是呈现或实现本体的必要工具和手段。黄宗羲言:

---

① 黄宗羲著:《黄宗羲全集》第1册,第133页。
② 黄宗羲和陈确都反对天命与气质二分的性二元论思想。而且,他们还强烈批评宋儒"仁体孝用""性中止有仁义礼智,何尝有孝弟"的观点,其实都是反对实在物派生序列的形上学人性论,即在孝弟之外之先再设一个仁本体。详见黄宗羲著:《黄宗羲全集》第1册,第102页。陈确著:《陈确集》,第539页。

良知为自然之体,从其自然者而致之,则工夫在本体之后,犹程子之以诚敬存之也。真心蔽于物欲见闻之中,从而讨之,则工夫在本体之先,犹程子之识仁也。①

　　道者,吾之所固有,本是见在具足,不假修为,然非深造,略窥光影以为玩弄,则如蜂触纸窗,终不能出。故必如舜之好问,禹之克艰,孔之发愤,腊尽春回,始能得其固有。②

　　善无形质,不可把捉,我即可欲之而落于想像,终非己有,如颜子之拳拳服膺,是仁之守也。"有诸己",是学者第一关,作圣之基在是,诚伪之分在是。③

上述三段材料,充分表明了黄宗羲对本体与工夫关系的认识。对于"吾之所固有""自然之体"的"道""良知"(即性善本体)而言,作为本质先天,一方面,无论有无尽心扩充的人道工夫它都是现成具足的,或者说,性善本体与其是否被人实现出来或体验到没有本质的关联,"后来尽不尽,在人不在性";另一方面,它又是"善无形质,不可把捉"的本质而不是现实的实在物,故必须通过人道工夫将其呈现或实现出来,唯通过工夫才能切身体会到自身固有的性善本体,所谓"有诸己"。黄宗羲意图表明,性善本体作为身心气质自然固有的本质是不需要工夫就独立恒存且先于工夫已然存在了,本体是工夫的根据和目的,此是无本体则无工夫;但工夫又是现实地呈现或恢复固有本体的必要手段和工具,如果没有切实的工夫深造,空谈本体就成为玩弄光景,本体也终"落于想像",此是无工夫也无实有诸己的本体。基于这个认识,在第一段材料中,黄宗羲论述了在实践上,或本体先于工夫、或工夫先于本体的两种情况,其实对应于阳明后学"本体派"侧重"悟本体以为工夫"与"工夫派"侧重"由工夫以悟本体"之间的争论。④从黄宗羲将其区分为"诚敬存之"("之"即指代"仁")和"识仁"来看,两者其实是一致的,这种一致性在于强调工夫都是围绕着已然现成的本体来展开的。在"诚敬存之"中本体已经显现出来,而"识仁"则意味着本体尚在遮蔽中,"存"与"识"的工夫就是用来扩充实现或发现发明既有的仁本体。所以,黄宗羲的本质先天人性论,性善本体作为本质是先天现成的,相对于

---

① 黄宗羲著:《黄宗羲全集》第8册,第226—227页。
② 黄宗羲著:《黄宗羲全集》第1册,第109页。
③ 黄宗羲著:《黄宗羲全集》第1册,第162页。
④ "悟本体以为工夫"与"由工夫以悟本体"是唐君毅先生根据阳明"天泉证道"中的两重教法的总结。详见唐君毅著:《中国哲学原论·原教篇》,台湾学生书局1984年,第364页。

第八章 王夫之与明清之际的人性生成论转向

作为手段的工夫至少是逻辑在先的。

反观陈确,他首先质疑从宋明儒传统意义上的"本体"来理解人之善性的正确性。针对刘汋批评其只论工夫而"不言性善之体",陈确明言"'本体'一词,不见经传,此宋儒从佛氏脱胎来者"①,断定"本体"不是儒学传统的观念。事实上,陈确对人性的理解,性理既不是作为"理生气"之"理",也不是作为"气之不变条理"之"理",前者是实在物派生序列意义上的先天本体,后者是本质意义上的先天本体,它们的共同问题是将性善本体视作一个自足完满的现成"物"(前者是实在"物",后者是观念"物"),虽然必须通过工夫才能将本体充分实现出来,但作为现成具足的"本体"自身,其实是非工夫的、可以脱离日用事为而万古常存的。陈确反对这种现成"本体"观,他认为并不存在一个完满具足、始终现成的性善本体,而强调"本体"是尚未完成和完备的,人之善性始终处在切身工夫的生成或构成中。这便是陈确的核心观点"人性无不善,于扩充尽才后见之也"②,"扩充尽才"就是"尽心"的工夫③,表明工夫在性善之先、工夫生成了性善。这样,陈确追问了性善何以可能的问题,性善只能是在工夫中生成的性善。他说:

> 孟子言性必言工夫,而宋儒必欲先求本体,不知非工夫则本体何由见? 孟子即言性体,必指其切实可据者,而宋儒辄求之恍惚无何有之乡。④

此段材料中,陈确认为宋儒对人性的认识偏离了孟子的卓见。宋儒必先"口口说本体",以为可以非工夫地、思辨地把握本体,不仅将本体视为现成"物",而且漏掉了本体何以可能的问题;孟子"绝口不言本体",即使认为他在论性善本体,也必先就工夫而论。⑤ 因此,"切实可据"的工夫是人性得以可能的条件("非工夫则本体何由见?"),人性不是现成的思辨物,而是扎根于人的生命和生活、原本于切身工夫的生成,非工夫地谈论"性体","道性善"就成为一种踏虚蹈空的本体承诺。对陈确而言,工夫对本体具有优先性或者说工夫为本体奠基。在本体与工夫的关系上,不同于

---

① 陈确著:《陈确集》,第 466 页。
② 陈确著:《陈确集》,第 447 页。
③ 陈确言"所谓尽心,扩而充之是也",见陈确著:《陈确集》,第 443 页。
④ 陈确著:《陈确集》,第 457 页
⑤ 陈确著:《陈确集》,第 467 页

黄宗羲，工夫不再只是发明或发现本体的工具或手段，工夫就是本体的可能性，就是本体生成的条件，"无工夫亦无本体矣"；甚至可以说工夫生成或构成性善的活动本身就是本体，"工夫即本体也"，工夫是一种非本体的"本体"。① 按照陈确的观点，如果我们用"本体"一词来表征本原、根本或在先的话，那么，本原、根本或在先的就不是超越工夫的本质意义上的现成本体，本原、根本或在先的只能是指工夫中的生成或构成活动。从工夫早于或先于性善本体并使之成为可能，或者说工夫生成或构成性善的活动本身是最本原的，那么陈确理解的先天就不是本质先天，而是工夫先天，"工夫"才具有根本性和在先性，我们可以称陈确的性善论为工夫先天人性论，即所谓"人性无不善，于扩充尽才后见之也"。但站在本质先天性善论的角度，如果没有一个现成超越的性善本体作为根据，"工夫成性"就会落入佛家的"作用见性"，更为糟糕的是如何保障工夫只为善不为恶，以及工夫的为善不是伪善，导致最终落入荀子性恶善伪的窠臼，这恰好是黄宗羲提出的质疑。这种质疑的实质仍然是在本质先天人性论的前提下，将"工夫"理解为后天的、经验上的某种发明本体的工具或手段，在这个意义上不管如何强调本体与工夫的相即不离（无论工夫即本体，还是本体即工夫），本体与工夫都是二分的，工夫对于现成的本体始终是外在的和第二位的。而陈确已经超越这种工具主义的工夫论见解，工夫是先天的和第一位的，在于"工夫"是原始要终的"能善与为善""知与行"一体的对生互成的意义构成域。"'尽心'二字，是合知行、彻始终工夫"②，性、道、天命都生成并维持于尽心工夫之中。陈确说：

> 孟子非空空道个性善，实欲胥天下皆为善耳。若但知性善，而又不力于善，即是未知性善。故阳明子亟合知行而一之，真孟子后一人……言性善，则天下将无弃人；言知行合一，则天下始有实学。然孟子、阳明非姑为是言以诱人为善者，要之，性体与知行之体原自如此，圣人复起，不能易也。非然，则性非性，知行非知行矣。③

---

① 陈确著：《陈确集》，第467页。"工夫即本体""无工夫亦无本体"，黄宗羲也会同意，但他是在工夫与本体相即不离的意义上使用。陈确则不然，因为他反对现成本体，"工夫即本体"即是说在工夫活动中当场构成本体或者说这种工夫生成活动本身就是最本原的。我们可以说陈确否认了传统意义上的"本体"，但他发现了一种更为基础的本原或本体，即下文将论述的"知—行"或"能善—为善"对生互成结构的工夫构成域。
② 陈确著：《陈确集》，第551页。
③ 陈确著：《陈确集》，第442页。

第八章 王夫之与明清之际的人性生成论转向

上述材料中,陈确认为,孟子的"道性善"本来就是"能善—为善"①一体的结构,至阳明言"知行合一"将其明确出来,故他将人之善性理解为本原的"知—行"或"能善—为善"一体对生互成的工夫域。一方面,工夫中的"行"是"身心力行",身"行"中总已经有"知"的引导,这个"知"就是体之于身的"良知良能"和"四端之心"的身"知"(即"能善");但此身"知"不是"行"外已然完成和完备的"天理""本体"或"本质",它是"萌而未达""性而未至"的②,而必须在"行"中使"知"成其为真"知"。另一方面,工夫中的"知"是身"知","知"本来就生成并维持在"行"之中;这个身"行"不是生物学、心理学上的肢体运动或行为,而是自身就具有价值和意义、由"良知良能"和"四端之心"所引发构成的"扩充尽才""继善成性"之"行"(即"为善")。作为尽心工夫域中的"知""行"两个维度是缺一不可、先后无端、对生互成,知行"先后之间,如环无端"③,"不知必不可为行,而不行必不可为知,知行何能分得"④。所谓的"道性善即欲人为善""知行合一",在陈确看来就表明人性或尽心工夫本然地就是"知—行""能善—为善"对生互成的结构,"性体与知行之体原自如此",正是这种对生互成的结构活生生地生成或构成了性善,构成了终极体验的本体或天道。但人性的生成不是一次性的,"尽心"工夫不仅"合知行",还是"彻始终",需要在无限的工夫域中不断地构成和维持住人性之善,人性就展开为一个不断生成和发展的意义空间,即所谓的"全性"。"孩提少长之时,性非不良也,而必于仁至义尽见生人之性之全。继善成性,又何疑乎?"⑤陈确认为"知—行""能善—为善"的尽心工夫域也即是"继善—成性"的工夫结构,孩提少长时爱亲敬长的良知良能只是"能善""知"或"继善"的维度,而必须与"为善""行"或"成性"的维度一起才能构成人性之善,并且二者对生互成的过程是无止境的,必至成己成物而"尽人物、赞天地"才是"性之全体"⑥。需要说明的是,所谓工夫域中的"生成或构成"不是指产生或制作出某个

---

① "能善—为善"结构是陈确引孟子"徐行"之例,从"能"与"为"一体互成论孟子的性善论。陈确言:"性善自是实理,毫无可疑。今人只是不肯为善,未有为善而不能者。惟其为善而无不能,此以知其性之无不善也。'夫徐行者,岂人所不能哉,所不为也。'旨哉!孟子之言。故凡人之为善,皆徐行之类也……今之为不善者,皆自弃其所可能,而强为其不可能,以自诬而诬天下。"见陈确著:《陈确集》,第456—457页。
② 陈确著:《陈确集》,第467、473页。
③ 陈确著:《陈确集》,第560页。
④ 陈确著:《陈确集》,第592页。
⑤ 陈确著:《陈确集》,第449—450页。
⑥ 陈确著:《陈确集》,第450页。

实在"物"或观念"物",陈确并不是说工夫产生了或增损了人性之善,而是指唯有在此无止境的"能善—为善"工夫域中天、命、性才能如其所是地被当场体验到。

一些学者因陈确言"非教养成就能有加于生民之性,而非教养成就则生民之性不全"①"虽仁至义尽,岂于天命之性有加毫末耶"②,就认为陈确仍然同黄宗羲一样,坚守本质先天的形上学人性义,只是强调后天工夫的完成实践义。这种见解,其实是值得商榷的。陈确和黄宗羲都会反对工夫可以增损人性之善的观点,但他们的立足点和对工夫的理解是完全不同的。对黄宗羲而言,性善作为先天本质,是无待工夫而现成具足的,后天工夫只是作为工具将性善本有的分量实现出来而已,即使不实现出来性善也是本来具足的。对陈确而言,工夫则是根本的或本原的,性善不是现成完备的本质,而必须在无限的工夫域中鲜活地被构成;其言"教养成就""仁至义尽"不是增加了人性之善,其实是说我们必须从工夫构成性来理解性善,但构成不等于产生、工夫域不能等同于其构成的性善本身,工夫构成域是让人性之善如其所是的无限生成。

我们再来看黄宗羲对陈确工夫成性论可能会导致性恶善伪的质疑,其实仍然是站不住脚的。陈确意义上的"工夫"已经不是工具和手段,工夫本然地就是"知—行""能善—为善"互成一体的结构,任何割裂或从单一维度论人性都没有真正理解陈确的性善论,会导致"性非性,知行非知行矣"。所以,陈确认为"必扩充尽才,始见其善,不扩充尽才,未可为善",其实是强调性善必不可少的"为善"维度,但这个"为善"始终是"能善"所牵动指引的"为善",因此绝不是"全凭矫揉之力"的伪善。陈确同时强调"能善"是构成性善的另一不可或缺的维度,所以肯定不是荀子的性恶论,只是他认为"能善"是尚未完成的、一定是生成维持于"为善"之中的"能善",而不能像黄宗羲那样将性善视为可不待"为善"而先天现成的本质。至于黄宗羲因陈确"惟其为善而无不能,此以知其性之无不善也"的逻辑推出"然亦可曰惟其为不善而无不能,此以知其性之有不善也",还是没有理解陈确"能善与为善""知与行"互成一体的结构。"为善"之所以"无不能"是因为人性中本就有"能善"的维度,所以"为善"可以证"能善";但人性中根本就没有"能恶","恶"恰好是人性中的"不可能","为恶"不能推出"能恶"

---

① 陈确著:《陈确集》,第450页。
② 陈确著:《陈确集》,第473页。

或"性之有不善",故陈确言"为不善者,皆自弃其所可能,而强为其不可能"①。

综上,陈确将性善本体回归到身心力行、日用事为的工夫当中,强调本体不是现成的本质,而必须在工夫中生成。从工夫是本体得以可能和生成的条件,那么,工夫是先于本体的,可称作工夫先天。这种工夫先天是人性本然的"知—行""能善—为善"对生互成的一体结构,性善、本体、天道即是在此工夫域中的生成或构成,或者说性善、本体、天道只能从这个先天工夫结构域中获得理解,而不能在先天实在"物"或先天本质"物"的意义上理解。这样,陈确就超越本质先天人性论,向性理或价值本体何以可能的工夫构造回归,强调凭借立足于身心事为的本然工夫结构域来生成人性的价值和意义,我们将其性善论称作工夫先天性善论。

四、黄宗羲与陈确性善论争辩的实质

黄宗羲和陈确的人性论思想,都因反对阳明后学导致的玄虚学风而高扬立足于爱亲敬长、日用伦常的性善论,进而批判和反思宋儒的人性论。他们也深受其师刘宗周的影响,但黄宗羲主要是照着讲,陈确则通过反刍孔孟而接着其师讲,并讲出了新意。

阳明后学有本体派与工夫派关于现成良知之争,黄宗羲承继其师则既重本体、又重工夫,既强调性善本体的本质性,又强调在现实中通过工夫实现本体。他在分析"赤子之心"与"大人"的不同时,以孔子"知之为知之,不知为不知,是知也"说明人性在成色与分量的区别,"有知之,有不知,知之量也;以为知之,以为不知,知之体也",即是说赤子与大人的人性在本质上是完全一致的(知之体),只是大人通过工夫将性善本体的分量充分实现出来了(知之量),"大人无所不知,无所不能,不过将本然之知能,扩充至乎其极,其体仍然不动"。② 可以看出,黄宗羲坚守性善的本质先天论,始终认为人性是现成的,工夫只是呈现已然本体的工具。陈确则认为人性是生成的,打破了宋明儒传统对"本体"的本质主义、"工夫"的工具主义见解,工夫与本体的关系不再是外在的,本体即是工夫中的本体。"佛氏喜言未生之前、既死之后的道理,吾儒只晓得有生之后、未死之前的工夫。"③陈确认为对儒家而言,工夫才是最本原的,工夫不是某种工具或手段,而是让

---

① 陈确著:《陈确集》,第457页。
② 黄宗羲著:《黄宗羲全集》第1册,第108页。
③ 陈确著:《陈确集》,第467页。

人性之善得以可能的"知—行""能善—为善"对生互成的一体结构,从而发展出工夫先天性善论。

值得注意的是,黄宗羲在《陈乾初先生墓志铭》第四稿中将第二、三稿批评陈确"扩充见性善"那段文字删掉了,而且在《孟子师说》中解释《公都子问性》《五谷者》两章似乎都能看到陈确思想的影子(《五谷者》章还用了一段陈确《性解》中的原文),黄宗羲的思想转向陈确了吗?① 当黄宗羲言"犹如五谷之种,直到烝民乃粒,始见其性之美,若苗而不秀,秀而不实,则性体尚未全也"②时,"性体尚未全"的说法与其在《与陈乾初论学书》中的黄钟之喻是完全对立的,"夫三寸九分非少,八十一分非多。原始要终,互见相宜,皆黄钟之本色也",性体作为本质是无所谓偏全和量的多少的。至其言"心无本体,工夫所至,即其本体"③,陈确亦言"人心本无天理"④,难道不是说人心没有现成的本体或天理,而必须在工夫域中生成本体或天理吗?《陈乾初先生墓志铭》中,黄宗羲评价陈确从二稿中"于先师之学十得之四五"到三稿、四稿中"十得之二三"的变化,可知黄宗羲清醒地认识到陈确在很多方面已经走出了其师刘宗周的思想,而他本人似乎自觉不自觉地靠近了陈确。

第四节 王夫之与黄宗羲、陈确的人性论思想异同

明清之际的大变革中,儒家学者进行了深刻的反思,既有政治经济的、又有社会历史文化的,特别是深层次上的哲学反思。钱穆先生认为,明清之际学风沿东林学派而来,就人性论思想的反思而言,矫"王学之末流",集中于"无善无恶心之体之辨""工夫与本体之辨""气质之性与义理之性之辨",而强调人性即善、工夫为重、气质之性即义理之性。⑤ 这三个方面的转变,特别是明清之际的气质之性一元论思想,前辈学者已经有丰硕的研究。本节试图通过比较王夫之与黄宗羲、陈确的人性论思想异同,进一步揭示明清之际人性论发展中的一条线索,即相对于宋明理学中的人性现成论,发生了人性生成论的转向。在一定程度上可以说,以王夫之为代表

---

① 关于黄宗羲是否受到陈确的影响,前辈学者钱穆、刘述先、邓立光、郑宗义等已经做了很多探讨。具体探讨的情况可参见汤建荣著:《陈乾初哲学研究——以工夫实践的视域》,云南大学出版社2010年,第310—313页。
② 黄宗羲著:《黄宗羲全集》第1册,第136—137页。
③ 黄宗羲著:《黄宗羲全集·自序》第7册,第3页。
④ 陈确著:《陈确集》,第461页。
⑤ 钱穆著:《中国近三百年学术史》(上),第10—16页。

的人性生成论转向是明清之际学术的一个共通思想发展倾向,因而具有思想学术发展史的意义。

王夫之、黄宗羲和陈确都坚持性善论,认为人性只是善、唯有善,而将"恶"归入习。三人也都反对将人性"实物化"的观点——在人道世界之外、之上或之先虚悬一个性善本体,而强调即身心气质、日用事为论性善。他们的分歧在于人性之善是现成的,还是在工夫中生成的。王夫之与黄宗羲的人性论有明确的天道论背景,人性源于天道的继善成性。二人的不同在于,黄宗羲认为人受命于天的性理是初生即一次性赋予的"一定之理",而王夫之则认为性理随着日新的天命而"日生日成"。黄宗羲的人性论恰是王夫之批评的"一受其成侀而无可损益"现成人性论观点,而王夫之主张"命日新而性富有"动态人性生成论。事实上,黄宗羲偏重于宇宙论和形上学来论述天道,"继善成性"在宇宙论上是产生出人独有的善性,在形上学上标明人之身心气质的不变本质。王夫之的天道论则主要立足于人的生存而言,"自人而言之"明"两间之有",离却人也无所谓天道;"继善成性"即是在人的下学工夫中的"继善成性""继可学也""自继以善无绝续",离开工夫也无所谓继善成性,正是在工夫中生成了人性之善。陈确虽然没有明确的天道论,但其"非人而天亦无由见"的观点,以及将继善成性视为"体道之全功",强调从人道工夫而论天命性理,其实更接近于王夫之的人性生成论。

黄宗羲认为性理是先天具足的本质,人性需要在后天的工夫中充分地实现出来,但无论实现与否、实现多少,本然的性理则是不变不动、当下现成完满的。王夫之和陈确都反对这种对人性的先天本质主义理解,因为即使不把性理视为与"气"并列的"实在物"(理气二元论的观点),本质主义的理解也将性理当作现成的"观念物",从而漏掉了性善何以可能的问题。二人认为人性之善是生成的。王夫之从"天—人"之际与"人—物"之际构成的"继善—权几"的工夫域,陈确植根于"知—行""能善—为善"的工夫域论人性的生成,从而分别发展出"性者日生日成"和"扩充尽才见性善"的人性生成论,强调并没有一个已然完成和完备的现成性善本体,所谓性善只能是在继善成性、尽心知性、扩充尽才等工夫域中鲜活构成、维持并发展中的性善。由此,人性生成论强调人道工夫的本原性或第一性,工夫即本体,工夫不再是经验主义意义上的工具或手段,而是性善本体得以可能的构成域。

宋明理学的传统理解中,本体是成德的先天根据,因而其本身是完满现成的本质,工夫则是成德的途径、工具和手段,表现为后天的实现本体的过程。彭国翔教授在分析阳明后学"现成良知之辨"时,承继杜维明先生关于儒家成圣学说的"本质结构"与"存在过程"有机统一的观点,敏锐地指出龙溪与双江、念庵等人的争论其实仅是侧重点不同而并非互相对立,龙溪注重本体的"应然本质结构",双江、念庵等人则注重工夫的"实然存在过程",而事实上,"对于人的生存来说,本质结构与存在过程是不可分割、相互规定的两个方面"。① 这种观点其实很好地概括了包括黄宗羲在内的一大批儒家学者的观点,他们都坚持性善本体的本质主义观点,同时又强调工夫不可或缺的重要性。如果片面追求"本质结构",其流弊在于"玄虚而荡";片面凸显"存在过程",其弊端则在"情识而肆",这恰好是阳明后学发展中出现的问题所在,也是东林学派及至明清之际刘宗周、黄宗羲等人本体与工夫并重以纠正王学的着力点之一。黄宗羲即言:

> 道者,吾之所固有,本是见在具足,不假修为,然非深造,略窥光影以为玩弄,则如蜂触纸窗,终不能出。故必如舜之好问,禹之克艰,孔之发愤,腊尽春回,始能得其固有。苟非自得,则日用之前,不过是安排道理,血气纵横,心体无所归宿,居之不安也。②
>
> 道无形体。精义入神,即在洒扫应对之内,巧即在规矩之中,上达即在下学,不容言说,一经道破,便作光景玩弄。③
>
> 惟此气中一点主宰,不可埋没,所以常人皆有不忍人之心,而其权归之学也矣。④

上述三段材料,充分展现了黄宗羲对"本质结构"与"存在过程"、本体与工夫关系的认识,即在肯认先天本体的前提下、强调下学工夫的必要性。本体虽然是"见在具足,不假修为",但必立足于"洒扫应对"的生活世界,经由"好问""克艰""发愤"的下学工夫才能真切地体证到自身固有的性理天道("始能得其固有")。黄宗羲进而指出,若要彰显作为主宰的性理,"而其权归之学也"。黄宗羲以工夫为重、凸显下学的必要性,这和王夫之、陈确是完全一致的,但他毕竟首先设定了本体的现成性和第一性。因此,黄宗羲等人只是重新恢复了"本质结构"与"存在过程"、本体与工夫的统一性,并没有走出这一理论框架。明清之际的王夫之、陈确等人的人性

---

① 彭国翔著:《良知学的展开:王龙溪与中晚明阳明学》,第387页。
② 黄宗羲著:《黄宗羲全集》第1册,第109页。
③ 黄宗羲著:《黄宗羲全集》第1册,第158页。
④ 黄宗羲:《黄宗羲全集》第7册,第700页。

生成论则有了新的发展。本体不再是不变的本质,不能将本体或人性之善视为现成的实在或观念"物",当作"一物事教奉持保护",而必须回归到人的日用伦常、身心事为中当下生成或"随在体认"。① 所谓日用伦常、身心事为就是人道工夫。如此,工夫亦不是经验现成的工具和手段,工夫本原的就是"继善—权几""知—行""能善—为善"对生互成的构成域,天命之善、良知良能永远是"继之功""人之权""为善"中生成和维持住的天命之善、良知良能,"继之功""人之权""为善"亦永远是天命之善、良知良能所牵动指引的"继之功""人之权""为善"。对于王夫之和陈确而言,工夫就绝不是经验主义的工夫论,它超越了本体与工夫、先天与后天、成色与分两、天命之性与气质之性的现成的、二元对待式的统一观,而将工夫视为人之生存的意义构成域。并不存在一个现成完备的本体等待工夫去发现,而恰是在无止境的工夫中活生生地构成了本体。凡论本体、天命、性理,工夫早已先行了。甚至可以说,现世工夫就是人最本原的存在方式,"吾儒只晓得有生之后、未死之前的工夫"②。

可以看出,黄宗羲与王夫之、陈确人性论区别就是人性现成论与人性生成论的区别。黄宗羲通过"理"的去实"物"化而主张性善本质论,但本质的性理与实"物"化的性理都是现成的,故其强调但有"知性"而无"成性";王夫之和陈确主张工夫成性,则进一步去"性理"的现成化,发展出人性生成论。当然,从黄宗羲"性体尚未全""心无本体,工夫所至,即其本体"的观点看,他似乎在某种程度上也走向了人性生成论。值得一提的是同为蕺山门人的张履祥在反对阳明后学"现成良知"的过程中,也提出了人性"日生日懋"③的生成论。作为后世尊为明清之际三大家之一的顾炎武,虽然极其反感理学的心性论话语体系,主张"修己治人的实学"④,但他提出"文行忠信,而性与天道在其中"⑤的观点,其实是悬置性与天道,强调扎根于实际日用伦常的人文生活世界,由"行己有耻、博学于文"的工夫生成和维持住性命与天道,尚具有某种人性生成论的向度。可见,明清之际的人性论的生成论转向不是个别的、偶然的事件,而是这一时代思想家的一个共通致思方向。

---

① 以上参见王夫之著:《船山全书》第6册,第1029页。
② 陈确著:《陈确集》,第467页。
③ 张履祥:《杨园先生全集》,北京:中华书局2002年,第369页。
④ 顾炎武著:《日知录校注》,陈垣校注,合肥:安徽大学出版社2007年,第384页。
⑤ 顾炎武著:《日知录校注》,第381页。

本章小结

本章以王夫之的人性论思想作为参照对象,通过考察陈确、黄宗羲的人性论思想来揭示明清之际人性论思想多样性发展中的一条线索,即相对于宋明理学中的人性现成论,发生了人性生成论的转向。

陈确的人性论思想将家庭日用的身心工夫视为人最根本的存在方式,通过对工夫域中"性—教""能—为""知—行"等系列对生互成"天人交相用"维度的阐释,说明人性或性善即是活生生地构成、维持并发展充实于身心力行工夫域中的人性或性善。由此,陈确的人性论思想既不是先天形上学的预成论或后天工夫复性论,也不是经验主义的后天发展论,而是以身心力行工夫为中心的人性生成论。

黄宗羲反对理气二元的实在物派生序列的性善先天论,通过"理"的去实"物"化,将性善界定为身心气质自然的条理或本质,主张本质先天的性善论。作为本质先天的人性,它是不待工夫而现成具足的本体,工夫只是将本体在现实中实现出来的工具和手段。陈确则认为,性善本体不是现成的本质,而必须在工夫中生成。从工夫是本体得以可能和生成的条件,工夫是先于本体的,可称作工夫先天。这种工夫先天是人性本然的"知—行""能善—为善"对生互成的一体结构,性善、本体、天理即是在此工夫域中的生成或构成。陈确就超越本质先天人性论,向性理或价值本体何以可能的工夫构造回归,强调凭借立足于身心事为的本然工夫结构域来生成和维持人性的价值和意义,从而发展出工夫先天的性善论。

黄宗羲与王夫之、陈确人性论区别就是人性现成论与人性生成论的区别。但黄宗羲在后期也在某种程度上走向了人性生成论。明清之际儒学反对空谈心性、立足日用事为,强调即"身""行"以明道,从而发展出以王夫之等人为代表的人性生成论思想。

第九章 "世界哲学"视野下的王夫之人性哲学

王夫之立足于实践生存活动中的现实个人,让人性在"践形"和"实践"中生成,"依人建极",最终达到理想人格美的境界。这是本书勾勒的王夫之人性生成哲学的理论体系,并初步揭示了明清之际以王夫之为代表的人性生成论转向。实事求是地说,这一研究尚停留在对王夫之人性论相关材料的整理、疏解和粗浅分析之上。"据实以存真"已经倍感惶恐,更谈不上"体物以传神"[①]。因此,本章试图从"世界哲学"的视野,一方面总结王夫之人性哲学的基本精神,另一面则展望在未来王夫之人性哲学研究中可进一步深入探讨的领域。

第一节 从"文化中国"到"世界哲学"

萧萐父先生特别强调谈历史问题要有现实感、谈现实问题要有历史感。从这一角度出发,对王夫之人性哲学的研究虽然是历史的,但着眼点却是现实的。而所谓"现实"也就是我们已经处在一个全球化的信息沟通和文化交流的时代,无论个人喜欢或不喜欢,我们已经被抛入一个"世界历史"的时代。由此,萧萐父先生从挖掘"中国文化"的民族性和本土性的视野进而提倡"文化中国"的全球化视野下的中国哲学研究的广阔领域。[②]

对于"文化中国"的阐述,萧萐父先生重在强调对于中国哲学的研究需要一种"多元开放的文化心态和文化包容意识来回顾过去,疏观现状和展望未来"[③]。一则中国文化自身的发展就是"多源发生、多元并存、多维

[①] 萧萐父先生认为,对于像王夫之这样具有巨大历史感和崇高人格美的大思想家的研究,"不仅要据实以存真,更要体物以传神"。见萧萐父、许苏民著:《王夫之评传·弁言》,第1页。

[②] 以下对萧萐父先生"文化中国"的论述详见萧萐父著:《中国传统文化的"分""合""一""多"与文化包容意识》,《吹沙二集》,第3—11页。

[③] 萧萐父著:《中国传统文化的"分""合""一""多"与文化包容意识》,《吹沙二集》,第9页。

发展的"①,中国哲学绝不只是儒学,从先秦时期的百家争鸣、到汉唐宋明儒释道的交流与融通以至明清之际与西方传教士的对话等,无不说明中国文化本身就是内在多元、动态发展和富于开放和包容意识的。即使从儒学内部来看,儒家也不是铁板一块,"儒家夙以'杂'见称",并随时代的发展而形成"儒经""儒行""儒学""儒治"等多样化内容。后世儒者建构的所谓"道统",近世新儒家将宋明理学视为儒学正统的观念,不仅抹杀了儒学的多元性和开放性,也是"掩盖了历史的真实"。② 二则立足于中国文化的这种多元开放性,对于当代中国哲学的研究,萧萐父先生认为要很好地处理"两化"问题,即中国传统文化的现代化与西方先进文化的中国化问题。解决这一难题就需要寻找"历史接合点",萧萐父先生认为这一接合点恰在明清之际的启蒙思潮。明清之际的大哲学家其思想不仅充分吸收了传统文化(包括宋明理学)的合理思想内核,又在此基础上内在开掘出了具有"世界史"共通意义上的近代人文主义思想。正是在这一背景下,萧萐父先生站在历史与现实的高度,站在中国传统文化具有自我更新的原创力的角度,以王夫之哲学为代笔,深入阐明了明清之际是中国传统文化能够现代化的内在历史根芽和"活水源头"。三则萧萐父先生晚年将其"文化中国"的理念精炼概括为"多维互动,漫汗通观儒释道;多维互动,从容涵化印中西",并强调中国学人要勇于参与当今世界的诸子百家争鸣。萧萐父先生其实已经明确表达了在全球化时代,中国哲学的现代化建构以及中国哲学对当今世界所应具有的独特贡献两个问题。

  吴根友教授承继萧萐父先生"文化中国"的阐述,提出"世界历史"时代里的"世界哲学"与"哲学的中国性"关系问题。萧萐父先生重视当代中国哲学建构中的"通观"与"涵化",吴根友老师认为"通"的精神是"世界哲学"的基本含义,中国哲学要走出自我通达西方哲学和其他民族的哲学,西方哲学和其他民族哲学也应走出自我通达的中国哲学,"'通'作为一种植根于中国传统哲学的观念,既是中国现代哲学,也是全球化时代的'世界

---

① 萧萐父著:《中国传统文化的"分""合""一""多"与文化包容意识》,《吹沙二集》,第4页。
② 以上详见萧萐父著:《传统·儒家·伦理异化》,《吹沙集》,第129—138页。

哲学'所需要的一种新观念"。① 单就以"世界哲学"的视野落实到王夫之人性哲学的研究上,可简单概括为两方面问题:一方面是要不懈探求王夫之人性哲学在"世界哲学"视野中所可能具有的新形态,其人性论思想能为当代"世界哲学"的建构提供何种资源和价值;另一方面又要从"哲学的中国性"角度,一则凸显王夫之人性哲学在中国哲学自身历史发展中的特性,一则彰显在全球化时代中,王夫之人性哲学对当代中国哲学建构其自身特质所具有的地位和价值。

对照这两方面问题,我们试图总结出王夫之人性哲学的基本精神,并展望今后可进一步深入拓展研究的领域。

第二节 "破块启蒙""推故致新"
——王夫之人性哲学基本精神

人性论素来是儒家哲学的一大论题。至宋明理学,在与佛老心性论的对话和挑战中,人性论所涵括下的心、性、情、才、欲、理、气等范畴的讨论已经达到"茧丝牛毛,无不辨析"的地步。以熊十力、冯友兰、牟宗三、唐君毅等先生为代表的新儒家即认为,在宋明理学,传统的人性论问题或叫作性命之学、心性之学、义理之学已经达到了中国古典哲学的最高峰。② 至于明清之际的王夫之,其人性哲学不过是对宋明儒人性论的总结甚至仅是残阳余晖而已。这里首先就涉及本书如何对王夫之的人性哲学在中国哲学史上进行合理定位的问题。

一、王夫之人性哲学在中国哲学史上的定位

在首章我们对近百年来王夫之人性哲学研究综述和反思中,将王夫之人性哲学的定位大体概括为两种研究视野,本书的研究则在借鉴前贤的研究成果上,从范式转换的角度,对王夫之人性哲学在中国哲学史上的特质

---

① 关于吴根友老师论述"世界哲学"和"通"哲学精神,可详见吴根友:《试论"世界历史"时代里的"世界哲学"与哲学的中国性》,《华中科技大学学报(社会科学版)》2011年第1期。吴根友:《从比较哲学到世界哲学:从谭嗣同〈仁学〉中的"通"看比较哲学的前景》,《哲学动态》2008年第12期。吴根友:《当代中国哲学形态构建面临的时代问题与可能回答》,中国社会科学2008年第5期。吴根友:《论中国哲学的精神》,《江苏社会科学》2008年第2期。以及吴根友教授的未刊稿《"通"之道(引论):当代中国哲学的新思考》等论文。

② 吴根友教授将新儒家对明清哲学的研究范式称之为"现代新儒家的'余绪说'"。详见吴根友:《近百年来"明清之际"学术、思想研究四种范式及未来展望》,"国际明清学术思想研讨会暨纪念萧萐父先生诞辰八十五周年"会议论文,2009年11月。

进行定位。

　　大概而言,对王夫之哲学的研究,又可分为三种切入视角:一种视角是从学术思想发展的连续性和承继性角度,认为王夫之哲学是宋明理学"余绪"或者认为是宋明理学内在逻辑发展的最高点,王夫之使用的范畴和表达的思想均未超出宋明理学既有的框架,相对于宋明理学,王夫之可归为正统理学家,这种观点以冯友兰先生和港台新儒家等学者为代表。第二种视角着眼于学术思想发展中的创新性,并引入中西思想和文化的比较视野,认为王夫之哲学是对"宋明理学之一大反动",突出了王夫之哲学的近代特质,这种观点以梁启超、王孝鱼、张西堂等先生为代表。第三种视角则是从承继和创新相结合的通观维度,并融入了马克思主义的唯物史观,认为明清之际的中国自发产生了早期启蒙运动,从这一立场出发,王夫之哲学就不仅是宋明理学的总结者和终结者,而且还建构了具有近代人文主义特质的早期启蒙哲学新形态,这种观点以侯外庐、萧萐父等先生为代表。①

　　三种视角其实可以大体分为两种视野,第一种视角重在"承继"的视野,第二、三种视角重在"发展"的视野。两种视野研究的不同,其实在于一个根本的立场差异。"承继"的视野一般认为宋明理学是中国哲学发展的最高峰,明清以后基本上处于一种下降的阶段,他们秉持一种道统论和单线进化的视角。"发展"的视野则认为明清之际充分吸收了中国哲学发展的成果(当然包括宋明理学)并又有开新的阶段,宋明理学自有其极为重要的价值但并不是中国哲学的全部,中国哲学的发展从来就是多元并进的,而不存在一个僵化不变的道统。因此,中国人性论的发展甚至中国哲学的发展,是慧命相续还是一线单传,是单线演进还是多线发展,是孔门尚杂的多元开放性还是道统一元的排他性,我们认为,这似乎是对王夫之人性哲学定位的一个关键问题。

　　萧萐父先生认为,王夫之人性哲学的根基在经学、子学和史学。王夫之以巨大的历史感精研和反刍六经、史籍,融通儒释道耶思想,同时又以诗化哲学的形态融真契美追求理想人格美的境界,在扬弃程朱陆王、承接晚明新学风的基础上更高层面发展了张载的思想,从而"积杂成纯""推故致新",开启了初具近代人文主义性质的启蒙哲学,可谓"驰骋古今,自为经纬,别开生面"②。因此,王夫之的人性哲学绝不能以宋明儒人性论一线

---

　　① 上述区分,主要吸收了吴根友教授的观点,详见吴根友著:《明清哲学与中国现代哲学诸问题》,北京:中华书局2008年版,第3—30页。
　　② 萧萐父、许苏民著:《王夫之评传》,第87页。

的继承而论之。而从"世界历史"时代里的"世界哲学"言之,王夫之人性哲学产生的背景本身就处在一个古今中西思潮相互激荡的时期,既有中国文化内部的儒释道之间的冲突和融通,又有西方传教士带来的西方文化与中国文化的碰撞与交流。王夫之强调"因而通之"的精神,其人性哲学融通古今中西之智慧,已经具有了当时"世界哲学"高扬个人主体性和自由精神、呼唤个性解放意识的理论新形态。萧萐父先生对王夫之人性哲学的历史定位,近来不少学者从各自立场进行了积极的回应。

张世英先生从王夫之人性哲学中能、所之分以及格物、致知的区分思想出发,认为王夫之是最接近西方近代哲学主体性思想的哲学家。王夫之"既有西方近代的主客二分和主体性的进取精神,又是天人合一、人物交融的诗意境界的哲学,是个体性、差异性和流变性从传统的整体性和凝滞性中获得解放的哲学"[1]。张祥龙教授认为汉儒编织"三纲五常",宋儒标榜脱离"人欲"的"天理",其实都背离了孔子从"活生生的和有现实差异的人生经验"来体认天道性命的真精神,倒是泰州学派和王夫之承继了先秦儒学活泼的艺术性生存哲学,而不是讲一套"干巴巴的道德律令"或天理。[2] 张再林教授从身体现象学的视野出发,认为王夫之的人性哲学其实是身体主体哲学。王夫之重视身体的感性体验、强调"行动的人生",而反对宋明儒由"静思的人生"而走向的"以佛训儒"心性超验主义路线。因此,王夫之不是接着宋明理学的"修心之教"讲,而恰好是回归到原始儒家的"饰身之教"。[3] 上述学者共同的理论取向都反对将王夫之的人性哲学简单定位成宋明儒人性思想的"余绪",而强调王夫之人性哲学与先秦儒学的紧密联系,肯定王夫之人性哲学的主体性思想(可以是认识主体、身体主体、艺术生存主体等)和对感性情欲、生命体验的重视。

当然也有不少专家学者强调王夫之人性哲学只是宋明儒人性论思想的延续,而且站在维护宋明理学道统的立场,认为王夫之的人性论于"本原处始终不透"(熊十力先生语)、"内功不足"(唐君毅先生语)等。这些批评其实正好说明了王夫之人性哲学超越宋明理学之处,也是我们认为王夫之人性哲学相较于宋明理学人性论实现了一次范式转换的原因。坚持宋明理学正统立场的学者,最核心的是反对王夫之人性哲学具有近代人文主

---

[1] 张世英著:《天人之际:中西哲学的困惑与选择》,序第4页。
[2] 张祥龙著:《现象学的构成观与中国古代思想》,《从现象学到孔夫子》(增订本),第314—315页。
[3] 详见张再林著:《作为身体哲学的中国古代哲学》,北京:中国社会科学出版社2008年版,第66—89页。

义的启蒙倾向。王汎森先生在《明末清初的一种道德严格主义》一文中从王夫之严人禽之别、时而责人为禽兽出发,断言明末清初与其说是带有情欲解放的启蒙思想,不如说是一个道德严格主义。不过,王汎森先生又强调明清学者确实重视"情欲",他不持"完全否定的态度"。① 这里需要说明的是,王夫之人性哲学确实是严人禽之别超过既往的理学家,但这到底是维护人的尊严的人文主义,还是单纯的道德严格主义,却是需要分别的问题。王夫之强调人的各个方面,从甘食悦色到仁义礼智、从身到心到性都与禽兽不同,其实是既肯定道德理性的完全属人性,又是肯定人的情才欲望的合理性,强调不能将虎狼蜂蚁的仁义当作人之仁义,同样也不能把人的情欲活动当作禽兽的本能看待。因此,王汎森先生将王夫之严人禽之别解读为道德严格主义,似乎可以说是一种狭隘化的道德至上主义理解。如果将道德严格主义再理解为禁欲主义,那么就是对王夫之的误读。我们认为,王汎森先生所揭示的问题恰好是王夫之人性哲学人文主义特质的体现。王汎森先生的观点,为许多研究者所称道,陈来先生、李明辉先生等专家学者都不断引用王汎森先生之说反对明清早期启蒙之说。陈来先生认为,中国和日本的一些学者断定明清之际具有启蒙思潮不过是"推测性质和思辨倾向"②。事实上,王汎森先生在掌握了大量明清学者的原始材料时,也未有完全否定明清学者重"情欲"的倾向。其实,萧萐父先生和许苏民老师合著的《明清启蒙学术流变》以及吴根友老师所著的《中国现代价值观的初生历程》两书中以翔实的第一手材料充分论证了明清之际在政治、经济、文化和哲学思想上的中国现代性意识的诞生,故简单论定明清早期启蒙说是推测思辨的观点值得商榷。

与否定王夫之人性哲学启蒙倾向的学者不同,同样是站在宋明理学正统的角度上,刘述先先生和郑宗义教授从"典范"转移(即是范式转换,paradigm,港台译作"典范")的角度,肯定了明清之际哲学出现新"典范",虽然他们对于这种新典范基本持否定态度。郑宗义教授认为宋明至明清出现的典范转移,即是"宋明儒'道德形上学'的步步衰落,并发展出'达情遂欲'的新思想",而达情遂欲对情欲和理义的观点是一种"出于明末反理学的思想"。③ 可以说,与萧萐父等先生站在明清早期启蒙说的立场不同,刘述先先生和郑宗义教授从宋明理学立场出发,两种不同的学术立场却得出

---

① 王汎森著:《晚明清初思想十论》,上海:复旦大学出版社2004年版,第90—106页。
② 陈来著:《诠释与重建:王船山的哲学精神》,第479—480页。
③ 郑宗义著:《增订本自序》,《明清儒学转型探析:从刘蕺山到戴东原》,香港:香港中文大学出版社2009年版。

惊人相似的结论。只是对这一范式的转换,刘述先先生和郑宗义教授认为这是儒学精神的堕落(当然是以预设宋明理学为儒家正统而言),而萧萐父等先生认为恰好是人文主义意识的觉醒,也是对早期儒家真精神的发展。

综合上述,简单回顾了当代学者对王夫之人性哲学历史定位和自身特质的探讨和争论。我们承继萧萐父先生的观点,并且从范式转换的角度来论证王夫之人性哲学的定位和特质。王夫之开启了生存论视野下的人性生成哲学,其人性哲学的出发点和落脚点都是人,但不是抽象的、纯粹道德化之人,而是拥有血肉之躯的世俗中之人。因此,王夫之的人性生成哲学自身的鲜明特质在于,它不是宋明的"理学"或"心学",而是扬弃理学和心学的"人学"。这样的人,既有道德理性的追求,也有科学、审美和艺术的追求,也即是说具有感性的无限丰富性和多样性。同时,人的道德理性不是宋明理学所言的恒存先验的天理或本心实体,而是必须从人的生存和历史性存在出发,通过身体力行的实践生存活动,在气化不息的生存境域中对于"性与天道"的当下生成和随在体认。因此,王夫之的人性哲学并不是否定人有超越性的追求,而是强调这种超越性追求就是在人的生存活动中的超越,不能离开的人的感性身体和感性活动而有所谓超越的天理或人性;同时,超越性追求不是单纯道德意义上的天理本心,超越性追求是真善美的有机统一,最终是为了追求理想的人格美和创建一个充满人文关怀的世界。于此而言,王夫之的人性生成哲学确实开启了具有近代人文主义特质的启蒙哲学。这种哲学形态是在新的高度回归到中国传统经学、史学、子学、诗学的综合创新,是对宋明理学的扬弃,更是在古今中西的融通和交流中从中国哲学内部生发出的具有近世启蒙性质的"世界哲学"。

二、王夫之人性哲学基本精神

我们界定王夫之为明清之际的早期启蒙学者和新建设主义儒家,通过对王夫之人性生成哲学的问题意识、体系建构的研究,试图突出其"人学"特质和"破块启蒙""推故致新"的基本精神,现将本书所揭示的内容简单概括为以下六点:

第一,王夫之在"气"本原论视野下,阐述其人性论思想。他从人的实践生存活动出发,即"人"而言"有",即"有"而言"器",即"器"而言"道",即"治器显道"的过程而言气化流行,人生天地间,即是生存于气化日新的世界之中。气是身体、生命、天下器物的无限延伸,心与性、天与理、个人与社会、自然与文化有着更为原初的根基,那就是"气"。王夫之的"气"本原论,不再是单纯的"气"的宇宙发生论或是"气"的实体形而上学,而是将阴阳对待的"气"视作人生在世的意义生成境域,人性即是在"气"的阴阳构成势态中无限地生成。

第二,王夫之在生存论的视野下对传统儒学的人性理论进行了创造性的重新建构。他以人性日生日成的生成发展观取代既往的"一受其成侀而无可损益"的人性静止现成的实体观。这一转变打破了"一受其成侀而无可损益"的人性先天决定论,而强调"命日新而性富有"。一方面,王夫之认为人之性是由禽到人、由野蛮到文明、由流俗盲从到独立人格的历史性和社会性生成过程。另一方面他肯定人性源于天道授命的日新赋予,但是实现天命、成就人性是个人在后天主动的自继天命、治器用物的实践生存活动中,通过充分发挥人的自由意志而创造出来的。这两个方面凸显了人的历史意识和自由意识的觉醒。王夫之就从社会历史的演进出发,将人性看作一个自我创造起来的时间性生成过程,突出个人的历史性存在、自由选择和自我承担意识,在天命的普遍必然性和个体的自由性之间保持必要的张力。这样,人的存在就是置身于一个有根的天道和开放的、无限的社会历史生成过程当中。因此,王夫之的人性生成哲学的基本取向是,承继民族文化的历史慧命而追求日新开放的社会和自由发展的个人。

第三,王夫之坚持性善论,认为善外无性,从而肯定道德理性对于人的生命和生活的独有价值和意义。但此道德理性并不孤悬于彼岸世界,它就落实于人所生活的现实世界,就体现于人的好学、力行、知耻的实践生存活动当中。王夫之强调挺立道德主体之自我,反对"无我"之说,凸显个人的道德使命感、道德责任感和道德勇气。同时,王夫之又不满足于仅以"善"来规定人性,"善亦不能尽性之藏",他主张以"诚"来论人性。人性就是真实无妄,它不仅是道德的真诚或善,而是真善美的融通与一致,这就肯定了人类生活的无限丰富性和多样性,人有道德的追求,也有科学的、审美的和艺术的追求。相较于宋明理学单纯的道德至上主义,王夫之的人性论更开掘了人的知性精神和艺术审美精神。对王夫之而言,人性的生成是塑造成善、求真和审美高度统一而又具有独立自主精神的平民化理想人格。

第四,王夫之从身体上论人性,人性是性心身、心志意、情才欲的有机统一的身体主体,身体情才欲的活动是道德理性得以生成、维持和发展的前提和基础,更是人类社会进步和发展的内在原动力。因此,王夫之坚决反对"绝意""贱情""灭欲""禁欲"等导致伦理异化的观点,而主张志意互动、志气交辅、达情养性、私欲即寓天理的个性解放思想。

第五,王夫之认为人性不是静坐的内在体验和收敛身心的心性修炼活动,他强调人本质力量的外化,人性必然展开为人文化成天下的社会实践活动。由此,王夫之重铸儒家"崇德广业""经世致用"的基本精神,并由人的生存和历史性存在出发,主张"依人建极",从而创造一个四处流溢着仁爱、包容和希望而又充满人道主义精神和人文关怀的王道天下。

第六,王夫之的人性哲学归结于理想人格美的追求。理想的人格美既是通过存志弘量的过程而达至意志自由之境,彰显独立不羁、不为世所颠倒的崇高人格的魅力;更是强调人格美的塑造必须置身于艺术化的生存当中,在诗礼乐等艺术形式的审美熏陶中追求艺境诗心的人生境界,而这样的诗化哲学或艺术化生存哲学正是"世界历史"条件下"哲学的中国性"的显著特征之一。

以上列出的六点内容,只是我们在本书中的有限所得,完全不能穷尽王夫之人性生成哲学的真精神。比照"世界哲学"的宏大视野,在未来王夫之人性哲学研究中尚有许多可进一步深入研究的领域。

第三节 王夫之人性哲学研究的展望

王夫之的书籍卷帙浩繁,又多为注疏体裁,往往是随文解说中表达自己的思想,其人性论的观点也是散见。本书主要还是在材料整理和疏解的基础上,构建王夫之人性生成哲学的内在理路和逻辑。这使得本书对王夫之人性论思想在哲学高度上的阐释和理解显得较为单薄,从"世界哲学"的视野看,本书研究的局限是相当明显的,当然这种局限又是有待我们进一步深入研究的领域。

首先,我们对王夫之人性生成哲学的诠释,主要是从其"四书学"的角度切入,旁及其经学、文艺美学中的人性论思想。所以,本书对王夫之从"因而通之"的广阔哲学视域来阐发其人性论观点的思想精髓尚未有深切把握,也因此对其人性论思想中"推故而别致其新"、新的突破旧的、超越前人而开生面的一面的挖掘和阐释都显得相当不足。一方面,王夫之的人性哲学思想熔铸了巨大的历史感和深厚的经学背景,这也是他的人性论思想足以超越前贤的地方。如果不从其经学和史学的视野去理解其人性论思想,那么,对王夫之人性哲学解读既是片面的,也缺乏足够的理论深度,对其思想新意也无法充分揭示出来。另一方面,王夫之人性哲学融通了儒释道耶的心性论思想,我们在书中虽然提及有关内容,但是挖掘和阐释都不够明确和深入,而这恰好是王夫之人性思想贯通古今中西而显发其"世界哲学"的一面。① 总而言之,对王夫之人性论思想中"入其垒,袭其辎"式的广泛吸收异质思想、特别是对其"通"的哲学精神缺乏深切的体会,本书的研究就显得平面化和表面化,对王夫之人性哲学的新义和真精神的揭示不够明朗,这可以说是本书研究最大的问题所在。

其次,从"世界历史"时代里的"世界哲学"而言,萧萐父先生对王夫之思想的研究已经将这一属于"国别史"的思想纳入"世界史"的近代哲学思想当中,充分阐发了王夫之人性哲学中初具的近代人文主义思想特质。我们试图承继萧萐父先生的思想,进一步阐发王夫之人性哲学的启蒙性质,但整体上并没有突破萧萐父先生以及许苏民、吴根友两位老师的既有研究,可能在细节方面有所深入,但基本尚停留在复述的阶段。同时,从当代世界哲学的发展出发,以异质文化和哲学思想为参照系而非评判标准,西方哲学中的心灵哲学、伦理学、现象学、解释学等流派的思想都是可以和中国传统人性哲学进行沟通交流的,特别是西方的哲学心理学、心灵哲学、伦理学对"人性""心灵""道德与情感"的研究已经形成了一套较为完备的体系。我们当然不能"以西律中",但是西方的研究是具有启示和借鉴意义的,也不可能简单地排斥和回避他们所提出的问题。然本书在对王夫之人性哲学的研究中,缺乏从当代人的视野、以"视域融合"的角度来探讨王夫之的人性论思想,往往是就王夫之而言王夫之,纵向的、横向的或古今中西的比较视野都非常欠缺。因此,本书对王夫之人性哲学体系的建构中并未充分展现其在当代"世界哲学"中的独特形态,也未充分揭示出其人性论思想中有利于当代世道人心建设的具有普适意义的思想观念和精神价值。

最后,从"世界历史"时代里的"哲学的中国性"而言,萧萐父先生已经从诗化哲学和理想人格美追求的角度凸显了王夫之人性哲学的这一"中国特性"。本书在第七章虽然专论王夫之的人格美,试图进一步深化萧萐父先生对王夫之诗化哲学的研究,但由于笔者对中国传统美学和诗学精神缺乏基本的了解,因此并未能达到预期的意图。王夫之的诗词文赋和诗学评论不仅数量庞大,而且思想深邃,如何展现王夫之诗学和美学思想在其人性哲学上的意义,可以说是未来王夫之人性哲学研究中的一个巨大的待开垦领域。另外,郭齐勇老师和吴根友老师在其著作和论文中大量阐发了在当代世界哲学视野下中国哲学所独具的智慧和精神,我们也未能很好地吸收前辈学者的研究成果,彰显王夫之人性哲学在全球化时代的中国特质。

---

① 许苏民老师对王夫之在儒耶对话中融通中西思想有深入的阐发,详见许苏民:《王夫之与儒耶哲学对话》,《武汉大学学报(人文科学版)》2012年第1期。

整体而言,本书对王夫之人性哲学的研究存在的问题是非常多的,甚至很多地方是硬伤,以上三点只是简略说明本书的局限和对未来进一步研究的展望而已。王夫之人性哲学是一笔巨大的思想宝库,它是中国的,也是世界的。本书的研究只是对其人性论思想的管窥一瞥,虽然存在众多缺陷和问题,但正如本书以"王夫之人性生成哲学"为题,对王夫之人性哲学的研究,永远处在生生不息、日新富有的生成和未完成的行进途中,这是王夫之人性哲学乃至整个中国哲学的无限魅力所在!

本章小结

本章试图从"世界哲学"的视野,一方面提炼王夫之人性哲学的基本精神,明确其哲学形态是在新的高度回归到中国传统经学、史学、子学、诗学的综合创新,是对宋明理学的扬弃,更是在古今中西的融通和交流中从中国哲学内部生发出的具有近世启蒙性质的"世界哲学"。另一面则展望在未来王夫之人性哲学研究中可进一步深入探讨的领域,特别是从"哲学的中国性"角度,不仅发掘王夫之人性哲学对于当代中国哲学建构所具有的地位和价值,更凸显其在当今世界性"百家争鸣"中所能贡献的中国智慧和精神。

主要参考文献

一、王夫之的著作及注释类

王夫之著:《船山全书》第1—16册,岳麓书社2010年版。

王夫之著:《姜斋诗话笺注》,戴鸿森笺注,人民文学出版社1981年版。

王夫之著:《周易外传镜诠》,陈玉森、陈宪猷镜诠,中华书局2000年版。

王夫之著:《王船山词编年笺注》,彭靖编撰,岳麓书社2003年版。

康和声著:《王船山先生南岳诗文事略》,彭崇伟编,湖南人民出版社2009年版。

二、关于王夫之的研究专著类(以下皆以姓氏汉语拼音字母为序)

蔡尚思著:《王船山的思想体系》,湖南人民出版社1985年版。

陈来著:《诠释与重建:王船山的哲学精神》,生活·读书·新知三联书店2010年版。

陈力祥著:《王船山礼学思想研究》,巴蜀书社2008年版。

陈远宁著:《中国古代易学发展的第三个圆圈的终结:船山易学思想研究》,湖南大学出版社2002年版。

陈赟著:《回归真实的存在:王船山哲学的阐释》,复旦大学出版社2002年版。

邓辉著:《王船山道论研究》,湘潭大学出版社2010年版。

邓辉著:《王船山历史哲学研究》,岳麓书社2004年版。

邓潭洲著:《王船山传论》,湖南人民出版社1982年版。

方克著:《王船山辩证法思想研究》,湖南人民出版社1984年版。

韩振华著:《王船山美学基础》,巴蜀书社2008年版。

侯外庐:《船山学案》,岳麓书社1982年版。

胡发贵著:《王夫之与中国文化》,贵州人民出版社2000年版。

湖南省社会科学院编:《王船山学术思想讨论集》,湖南人民出版社1984年版。

湖南省哲学社会科学联合会,湖北省哲学社会科学联合会编著:《王船山学术讨论集》,中华书局1965版。

嵇文甫著:《王船山学术论丛》,生活·读书·新知三联书店1962年版。

季蒙著:《主思的理学——王夫之的四书学思想》,广东高等教育出版社2005版。

林安梧著:《王船山人性史哲学之研究》,台北:东大图书股份有限公司1987年版。

刘春建著:《王夫之的学行系年》,中州古籍出版社1989年版。

刘梁剑著:《天·人·际:对王船山的形而上学阐明》,上海世纪出版集团2007版。

陆复初著:《王船山沉思录》,云南人民出版社1991年版。

陆复初著:《王船山学案》,湖北人民出版社1987年版。

谭承耕:《王船山诗论及创作研究》,湖南出版社1992年版。

唐凯麟,张怀承著:《六经责我开生面——王船山伦理思想研究》,湖南出版社1992年版。

陶水平著:《王夫之诗学研究》,中国社会科学出版社2001年版。

汪学群著:《王夫之易学——以清初学术为视角》,社会科学文献出版社2002版。

汪毅著:《王船山的社会思想》,新知识出版社1956年版。

王立新著:《天地大儒王船山》,岳麓书社2011年版。

王孝鱼著:《船山学谱》,台北:广文书局1975年版。

王兴国编:《船山学新论》,湖南人民出版社2005年版。

王泽应:《船山伦理与西方近代伦理比论》,香港:国际展望出版社1991年版。

吴海庆著:《船山美学思想研究》,河南人民出版社2004年版。

吴立民,徐荪铭著:《船山佛道思想研究》,湖南出版社1992年版。

吴信如著:《唯识秘法:船山佛学思想探微》,中国藏学出版社2008年版。

萧驰著:《抒情传统与中国思想:王夫之诗学发微》,上海古籍出版社2003版。

萧汉明著:《船山易学研究》,华夏出版社1987版。

萧萐父,许苏民著:《王夫之评传》,南京大学出版社2002年版。

萧萐父编:《王夫之辩证法思想引论》,湖北人民出版社1984年版

萧萐父著:《船山哲学引论》,江西人民出版社1993年版。

熊考核著:《王船山美学》,中国文史出版社1991年版。

许冠三著:《王船山的致知论》,香港中文大学出版社1981年版。
张立文著:《正学与开新:王船山哲学思想》,人民出版社2001年版。
章启辉著:《旷世大儒:王夫之》,河北人民出版社2001年版。
张西堂著:《明王船山先生夫之年表》,台北:商务印书馆1978年版。
周兵著:《天人之际的理学新诠释:王夫之〈读四书大全说〉思想研究》,巴蜀书社2006版。
朱迪光著:《王船山研究著作述要》,湖南大学出版社2010年版。
曾昭旭著:《王船山哲学》,台北:远景出版事业公司1983年版。

三、古籍及注释类

陈荣捷著:《近思录详注集评》,华东师范大学出版社2007年版。
陈荣捷著:《王阳明〈传习录〉详注集评》,华东师范大学出版社2009年版。

程颢,程颐著:《二程集》,中华书局1981年版。
戴震著:《戴震集》,上海古籍出版社2009年版。
郭庆藩撰:《庄子集释》,中华书局2004年版
黄宗羲著:《黄宗羲全集》第1册,浙江古籍出版社1985版。
焦循撰:《孟子正义》,中华书局1987年版。
黎靖德编:《朱子语类》,中华书局1986年版。
李贽著:《初潭集》,中华书局1974版。
李贽著:《焚书 续焚书》,中华书局1975版。
刘宝楠撰:《论语正义》,中华书局1990年版。
楼宇烈校释:《老子道德经注校释》,中华书局2008年版。
陆九渊著:《陆九渊集》,中华书局1980年版。
方以智著,庞朴注释:《东西均注释》,中华书局2001版。
阮元校刻:《十三经注疏》,中华书局1980年版。
颜元著:《颜元集》,中华书局1987年版。
张载著:《张载集》,中华书局1978年版。
周敦颐著:《周敦颐集》,中华书局2009年版。
朱熹撰:《四书章句集注》,中华书局1983年版。

四、主要参考著作类

陈来著:《有无之境:王阳明哲学的精神》,北京大学出版社2006年版。
陈来著:《朱子哲学研究》,华东师范大学出版社2000年版。
丁四新著:《郭店楚墓竹简思想研究》,东方出版社2000年版。
段德智著:《主体生成论:对"主体死亡论"之超越》,人民出版社2009

年版。
 冯契著:《人的自由和真善美》,华东师范大学出版社 1996 年版。
 冯契著:《中国古代哲学的逻辑发展》,东方出版中心 2009 年版。
 冯友兰著:《贞元六书·新知言》,华东师范大学出版社 1997 年版。
 冯友兰著:《中国哲学史》,华东师范大学出版社 2000 年版。
 冯友兰著:《中国哲学史新编》(下卷),人民出版社 1999 年版。
 郭齐勇著:《天地间一个读书人:熊十力传》,上海文艺出版社 1994 年版。
 郭齐勇著:《熊十力思想研究》,天津人民出版社 1993 年版。
 郭齐勇著:《中国儒学之精神》,复旦大学出版社 2009 年版。
 郭齐勇著:《中国哲学智慧的探索》,中华书局 2008 年版。
 何萍著:《马克思主义哲学史教程》(上卷),人民出版社 2009 年版。
 贺麟著:《文化与人生》,商务印书馆 1988 年版。
 侯外庐著:《中国思想通史》(第五卷),人民出版社 1956 年版。
 胡治洪著:《儒哲新思》,中华书局 2009 年版。
 江畅著:《德性论》,人民出版社 2011 年版。
 姜宇辉著:《德勒兹身体美学研究》,华东师范大学出版社 2007 年版。
 蒋国保著:《方以智与明清哲学》,黄山书社 2009 版。
 劳思光著:《新编中国哲学史》(三卷下),广西师范大学出版社 2005 年版。
 李石岑著:《中国哲学十讲》,江苏教育出版社 2005 年版。
 李维武著:《中国哲学的现代转型》,中华书局 2008 年版。
 梁启超著:《中国近三百年学术史》,东方出版社 1996 年版。
 梁启超著:《清代学术概论》,上海古籍出版社 2005 年版。
 蒙培元著:《理学的演变——从朱熹到王夫之戴震》,方志出版社 2007 年版。
 蒙培元著:《理学范畴系统》,人民出版社 1989 年版。
 牟宗三著:《生命的学问》,广西师范大学出版社 2005 年版。
 牟宗三著:《心体与性体》(上),上海古籍出版社 1999 年版。
 牟宗三著:《政道与治道》,广西师范大学出版社 2006 年版。
 欧阳祯人著:《先秦儒家性情思想研究》,武汉大学出版社 2005 年版。
 钱穆著:《中国近三百年学术史》,商务印书馆 1997 年版。
 唐君毅著:《中国哲学原论·导论篇》,中国社会科学出版社 2005 年版。

唐君毅著:《中国哲学原论·原教篇》,中国社会科学出版社 2006 年版。

唐君毅著:《中国哲学原论·原性篇》,中国社会科学出版社 2005 年版。

王沐著:《内丹养生功法指要》,东方出版社 1990 年版。

吴根友著:《明清哲学与中国现代哲学诸问题》,中华书局 2008 年版。

吴根友著:《在道义论与正义论之间:比较政治哲学诸问题初探》,武汉大学出版社 2009 年版。

吴根友著:《中国现代价值观的初生历程:从李贽到戴震》,武汉大学出版社 2004 年版。

吴晓明著:《形而上学的没落:马克思与费尔巴哈关系的当代解读》,人民出版社 2006 年版。

萧萐父著:《吹沙集》,巴蜀书社 2007 年版。

萧萐父著:《吹沙二集》,巴蜀书社 2007 年版。

萧萐父著:《吹沙三集》,巴蜀书社 2007 年版。

萧萐父,许苏民著:《明清启蒙学术流变》,辽宁出版社 1995 年版。

许苏民著:《戴震与中国文化》,贵州人民出版社 2000 年版。

许苏民著:《李贽的真与奇》,南京出版社 1998 版。

许苏民著:《人文精神论》,湖北人民出版社 2000 年版。

姚才刚著:《儒家道德理性精神的重建:明中叶至清初的王学修正运动研究》,中国社会科学出版社 2009 年版。

严寿澄著:《近世中国学术通变论丛》,台北:国立编译馆 2003 年版。

杨大春著:《感性的诗学:梅洛-庞蒂与法国哲学主流》,人民出版社 2005 年版。

杨儒宾,祝平次编:《儒学的气论与工夫论》,华东师范大学出版社 2008 年版。

姚大志著:《现代之后:20 世纪晚期西方哲学》,东方出版社 2000 年版。

张岱年著:《中国哲学大纲》,中国社会科学出版社 1982 年版。

张世英著:《进入澄明之境:哲学的新方向》,商务印书馆 1999 年版。

张世英著:《天人之际:中西哲学的困惑与选择》,人民出版社 1995 年版。

张曙光著:《个体生命与现代历史》,山东人民出版社 2007 年版。

张曙光著:《生存哲学:走向本真的存在》,云南人民出版社 2001 年版。

张祥龙著:《海德格尔思想与中国天道》,人民大学出版社2010年版。

张学智著:《明代哲学史》,北京大学出版社2000年版。

张再林著:《作为身体哲学的中国古代哲学》,中国社会科学出版社2008年版。

郑宗义著:《明清儒学转型探析:从刘蕺山到戴东原》,香港中文大学出版社2009年版。

邹诗鹏著:《生存论研究》,上海人民出版社2005年版。

五、国外著作类

[日]岛田虔次著:《中国近代思维的挫折》,甘万萍译,江苏人民出版社2005年版。

[日]沟口雄三著:《中国前近代思想的演变》,索介然、龚颖译,中华书局2005年版。

[日]小野泽精一、福永光司、山井涌编:《气的思想:中国自然观与人的观念的发展》,李庆译,上海人民出版社2007年版。

[美]刘子健著:《中国转向内在:两宋之际的文化转向》,赵冬梅译,江苏人民出版社2002年版。

[印度]泰戈尔著:《人生的亲证》,宫静译,章坚校,商务印书馆1992年版。

[德]马克思著:《1844年经济学哲学手稿》,人民出版社2002年版。

[德]马克思、恩格斯著:《马克思恩格斯选集》(第一卷),中央编译局编译:人民出版社1995年版。

[德]马克思、恩格斯著:《德意志意识形态》节选本,中央编译局编译,人民出版社2003年版。

[德]黑格尔:《哲学史讲演录》(第一卷),贺麟、王太庆译,商务印书馆1959年版。

[美]托马斯·库恩著:《科学革命的结构》,金吾伦、胡新和译,北京大学出版社2003年版。

[美]格里芬编:《后现代精神》,王成兵译,中央编译出版社1997年版。

[德]卡尔·雅斯贝尔斯著:《生存哲学》,王玖兴译,上海译文出版社2005年版。

[德]海德格尔著:《存在与时间》,陈嘉映、王庆节合译,生活·读书·新知三联书店2006年版。

[德]弗兰克著:《活出意义来》,赵可式、沈锦惠译,生活·读书·新知

三联书店,1991年版。

[法]莫里斯·梅洛-庞蒂著:《知觉现象学》,姜志辉译,商务印书馆2001年版。

[法]福柯著:《性经验史》,余碧平译,上海人民出版社2005年版。

[美]约翰·塞尔著:《心灵导论》,徐英瑾译,上海人民出版社2008年版。

六、主要参考论文

陈卫平:《从王夫之对西方科学的态度谈起》,《读书》1984年第10期。

丁四新:《论〈性自命出〉与公孙尼子的关系》,《武汉大学学报(人文社会科学版)》1999年第5期。

丁四新:《论〈性自命出〉与思孟学派的关系》,《中国哲学史》2000年第4期。

丁四新:《论早期先秦儒学的养气说与养性说》,《陕西师范大学学报(哲学社会科学版)》2007年第4期。

丁四新:《世硕与王充的人性论思想研究——兼论〈孟子·告子上〉公都子所述告子及两"或曰"的人性论问题》,《文史哲》2006年第5期。

丁四新:《天人·性伪·心知——荀子哲学思想的核心线索》,《中国哲学史》1997年第3期。

冯天瑜:《试论王夫之的文明演进思想》,《船山学报》1985年第1期。

郭齐勇:《船山思想的内在紧张与船山模型的当代意义》,《船山学刊》1993年第1期。

郭齐勇:《浅析王船山的思维模式》,《江汉论坛》1983年第6期。

郭齐勇:《许冠三之王船山专论述评》,《船山学刊》1985年第2期。

郭齐勇:《儒家伦理的当代意义》,《江西师范大学学报(哲学社会科学版)》2010年第6期。

郭齐勇:《内在式批判与继承性创新》,《河北学刊》2009年第2期。

郭齐勇:《儒释道三教中的心理学原理》,《湖北大学学报(哲学社会科学版)》2008年第3期。

郭齐勇:《萧萐父启蒙论说的双重涵义》,《哲学动态》2009年第1期。

郭齐勇:《论中国古代哲人的生存论智慧》,《学术学刊》2003年第9期。

郭齐勇:《朱熹与王夫之的性情论之比较》,《文史哲》2001年第3期。

何萍、李维武:《王夫之科学方法论初探》,《船山学刊》1992年第1期。

胡家祥:《志:中国哲学的重要范畴》,《江西师范大学学报(哲学社会科学版)》1996 年第 3 期。

李维武:《儒学生存形态的历史形成与未来转化》,《中国哲学史》2000年第 4 期。

李维武:《早期启蒙说的历史演变与萧萐父先生的思想贡献》,《武汉大学学报(人文科学版)》2010 年第 1 期。

李维武:《张岱年论"现在中国所需要的哲学"及其启示》,《中山大学学报(社会科学版)》,2010 年第 1 期。

唐明邦:《王夫之论易学源流》,《船山学刊》1999 年第 1 期。

唐明邦:《熊十力论夫之易学》,《船山学报》1988 年第 1 期。

王孝鱼:《介绍王夫之〈周易外传〉〈尚书引义〉〈老子衍〉和〈庄子通〉》,《哲学研究》1962 年第 5 期。

吴根友:《〈龙舟会〉道德启蒙意义浅析》,《船山学刊》1993 年第 1 期。

吴根友:《从比较哲学到世界哲学——从谭嗣同〈仁学〉中的"通"论看比较哲学的前景》,《哲学动态》2008 年第 12 期。

吴根友:《近百年来"明清之际"学术、思想研究四种范式及未来展望》,"国际明清学术思想研讨会暨纪念萧萐父先生诞辰八十五周年"会议论文,2009 年 11 月。

吴根友:《论龚自珍的语言哲学思想》,《河北学刊》2010 年第 4 期。

吴根友:《论中国哲学精神》,《江西社会科学》2008 年第 2 期。

吴根友:《试论戴震的语言哲学思想》,《中国哲学史》2009 年第 1 期。

吴根友:《萧萐父的"早期启蒙学说"及其当代意义》,《哲学研究》2010年第 6 期。

吴根友:《试论"世界历史"时代里的"世界哲学"与哲学的中国性》,《华中科技大学学报(社会科学版)》2011 年第 1 期。

吴根友:《自由意志与现代中国伦理学、政治哲学、法哲学的人性论基础》,《文史哲》2010 年第 4 期。

萧汉明:《王夫之贫乏的天文知识即追求实证的时代倾向》,《船山学刊》1995 年第 1 期。

谢茂松:《志、量、识——王船山经义、史论对心性之学与政治实践之间关系的思考》,《中国哲学史》2011 年第 1 期。

许苏民:《论王夫之的历史进化论思想》,《江苏社会科学》2007 年第 2 期。

许苏民:《明清之际儒学与基督教的"第一哲学"对话》,《哲学研究》2011 年第 1 期。

许苏民:《明清之际哲人与基督教的认识论对话——兼论对话对中国哲学认识论发展的影响》,《中山大学学报(社会科学版)》2011年第1期。

许苏民:《祛魅·立人·改制——中国早期启蒙思潮的三大思想主题》,《天津社会科学》2007年第2期。

许苏民:《晚霞,还是晨曦?——对"早期启蒙说"三种质疑的回应》,《江海学刊》2010年第3期。

许苏民:《为"启蒙"正名》,《读书》2008年第12期。

许苏民:《明清之际哲人与基督教的人性论对话——兼论对话对中国哲学发展的影响》,《学术研究》2010年第8期。

许苏民:《王夫之与儒耶哲学对话》,《武汉大学学报(人文科学版)》2012年第1期。

[日]高田淳:《清末的王船山》,徐水生译,程华校,《船山学报》1984年第2期。

[日]高田淳:《清末的王船山》(续),徐水生、吕有祥译,程华校,《船山学报》1985年第1期。